W0272530

€ 34,80
14,95

MARIA R.-ALFÖLDI

BILD UND BILDERSPRACHE DER RÖMISCHEN KAISER

BEISPIELE UND ANALYSEN

KULTURGESCHICHTE
DER ANTIKEN WELT

BAND 81

VERLAG PHILIPP VON ZABERN · GEGRÜNDET 1785 · MAINZ

BILD UND BILDERSPRACHE DER RÖMISCHEN KAISER

Beispiele und Analysen

von

MARIA R.-ALFÖLDI

VERLAG PHILIPP VON ZABERN · MAINZ AM RHEIN

304 Seiten mit 260 Schwarzweißabbildungen

Umschlag: Ausschnitt aus einem Relief in Rom (DAI Neg. Nr. 83, 1935)

Die Deutsche Bibliothek – CIP-Einheitsaufnahme

Alföldi, Maria R.-:
Bild und Bildersprache der römischen Kaiser : Beispiele und Analysen /
von Maria R.-Alföldi. – Mainz am Rhein : von Zabern, 1999
(Kulturgeschichte der antiken Welt ; Bd. 81)
ISBN 3-8053-2455-3

© 1999 by Verlag Philipp von Zabern, Mainz am Rhein
ISBN 3-8053-2455-3
Gestaltung: Erik Schüßler, Verlag Philipp von Zabern, Mainz
Satz: Verlag Philipp von Zabern, Mainz
Reproduktionen: Müller, Eppertshausen
Alle Rechte, insbesondere das der Übersetzung in fremde Sprachen, vorbehalten.
Ohne ausdrückliche Genehmigung des Verlages ist es auch nicht gestattet,
dieses Buch oder Teile daraus auf photomechanischem Wege (Photokopie, Mikrokopie)
zu vervielfältigen.
Printed in Germany by Philipp von Zabern
Printed on fade resistant and archival quality paper (PH 7 neutral) · tcf

Inhaltsverzeichnis

Statt eines Vorworts: eine kurze Erklärung

Dies ist ein sehr einfaches Buch. In ihm soll anhand von ausgewählten Beispielen versucht werden, den Aussagen und Informationen nachzuspüren, die das Publikum in der römischen Welt aus der Betrachtung der Darstellungen gewinnen konnte, die sich in irgendeiner Weise mit dem Kaiser und seinem Haus befassen, die, anders gesagt, Mitteilungen über ihn und es und von ihm machen sollen. Um Porträts geht es grundsätzlich nicht, sondern um Narratives, daher also um die Inhalte, nicht um die Art der Ausführung der herangezogenen Objekte. Schlichter gesagt, das Was einer Darstellung wird hier untersucht, nicht das Wie, obwohl dieses in einer anderen Fragestellung zentrale Bedeutung erlangen kann. Bestimmte interessante Fragen konnten aus Platzgründen nicht behandelt werden, z.B. das Problem der Schauplätze des Zeremoniells und das der Baudarstellungen im Rahmen der kaiserlichen Bildersprache.

Mein Standpunkt, der zugleich meinen Einstieg in das Thema mitbestimmt, ist ebenso einfach. Das Bild, die Bilderfolge soll unvoreingenommen angeschaut, gleichsam gelesen und zunächst an der Oberfläche verstanden werden. Erst dann folgt ein Schritt in die Tiefe, ins Nachdenkliche, um dem Hochgebildeten, dem gut oder jedenfalls eingehend Informierten im Verstehen und Deuten des Gesehenen versuchsweise zu folgen, auch komplexe Gedankengänge zu verstehen. Dazu war notwendig, die Bildauffassung der Antike anzusprechen, die sich von der heutigen sehr stark unterscheidet.

Ein solcher Standpunkt bedingt, daß die kaiserlichen Bild-Mitteilungen erst angeschaut, 'gelesen' und, hoffentlich, verstanden werden müssen, bevor sie ihrem Inhalt nach in Gruppen zusammengefaßt und analysiert werden können. Hierbei waren weitere Angaben zur Zeit, zum Umfeld heranzuziehen, um der historischen Wirklichkeit näherzukommen. Ich habe mich bemüht, viele Texte verschiedener Art zu verarbeiten. Sie sind meist breiter als üblich zitiert, um nicht nur Daten, sondern auch Stimmungen, Auffassungen, Denkweisen zu dokumentieren. Ein Hauptziel des Buches ist der Versuch, nachzuvollziehen, ob und welche Art Information selbst der 'kleine Mann von der Straße' aus der kaiserlichen Bildersprache gewinnen konnte.

Die Auswahl der Bilder geschah aus der ganzen Breite des verfügbaren reichen Materials. Um die Spielregeln der Bildersprache der römischen Kaiser je klarer je besser vorzustellen, wählte ich meist gut bekannte Bilder aus einer relativ langen

Zeit: von der Republik bis in die Spätantike, bis in die frühbyzantinische und in die Völkerwanderungszeit reichen die Beispiele. So hoffe ich, neben punktuellen, objektbezogenen Analysen auch auf einige Entwicklungslinien hinweisen zu können.

Die Fachliteratur, die die hier angesprochenen Themen behandelt, ist enorm groß, vielfach sehr interessant und richtungsweisend. Umfang und Anlage des Buches erlauben keine Detaildiskussion; abweichende Meinungen sind dennoch erkennbar und, soweit irgend möglich, eingehender begründet. Auf die weiterführende Literatur wurde in den Anmerkungen hingewiesen.

Das reiche Photomaterial stammt zum einen aus der Photothek des Deutschen Archäologischen Instituts zu Rom, wo ich Helmut Jung für Verständnis und freundliches Entgegenkommen danke, zum anderen aus der Photokartei antiker Münzen an der Johann Wolfgang Goethe-Universität (Frankfurt am Main). Ich fühle mich Helmut Schubert ebenso dankbar verpflichtet wie der Institutsphotographin Marianne Romisch.

In den langen Jahren der (immer wieder unterbrochenen) Arbeit durfte ich viel freundliches Interesse erfahren und aus intensiven Diskussionen lernen. Dies gilt ganz besonders für die Projektgruppe 'Fundmünzen der Antike': Dirk Backendorf, Hans-Christoph Noeske und David G. Wigg (Mainz – Frankfurt am Main), die mir vor allen anderen sehr viel geholfen haben. Ebenso danke ich Hans v. Steuben (Frankfurt am Main) für seine guten Ratschläge.

'Wissenschaft findet im Gespräch statt', sagte einmal Werner Heisenberg. Ich habe erfahren, wie recht er hat.

Ohne die einfühlsame Textgestaltung von Ellen Baumann, ohne ihre unbeirrbare Gelduld mit allen Um- und Zuständen einer immer wieder stehengebliebenen Arbeit am Manuskript wäre es nie in der vorliegenden Form fertiggestellt worden: herzlichen Dank dafür!

Franz Rutzen hat in gewohnter Großzügigkeit die Edition im Verlag Philipp von Zabern (Mainz) besorgt: ich danke ihm in freundschaftlicher Verbundenheit.

Haec et meo munimini, AMICE LECTOR, et Tuae notitiae. Tu iudica, sed sincere. Iudica, sed rationum mearum memor! Memor et humanae conditionis![1]

Frankfurt am Main, im September 1997
Maria R.-Alföldi

Zwei Grundbegriffe: 'Bild und Bildersprache'

Bild

Bild ist ein vielfältiger Begriff. Seine ganze Tiefe begreift man erst im Nachdenken, wie es bei allen Begriffen geschieht, die man tagein, tagaus wie selbstverständlich gebraucht. Sie bedürfen dem Anschein nach keiner Erklärung. Ihre inhaltliche Vielfalt geht freilich nicht verloren, aber sie tritt in den Hintergrund und muß daher erst wieder in Erinnerung gerufen werden. Dies ist auch hier der erste Schritt. Bild ist, sagt ein modernes Nachschlagewerk[1], *ein ursprünglicher Zugang des Menschen zur Welt*. Man *macht sich ein Bild*, erfährt subjektiv das, was einen interessiert, Menschen, Phänomene, Ereignisse, Landschaften, Objekte, *ist dann im Bild* und *setzt* gegebenenfalls *einen anderen ins Bild*. Gehen wir weiter. Gestalt, Abbild, Beispiel, Nachbildung, vor allem aber *auf einer Fläche Dargestelltes, Wiedergegebenes, Gemälde, Zeichnung oder ähnliches*[2] heißt auch ein *Bild*. Wir sind noch lange nicht am Ende. Ein *lebendes Bild* ist eine szenische Darstellung; ein *Bild des Jammers*, eines *für Götter*, ein Bild von *etwas* bedeuten Trauriges, Komisches, ausgewählt Schönes, je nachdem.

Es fragt sich, um welches *Bild* unter so vielen möglichen Varianten es hier geht. Bevor darauf eine Antwort gegeben werden kann, ist eine wesentliche Feststellung zu machen. Die beiden Begriffe 'Bild und Bildersprache' sind im folgenden ausschließlich als Wortpaar, zusammen und stets aufeinander bezogen, zu verstehen. Wenn gelegentlich von Bild alleine die Rede ist, geht es nur um seine Nutzung oder seine Bedeutung für die Bildersprache. Es geht auch nicht um das Wie der Darstellung; vom Stil der Ausführung wird kaum die Rede sein, auch nicht von Künstlern und Werkstätten. Unser Thema hier ist nicht das Bild im Sinne von Bildnis, sondern die Dar-Stellung mit allen Mitteln der Zur-Schau-Stellung der kaiserlichen Personen für die Zwecke ihrer Selbst-Darstellung und für die – gewünschte und erhoffte – Wirkung auf die wechselnden Zielgruppen. Gelegentlich kann auch auf deren Reaktion hingewiesen werden trotz der bekannten Zufälligkeiten in der Überlieferung. Es geht also alles in allem um ein politisches Geschäft, um die bildliche Mitteilung (tages)politischer Inhalte. Solche Zielsetzung erfordert ganz selbstverständlich die Heranziehung von Texten als Kontrolle, als Ergänzung, vor allem, was die Stimmung, die Mentalität der Zeit und eben die Reaktion auf die kaiserlichen Botschaften anlangt.

Bildersprache

Wenn man dann zum zweiten Teil des Wortpaares in der Überschrift kommt und fragt, was Bildersprache hier heißen soll, findet man darauf unschwer die Antwort. Bildersprache ist hier und jetzt schlicht das, was der Wortsinn vordergründig besagt: mit Bildern verschiedenster Art sprechen, Mitteilung auf diesem Wege machen.

Ein Letztes: der Herr über 'Bild und Bildersprache' ist der Kaiser, die Mitteilungen, die auf diesem Wege gemacht werden, dienen ihm, seinem Hause, seinen Zielen. Sie sind unweigerlich tendenziös, was durchaus nicht heißt, daß die Inhalte schon darum unwahr wären.

Wer die Art und den Inhalt der Darstellung des Kaisers in einem Relief etwa bestimmt hat, wissen wir nicht unmittelbar und in allen Einzelheiten, doch die Praxis bei den Kaiserstatuen kann da Aufschluß geben[3]. Der Senat, die Provinzstatthalter, die *ordines* – Räte – der Städte, also die 'zuständigen Behörden' stimmen zu, handelt es sich um Ehrungen des Herrschers. Überdies sind solche Darstellungen in vielen Fällen Teile von (Groß)bauten und öffentlichen Anlagen, die ohnehin meist von Gemeinden und Gemeinschaften bzw. im Einvernehmen mit diesen errichtet werden. Wir kennen auch Fälle, in denen man eine kaiserliche Genehmigung eingeholt hat. Veranlaßt der Kaiser in eigener Person den Bau des Monuments, erhebt sich diese Frage gar nicht erst. Am ausführlichsten wurde in der Forschung die sog. Münzpropaganda diskutiert[4]; auch in diesem Bereich besteht kein Zweifel darüber, daß die Münzbilder dem Kaiser zu dienen haben.

In einer absoluten Herrschaft, wie in jener der römischen Kaiser, ist im übrigen der Opportunismus der (führenden) Schichten ein wesentlicher Faktor, umso mehr, als alles Kaiserliche mit strengsten Strafen geschützt wurde. Auch diese allzu menschliche Verhaltensweise ist ein Garant dafür, daß in den entsprechenden Darstellungen gleich welcher Art nichts aufkommen kann, was nicht im Sinne des Kaisers ist.

Dies bestimmt im Folgenden die Auswahl der Beispiele, die nachstehend besprochen werden. Es geht um offizielle Darstellungen, die mit an Sicherheit grenzender Wahrscheinlichkeit durch eine Genehmigung irgendeiner Art gefiltert wurden.

Ziel von 'Bild und Bildersprache' des Kaisers

Ziel von 'Bild und Bildersprache' des Kaisers ist die Rezeption und, so irgend möglich, die Akzeptanz der Inhalte. Die Zielgruppen sind freilich vielfältig; der kaum Gebildete, der viel zitierte 'kleine Mann von der Straße' in Rom und anderswo muß das Bild rasch und im Sinne des Kaisers lesen und erfassen können, es muß ihm ohne viel Überlegung einleuchten, ihn beeinflussen. Der Hochgebildete sollte auch die Tiefen hinter einer scheinbar einfachen Szene verspüren und deuten können, gleichgültig, ob es sich dabei um den Niederschlag einer nur Wenigen gegenwärtigen Tradition, um eine religiöse, eine philosophische Dimension, um literarische Anspielungen oder um anderes mehr handelt. Fremde, die dem Römischen fernstehen, ihm womöglich feindlich gesonnen sind, sollten mindestens nachhaltig beeindruckt werden. Dies alles muß mit einer einzigen Darstellung, einer einzigen Inszenierung erreicht werden, der jederzeit mißgünstige

Kommentare, die Lächerlichkeit, die Spottlust der Großstädte drohen. So schreibt Cassius Dio beispielsweise voller Verachtung von Vitellius[5]: *Vitellius gab jedoch vielen Leuten Anlaß zur Erheiterung; denn die Menge konnte das Lachen kaum verbeißen, wenn sie den Mann, den sie doch als Hurenkerl gekannt hatte, bei offiziellen, feierlichen Prozessionen mit ernstem Gesicht einherschreiten oder auf einem kaiserlichen Roß im Purpurmantel reiten sah; nur zu gut erinnerte man sich ja, wie er die Kleidung der Blauen* (einer Zirkuspartei) *getragen und die Rennpferde gestriegelt hatte. Oder wenn man beobachtete, wie er in Begleitung einer riesigen Soldatenschar zum Kapitol emporstieg, er, den zuvor niemand, selbst auf dem Forum, ob der Masse seiner Gläubiger zu Gesicht bekommen hatte, oder wie er nun von allen zutiefst verehrt wurde, während früher kein Mensch ihn gerne auch nur mit einem Kuß begrüßen wollte.* Großstädte zumal spotten immer gerne und ausgiebig über ihre Herrscher.

Suetons Kaiserbiographien sind voll von solchen Witzeleien in Rom. Plinius der Ältere erzählt folgende Episode. Augustus trägt anfangs eine Gemme mit dem Bild einer Sphinx im Siegelring. Sofort spottet man über das Fabeltier, das voller Rätsel und Geheimnisse steckt – wie sein Herr. Er wählt bald einen anderen Ringstein[6]. Senecas Apokolokynthosis – Verkürbissung statt Vergöttlichung[7] – ist ein einziger, böser, sehr intellektueller Scherz auf den toten Claudius. Jeder Aufruhr in den Großstädten beginnt mit Murren, boshaftem Spott, lauten Zusammenrottungen, so in Antiochia im späten 4. Jh.[8], nicht anders in Byzanz im 11. Jh.[9] und andernorts, um nur einige weitere Beispiele zu nennen. Viele der volkstümlichen Beinamen antiker Herrscher bis hin zu denen byzantinischer Kaiser kommen auch vom politischen Witz der jeweiligen Residenzen, der, mitleidlos, auch vor körperlichen Gebrechen keinen Halt macht.

Es ist alles in allem eine schwierige Gratwanderung zwischen tiefen Abgründen. Ein Zuviel an tagespolitischer Tendenz kann ebenso schaden wie ein kurzfristiges Erlahmen der Aufmerksamkeit oder die fehlende Sensibilität für die im Augenblick wachsende oder für die gerade herrschende Stimmung.

Von offizieller Seite hat man in der Kaiserzeit die Möglichkeiten von 'Bild und Bildersprache' sehr bewußt genutzt. Die nachstehend behandelten Beispiele zeigen dies zur Genüge. Tacitus aber spricht einmal die Tendenziösität kaiserlicher Inszenierungen ungeschönt aus: Im Jahre 51 n.Chr. hat Kaiserin Agrippina die Jüngere ihren Gemahl Claudius so weit, daß er bereit ist, ihren Sohn aus früherer Ehe, Nero, den er im Jahr zuvor schon adoptiert hat, nun auch offen seinem eigenen leiblichen Sohn Britannicus vorzuziehen. Der Senat hat in kriecherischen Anträgen – es fällt das böse Wort *adulatio*, Speichelleckerei – den jungen Mann immer glanzvoller ausgezeichnet. Die Männertoga wurde ihm vorzeitig verliehen, er sollte bereits mit 20 Jahren das Konsulat bekleiden dürfen, er erhält als designierter *consul* die proconsularische Macht, und so fort. Dann heißt es[10]: *Zusätzlich verteilt wurden in seinem Namen ein Geldgeschenk für die Soldaten und eine Spende für das Volk. Und bei dem Zirkusspiel, das gegeben wurde, um ihm die Gunst der Masse zu gewinnen, fuhren Britannicus in der Purpurtoga, Nero im Triumphalgewand vorüber: sehen sollte das Volk diesen im Schmuck des Imperators, jenen in der Knabenbekleidung und sich entsprechend von der Rangstellung beider im Voraus ein Bild machen.* – Dieser Text läßt an Deutlichkeit nichts zu wünschen übrig.

Bilder lesen

Wie aber liest man die Bilder der kaiserlichen Bildersprache? Am besten einfach und – versuchsweise – ohne besondere Vorkenntnisse, wie der schlichte Zeitgenosse es auch getan haben dürfte.

Hadrians Legitimation

Abb. 1 zeigt eines der vier Reliefs, die seit 1572 bzw. 1573 im Treppenhaus des Konservatorenpalastes zu Rom eingemauert sind[11]. Drei der vier Stücke kommen aus dem Triumphbogen zu Ehren M. Aurels[12], dieses hier aus einem hadrianischen Monument, wobei seit der Renaissance ein M. Aurel-Kopf eingesetzt war, der erst um 1926 durch eine Kopie eines Hadriankopfes der Kapitolinischen Sammlungen ersetzt wurde. Von welchem Denkmal das Relief stammt, läßt sich nicht mit letzter Sicherheit sagen, nur daß es mit an Sicherheit grenzender Wahrscheinlichkeit hadrianisch war. In unserem Zusammenhang ist, was die zahlreichen Restaurierungen und Ergänzungen anlangt, besonders wichtig, daß Ruggiero Bescapè im Auftrag der Konservatoren ab 1595 einfühlsame, sachlich richtige Ergänzungen durchgeführt hat, wie die jüngsten Untersuchungen zeigen.

Das Relief ist in mehrere Ebenen gestaffelt. Die Hauptszene befindet sich nächst dem Betrachter. Dea Roma, wie üblich mit rechts freiem Oberkörper und im attischen Helm, überreicht dem Kaiser, der die Toga trägt, einen Globus. Arm und Globus sind Bescapès Werk. In zweiter Reihe stehen ein bärtiger alter Mann, ebenfalls in der Toga, mit einem Eichenkranz im Haar[13] und ein junger mit runder Kappe auf dem Kopf, beide dem Kaiser zugewandt. In der Mitte eilt ein *lictor* mit dem Rutenbündel auf den Kaiser zu, hinter ihm seine Kommandofahne, das *vexillum*, und etliche Feldzeichen, von *signiferi* getragen. Interessant ist sein nächster Begleiter, ein älterer unbärtiger Mann, den man auf anderen vergleichbaren Reliefs ebenso in Hadrians unmittelbarer Umgebung sehen kann. Nun zur Deutung. Die Göttin Roma ist den Betrachtern der Darstellung sicher gut bekannt. Es liegt auch nahe, im bärtigen alten Mann mit dem Eichenkranz den Genius des Senats zu erkennen und folglich in seinem jungen Begleiter den des *populus Romanus*. Die sonstigen, *lictor*, Fahnenträger, Geleit, sind in der Stadt und im Reich überall gegenwärtig. Die Szene ist nicht schwer zu lesen. Roma und die Bevölkerung, dargestellt durch die beiden Genien, empfangen Hadrian in der Stadt. Der Kaiser trägt die Toga, also befindet er sich schon *domi*, 'zu Hause', der schlichte Bogen im Hintergrund muß keineswegs ein Stadttor sein. Er erinnert der Form nach an die Bogendurchfahrt im Triumphalrelief M. Aurels (Abb. 114). Es ist aber – um jetzt auf eine weitere Deutungsebene, eben auf die der besser Informierten zu kommen – keine einfache Ankunft, kein üblicher *adventus*[14]. Roma übergibt Hadrian den Globus, das Zeichen der Macht. Das bedeutet für den informierten Betrachter die Anerkennung Hadrians als Nachfolger von Trajan, die Legitimierung seiner

Abb. 1 Relief aus Rom: Dea Roma begrüßt Hadrian

Herrschaft. Er muß dies bei seiner Rückkehr aus dem Osten nach Trajans Tod 117 besonders betonen, denn seine Legitimation ist anfangs nicht unumstritten, es kommt bald zu scharfen Auseinandersetzungen[15]. Hadrian erreicht am 9. Juli 118 Rom. Die Darstellung reflektiert die prekäre Lage sehr genau, natürlich aus der Sicht Hadrians. Das Bild, das die (erwünschte) Billigung der Herrschaft als Tatsache hinstellt, ist und bleibt für ihn stets aktuell.

Domitian zieht ins Feld

Mit dieser einfachen 'Lesemethode' entschlüsselt man auch kompliziertere Darstellungen unschwer, wie ein zweites Beispiel zeigt. Die beiden sog. Cancelleria-

Reliefs in Rom gehören zu den meistumstrittenen Objekten der flavischen Zeit. Sie wurden 1937/39 unter dem gleichnamigen Palast auf dem Marsfeld gefunden[16]. Das Relief A ist nahezu vollständig (Abb. 2). Ein langer Zug bewegt sich auf der Bildfläche von rechts nach links. Die Hauptfigur, militärisch gewandet, ist die vierte komplette von links, sie trägt heute den Kopf des Kaisers Nerva. Schon durch die falsche Proportion sieht man genau, daß er von einem größeren Kopf umgearbeitet wurde: Domitian war ursprünglich dargestellt. Nach seiner Ermordung 96 und der Ächtung seines Andenkens (*damnatio memoriae*) hat der Nachfolger ihn offenbar ändern lassen. Götter geleiten den Kaiser: Mars, der Kriegsgott, im Helm und in voller Rüstung auf der Platte links, ihm folgt Domitians Schutzgöttin Minerva, die dieser am meisten verehrt hat. Hinter dem Kaiser sieht man wieder die Dea Roma, wie wir sie von Abb. 1 kennen, den Ort des Geschehens andeutend; ihre Geste, die Rechte unter dem Arm des Kaisers, zeigt, daß er von ihr geradezu in die Richtung des Abmarsches gedrängt wird. Die beiden Genien des Senats und des *populus Romanus*, der erste mit einem Zepter, der andere mit dem reichen Füllhorn, winken ihm Lebewohl. Der Rest ist die Begleitung eines ausziehenden Kaisers; links vorn schreitet vor Mars ein *lictor* mit dem Rutenbündel und dem Beil, weiter rechts und im Hintergrund sind Soldaten mit den verschiedensten Abzeichen und Waffen. Am linken Bildrand kann man noch die Flügel der voranfliegenden Victoria sehen. Alles weitere fehlt heute.

Was erzählt also das Relief? Zu einer militärischen Aktion zieht Domitian aus, nicht nur der Kriegsgott Mars, sondern auch seine Minerva gehen mit, Victoria bahnt ihm den Weg, führt ihn zum Sieg an. Soweit die vordergründige Lesart, die jeder nachvollziehen kann. Auffällig ist aber, wohl erst auf den zweiten Blick, die Geste der Roma, die den Kaiser zu seinem Abmarsch fast schon nötigt. Das ist wieder ein eher verborgenes Element der Darstellung, etwas für den besser Informierten. Domitian sehnte sich zeitlebens nach militärischem Erfolg, nach Sieg und Triumph. Wie manche antiken Schriftsteller kritisch anmerken, war er sogar bereit, bis zur Fälschung des Erfolgs zu gehen, wenn man die allgemein ablehnende Beurteilung seiner militärischen Tätigkeit für verbindlich nehmen will[17]. Drängt also Roma im Bild zum Abmarsch, wird damit – stets aus der Sicht Domitians – signalisiert, daß ihn Roma selbst, die Ereignisse und Notwendigkeiten zum Waffengang *zwingen*, um die Interessen des Imperiums zu wahren. Man kann nur ahnen, wie in entsprechenden Kreisen diese Sicht bespöttelt wurde – wenn die Angst vor kaiserlicher Willkür nicht schon im Vorfeld zu Vorsicht und Schweigen gemahnt hat.

Es scheint also, daß es leicht war, die Sprache der kaiserlichen Darstellungen zu lesen, leicht für den einfachen Menschen, den wenig Gebildeten, wie, noch mehr, für den Hochgebildeten, der, wie auch immer, Anteil an der Tagespolitik hatte. Die einzelnen handelnden Figuren der Darstellung sind gleichsam die Silben der Bildersprache. Die Verdeutlichung, Zusammenfassung von eher abstrakten Vorstellungen in rational begreifbaren Formen, in der bildenden Kunst in mehr

Abb. 2 Relief Cancellaria-A aus Rom: Domitians Auszug

oder minder idealisierter menschlicher Gestalt, in Götterfiguren etwa, um sie menschlich zu fassen und dadurch unmittelbar verständlich zu machen, heißen *Allegorien.*

Doch der antike Mensch betrachtet Darstellungen in weit anderem Sinne, als wir heute. Seine Bildauffassung erhöht die Bedeutung dieser 'Silben der Bildersprache' in entscheidender Weise.

Die Bildauffassung der römischen Kaiserzeit

Um die Wirkung von 'Bild und Bildersprache' besser zu verstehen, ist also eine Besonderheit zu beachten: In der Antike stand man dem Bild anders gegenüber als heute, sieht man einmal von der verwandten Sicht der Ostkirche ab[1]. Der wesentliche Unterschied ist, sehr vereinfacht gesagt, dies: Für den antiken Menschen gilt das Bild als 'beseelt'. Es ist das vollständige Abbild seines Urbildes, diesem in allem gleich. Uralte, magisch-animistische Vorstellungen leben im Volke selbst dann noch weiter, als die geistige Elite der griechisch-römischen Welt längst anders, differenzierter und rationaler, denkt. Gleichwohl sind sie nicht immer gegen das magische Denken gefeit. Angst und Aberglaube liegen eben stets nahe beieinander.

Lebendige Götterbilder

Götterbildnisse wirken verheerend auf Menschen, wenn sie nicht verhüllt sind: *Die Pellenier selbst sagen, das alte Schnitzbild der Göttin stehe sonst immer unberührt im Hintergrunde des Tempels, wenn es aber von der Priesterin von seinem Platz genommen und hinausgetragen werde, dann schaue es niemand an, sondern alle wendeten sich weg, denn nicht nur für Menschen sei sein Anblick schaudererregend und gefährlich, sondern auch die Bäume mache es unfruchtbar und die Früchte lasse es verdorren, an denen es vorbeigetragen werde* – erzählt Plutarch im 2. Jh. vom Tempel der Artemis im peloponnesischen Pellene[2]. Die Götterbilder bekunden ihre Ablehnung, wenn sie wollen, so liest man schon in Homers Ilias[3]. Aber man verhält sich auch dementsprechend, wenn es darauf ankommt; Theokrit notiert bei Gelegenheit, daß die Statue des Pan richtiggehend gezüchtigt wird, wenn der Gott die Wünsche seiner Verehrer nicht erfüllt[4]. Charakteristisch ist auch Suetons Bericht über die verhängnisvollen Anzeichen vor Domitians Tod. Der Kaiser verehrte zeitlebens die Göttin Minerva besonders, er fühlte sich in ihrem Schutz geborgen. Vor seiner Ermordung sieht er sie im Traum, wie sie, d.h. ihre Statue, ihren Tempel verläßt, weil sie ihm nicht mehr beistehen will, besser gesagt, seinen Schutz nach dem Willen Jupiters nicht mehr wahrnehmen darf[5].

Es ist heute vielleicht schwer zu verstehen, was und mit welcher Selbstverständlichkeit der Historiker Cassius Dio von der Katastrophe des Apollodor von Damascus, Trajans großem Architekten, schreibt. Apollodor kritisiert, von Hadrian auf die Schönheit und die Bedeutung des Tempelbaus der Venus und der Dea Roma in Rom angesprochen, die Anlage unter anderem mit folgender Begründung[6]: *Was sodann die Figuren betraf, meinte Apollodoros, daß sie im Verhält-*

Abb. 3 Statue aus Rom: Römer mit Ahnenbüsten

nis zur Höhe der Cella zu groß geraten seien. 'Wenn nämlich die Göttinnen', sagte er, 'aufstehen und hinausgehen wollen, werden sie dazu nicht imstande sein'. Hadrian, seit langem über Apollodor verärgert, schickt ihn ins Exil, später wird er hingerichtet.

Götterbilder werden ganz selbstverständlich kultisch gebadet, gesalbt, gekleidet, sie nehmen an Gastmahlen teil. Götterstatuen wohnen Theater- und Circusaufführungen bei, und so fort. Man könnte die Beispiele mühelos weiter aneinanderreihen. Sie alle sprechen für die Identifikation von Urbild und Abbild.

Der tote Römer

Ganz eindeutig zeigt sich diese Auffassung im römischen Begräbniszeremoniell, an dem die Ahnen vor allem der vornehmen Familien in der Erscheinungsform ihrer Bildnisse teilnehmen[7]. Schon der griechische Historiker Polybios war von diesem Brauch im 2. Jh. v.Chr. tief beeindruckt. Er schreibt[8]: *Wenn sie ihn dann begraben und ihm die letzte Ehre erwiesen haben, stellen sie das Bild des Verstorbenen an der Stelle des Hauses, wo es am besten zu sehen ist, in einem hölzernen Schrein auf. Das Bild ist die Maske, die mit erstaunlicher Treue die Bildung des Gesichts und seine Züge (?) wiedergibt. Diese Schreine öffnen sie bei den großen Festen und schmücken die Bilder so schön sie können, und wenn ein angesehenes Glied der Familie stirbt, führen sie sie im Trauerzug mit und setzen sie Personen auf, die an Größe und Gestalt den Verstorbenen möglichst ähnlich sind. Diese tragen dann, wenn der Betreffende Konsul oder Praetor gewesen ist, Kleider mit einem Purpursaum, wenn Censor, ganz aus Purpur, wenn er aber einen Triumph gefeiert und dementsprechende Taten getan hat, goldbestickte. Sie fahren auf Wagen, denen Rutenbündel und Beile und die anderen Insignien des Amtes, je nach der Würde und dem Rang, den ein jeder in seinem Leben bekleidet hat, vorangetragen werden, und wenn sie zu den rostra gekommen sind, nehmen alle in einer Reihe auf elfenbeinernen Stühlen Platz. Man kann sich nicht leicht ein großartigeres Schauspiel denken …*

Abb. 3 zeigt eine Marmorstatue eines römischen Bürgers in der Toga vom Anfang des 1. Jhs., der solche Ahnenbilder in der Hand trägt[9]. Der Brauch hält sich; hierfür ein weiteres Beispiel aus den Texten: Über die Bestattung Kaiser Vespasians im Jahr 79 lesen wir bei Sueton[10], Erzpantomime Favor habe *seine Person getragen* – sprich, seine Maske, doch, so sehr 'in Person', daß Favor gleichsam selbstironisch über seinen (d. h. Vespasians) Geiz spöttelt; weiß man doch, daß der Kaiser keine Gelegenheit ausgelassen hat, gerade auch über sich selbst Witze zu reißen. Die Nachahmung ist Sueton natürlich klar, trotzdem sind hier die Grenzen hin zur Stellvertretung des Abbilds mindestens fließend.

Andere Arten, mit Bildern umzugehen: Lynchjustiz und Magie

Diese Stellvertretung des Bildes gilt aber ebenso für Menschen, nicht nur für Götter und zum Gott gewordene tote Kaiser wie Divus Vespasianus in unserem letztgenannten Beispiel.

Als Cn. Calpurnius Piso, Statthalter in Syrien, beschuldigt wird, im Jahre 19 zusammen mit seiner Frau den von den Römern so sehr geliebten kaiserlichen Prinzen Germanicus vergiftet zu haben, will man ihn verurteilt sehen. Die aufgeregte Menge droht ihm vor dem Senat lauthals Lynchjustiz an, sollte er in der Untersuchung straflos davonkommen. Schließlich ergreifen die Leute ganz im Sinne der Stellvertretung der Bilder die Initiative. Darstellungen Pisos werden zu den *scalae Gemoniae* – der Treppe vom *carcer* zur *arx* unterhalb des Kapitolhügels in der Nordwestecke des Forum Romanum – geschleppt und dort in Stücke gerissen, denn dorthin schleift der Henker den Leichnam eines Hingerichteten, um ihn der Wut des Volkes auszuliefern[11]. Die Denkweise hinter dieser bewegten Szene ist auf dem Niveau magisch-zauberischer Vorstellungen ganz eindeutig.

Das Prinzip der Stellvertretung gilt womöglich noch mehr für eine üble Praxis der Magie, für den Zwingzauber. Da werden Puppen gebaut, die die Züge (oder andere Charakteristika) der Zielperson tragen. Man fügt ihnen im magischen Ritus das zu, was dem Original widerfahren soll. Ebenso werden Götter und Dämonen mit Hilfe ihrer Abbilder gezwungen, dem sachkundigen Magier zu Diensten zu sein[12]. Im großen Pariser magischen Papyrus steht unter anderen Vorschriften ein typisches Rezept für Liebeszauber mit Puppen[13]: *Nimm Wachs* (oder Ton?) *von einer Töpferscheibe und knete zwei Figuren, eine männliche und eine weibliche.* Die einzelnen Körperteile der Puppen werden mit Zauberworten beschriftet, dann mit Nägeln durchbohrt und Gliedmaß um Gliedmaß verhext, um zusammenfassend zu beschwören (Z. 327f.): … *'ich durchbohre das betreffende Glied der NN, auf daß sie an niemanden denke, außer an mich, den NN allein'* … Schließlich bindet der Magier mit 365 Knoten und schrecklichen Flüchen die weibliche Puppe, um die Dargestellte zur Liebe zu zwingen.

Horatius beschreibt vordergründig spöttelnd, aber im Kern doch gruselig-gruselnd das Hantieren zweier Hexen auf dem Esquilinhügel in Rom mit Puppen, die bestraft werden sollen[14]. Der Leser weiß freilich um die verheerende zauberische Wirkung auf die Personen, die sie darstellen.

Auch hier könnte man die Beispiele mühelos weiter aneinanderreihen, vor allem auch aus der hohen Literatur.

Zur Rolle der Kaiserbilder und zu ihrem Verständnis

Daß dieser weit verbreiteten Auffassung gemäß den Kaiserbildern die gleiche Verehrung zukommt wie ihren Urbildern, den Kaisern, versteht sich von selbst. Mit der Zusendung von Bildern – *imagines* – wird der Thronantritt im Reiche verkündet. Lactantius spricht dies zu Anfang des 4. Jhs. an, wenn er nach der Ausrufung Constantins zum Kaiser berichtet[15]: *Wenige Tage später ist sein bekränztes Bildnis beim bösen Untier* (er meint damit den Kaiser Galerius) *angelangt. Dieser überlegte sich die Annahme lange …* (Schließlich) *nahm er das Bildnis eigentlich unwillig an und sandte ihm den* (kaiserlichen) *Purpur.*

Eine andere typische Episode ist die folgende: Als vor Aquileia im Jahre 238 Maximinus Thrax ermordet wird, zeigen die Belagerten ihre Wendung zu den inzwischen in Rom bestellten neuen Herrschern Pupienus, Balbinus und Gordianus Caesar so an[16]: *Die militärischen Führer der Aquileienser erlaubten zwar nicht, die Tore zu öffnen, sie holten aber die Bilder von* (Pupienus) *Maximus und Balbinus, sowie des Caesars Gordianus hervor, die mit Kränzen und Lorbeerzweigen geschmückt waren, riefen selbst ihnen Segenswünsche zu und verlangten von den Soldaten, die von den Römern und dem Senat dazu erklärten Kaiser ebenfalls anzuerkennen, laut auszurufen und ihnen zuzujubeln.*

Selbst der tote Trajan – besser gesagt, sein Bild – fährt 117 den großen Pertertriumph[17]: *Als der Senat den für Trajan fälligen Triumph auf ihn* (= den Nachfolger Hadrian) *übertragen hatte, lehnte er ab, und ließ Trajans Bild auf dem Triumphwagen fahren, damit der vortrefflichste Kaiser der Ehre des Triumphes auch nach dem Tode teilhaftig werde.* Ebenso können Kaiserdarstellungen selbständig an Theater- oder Circusaufführungen teilnehmen. Eine der Ehrungen, die der Senat auf Wunsch M. Aurels nach dem Tode der Kaiserin Faustina 176 beschließt, erläutert Cassius Dio[18]:

Auch sollte jedesmal, wenn der Kaiser als Zuschauer den Veranstaltungen beiwohnte, eine goldene Statue der Faustina auf einem Stuhl ins Theater getragen und in der vordersten Reihe, von wo aus die Kaiserin im Leben zuzuschauen pflegte, niedergestellt werden. Die einflußreichsten Damen aber hatten im Umkreis Platz zu nehmen.

Dem Kaiserbild wird überall, besonders aber bei Thronantritt jede zeremonielle Ehre erwiesen, die dem Herrscher in Person zusteht. Das Volk empfängt es feierlich[19], es wird bekränzt, mit meist rhythmischen Zurufen (*acclamatio*[20]) begleitet. Auf Feldzeichen führt es die Soldaten an, nimmt Loyalitätsbekundungen z. B. im fernen Bithynien[21] und die Ergebung der besiegten Feinde entgegen[22]. Seit etwa dem 2. Jh. steht es auch auf dem Tribunal[23], ebenso auf den Bestallungsurkunden hoher Würdenträger mindestens in der Spätantike[24]. Es versteht sich daher, daß die Vernichtung der Kaiserbilder, namentlich im Militärlager durch die Soldaten jederzeit ein bedrohliches Anzeichen des Aufstandes darstellt; den Abfall der ravennatischen Flotte von Vitellius im Jahre 69 zeigt beispielsweise die Entfernung seiner *imagines* durch die Kommandanten der Schiffe an, als die Besatzungen sich mehrheitlich dem Vespasian zugewandt haben. Die wenigen, die die Bilder des Vitellius verteidigen, werden niedergemacht[25].

Es fragt sich nach alldem, wie sich die Zeitgenossen die immer wieder praktizierte Stellvertreterrolle der (Kaiser)bilder erklärt haben. Die meisten haben es anscheinend einfach hingenommen, auch wenn im Laufe der Zeit aufgeklärte Denker und Skeptiker darüber vielleicht gelächelt haben. Die breite Masse hielt es wohl so, wie eine Traumdeutung zeigt[26]: *Der Kaiser, ein Tempel, ein Soldat, ein kaiserliches Schreiben, ein Silberstück und ähnliches mehr sind Zeichen, die wechselweise füreinander stehen. Stratonikos träumte, er trete den Kaiser mit Füßen. Beim Verlassen des Hauses fand er ein Goldstück, auf das er zufällig getreten war; es machte keinen Unterschied, ob er den Kaiser oder dessen Bild mit Füßen bearbeitete oder trat.* Eine andere Erklärung, jene in einer Predigt des Severian von Gabala um die Wende vom 4. zum 5. Jh., ist schlicht und volksnah[27]: *Bedenke, wie viele Statthalter es auf dem Erdenrund gibt. Da nun der Kaiser nicht bei allen zugegen sein kann, so muß das Bild des Kaisers in Gerichtshallen, auf Marktplätzen, in Versammlungsräumen, in Theatern vorhanden sein. An jedem Orte, wo ein Statthalter seines Amtes waltet, muß es zugegen sein, damit die Amtshandlungen bekräftigt werden. Denn der Kaiser kann, da er ein Mensch ist, nicht überall gegenwärtig sein.* Das leuchtet ein.

Diese hier für die Alltagspraxis formulierte Vorstellung der Stellvertretung des Kaiserbildes führt zwei Generationen früher der Kirchenvater Athanasios auf hoher theoretischer Ebene in der Aussage ähnlich aus[28]: *Im Bildnis ist nämlich das Wesen und die Gestalt des Kaisers, und im Kaiser ist auch das Wesen, welches im Bilde ist. Durchaus gleich ist nämlich die Ähnlichkeit des Kaisers im Bildnis, so daß der, der das Bild anschaut, auch den Kaiser sieht, und wer den Kaiser sieht, erkennt, daß er derselbe ist im Bildnis. Weil sie sich bezüglich der Ähnlichkeit nicht unterscheiden, könnte das Bildnis zu dem, der hinter dem Bildnis den Kaiser sehen will, sagen: ich und der Kaiser sind eins; ich bin nämlich in ihm und er in mir und was du in mir siehst, das schaust du auch in ihm und was du in ihm gesehen hast, das siehst du auch in mir. Wer nun also das Bildnis verehrt, verehrt in ihm auch den Kaiser; dessen Gestalt und Wesen ist nämlich das Bildnis.*

Politische Hintergründe

Das alles führt ins Politische. Es zeigt sich klar und eindeutig, daß hier die Loyalität der Untertanen gefragt und gefordert wird. Daher gilt das Prinzip als solches auch für das christlich gewordene Kaiserreich[29]. Im gleichen Sinne spricht Bischof Ambrosius von Mailand von der Ehrung von Kaiserbildern[30]: ... *wer nämlich das Bildnis des Kaisers bekränzt, ehrt so oder so den, dessen Bildnis er bekränzt hat, und wer die Statue des Kaisers verspottet, der tut so oder so auch dem Kaiser Unrecht, dessen Statue er angespuckt hat.* Er setzt aber gleich noch folgendes hinzu: *Die Barbaren beten das Holz an, weil sie glauben, daß es Gottes Bild sei; das Abbild des unsichtbaren Gottes ist indessen nicht in dem, was sichtbar ist, sondern sowieso in dem, was man nicht sieht.* Damit haben wir im Kern das ganze Problem des byzantinischen Bilderstreites in Kurzfassung vor uns, der im 8. und 9. Jahrhundert Byzanz erschüttern wird. Bei aller Ablehnung des (Andachts)bildes bleibt die Verehrung des Kaiserbildes – eben aus politischen Erwägungen heraus – bindend. In den Auseinandersetzungen im byzantinischen Bilderstreit formuliert Bischof Theodosios von Amorion auf dem II. Konzil von Nikaia 787 den Grund zur Bilderverehrung dementsprechend so[31]: *Wenn den bekränzten Bildern und Ikonen der Kaiser, die in die Städte und Länder geschickt werden, die Bevölkerung entgegeneilt mit Kerzen und Weihrauch, nicht, um die mit Wachsfarben bemalte Tafel zu ehren, sondern den Kaiser* ... Vielleicht noch klarer ist das Wort des Abtes Theodoros Studites an den Kaiser Michael II.[32]: ... *wie bei Eurer Herrschaft die Aufnahme des geprägten Bildes Bekenntnis ist, daß Ihr als Kaiser herrscht, wie auch umgekehrt* ... Dies besagt ganz einfach, daß die Ablehnung des Kaiserbildes selbstverständlich die Ablehnung der Person selbst bedeutet, in diesem Falle die Nichtanerkennung des betreffenden Kaisers. So nimmt es nicht wunder, daß auch Katakalon Kekaumenos, ein byzantinischer General, noch in der zweiten Hälfte des 11. Jhs. von der protokollarischen Rolle des (Kaiser)Bildes berichtet[33].

Die eben vorgestellte magisch-zauberische Unterströmung bedarf keiner philosophischen Begründung, wenn sie Urbild und Abbild miteinander identifiziert; sie bleibt in der gesamten Antike und in Byzanz bis über den Bilderstreit im 8.–9. Jh. hinaus gelebte Wirklichkeit, mehr noch, Alltagspraxis.

Heiden und Christen im Osten und im Westen

Aus der denkerischen Skepsis solchen allzu einfach-einfältigen Lösungen gegenüber erwuchs früher schon in den entsprechenden Kreisen das Streben, eine ihrer Zeit gemäße wissenschaftliche Bildertheorie zu entwickeln[34]. In der zweiten Hälfte des 3. und Anfang des 4. Jhs. ist auf der Basis der Gedankengänge der Neuplatoniker Porphyrios und Iamblichos eine solche Bildtheorie schließlich greifbar. Sie stellt den heidnischen Standpunkt dar: Jedenfalls die Götterbilder seien von göttlicher Kraft beseelt. So wird die volkstümliche, stets sehr starke, ins Magische führende Bildauffassung gleichsam untermauert. In die Auseinandersetzung mit der zunächst die Bilder ablehnenden Haltung der Christen zieht eben diese Vorstellung von der heidnischen Seite ein. Die christliche Absage an die Bilder schwächt sich sehr langsam ab. Illustrationen sind eher zur Belehrung willkommen[35]. Andachts- und Kultbilder sind offenbar im Volke schon weit verbreitet, bleiben aber lange theologisch umstritten. Gerade wegen der Vorstellung von der Identität von Urbild und Abbild lehnen die Bilderfeinde diese ab, denn ein wesensgleiches Bild von Gott etwa kann es nicht geben[36]. Die Auseinandersetzungen führen in Byzanz seit 726 zum großen Bilderstreit von über 100 Jahren[37]. Die Bilderverehrung wird schließlich 843 im Osten endgültig gutgeheißen.

Im Westen scheint die heidnisch-antike Bildauffassung im Zuge der Völkerwanderung allmählich untergegangen zu sein; zumindest an die Oberfläche dringen keine magisch-abergläubigen Vorstellungen über die alte Stellvertreterrolle der Bilder. Soweit in den Texten greifbar, werden bei Thronantritt die Bildnisse des Kaiserpaares Phokas und Leontia 602 als letzte im alten Stil in Rom noch empfangen und akklamiert[38], nunmehr in christlicher Litaneiform.

Schwierigkeiten gibt es aber auch im Westen mit der Verehrung von Heiligenbildern[39]. Bischof Serenus von Massilia-Marseille läßt um 600 offenbar die Bilder aus den Kirchen entfernen, ja sogar vernichten. Papst Gregor der Große ist bereit, seinen Eifer anzuerkennen, sein Bescheid lautet aber[40]: *Dennoch solltest du die Bilder nicht vernichten. Denn die Bilder werden in Kirchen angebracht, damit die Analphabeten an den Wänden sehend das lesen können, was sie in den Büchern zu lesen nicht vermögen. Du solltest, Bruder, die Bilder bewahren, das Volk aber von ihrer Adoration abhalten.* Gregor muß dann nochmal auf das Problem Serenus gegenüber zurückkommen[41]. Im Westen wird, soweit ersichtlich, die Frage der Bilderverehrung in keiner Weise mit komplizierten Glaubensfragen verbunden, wie in Byzanz. Die Probleme sind hier durchaus andere. Es geht nicht mehr um die Gleichstellung von Ur- und Abbild, die, auf Christusbilder etwa bezogen, die Auffassung der Bilderfeinde im Osten, daß die Bilderverehrung schlicht Idolatrie, Götzenverehrung sei, vordergründig zu rechtfertigen scheint.

Es ist der fränkische Klerus im Westen, der schließlich die Verehrung der Bilder anstelle der Dargestellten definitiv ablehnt. Man versteht die dahinterstehende antike Denkform überhaupt nicht mehr[42]. So wird zugleich eines der wichtigsten Argumente der byzantinischen Bilderverehrung in Frage gestellt, ja abgelehnt, nämlich die Verehrung der Kaiserbilder und damit ihre Stellvertreterrolle überhaupt. Ab sofort gehen der Osten und der Westen getrennte Wege.

Bild geht vor Schrift

Dies leuchtet ein, besonders uns heute. Unser Alltag ist voller Bild-Zeichen, Piktogramme. Es ist typisch, daß vor allem Wegweiser und Straßenschilder solche Piktogramme tragen. Der Grund – heute – ist: Bei schneller Fahrt z.B. im Auto erfaßt man Hinweise in Bildform besser. Dem entspricht, daß der zugehörige Text auf Straßenschildern, falls überhaupt vorhanden, knapp sein muß. Ein weiterer Umstand kommt noch zugunsten der Piktogramme hinzu, die Vielsprachigkeit unserer Tage. Hinweisschilder auf Flughäfen, Bahnhöfen, bei großen Veranstaltungen usw. sollen allgemein verständlich sein. Eine absolut gültige Weltsprache fehlt, das Bild aber spricht alle an. Es ersetzt freilich die ausführliche Textinformation nicht ganz, findet aber sinnvolle Verwendung dort, wo rasch eine erste Orientierung not tut.

Die hilfreiche Gestik

Diese Aspekte gelten für die antike Welt nur bedingt. Ein Beispiel zeigt jedoch, welche Bedeutung bei Kommunikationsschwierigkeiten mit der Sprache die bildhafte Darstellung auch damals bekommen konnte. Unser Gewährsmann ist Lukian von Samosata. Er lebte im 2. Jh. n.Chr. In seinen geistreich spöttelnden Prosastücken nimmt er lächelnd die Auswüchse der eigenen Zeit aufs Korn. Einer seiner Essays in Dialogform ist der Bedeutung der Tanzkunst, der Pantomimik gewidmet. Er schreibt[1]: *Weil wir eben von Nerons Zeiten sprechen, muß ich dir doch noch ein anderes Geschichtchen erzählen, das einem Ausländer mit ebendiesem Tänzer begegnete und wohl das größte Lob ist, das der Tanzkunst erteilt werden kann. Dieser Ausländer, von einer der Völkerschaften im Pontus, welche halb Griechen und halb Barbaren sind, aber aus einem königlichen Hause, der in seinen Angelegenheiten an den Hof des Nero gekommen war, hatte den besagten Tänzer einige Pantomimen so meisterhaft und deutlich ausführen sehen, daß er alles verstand, wiewohl er von dem, was dazu gesungen wurde, nichts hören konnte. Da er sich vom Nero wieder beurlaubte und ihm dieser beim Abschied sagte, er möchte sich von ihm ausbitten, was er wollte, es sollte ihm mit Vergnügen gewähret werden, erwiderte jener: „Du würdest mich äußerst glücklich machen, wenn du mir den Tänzer schenken wolltest." – „Und was wolltest du in deinem Lande mit ihm anfangen?" fragte Nero. „Ich habe", erwiderte der Fremde, „verschiedene Nachbarn, die eine andere Sprache reden, und es ist nicht wohl möglich, immer einen Dolmetscher bei der Hand zu haben: sooft ich nun einen nötig hätte, sollte er diesen Leuten durch Gebärden auslegen, was ich ihnen sagte." – Mich deucht, man kann keinen stärkern*

Beweis von dem sonderbaren Eindruck verlangen, den die Deutlichkeit der mimischen Sprache auf diesen Mann gemacht hatte. Soweit die Anekdote Lukians. Es geht dabei weniger um die historische Wirklichkeit der Erzählung, die sich im Rahmen der diplomatischen Empfänge und Gast- oder Abschiedsgeschenke am Kaiserhof so oder auch anders abgespielt haben mochte, sondern um die Einschätzung einer anderen Art von Kommunikation, die auf geschriebene oder gesprochene Worte zunächst verzichtet[2]. Dies gilt auch für jene Aussagen, die die Bilder vermitteln können.

Daß die Gestik das Verstehen des Vortrags durchaus erleichtern kann, ist einleuchtend. Die Antike kennt ganze Systeme dafür in allen ihren vieldeutigen Variationen. So nimmt es nicht wunder, daß Athenaios von Naukratis im 2. Jh. im Rückblick auf die ehrwürdige Tragödie, auf Aischylos selbst verweist, der als erster für den Chor pantomimische Tänze vorgesehen habe; andere sollten dem großen Beispiel folgen. Sein Bericht ist wieder charakteristisch für die Wirkung der Pantomimik[3]: *Auch Telesios, beziehungsweise Telestes, der Tanzlehrer, erfand viele Figuren und veranschaulichte mit großer Kunst den Sinn des Textes durch Armbewegungen. ... Er tanzte für Aischylos, und Aristokles berichtet, daß er ein so großer Künstler war, daß er in den 'Sieben gegen Theben' die Handlung allein durch seine Tanzbewegungen deutlich machte.*

Auch Sueton betont die Wichtigkeit der Gestik gerade bei öffentlichen Ansprachen, denn die Leute, die weiter hinten stehen, können den Redner besser sehen als hören[4].

Selbst die hochmütige Bemerkung des berühmten spätantiken Rhetors Libanios unterstreicht auf ihre Weise die Allgemeinverständlichkeit der Gestik im Gegensatz zur Sprache. Sie kommt gerade bei den wenig Gebildeten sehr gut an. Libanios wird 349 vom Kaiser nach Constantinopolis berufen; über diesen für ihn wenig befriedigenden Lebensabschnitt schreibt er in der autobiographischen Rede I[5]: *Reden zu halten unterließ ich trotzdem nicht, und das Publikum kam, teils um zu hören, was ich zu sagen hatte, in der Mehrzahl aber, um meine Gestikulation zu sehen; der dortige Rat besteht nämlich mehr aus Militärpersonen als aus Gebildeten.*

Nur nebenbei sei bemerkt, daß der Pantomime auch heute noch in der Lage ist, ohne Sprache selbst die kompliziertesten Mitteilungen verständlich zu machen, die Grenzen der Sprache aufzuzeigen und sie mit Hilfe eines anderen Idioms – der Körpersprache – zu überschreiten und weiterzuführen[6]. Wie sagte es S. Eitrem bei Gelegenheit doch so treffend: *Die Gestensprache ist ja eine internationale Sprache, ebenso wie die Sprache der Töne*[7].

In die gleiche Rubrik gehören zahlreiche weitere Nachrichten aus der Antike, die sorgfältig die Mimik und die Körpersprache notieren, bevor die Beteiligten überhaupt zum Reden kommen. Extensive Demutsgesten unterstreichen den Bittgang der alexandrinischen Juden zum Statthalter Petronius unter Caligula[8]; der Alamannenkönig Suomar, der einen günstigen Vertrag aushandeln möchte, wird im Feldlager erst bei Julianus Caesar vorgelassen, als man seine unterwürfige Haltung sieht[9], um nur einige Beispiele zu nennen. Auf die Bedeutung der Gestensprache werden wir später immer wieder zurückkommen.

Analphabetismus? Die Schulfrage

Es ist denkbar, daß im römischen Reich die mangelnden Kenntnisse des Lesens und des Schreibens in gewisser Weise den Vorrang des Bildes vor der Schrift gefördert haben. Dies wird in der Fachliteratur oft stillschweigend unterstellt. Es lohnt sich daher, über die Rolle des Analphabetismus in der hier behandelten Zeit, den ersten Jahrhunderten nach Christi Geburt in aller Kürze nachzudenken[10].

Eine wichtige Frage in diesem Zusammenhang ist zunächst, auf welche Weise Lesen und Schreiben erlernt werden. Eine Schulpflicht gibt es in der Antike nicht, der Unterricht ist prinzipiell Privatsache. Er besteht in Rom aus drei Phasen: dem *ludus litterarius*, dem Elementarunterricht, noch spielerisch bewältigt, wie der Name sagt. Die Kinder fangen damit im 7. Lebensjahr etwa an, der Lehrer heißt *magister.* Darauf folgt die mittlere Stufe, die der *grammaticus* erteilt, die freilich keineswegs alle Heranwachsenden besuchen. Ab etwa dem 15./17. Jahr, nach Erlangen der Männertoga, der *toga virilis*, kommen die Studierenden zum Rhetor bzw. zum Philosophen auf die hohe Schule. Mit 20 Jahren ist das Hochschulstudium meist abgeschlossen.

Lesen, Schreiben und Rechnen erlernt das Kind also im *ludus litterarius* im Grundunterricht[11]. Der Lehrer ist ein Kleinunternehmer, mitunter eine sonst nicht sehr erfolgreiche Existenz[12]. Er wird den Lehrern höherer Stufen selten gleichgestellt, wenn es z. B. um steuerliche Erleichterungen geht, auch wenn die allgemeine Entwicklung langsam in diese Richtung führt. Noch M. Aurel verwehrt diesem Personenkreis ausdrücklich steuerliche Erleichterungen[13]. Auch die vielfach nachweisbaren Schulstiftungen fallen nicht zu ihren Gunsten aus[14].

Kinder aus vornehmen und/oder wohlhabenden Familien werden, nicht anders als die Sklaven eines großen Hauses[15], zunächst zu Hause unterrichtet oder aber, begleitet von einem *paedagogus*, zum *magister ludi* in den täglichen Unterricht geschickt. Der *magister* mietet sich einen Geschäftsraum in zentraler Lage in der Stadt, in Rom beispielsweise am Forum Romanum. Der Unterricht dauert 8 Monate[16] im Jahr; der Sommer ist zu heiß, da genügt als Leistung, wenn die Kinder gesund durchkommen: *Sind Kinder wohl im Sommer, ist's genug Weisheit*[17]. In langsamen Schritten lernen sie[18], die Buchstaben einzeln, dann in Zweiergruppen zu schreiben und zu lesen, darauf folgen die Silben, schließlich ganze Worte. Diesen Stufen entsprechend teilt man in Rom die Kinder in *abecedarii*, *syllabarii* und *nominarii* ein; man läßt sie immer wieder von Vorlagen abschreiben. Als Abschluß des Grundunterrichts kommt es zu kleinen Sinnsprüchen und zu kurzen, zusammenhängenden Texten. Zur ersten Schulstufe gehört auch das Rechnen. Hier geht es um das Aneignen von Zahlwörtern und -begriffen und um ihren Gebrauch, wie es die Praxis im Alltag notwendig macht. Horatius schildert in der Ars Poetica die Rechenstunde so[19]: *Roms Jugend lernt in langen Bruchrechnungen hundertteilig das As zerlegen. 'Sagen soll mir der junge Albinus: nehme ich von 5 Zwölfteln* (quincunx) *eine Unze weg, was bleibt als Rest? – Du konntest es schon heraus haben!' 'Ein drittel As* (triens).' *'Bravo! Wirst mal das Deinige zusammenhalten. Bekomme ich eine Unze hinzu: wie groß ist die Summe?' 'Ein halb As* (semis)' – Es geht also nicht um Bruchrechnungen im eigentlichen Sinne, obwohl sie inbegriffen sind. Die Brüche bestehen als Unterteilungen der Münz- und Gewichtseinheit *as* als eigene Begriffe. Ihr Gebrauch wird zunächst ohne jedwede Abstraktion praktisch geübt, so wie es im Geschäftsleben nötig ist. Für kompliziertere Rechenaufgaben nimmt man das Rechenbrett, den *abacus*[20], zur Hand oder hat, eigens von einem *calculator*, Rechnungsführer, ausgebildet, entsprechende Fachleute (*dispensatores, nummularii* usw.) unter seinen Sklaven oder Freigelassenen. Soweit zum Unterricht in der ersten Stufe der Schule. Daß die Qualität des Gebotenen stets vom Lehrer abhängt, ist selbstverständlich. Die besseren Schulen sind in den Städten, allen voran in Rom.

Wesentlich für die Beurteilung des Analphabetismus in der Kaiserzeit bleibt die Frage, wie weit eben diese Eingangsstufe der Schule im Imperium verbreitet ist. In den Städten ist sie gut vertreten; es gibt aber auch manche Spuren ihrer Existenz in entfernteren Gebieten außerhalb der städtischen Zentren. Plinius der Ältere berichtet beispielsweise, daß eines Tages, zu Augustus' Zeiten, ein Junge aus einer armen Familie von Baiae nach Puteoli (unweit Neapel in Kampanien) auf dem Schulweg in den *ludus litterarius* sich mit einem in eine Lagune im Golf von Baiae (lacus Lucrinus) verirrten Delphin angefreundet habe[21]. Sueton erzählt, daß Caligula seine betrügerischen Triumphe am Rhein mit als Geiseln zurechtgemachten Schulkindern inszenierte[22]. Im ersten Fall geht es um Italien, im zweiten um die Nordgrenzen des Reiches; in beiden Fällen wird der *ludus litterarius* nebenbei wie selbstverständlich erwähnt. Ein weiterer Hinweis sei noch angeführt. Im lusitanischen Bergwerksgebiet wird im 2. Jh. den *magistri ludi litterarii* eine Befreiung von bestimmten Abgaben gewährt[23].

Auch im griechischsprachigen Osten ist die Lage ähnlich: Die einführenden Schulen sind weit verbreitet[24]. Vor allem die reichen Papyrusfunde bieten viel Information. Das griechische Schulsystem dient dem römischen als Vorbild.

Dem Lehrer steht von seinen Schülern pro Monat und Kopf ein bestimmtes Schulgeld zu, wie hoch, läßt sich nicht mit letzter Sicherheit sagen[25]. Es ist knapp, soviel steht aber fest. Noch Anfang des 4. Jhs. im Höchstpreisedikt Diocletians wird dem Lehrer im Monat je Schüler ein Betrag zugedacht, der die Hälfte des Preises von einem Scheffel Getreide darstellt[26]. Im Laufe des Schuljahres bekommt er zu verschiedenen Anlässen aber Geschenke von den Schülern.

Das Schulgeld mag in vielen Fällen hinderlich gewesen sein; manche freie, aber arme Eltern haben diese Barriere wohl nicht überwinden können oder wollen.

Kehren wir zur eingangs gestellten Frage zurück. Wie steht es mit dem Analphabetismus in der Kaiserzeit? Betrachtet man die Verbreitung der ersten Schulstufe, des *ludus litterarius*, gewinnt man den Eindruck, als ob der Analphabetismus keineswegs breit gestreut gewesen wäre[27], so wie man es vielleicht unreflektiert annehmen könnte. Es gibt ganz gewiß große Unterschiede je nach sozialem Stand und Vermögen; es gibt ebenso sicher ein Gefälle zwischen Stadt und Land, selbst zwischen Landschaft und Landschaft. Man kennt freilich die Rolle der Schreiber, die gegen Entgelt beliebige Schriftstücke erstellen; noch Kaiser Justinian beklagt im 6. Jh. n.Chr. den Umstand, daß auf dem Lande schwer Zeugen zu finden seien, die selbst eine Unterschrift leisten könnten[28]. Dennoch, die allein auf das Praktische gerichtete Grundausbildung muß relativ weit verbreitet gewesen sein, denn sie ist für viele Tätigkeiten und Erwerbszweige im Alltag notwendig. Daher ist das, was einer der Gäste des neureichen Aufsteigers Trimalchio beim Abendessen sagt, wohl für eine vergleichsweise breite Schicht der Bevölkerung typisch: *Ich habe keine Mathematiken und Ästhetiken und all den andern Unsinn gelernt, aber ich kenne die Buchstaben auf den Steinen und dividiere mit Hundert in Münze, Maß und Gewicht*[29]. Viel ist das nicht, unser Gewährsmann vermag gerade die Kapitalbuchstaben auf den Inschriften zu lesen, ob er sie auch schreiben kann, sagt er freilich nicht. Im Alltag im Handel kommt er aber gut weiter, denn sein Geschäft blüht.

Noch einmal: Bild geht vor Schrift

Als in der Völkerwanderung das alte westliche Reichsgebiet bereits von Barbaren, vor allem Germanen besetzt ist, formuliert um 600 Papst Gregor der Große die Rolle der Bilder zugespitzt dem bilderfeindlichen Bischof Serenus von Marseille gegenüber so[30]: *Daß du die Adoration der Bilder verboten hattest, lobten wir durchaus, aber wir untersagten es, sie zu zerbrechen ... Denn ein anderes ist es, das Bild zu adorieren, ein anderes wiederum, durch das Bild aus der Geschichte zu lernen, was zu adorieren ist. Denn das, was den Lesenden die Schrift, das bietet den Unkundigen das Bild; denn aus dem Bilde ersehen selbst die Ungebildeten, was sie befolgen müssen, nach dem Bilde lesen diejenigen, welche die Buchstaben nicht kennen. Deshalb wird auch insbesondere den Fremdvölkern das Lesen durch das Bild ersetzt.*

Kann man also, fragt man sich abschließend, ein weit verbreitetes Analphabetentum im Imperium annehmen? Die Wahrscheinlichkeit spricht eher dagegen. Grundkenntnisse im Lesen, Schreiben und Rechnen sind doch wohl vielfach vorhanden. Wie dem auch sei, das Bild erreicht alle, den Hoch- und den Halbgebildeten, den Analphabeten ebenso, leichter sogar als das geschriebene Wort.

Die kaiserliche Bildersprache wird aufgebaut

Man datiert den Beginn der römischen Kaiserzeit mit dem Erlangen der Macht im Staate durch Octavian, mit vollem Namen C. Julius Caesar Octavianus. So heißt er als Adoptivsohn Julius Caesars. Als Jahreszahlen dienen der Forschung das Datum der Entscheidungsschlacht vor Actium im Bürgerkrieg gegen M. Anton im September 31 v.Chr. oder noch eher das Jahr 27 v.Chr., als der Senat zusammen mit dem Namen Augustus die Leitung und den Schutz des von den Bürgerkriegen arg gebeutelten Staates Octavian überträgt. Mit dem ersten Monarchen Roms ist, scheinbar ohne Vorgänger, auch das Kaiserbild mit allen charakteristischen Aussagen da. Doch die Geschichte kennt gewöhnlich keine Brüche: Auch dieses Kaiserbild ist das Ergebnis einer längeren, politisch hochinteressanten Entwicklung. Der Übergang von der Republik in die Monarchie ist ein überaus schwieriger, langer Prozeß, der auch für die Entwicklung hin zum Kaiserbild, für die kaiserliche Bildersprache entscheidend ist.

Münzbilder dienen als Leitfaden

Monumente von hohem Aussagewert aus dieser bewegten Epoche, rund 120 Jahre vor Beginn der Kaiserzeit sind relativ selten, nur die Münzbilder fließen kontinuierlich. Sie haben große Vorteile: Man kann sie in ihrer Aussage, in ihrem Wandel gut erfassen, in der Funktion sind sie offiziellen Dokumenten durchaus vergleichbar. Sie können überdies anhand der Texte mindestens punktuell kontrolliert werden, bieten also gleichsam den willkommenen roten Faden hin zur Monarchie. Auch wenn wir noch nicht alle Münzbilder der späten Republik restlos zufriedenstellend deuten können, reicht ihr Zeugnis aus, um die Richtung zu weisen. Die Entwicklung verläuft freilich nie ganz geradlinig, die gelegentliche Rückkehr zu älteren Lösungen und Parallelitäten sind durchaus möglich. Dennoch kann man die Entwicklung an wenigen charakteristischen Beispielen ablesen.

Um das Wesen der Münzbilder richtig zu verstehen, sind einige wenige Vorbemerkungen notwendig. Von ihrer Schlüsselfunktion als Wertmesser und Zahlungsmittel her gesehen, dienen die antiken Münzbilder primär der Erkennbarkeit des Schlages: Sie weisen für die Benützer leicht verständlich nach, wer die Münze ausgegeben hat und welches Nominal sie innerhalb eines Münzsystems – 'Schlag' – darstellt. Der Münzherr, eine juristische oder eine natürliche Person, übernimmt damit zugleich die Garantie für den vollen Wert der Münze. Was dann

Abb. 4–9 Republikanische Denare (4–8) und Victoriat (9)

die Münzbilder selbst anlangt, entwickeln sie sich in den Jahrhunderten so, daß eine Seite immer wieder einen Kopf zeigt, zunächst meist Götter, die andere aber eine figurale Darstellung. In den hellenistischen Monarchien in der Nachfolge Alexanders des Großen, zu denen die Römer im Guten wie im Bösen zunehmend Kontakt aufnehmen, kommt auf den Münzen statt der Götterbilder der Herrscherkopf auf. Wir sprechen diese Seite als *Vorderseite* an. Die entgegengesetzte *Rückseite* bleibt, wie sie war: figural. So kann das Vorderseitenbild mit den rundplastischen Porträts, das Rückseitenbild mit den Reliefs verglichen werden[1]. Die hauptsächliche Sorte der Republik, die uns hier interessiert, ist der Denar, *denarius*, ein Silberstück in ziemlich konstanter Relation zum Kupfergeld, dessen Einheit *as* heißt. Er gehört mit zu den erfolgreichsten, langlebigsten Münzsorten der gesamten mediterranen Antike, allseits geschätzt und weit verbreitet. Der Denar wurde gegen Ende des 3. Jhs. v.Chr. eingeführt. Anfangs trägt er stets wiederkehrende Bilder auf den beiden Seiten; das erleichtert die Erkennbarkeit. Es sind dies der weibliche Kopf im (stellenweise variablen) Helm, die Dea Roma[2], dahinter die Wertangabe X, da der Denar, wie auch der Name sagt, 10 (für eine kurze Zeit auch XVI = 16) Asses wert ist. Auf der anderen Seite sehen wir die reitenden Dioskuren Castor und Pollux (Abb. 4), die in Kriegsnot seit jeher Rom beistehen. Ihr Tempel auf dem Forum Romanum wurde bereits nach der Schlacht am Regillus-See 496 v.Chr. gelobt und 484 eingeweiht, so die römische Tradition[3]. Hinzu kommt die Beschriftung ROMA. Bilder und Schrift verweisen für alle verständlich auf die Münzherrschaft Roms. Im Laufe der Zeit treten gewisse Änderungen auf. Man verwendet statt der Dioskuren längere Zeit ein Zweigespann als Münzbild, das von wechselnden Gottheiten gelenkt wird (Abb. 5). Schon hier zeigt sich, daß die Münzbilder angeschaut werden; der volkstümliche Name dieses Denartyps heißt *bigatus* (die Münze mit der Biga, dem Zweigespann). Die funktionsbedingt notwendige Erkennbarkeit wird so erleichtert.

Für die Erstellung der Münzen ist seit dem 3. Jh. v.Chr. im Prinzip, von speziell gekennzeichneten Ausnahmefällen abgesehen, ein eigenes Collegium verantwortlich, die *triumviri monetales*. Sie beginnen alsbald, ihre Produktion mit Beizeichen, dann mit Monogrammen ihres Namens auszustatten. Schließlich signieren sie die Münzen mit dem vollen Namen. Andere Magistrate, die von Fall zu Fall mit der Emission von Münzen betraut werden, tun es ebenso. Das Verfahren ist vor allem für die Kontrolle der Verantwortlichen nützlich. Das Münzmeister-Triumvirat gehört zu den ersten Aufgaben, mit denen junge Söhne senatorischer Familien ihre Karriere beginnen. Sie sind in vielen Fällen nachweislich familär und/oder politisch dem Quaestor, dem für die Finanzen verantwortlichen Magistrat, oder aber den Jahresconsuln verbunden.

Nach der Gracchenzeit (30er und 20er Jahre des 2. Jhs. v.Chr.) ist der Denar weit verbreitet und überall wohl bekannt. Es besteht also kaum mehr eine Notwendigkeit, immer noch an den bisherigen Münzbildern, dem Kopf der Dea Roma und der Biga festzuhalten, die den Schlag charakterisieren. Die bislang starren Münzbilder werden nun schrittweise abgewandelt.

Es ist für unsere Fragestellung von entscheidender Wichtigkeit, wie diese neue Freiheit der Gestaltung genützt und, um dies vorweg festzustellen, in den Dienst der Politik gestellt wird.

Zunächst erkennt man Hinweise in den Darstellungen, die unmittelbar auf die Verantwortlichen zu beziehen sind. Es genügt, hier wenige Beispiele anzuführen, um das System vorzustellen[4]. L. Appuleius Saturninus (Abb. 6) läßt um 104 v.Chr. den Gott Saturn den Wagen im Münzbild lenken. L. Thorius Balbus um 105 v.Chr. wird noch deutlicher (Abb. 7). Er stammt aus Lanuvium, so erscheint die auch in Rom verehrte Ortsgöttin Iuno Sospita mit dem Ziegenfell auf dem Kopf im Bild, dazu der Stier, lateinisch *taurus*, heißt der Münzmeister doch mit Gentilnamen Thorius. Es geht hier, wie in der griechischen Prägung seit jeher üblich, um sog. sprechende Münzbilder.

Man kann aber mit Münzbildern weit mehr machen, als Namen ins Bild übersetzen, wie es sich alsbald zeigt.

Die ersten Sieges-prägungen: Marius

Denar und Quinar (Abb. 8 und 9) des Quaestors C. Fundanius im Konsulatsjahr des Marius 101 v.Chr. tragen hochaktuelle Triumphaldarstellungen. Beide Münzbilder beziehen sich auf Marius' Sieg über die Kimbern und Teutonen: Auf dem Denar sieht man den Triumphator selbst im Viergespann, der Junge auf dem einen Pferd ist wohl sein damals 8jähriger Sohn gleichen Namens. Marius triumphiert mit großem Aufwand, er erregt deswegen Anstoß im Senat. Nun zu Abb. 9. Römische

Abb. 10–11 Republikanische Denare

Quinare tragen immer wieder Victoria-Darstellungen im Bild. So wäre die Gestalt der die Trophäe krönenden Siegesgöttin an sich nichts Besonderes; doch hier besteht die Trophäe aus typisch germanischen Waffen und Ausrüstungsstücken, sogar die in Gallien übliche Trompete, *carnyx*, erkennt man rechts daneben. Es geht also wieder um Marius' Sieg und seinen Triumph.

Dies ist neu; der aktuelle Sieg erscheint im Bild. Der Betrachter weiß sehr wohl, daß es um Marius geht, auch wenn eine direkte Nennung seiner Person noch vermieden wird. Üblich ist auf römischen Prägungen einstweilen jedoch ein Hinweis auf die Großtaten der Vorfahren des verantwortlichen Münzmeisters, um seine *gens*, seine Familie, hervorzuheben. D. Junius Silanus zitiert z.B. 91 v.Chr. im Münzbild die SALVS und verweist damit klar auf seinen Vorfahren C. Junius Bubulcus (Brutus), der 302 v.Chr. anläßlich seines Sieges über den italischen Stamm der Samniten einen Salus-Tempel in Rom gelobt und gebaut hat. Die Rückseite des Stückes zeigt – wiederum eindeutig – die Victoria im Zweigespann (Abb. 10). Ebenso gut verständlich ist die große Silberserie des L. Calpurnius Piso Frugi 90 v.Chr. (Abb. 11). Der Apollonkopf erinnert wohl an L. Calpurnius Piso, der 212 v.Chr. die Spiele zu Ehren Apollons (*ludi Apollinares*) begründet hat, um den mächtigen Gott im Zweiten Punischen Krieg zu Hilfe zu rufen[5].

Kaum mehr als ein Jahrzehnt nach den Triumphaldarstellungen des Marius bricht der sog. Bundesgenossenkrieg in Italien aus. Die Italiker kämpfen um das volle römische Bürgerrecht, um die politische Gleichstellung. Sie prägen im Krieg gegen Rom ab 90 v.Chr. ihre eigenen Denare mit aktuellen Bildern. Sie sind in der Gestaltung nicht durch die republikanisch-römischen Gepflogenheiten gebunden, die im Prinzip der Hervorhebung Lebender nicht günstig sind. Die Bundesgenossen stellen sich mit der Italia als Kopf und Beischrift (Abb. 13) vor, gleichsam ein Gegenbild der Roma auf den älteren Denaren. Auf der anderen Seite sieht man einen einheimischen Krieger, neben ihm einen Stier, denn 'Italia' heißt sinngemäß 'Kälberland' aus *vitulus*, Kalb. In einem anderen Münzbild stößt der italische Stier die römische Wölfin nieder (Abb. 12), ein wahrhaft sinnfälliges Bild[6]. In beiden Fällen begleiten einheimische Beischriften die Darstellungen.

Als erste Zwischenbilanz darf gesagt werden, daß um die Wende des 2. zum 1. Jh. v.Chr. im Münzbild erste, gar nicht sonderlich versteckte Anspielungen auf das Tagesgeschehen erscheinen; es ist kaum ein Zufall, daß die machtvolle Gestalt

Abb. 12–13 Denare der Bundesgenossen

Meilensteine der Entwicklung: Sulla, Pompeius, Caesar

des Triumphators C. Marius dahintersteht. Außerhalb Roms, ein gutes Jahrzehnt später, greifen die Bundesgenossen das Münzbild als Mittel ihrer Selbstdarstellung auf und benützen es schon mit großer Selbstverständlichkeit.

Die wichtigsten Schritte zur Ausbildung des Kaiserbildes in Porträt- und Reliefdarstellung folgen nun, nachdem die Barriere der Zurückhaltung mit der Verherrlichung des Marius gebrochen ist, Schlag auf Schlag. Der immer wieder aufflammende Kampf der wenigen Mächtigen um die Monarchie, mitunter in Formen des Bürgerkriegs, beschleunigt die Entwicklung[7]. Mit den Münzbildern der drei bedeutendsten Persönlichkeiten in den Auseinandersetzungen um die Macht, L. Cornelius Sulla, Cn. Pompeius Magnus und C. Julius Caesar läßt sich die Wandlung am deutlichsten zeigen, wobei man feststellen wird, daß sie, wie oben bereits gesagt, keineswegs geradlinig verläuft, daß zudem neben den drei Großen auch andere weniger wichtige Mitspieler ihre Spuren auf den Münzen hinterlassen haben.

Bevor man auf die Einzelheiten kommt, sei noch einmal in Erinnerung gerufen, daß die römische Republik das Lob lebender Personen im Münzbild zunächst ablehnt. Selbst der Hinweis auf die rettenden Siege des Marius über die Kimbern und die Teutonen und auf seinen Triumph kam eher versteckt, wenn auch gut verständlich auf. Grundsätzlich undenkbar ist im republikanischen Rom ein Münzporträt eines Lebenden. Es würde sogleich als äußeres Zeichen des verwerflichen Strebens nach der Tyrannis, nach der Gewaltherrschaft, gedeutet werden: Seit den unmittelbaren Erben Alexanders des Großen, den Diadochen, findet sich in der hellenistischen Welt das Königsbild auf der Münze. In Rom wäre so etwas undenkbar. Mehr Handlungsfreiheit hat nur der Imperator im Felde außerhalb Roms. Er darf auch zur Durchführung logistischer Notwendigkeiten und zur Versorgung seiner Truppen nach Gutdünken bei Bedarf Gold- und Silbermünzen prägen[8]. Er bestimmt auch die Darstellungen, die seine Münzen tragen. Sulla, Pompeius und Caesar werden dieses imperatorische Vorrecht für sich zu nutzen wissen. Wenige andere Monumente, kleine wie große, und schriftliche Nachrichten stehen neben den Münzen zur Verfügung, um das Bild zu ergänzen.

Abb. 14–19 Republikanische Aurei (14–15) und Denare (16–19): Sulla und seine Zeit

L. Cornelius Sulla[9] hat seine militärische Karriere unter Marius im jugurthinischen Krieg in Afrika als Quaestor begonnen; unter schwierigsten Umständen, in für Rom bedrohlicher Lage, ist er schließlich bis zum *dictator* mit der besonderen Aufgabe, den Staat wiederaufzurichten (*dictator legibus scribundis et rei publicae constituendae*), aufgestiegen. Er ist der siegreiche Feldherr im Krieg ab 87 v.Chr. gegen Mithridates von Pontos und gegen dessen Schwiegersohn, Tigranes von Armenien. Die Siege verdankt er seiner Schutzgöttin Venus, die er mit Weihungen in Aphrodisias[10] und in Boiotien[11] ehrt. Sein *aureus* (Abb. 14), eine imperatorische Prägung mit seinem Namen L•SVLLA, dokumentiert im Münzbild sowohl den göttlichen Schutz als auch den Sieg. Auf der Kopfseite der Münze erscheint Venus mit Cupido, der die Siegespalme hält. Zwei Trophäen stehen für die beiden bedeutenden Siege im Krieg neben dem *lituus*, dem Stab des Augurs, und der Kanne[12]. Im anderen Münzbild des *aureus*, steht die Beischrift IMPER(*ator*) / ITERVM, zum zweiten Mal Imperator[13]. Auch im Siegelring trägt er Trophäen als persönliches Zeichen[14].

Dies alles verdankt er Venus; er nennt sich, namentlich im Verkehr mit Griechen, alsbald *epaphróditos*, der von Venus Begünstigte[15] und *felix*[16]: ... (Sulla) *stellte alles, was er vollbrachte, als Geschenk der Glücksgöttin hin, sei es, daß er damit prahlen wollte, sei es, daß er wirklich so über die Gottheit dachte. Denn in seinen Lebenserinne-*

rungen hat er geschrieben, daß von allen seinen Unternehmungen die nicht nach gründlicher Überlegung, sondern die kühn im günstigen Augenblick gewagten zu besserem Erfolg geführt hätten als die scheinbar sorgfältig geplanten. Wenn er gar noch sagt, daß er mehr für das Glück als für den Krieg geboren sei, so räumt er offenbar dem Glück mehr ein als der Tüchtigkeit, und er macht sich geradezu zu einem Schoßkind der Göttin ..., schildert Plutarch rund zweieinhalb Jahrhunderte später in der Perspektive der römischen Kaiserzeit seine Einstellung.

Ein weiterer Münztyp aus dieser Zeit um 80 v.Chr.[17] bringt eine andere Facette seines Wirkens ins Bild. Ein sonst kaum bekannter C. Marius Capito verantwortet eine anscheinend relativ starke Serie von Denaren[18]. Die beiden Münzbilder auf dem Stück Abb. 16 sind der Kopf der Ceres, der Göttin der Feldfrucht, auf der einen und ein Pflügender auf der anderen Seite. Obwohl nicht absolut zwingend, kann diese Münzreihe einen den Zeitgenossen gut erkennbaren Hinweis auf die Kolonisationstätigkeit Sullas bieten: Er hat seinen Veteranen zur Existenzsicherung verholfen, indem er sie in Italien ansiedelte. Die Größe des Ausstoßes und die Sonderbewilligung durch Senatsbeschluß (SC) scheinen für diese Deutung zu sprechen. Die Reihe mit Venus-Kopf und Füllhorn verweist noch einmal auf Sulla (Abb. 17), auf den Begünstigten der Göttin, den *epaphróditos*, den *felix*.

Nahezu selbstverständlich erscheint nach alldem, daß die Ehrungen, die Sulla zuerkannt werden, auch im Münzbild erscheinen, so in Abb. 15 die Reiterstatue auf seltenen Golddenaren[19]. Die Beischrift auf der Rückseite hat nur noch den Namen und den Rang des großen Mannes zum alleinigen Inhalt: *L. Sulla Felix dictator*, auf der Kopfseite erscheint die Signatur des Verantwortlichen für die Münzreihe, des Quaestors A. Manlius. Die Dea Roma als Kopfseitenbild wurde gewiß nicht ohne Bedacht gewählt; sei es, daß die Ehrungen als von der gesamten *res publica* (das heißt, von Roma selbst) zuerkannt dargestellt wurden, sei es, daß angedeutet werden sollte, Sulla stehe für Rom.

Das Triumphalmonument auf dem Kapitol; Pompeius

Eine andere Ehrung kommt von außen, gibt aber sogleich nach der Errichtung auf dem Kapitol zu Rom Grund zum sichtbaren Auftakt der Zwistigkeiten zwischen Marius und Sulla, der, wie bereits gesagt, im Krieg gegen Jugurtha in Nordafrika Marius' Quaestor war. Er ging dort auf König Bocchus' Vorschlag ein, den Hauptfeind, dessen Schwiegersohn Jugurtha, in die Falle zu locken, und anstatt Marius, dem Oberkommandieren, ihm, Sulla, auszuliefern. Plutarch berichtet von den Folgen[20]: *Indessen flammte sein* (= Sullas) *Streit mit Marius wieder auf, da er neuen Stoff erhielt durch den Ehrgeiz des Bocchus, der, um sich dem Volk in Rom zu empfehlen und Sulla gefällig zu erweisen, Statuen trophäentragender Siegesgöttinnen auf dem Kapitol aufstellen ließ und neben ihnen in Goldbronze Jugurtha, wie er von ihm an Sulla ausgeliefert wurde*[21]. Man fand in der Tat unterhalb des Kapitolhügels abgerutschte Bruchstücke[22] eines Denkmals, das ursprünglich im Areal des Fidestempels gestanden hat (Abb. 20). Es wäre verlockend, in den wiederaufgefunden Reliefbruchstücken tatsächlich das von Plutarch beschriebene Weihgeschenk zu erkennen[23]. Die dop-

Abb. 20 Republikanische Relieffragmente aus Rom, S. Omobono

Abb. 21–23 Republikanische Denare: Pompeius

pelten Victorien und Trophäen kommen der Beschreibung nahe, auch die dargestellten Waffen entsprechen Zeit und Umfeld in etwa. Auf jeden Fall stellt das Bild des Denars Abb. 18 tatsächlich das Wichtigste des Monuments mit der Übergabe des gefangenen Jugurtha an Sulla durch Bocchus dar. Sulla sitzt auf einem hohen Podest, rechts kniet Jugurtha gefesselt, links Bocchus, mit dem Friedenszweig in der Hand, der ihn ausliefert. Der Denar gehört in die Emission des Sulla-Sohnes Faustus und wird 56 v.Chr. datiert. Faustus Sulla argumentiert im verheerenden Konkurrenzkampf um die Macht mit den Erfolgen des Vaters, mit seinem Charisma. Er zitiert auch die Gottheiten, die jener verehrt hat, auf der Kopfseite des Denars Abb. 18 Diana, deren Heiligtum Sulla reich beschenkte[24]. Auf einem weiteren Typ (Abb. 19) erscheint Hercules mit dem Namenszitat FEELIX und auf der anderen Seite Diana im Zweigespann. Auch Hercules gehörte in den späten Jahren zu den Gottheiten, die Sulla verehrt hat.

Die Protagonisten des Machtkampfes gehen konsequent den von Sulla so souverän eingeschlagenen Weg weiter. Ein anderer Typ des Faustus Sulla, ebenfalls 56 v.Chr. datiert (Abb. 21), bezieht sich schon auf Cn. Pompeius Magnus[25], ebenso Abb. 22 und Abb. 23[26]. Die drei Trophäen erinnern an seine drei großen Triumphe, nicht anders die drei Kränze[27] im parallelen Münzbild um den Globus in der Mitte. Hinzu kommt im gleichen Bild ein größerer bebänderter Kranz, jene *corona aurea*, die Pompeius durch Volksbeschluß verliehen worden war. Das Schiffszeichen (*aplustre*) läßt dann an den Sieg über die Piraten zur See denken und die Ähre wohl an den Auftrag des Jahres 57, die Getreideversorgung Roms zu übernehmen. Ziemlich eindeutig ist die Seetrophäe mit dem angeketteten Gefangenen (Abb. 23): Pompeius hat mit genialischer Taktik das Mittelmeer nach vielen Jahren der Unsicherheit vom Piratenunwesen befreit. Sein Name steht in Rom freilich nicht auf den Münzen. Der Betrachter wird die Bilder auch so verstanden haben. Der Sieg

Abb. 24–26 Republikanische Denare und (25) Quinar: Caesars Siegesprägungen

ist immer wieder im Vordergrund; Pompeius trägt, wie ehedem Sulla, das Zeichen der drei Trophäen im Siegelring[28]. Es ist nur folgerichtig, daß er im Jahre 55 v.Chr. in Rom einen großangelegten Tempel der Venus Victrix mit dem ersten Theater in der Stadt – dem seinen – erbaut[29]. Es ist sicher kein Zufall, daß auch er die siegspendende Venus ehrt, wie seinerzeit Sulla. Man findet wieder diese Göttin auf der Kopfseite des Denars Abb. 21 mit den drei Trophäen.

Andere Siegesdenkmäler; Caesar

Wie sehr der Sieg, den die Götter verleihen, den Sieger vor allen anderen hervorhebt, haben seit jeher die Historienmalereien bei den Triumphen und die Zurschaustellung der Beute gezeigt[30]. Eine doch sehr persönliche Kategorie stellt die Absicht des Pompeius dar, eine *porticus*, eine Wandelhalle, am eigenen Haus eigens für solche Zwecke bauen zu lassen. Diese Wandelhalle sollte ein Gegenstück zu jener des Catulus auf dem Palatin werden, der seinen Sieg über die Kimbern und Teutonen Ende des 2. Jhs. v.Chr. auf diese nicht alltägliche Art feiern wollte[31]. Cicero freilich berichtet dies alles mit einem lachenden und einem weinenden Auge[32]. Der eigene Sieg ist mittlerweile nicht mehr nur ein Dienst an der *res publica* und ein Erfolg in ihrem Dienste, sondern ein sehr persönliches Argument im Kampf um die Macht.

Julius Caesar und seine Parteigänger setzen zunächst die gleiche Linie fort. Caesars Siege werden vielfach im Münzbild dokumentiert. Im Bürgerkrieg gegen Pompeius ist sein Sieg in Gallien eines der schärftsten Argumente, mit dem er seine Gegner in die Schranken weist und sein Vorgehen rechtfertigt[33]. Seine Münzen mit der Trophäe aus gallischen Waffen mit dem angeketteten Gallier zeigen dies; die einzige Beschriftung ist der Name CAE-SAR (Abb. 24–26). Es geht auch hier wie im Falle Sullas um Emissionen im Felde, die Nennung des Namens des Imperators fällt nicht besonders auf. Die scharfe Konkurrenz zu Pompeius zeigt sich

Abb. 27 Republikanischer Denar: Caesar

aber darin, daß Caesar vor der Schlacht bei Pharsalos 48 v.Chr. gegen den Rivalen, der den Sieg freilich vergeblich von *Venus Victrix* erhofft[34], einen Tempel der *Venus Genetrix* gelobt, der September 46 auf seinem Forum in Rom eingeweiht wird[35]. Venus gilt über Ascanius-Iulus, Sohn des Trojanerhelden Aeneas, seinerseits Sohn der Göttin, als Stammutter der Julier. Darauf weist sowohl der Venuskopf, als auch ein in seiner Knappheit höchst gelungenes Münzbild hin (Abb. 27): Es zeigt Aeneas, den Vater Anchises auf der Schulter, auf der Flucht aus dem brennenden Troja. Gut erkennbar ist aber auch die altertümliche Statue der Stadtgöttin, das Palladium in seiner Hand, das er aus dem Untergang rettet, damit es dann auch Rom den göttlichen Schutz gewähren kann[36]. Dies nun ist eine neue Qualität in der Selbstdarstellung. Caesar ist nicht nur der Günstling einer Gottheit, sondern viel mehr, ihr Deszendent. Er erinnert zugleich an die Gründungssage Roms. Der Hinweis auf Venus und auf die trojanischen Ahnen ist im immer schärfer werdenden Machtkampf ein gutes Argument.

Daß Caesars Ämter, Titel und Ehrungen ins Münzbild kommen, ist nach der Mitte des 1. Jhs. v.Chr. selbstverständlich; ihrem raschen Wechsel folgen getreu die Münzbilder. Sie zeigen damit eine besondere Eigenschaft der römischen Münze, die stete Aktualität ihrer Bilder (Abb. 28 und 29 als Beispiele). Absolut neu ist die ihm zuletzt zuerkannte Ehrung, sein bekränztes Porträt auf der Münze.

Spätestens hier erhebt sich die Frage, wie die Römer – *senatus populusque Romanus* – die stellenweise doch komplizierten Bilder und Legenden auf den hier besprochenen republikanischen Münzen begriffen und aufgenommen haben. Es besteht kein Zweifel daran, daß die Führungsschicht alle Einzelheiten, Hintergründe und Ziele dieser Propaganda bestens verstanden hat; sie ist selbst am Machtkampf mit den Mitteln der Bildersprache maßgeblich beteiligt[37]. Ebensowenig zweifelhaft ist aber das hohe Interesse aller Protagonisten im immer schärfer werdenden Kampf um die Macht im 1. Jh. v.Chr. daran, daß die jeweilige

Abb. 28–29 Republikanischer Aureus (28) und Denar (29): Caesar

Klientel die propagandistische Argumentation versteht und vertritt. Man wird der Gefolgschaft die wesentlichen Inhalte erklärt haben, sofern es nötig war. Einfachere Hinweise, vor allem die Dokumentation von göttlichem Beistand, von Sieg und von Ehrungen sind überdies auch ohne Erklärung verständlich.

Die letzten Jahre der Republik

Seit 44 v.Chr. findet sich also das Bildnis des Staatsmannes im entsprechenden Rang (oder mit dem entsprechenden Machtanspruch) im Münzbild, ob es nun um Octavian, M. Anton oder Lepidus, Mitglieder des Zweiten Triumvirats, geht (Abb. 30–31) oder, zum ersten Mal auf einer römischen Münze, um die Schwester

Abb. 30–32 Denar (30) und Aurei (31–32) der Triumvirn Octavian, M. Anton und Lepidus

Abb. 33 Octavian, As

Octavians, Octavia in ihrer Eigenschaft als neu angetraute Gemahlin M. Antons (Abb. 32). Die größere Gestaltungsfreiheit der imperatorischen Prägungen außerhalb Roms begünstigt wieder diese Entwicklung[38]. Der aktuellen politischen Lage gemäß fühlen sich die Triumvirn freilich verpflichtet, ihre Münzbilder, solange das Einvernehmen zwischen ihnen noch vorhält, einander anzugleichen. Doch sobald die Eintracht schwindet, gehen sie eigene Wege. Sie und die anderen Prätendenten stellen sich selbst in die Mitte der Argumentation und betonen ihre hohe Abstammung: Octavian von Divus Julius, dem zum Gott erhobenen Caesar (Abb. 33), Sextus Pompeius von seinem auf der Flucht ermordeten Vater, der im Münzbild dem Gott der Meere, Neptun, angenähert wird (Abb. 34)[39]. M. Anton verbindet sich in den 30er Jahren des 1. Jhs. v.Chr. mit der Königin Kleopatra in Ägypten. Er versucht im Osten immer wieder, sich als siegreichen Feldherrn zu erweisen, gegen die Parther ohne Erfolg, den armenischen König Artavasdes bringt er jedoch 34 v.Chr. zum Triumph nach Alexandria. Sein Porträt ist auf dem Denar Abb. 35 zur Siegesfeier formal mit dem der Kleopatra gleichgestellt, doch die Legende mit dem Königstitel ist in dankbarer Verbundenheit in der widmenden dativischen Form abgefaßt: ANTONI(*us*) ARMENIA DEVICTA – CLEOPATRAE • REGINAE • REGVM • FILIORVM • REGVM. Den armenischen Sieg dokumentiert die armenische Königstiara hinter M. Antons Kopf; die Andeutung eines Vorderstevens vor Kleopatras Kopf zeigt an, welche Hilfe der Imperator der *Königin der Könige, der Söhne von Königen* verdankt[40]. Daß eine solche Ehrung der Pto-

Abb. 34–36 Denare: die Pompeianer (34), M. Anton (35–36)

lemäerin in Rom zum wiederholten Male Anstoß erregen mußte, ist klar. Ganz und gar römisch geben sich dafür die sog. Legionsdenare M. Antons im Vorfeld der endgültigen Abrechnung mit Octavian am 2. Sept. 31 v.Chr. in der Schlacht vor Actium. See- und Landstreitkräfte ruft er mit Schiffsdarstellung, Legionsadler (*aquila*) und zwei Feldzeichen zum Kampf auf. Die Legende zeigt ihn wieder als treuen Kämpfer für Rom, seinem ursprünglichen Auftrag im Zweiten Triumvirat gemäß: ANT(*onius*) AVG(*ur*) / III VIR • R(*ei*) • P(*ublicae*) • C(*onstituendae*). Auf der anderen Seite steht in unserem Beispiel Abb. 36 LEG(*io*) – II (*secunda*). Der Sieger in der Schlacht vor Actium heißt dann aber Octavian.

An der Schwelle der Kaiserzeit

Um 30 v.Chr. stehen die Elemente für 'Bild und Bildersprache' des Monarchen fest: Neben seinem Porträt (auch auf Münzen) geht es um die Darstellung seines Wesens und seines Wirkens. Er ist von den Göttern auserwählt, er steht unter ihrem Schutz. Der Sieg ist das entscheidende Element, das die Götter ihrem Auserwählten schenken[41]. Es ist kein Zufall, daß die imperatorische Akklamation nach einem Sieg zum ältesten Teil der Kaisertitulatur wird; Scipio Africanus wurde als erster 209 v.Chr. nach dem Sieg bei Baecula in Hispanien im Zweiten Punischen Krieg auf dem Schlachtfeld akklamiert[42]. Schon Sulla argumentiert dann souverän im politischen Sinne mit dem *imperator*, wie gerade auch die Münzbilder zeigen. Mit Caesar scheint sich der Titel stabilisiert zu haben. Octavian legt 38 v.Chr. seinen Vornamen Gaius ab und nimmt an seiner Statt *imperator* an[43]. Er und seine Nachfolger werden dennoch die Siegesakklamation immer wieder entgegennehmen und zusätzlich zum *praenomen imperatoris* in der Kaisertitulatur führen. Auf diese beiden wichtigsten Aspekte der kaiserlichen 'Bild und Bildersprache', Auserwählung und Sieg, müssen wir jetzt zu sprechen kommen, zunächst auf das herrscherliche Charisma.

Der Auserwählte und Schützling der Götter

Jupiters Schutz

Ein *aureus* Trajans, etwa 112–117 geprägt[1] (Abb. 37), führt ein schlichtes, ohne viel Kommentar gut verständliches Bild auf der Rückseite: Der Kaiser steht, winzig klein, in der Toga, im schützenden Mantel des weit überlebensgroßen Jupiter. Er hält ein merkwürdiges Objekt in (besser: auf) der rechten Hand, das in den Beschreibungen stets als Zweig benannt wird. Trotz der Kleinheit des Details scheint ziemlich sicher, daß hier kein Zweig gemeint ist. Die Proportionen, verglichen mit der Kaisergestalt, die Steifheit des kreuzförmigen Gebildes und kreisrunde Formen – ein Rundschild neben dem Speer? – erinnern an das Palladium in Rom, das, hoch in Ehren, nach der Tradition aus Troja stammend, den göttlichen Schutz ihm sichert. In Form und Größe ähnlich wird es in Aeneas' Hand bei der Flucht aus dem brennenden Troja dargestellt, so auf Münzen Caesars (Abb. 27) und des Commodus (Abb. 59), oder aber unter den Figurengruppen in der Villa des Tiberius bei Sperlonga[2]. Die Münzdarstellung wird vollends deutlich, wenn man die Parallelreihe heranzieht[3], die auf der Rückseite die Legende in der Widmungsform CONSERVATORI PATRIS PATRIAE, *dem Beschützer des Vaters des Vaterlandes*, trägt und Jupiter anspricht. Trajan hält im mächtigen bewahrenden Schutz des höchsten Gottes das ehrwürdigste, hohe Tradition signalisierende Wahrzeichen römischer Macht, das Palladium, in der Hand; die Legende steht auch hier in der Widmungsform mit dem Ehrentitel *pater patriae*. Ebenso stellt M. Aurel seinen 177 gerade zum Caesar erhobenen Sohn Commodus unter den Schutz Jupiters (Abb. 38). Den gleichen Gedanken finden wir schon im Panegyricus im Jahre 100, wenn Plinius von Trajans Kaiserwahl sagt[4]: *Und wenn es noch zweifelhaft sein könnte, ob die Führer der Welt zufällig oder von einer Gottheit ihr gegeben werden, unseren Kaiser kann man getrost als von den Göttern eingesetzt wissen, denn er ist keineswegs durch die heimliche Macht des Schicksals, sondern vielmehr von Jupiter selbst offen und angesichts aller gesucht und erwählt worden …* – und Sueton schreibt vielleicht nur wenig später von Titus im gleichen Sinne[5]: *Zwei Patrizier, die überführt worden waren, nach der Herrschaft gestrebt zu haben, ermahnte er* (= der Kaiser) *nur, von ihrem Vorhaben abzulassen, und belehrte sie, daß der Thron vom Schicksal verliehen werde …* Die Wahl impliziert selbstverständlich für den weiteren Verlauf der Regierung den Schutz des Göttervaters.

Dem Bericht des Tacitus folgend hat sich Kaiser Domitian bereits ähnlich darstellen lassen[6]. In den Wirren der letzten Tage der Herrschaft des Vitellius im Jahre

Abb. 37 Aureus: Trajan

69, als auch der Tempel des *Iuppiter Capitolinus* in Brand gesteckt wurde, hat dieser jüngere Sohn Vespasians, der seinerseits bereits zum Kaiser ausgerufen und auf dem Marsch auf Rom ist, flüchten müssen, um sein Leben zu retten. Der Pförtner des Tempels versteckt ihn zunächst, bis er sich, von der Gefolgschaft des Vitellius unerkannt, in Sicherheit bringen kann. Zum Dank errichtet er, kaum daß der Vater endgültig an die Macht gekommen ist, eine Kapelle dem *Iuppiter Custos*, Jupiter dem Beschützer, mit einem Altar, auf dem seine abenteuerliche Rettung in Stein gemeißelt wurde. Dann, als er selber auf den Thron kommt, baut er Jupiter, seinem Beschützer, einen großen Tempel[7], darin er sich im Schutze des Mantels des Gottes[8] darstellen läßt. Man ist versucht, das trajanische Münzbild als die adaptierte Variante der domitianischen Skulptur zu verstehen, umso mehr, als die Legende des *aureus* Abb. 37 wie die Kurzfassung einer Widmungsinschrift anmutet, die der Senat und das Volk von Rom habe erstellen lassen. Diesem Gedanken widersprechen aber die Nachrichten von Domitians Tod[9]. Er verfällt der *damnatio memoriae*; in wildem Haß stürzt der Pöbel in Rom seine Bilder und reißt sie in Stücke, zertrümmert selbst die Bruchstücke. Waren sie aus Metall, wandern sie in die Münze, um eingeschmolzen zu werden. Auch die Statuengruppe im

Abb. 38 Sesterz: Commodus

Tempel des *Iuppiter Custos* am Kapitol wird diesem Schicksal nicht entgangen sein. Plinius betont bei dieser Gelegenheit sogar voller Verachtung, aber auch, um seinen Helden Trajan noch mehr hervorzuheben, daß Domitian seine Bilder unmittelbar zu den Götterdarstellungen stellen ließ, jener aber die seinen bescheiden in die Vorhallen der Tempel, wo sie keinen Anstoß erregen. Es ist also beides denkbar: Eine tatsächlich für Trajan erstellte Statuengruppe, vielleicht in der Vorhalle des Tempels des *Iuppiter Custos* (von der wir später freilich nichts mehr hören), oder nur das Münzbild, so wie man es im Revers von Gold- und Silberdenaren sowie von Sesterzen betrachten kann. Wichtig ist nur die Aussage. Trajan stellt sich, selbst der Beschützer des Vaterlandes, unter den Schutz des Mächtigsten des römischen Götterhimmels[10].

Minerva und Domitian

Göttlichen Schutz signalisiert auch ein anderes merkwürdiges Bild Domitians, das wohl als diplomatisches Geschenk ins ferne Persien geraten ist[11]. Es ist ein Silberspiegel mit dem Porträt des Kaisers (Abb. 39), das mit Hilfe entsprechender Münzporträts (Abb. 40) ziemlich sicher auf das Jahr 85 datiert werden kann. Der Schöpfer des Bildes heißt laut Signatur Euporos. Er deutet die Aegis mit dem Gorgoneion, die auf Kaiserdarstellungen üblich ist, ganz im Sinne Domitians breiter aus. Dort, wo gewöhnlich das Medusenhaupt sitzt, sieht man Minerva mit Schild und Speer drohend aufragen, um ihn machtvoll zu beschützen. Es ist bekannt, daß er sich besonders unter ihre Obhut gestellt hat. Im Traum kündigt sich ihm sein Tod folgerichtig dadurch an, daß die Göttin ihn auf Jupiters Geheiß verläßt[12]. Ebenso charakteristisch ist es, wenn Aurelian gut 170 Jahre später den meuternden Soldaten zuruft, es sei ein Irrtum, wenn sie glaubten, sie allein würden über den Herrscher und seine Herrschaft entscheiden; der Gott, der den Purpur verliehen hat, bestimmt auch, wann die Herrschaft ein Ende finden muß[13].

Trajans Nachfolge

Die Adoption Hadrians ist nach dem Tod Trajans im Jahre 117 umstritten. Das Münzbild, rasch, wendig, tendenziös wie immer, reagiert unmittelbar. Begleitet von der kompletten Namensnennung und Titulatur – gleichsam eine Vorstellung des neuen Kaisers – erscheint noch 117 ein neues Rückseitenbild[14]. Trajan und Hadrian, beide in der Toga, wie bei einer Amtshandlung in der Stadt Rom, stehen einander gegenüber, Trajan reicht den Globus seinem Nachfolger, übergibt ihm, bildhaft, die Macht, nicht anders als die Dea Roma im Relief Abb. 1. Doch dann kommt es zu einer Verschwörung gegen Hadrian. Die Beteiligten sind alle hochgestellte Persönlichkeiten, ehemalige Consuln, die 118 hingerichtet werden. Mit dem III. Konsulat des Kaisers, 119 datiert, wird sogleich eine Reihe von Kleingeld-Typen, Sesterzen und Dupondien, herausgegeben, die des Kaisers Berufung durch Jupiter selbst unterstreichen[15]. Die Legende lautet PROVIDENTIA DEORVM, *Vorsehung der Götter*, und im Bild empfängt Hadrian vom herabfliegenden Adler Jupiters das Zepter (Abb. 41). Als Zeichen der Weitergabe der charismatischen Herrschaft berichtet der spätantike Biograph von Antoninus Pius in seiner letz-

39

40

Abb. 39–40 Silberspiegel: Domitianporträt (39) und Silbermultiplum: Domitian (40)

Abb. 41 Sesterz: Hadrian

ten Krankheit folgendes[16]: *Als er am dritten Tag sich schlechter fühlte, empfahl er in Gegenwart der Präfekten den Staat und seine Tochter dem Markus Antoninus, zu dem er auch die goldene Fortuna, die im kaiserlichen Schlafgemach ihren herkömmlichen Standort hatte, bringen ließ.*

Das Charisma der römischen Kaiser: sichtbare Zeichen

Die römischen Kaiser haben also Charisma, sind Charismatiker. Spätestens seit der Aufklärung rational und zunehmend säkular zu denken gewohnt, fällt es uns heute nicht leicht, diese antike Sicht nachzuvollziehen[17]. Das griechische Wort *chárisma* bedeutet im eigentlichen Sinne Gunstbezeugung, Geschenk[18]. Die Kaiser werden von den Göttern ausgewählt, natürlich auch beschützt, sie stehen ihnen zur Seite. Die Macht, der Erfolg sind Geschenke ihrer Gunst. So nimmt es nicht wunder, daß sich gerade umstrittene Kaiser mitten in harten Auseinandersetzungen um die Macht immer wieder in Bild und Wort auf ihre charismatische Auserwählung berufen, wie beispielsweise P. Helvius Pertinax, der sich 193 nicht ganze 3 Monate halten kann, mit der Legende PROVID(*entia*) DEOR(*um*) COS II auf einem *aureus* (Abb. 42). Sie begründen also die Wahl der Götter, die auf sie gefallen ist, mit deren weiser Voraussicht, deren Fürsorge um die römische Welt. Solche oder ähnliche Darstellungen, vor allem auch auf Münzen, findet man oft.

Das Charisma im antiken Sinne, die Gunst der Götter, erzeugt Widerschein. Die Person, auf die das göttliche Wohlwollen trifft, hat eine besondere Ausstrahlung, göttliche Kraft, *numen*[19]. Für diese Vorstellung gibt es viele Beispiele. Schlichte Leute wie auch bedeutende Denker sind gleichermaßen davon überzeugt. Natürlich ist bei den Äußerungen auch höfische Schmeichelei im Spiel. Schon Vitruv spricht in der Vorrede seines Werkes *de architectura* vom göttlichen Geist des Augustus, der seine Erfolge, die Siege, herbeigeführt hat und sein gesamtes Wirken für Rom beseelt[20]: *Als Dein göttlicher Geist und Wille*[21], *Imperator Caesar, damit*

Abb. 42 Aureus: Pertinax

beschäftigt war, sich der Weltherrschaft zu bemächtigen, als sich die Bürger, nachdem die Feinde durch Deine unbesiegte Tapferkeit zu Boden geschlagen waren, Deines Triumphes und Sieges rühmten, als alle Völker als Unterworfene auf Deinen Wink ihren Blick richteten, als das römische Volk und der Senat, von Furcht befreit, nach Deinen erlauchten Gedanken und Plänen geleitet wurden, … In durchaus ähnlichem Sinne berichtet Tacitus[22] von einer Beratung bei Otho im Jahre 69 darüber, ob man die Entscheidungsschlacht mit dem mächtigen Konkurrenten Vitellius wagen solle oder nicht. Der *praefectus praetorio* Proculus und der Bruder Othos Titianus sind der Meinung, daß die Götter, das Glück und eben das *numen* Othos ihm beistehen. Sie sagen es schmeichlerisch, fügt Tacitus hinzu, denn er schreibt im Rückblick, er kennt schon den katastrophalen Ausgang der Schlacht. Dies zeigt, daß selbst er, der nachdenkliche Historiker, der das göttliche Walten und das menschliche Tun in steter Spannung sieht, bereit ist, an das Charisma des Herrschers zu glauben: Otho ging es eben im entscheidenden Moment ab. Martial findet dafür eine schlagkräftig-einfache Formulierung und zeigt ein weiteres Element der Wirkung des *numen* auf. Die Tiere spüren instinktiv die göttliche Kraft und ergeben sich ihr. Er erzählt, wie eine Gazelle, von scharfen Hunden bei einer Tierhatz verfolgt, Kaiser Domitian zu Füßen Schutz sucht. Die Hunde weichen sofort zurück: *Caesar besitzt eine Weihe, und heilig ist, heilig sein Walten. / Glaubt es, die Tierwelt hat nimmer zu lügen gelernt.*[23]

Noch eindeutiger ist in dieser Hinsicht für die römische Denkweise ein Vorzeichen für das Kaisertum Vespasians. Er offenbart bereits vor der Ausrufung zum Kaiser ein numinöses Wesen. Sueton beschreibt dies neben anderen Prodigien wie folgt[24]: *Ein anderes Mal drang ein Ochse, der sein Joch abgeworfen hatte, in Vespasians Speisezimmer ein, als dieser gerade beim Abendessen saß; während die Diener die Flucht ergriffen, legte sich das Tier, wie plötzlich ermattet, zu Füßen von Vespasians Lager nieder und bot ihm seinen Nacken dar.*

Das göttliche Wesen des Auserwählten zeigt sich auch darin, daß sein Haupt von Licht umgeben ist. Als Anchises sich weigert, das brennende Troja zu verlassen, gibt Jupiter dieses Zeichen[25]: *Denn vor Augen und unter den Händen der gram-*

Abb. 43 Illustration zur Aeneis: Ascanius und seine Familie

vollen Eltern / siehe, da ward gesehen auf Julus Scheitel ein zartes / Flämmchen, verströmete Licht, die Flamme tat kein Schaden, / leckte ums weiche Haar und umweidete rings seine Schläfen. Man versucht, die Flamme auf dem Kopf von Ascanius-Iulus zu löschen, wie die schöne Illustration im Codex Vergilius Vaticanus, der etwa Anfang des 5. Jhs. entstanden ist (Abb. 43), zeigt, doch vergebens[26]. Daß die Flamme für Vergil nicht nur den Willen des Gottes anzeigt, sondern zugleich auch das göttliche Wesen des Venus-Enkels, macht eine weitere Stelle deutlich. Venus läßt ihrem Sohn Aeneas durch Vulcanus eine Rüstung schmieden, nicht anders als Thetis dem Achilleus in der Ilias. Der Schild trägt Bilder der römischen Geschichte, wie sie in Zukunft ablaufen wird. In der Mitte ist die Seeschlacht vor Actium mit Octavian dargestellt[27]: *Mitten im Bild waren eherne Flotten, Aktiums Seeschlacht, / dort zu schaun, ... Hier der Caesar Augustus, die Italer führend zum Kampfe, / mit den Vätern, dem Volk, den Penaten, den mächtigen Göttern, / ragend auf hohem Heck; ihm sprühen von doppelter Flamme / strahlend die Schläfen, aufgeht über ihm der Stern seines Vaters.* Augustus scheint übrigens selbst mit dem Gedanken an ein persönliches Charisma zu spielen, meint Sueton[28]: Augustus *hatte helle glänzende Augen, er ließ seine Umgebung in dem Glauben, in ihnen stecke göttliche Kraft und er freute sich, wenn jemand, den er scharf ansah, vor ihm wie von der Sonne geblendet, die Augen senkte.* Ebenso

Abb. 44 Aureus: Diocletian

typisch ist, wenn für Herodian Commodus' blondes Haar strahlt wie Gold, er fügt mit leichter Zurückhaltung hinzu, manche sagen, dies sei ein übernatürlicher Schein[29].

Diese Meinung, am Anfang des 3. Jhs. vielleicht noch zögernd hingeschrieben, verfestigt sich im Laufe der folgenden Zeit. Diocletian verkündet seinen Thronantritt auf Goldmünzen (Abb. 44) mit einer Rückseitenlegende, die man wie üblich mit der von der Vorderseite zusammen lesen muß: IMP(*erator*) C(*aesar*) C(*aius*) VAL(*erius*) DIOCLETIANVS AVG(*ustus*) – FATIS VICTRICIBVS[30], das heißt, daß Diocletian, der sich mit vollem Namen und Titeln vorstellt, Kaiser geworden ist, da die Schicksalsmächte obsiegt haben. Anders kann man den sonst auf Münzen unüblichen *ablativus absolutus* wohl kaum deuten[31]. Wenig später erscheint zum ersten Mal der Nimbus um das Haupt der Regierenden im Bilde. Das sog. Lyoner Bleimedaillon[32] (Abb. 45), im letzten Jahrzehnt des 3. Jhs. entstanden, zeigt zwei thronende Herrscher der 1. Tetrarchie (293–305) bei einer wichtigen Amtshandlung, auf die wir noch in anderem Zusammenhang zurückkommen werden. Um beider Haupt ist die Lichtscheibe ebenso zu sehen wie Anfang des 4. Jhs. um den Kopf Constantins des Großen etwa (Abb. 224). Die gültige Erklärung findet man in einer aus der gleichen Zeit stammenden Lobrede an Maximianus Herculius Ende des 3. Jhs.[33]: *... jenes Licht, das in strahlender Scheibe euer göttliches Haupt umgibt ...*, eine Ausstrahlung des göttlichen Wesens des Kaisers also. Dieses *numen* ist es auch, das sich so im Bilde manifestiert.

Die Bedeutung solcher Vorzeichen des Erwähltseins ist, obwohl durchaus heidnischer Art, noch Jahrhunderte später soweit bekannt, daß Prokop zu Mitte des 6. Jhs. eine vergleichbare Episode seinen Hörern und Lesern in aller Selbstverständlichkeit zumuten kann[34]. Er berichtet von Marcian, dem nachmaligen Kaiser im Ostreich, daß er bei der Eroberung von Nordafrika durch die Vandalen in Gefangenschaft geraten ist. Der Vandalenkönig Geiserich läßt sich am Königssitz in sengender Hitze die Gefangenen vorführen. Marcian schlummert im Warten ein. *Da schwebte*, schreibt Prokop weiter, *wie man sich erzählt, ein Adler mit ausgebreiteten Flügeln zu seinen Häupten und beschattete, indem er dauernd an der gleichen*

Abb. 45 Sog. 'Lyoner Bleimedaillon'

Stelle in der Luft stehen blieb, nur den Markianos. Geiserich, ein sehr scharfsinniger Mann, sah vom Obergeschoß aus den Vorgang; er vermutete göttliches Walten – was sich im nachhinein bewahrheitet, denn wenige Jahre später wird Marcian zum Gemahl der Pulcheria Augusta und zum Kaiser. Aberglaube, Wahrsagerei, was immer – das alte Vorzeichen des göttlichen Schutzes für die Auserwählten scheint immer noch bekannt zu sein.

Götterbilder – Kaiserbilder

Die kaiserlichen Charismatiker können seit Anbeginn ihrer Herrschaft jederzeit in der Art von Göttern dargestellt werden. Es gibt viele Beispiele dafür; hier sei nur auf die große Prunkgemme in Wien, die Gemma Augustea, hingewiesen (Abb. 46)[35]. Augustus thront neben der Dea Roma in der Gestalt von Jupiter, nicht anders als seine Nachfolger, beispielsweise Tiberius[36] oder Claudius in einer Kolossalstatue aus Lanuvium[37]. Dies gilt auch für manche Damen des kaiserlichen Hauses, die – vom Kaiser jeweils – ins Numinose mit aufgenommen werden[38]. Es kann nicht verwundern, wenn schon Livia, die Gemahlin des Augustus (nach dessen Tod und ihrer Adoption nunmehr Iulia Augusta) in gleicher Art dargestellt wird: Manches Bild von Göttinnen trägt erkennbar ihre Züge, wie z.B. eine Statue in

Abb. 46 Gemma Augustea

Madrid (Abb. 47). Sie erscheint auch als SALVS, PIETAS und IVSTITIA (Abb. 48) mit dem Göttinnendiadem[39] auf Münzen. Im gleichen Sinne kann man Neros *denarius* in Gold und Silber verstehen. Mit der Rückseitenlegende AVGVSTVS-AVGVSTA stehen Nero mit der Strahlenkrone des Helios und dem Langzepter und Poppaea mit Göttinnendiadem und Füllhorn nebeneinander; beide halten Opferschalen (Abb. 49)[40]. Tiberius errichtet im Jahre 9 nach seiner siegreichen Rückkehr nach Rom dem *numen Augusti* einen Altar[41], wieder in dem Sinne, daß Augustus sehr wohl *numen* hat, aber zu Lebzeiten kein *numen* ist[42]. So gesehen, wird man auch die sehr deutlichen Identifizierungen im Bild des Gallienus und des Aurelian mit Merkur und des ersteren auch mit dem Genius Populi Romani verstehen können[43].

Zu Lebzeiten sind die römischen Kaiser keine Götter[44]; sie haben aber herausragende Eigenschaften, werden durch die Götter beschützt und begnadet. Daher können sie mit den Attributen der Götter und Göttinnen dargestellt werden. Nach ihrem Tode, wenn sie konsekriert werden[45], sind sie selbst *divi* oder *divae*, eigenständige Gottheiten mit dem eigenen Namen.

Caligulas Selbstidentifikation mit Jupiter[46] gilt allerdings schon in der Antike als krankhaft und ist eine Ausnahme. Domitian wird als Willkürherrscher bloßgestellt, wenn[47] (er) *mit gleicher Arroganz ein amtliches Rundschreiben begann, das er im Namen seiner Steuerbeamten diktierte, mit den Worten: 'Unser Herr und Gott befiehlt*

Abb. 47 Statue der Livia als Göttin

folgendes'. Die Praxis des Kaiserkultes ist freilich geeignet, die Grenzen zwischen göttlichen Eigenschaften und Ehren und direkter Vergottung zu Lebzeiten, oft aus Schmeichelei, zu verwischen. 'Die Voraussetzungen des Kaiserkultes lagen ... in den östlichen Provinzen des Reiches, dessen Bewohner es seit Jahrtausenden bzw. (sofern sie Griechen waren) seit den hellenistischen Königen gewohnt waren, die Person des Monarchen mit göttlicher Weihe zu umgeben. Gerade der mit universalem Anspruch auftretende Herr der Welt war nur vorstellbar als Sachwalter göttlicher Mächte, in deren Dunstkreis er eingehüllt oder denen er zugeordnet wurde. ... In den Provinzen des Westens waren die Voraussetzungen gründlich anders. Die von Rom unterworfenen Völker kannten den Gedanken nicht, daß ungewöhnliche Taten eines Menschen Ausdruck göttlichen Wirkens sein mußten.

Abb. 48–49 Dupondius: Livia als Iustitia (48) – Denar: Nero (49)

... Einig sah man sich allerdings mit den Bewohnern des Ostens in dem Bewußtsein, daß die Dauer versprechende Friedenszeit des Augustus Loyalität und Dankbarkeit fordere und diese auch bezogen auf den Mann, der dafür verantwortlich war, formuliert werden müsse ...'[48]. Eine im Osten geprägte Silbermünze des Claudius, ein Cistophor, zeigt die Fassade eines solchen ROM(*ae*) ET AVG(*usto*) durch das COM(*mune*) ASI(*ae*) gewidmeten Tempels (Abb. 50). Der Kaiserkult wird zum Band des Zusammenhalts des Imperiums und zur wirksamen Form der notwendigen Loyalitätsbekundung. Es gibt freilich auch Gegenstimmen. Tacitus bringt einiges davon in der Kritik der Regierung des Augustus mit dem schlichen Auftakt: *Dicebatur contra*, man hielt dagegen. In unserem Zusammenhang ist von Belang[49]: *Nichts sei den Göttern an Ehrungen vorbehalten, da er im Tempel und im Götterbild durch Flamines und Priester verehrt werden wollte.* Vespasians herber Witz macht auch vor sich selbst nicht halt, wenn er[50] ... *bei den ersten Anzeichen seiner Krankheit (aus)rief: 'O weh, ich glaube, ich werde ein Gott!'* Trotzdem verfestigt sich diese Ideologie, man schwört beim Genius des Kaisers und anderes mehr. Die strengen Schutzmaß-

Abb. 50 Cistophor: Claudius I.

nahmen der *lex Iulia maiestatis*, Grundlage vieler auch schlimmer Majestätsbeleidigungsklagen, tun das ihre dazu. Gegen Ende des 2. Jhs. ist es dann so weit, daß der Kirchenvater Tertullian in seiner Apologie sagen kann[51]: *Gekommen sind wir also zum zweiten Anklagepunkt: Frevel gegen die noch erhabenere Majestät – denn mit noch größerer Furcht und noch schlauerer Ängstlichkeit achtet ihr den Kaiser als selbst den olympischen Jupiter. Und mit Recht, wenn ihr gescheit seid ... Aber selbst das tut ihr weniger aus vernünftiger Überlegung als aus Rücksicht auf die gegenwärtige Macht.*

Commodus identifiziert sich mit Hercules

Die olympischen Götter sind im Laufe der Zeit den Kaisern nähergekommen, könnte man sagen. Es ist vielleicht richtiger, wenn man es umgekehrt formuliert: Wie die Olympier im Glauben der Griechen und Römer verblassen, wird die Kaisergestalt erhöht[52]. Einen geradezu schroffen Wendepunkt stellt die Regierungszeit des Commodus 180–192 dar. Gegen Ende seiner Regierung, als seine Zügellosigkeit und Autokratie bereits jedes erträgliche Maß überschritten haben, erreicht er, wie die Münzen Schritt für Schritt nachzeichnen[53], einen bisher nicht vorstellbaren Höhepunkt. Er hat sich im Laufe der Zeit besonders Hercules zugewandt. Herodian berichtet darüber[54]: *Er verstieg sich aber bis zu solchem Ausmaß an Wahnwitz und Verrücktheit, daß er sich zunächst einmal die Anrede mit dem väterlichen Namen verbat, indem er sich statt Commodus und Sohn des Marcus als Hercules und Sohn des Jupiter*[55] *anreden ließ und indem er die römische Tracht und die kaiserliche Kleidung ablegte, um sich mit einem Löwenfell zu bekleiden und eine Keule in Händen zu tragen ...* Noch prägnanter schreibt Cassius Dio[56]: *Die Löwenhaut und die Keule ließ er auf den Straßen vor sich hertragen, in den Theatern ruhten sie auf einem vergoldeten Stuhl, mochte der Kaiser zugegen sein oder nicht.* Im vorletzten Jahr seiner Herrschaft, 191, nimmt dementsprechend im Münzbild Hercules die Stelle des Genius Augusti ein, der, wie seit jeher üblich, am Altar ein Opfer vollzieht. Dieser Wechsel steht durchaus noch im Sinne der *numen*-Vorstellung; Hercules ist nun die leitende Gottheit des Kaisers. Die Legende entspricht dem mit der Widmungsform HERC(*uli*) COMMODIANO und der datierenden Titulatur ganz und gar. Mehr noch, auf anderen Serien im gleichen Jahr legt Hercules im Münzbild den Arm schützend um die Schulter des Commodus. Es ist die gleiche Vorstellung göttlichen Schutzes, vielleicht in größerer Nähe gedacht, wie es das Münzbild Trajans Abb. 37 darstellt.

Die nächsten Schritte folgen im Jahr 192 Schlag auf Schlag. Ein Brand in Rom bietet den Grund für eine formale Neugründung der Stadt, wie der Biograph im späten 4. Jh. verächtlich schreibt[57]: *Außerdem verstieg sich sein Wahnwitz bis zu der Absicht, die Stadt Rom 'Commoduskolonie' zu nennen ...* Der Neugründer der Stadt ist aber schon der Romanus Hercules, der römische Hercules, wie der Kaiser sich nun verstanden wissen will[58]. Der Senat folgt willfährig[59]: *Übrigens hat der Senat damals, als Commodus im Senat die Umbenennung von Rom in 'Commodusstadt' anregte, nicht nur diesen Vorschlag lächerlicherweise ergeben begrüßt, so wird berichtet, sondern auch sich selbst 'Commodussenat' betitelt und den Commodus als Herkules und als Gott apostrophiert.* Anläßlich der Neugründung habe man ihm eine gewaltige Statuen-

Abb. 51 Aureus: Commodus

gruppe errichtet, die ihn als Gründer mit einem Gespann von einem Ochsen und einer Kuh darstellt, berichtet Cassius Dio[60]; er meint damit das Ziehen der neuen Stadtgrenzen, des *sulcus primigenius*, mit dem Pflug und dem gemischten Gespann. Beide Autoren, sowohl Cassius Dio als auch der der spätrömischen Kaiserbiographien, sind dem Commodus mehr als übel gesinnt; seine Eskapaden werden nur zu oft übertrieben. In diesem Falle jedoch stimmt wohl alles, so merkwürdig es auch immer erscheinen mag. Die Münzen führen die Szene der Gründung im Bild (Abb. 51), offenbar nach dieser Statuengruppe[61]; Commodus ist als Hercules dargestellt, zudem trägt die Vorderseite, die immer ein im Augenblick den kaiserlichen Vorstellungen gemäßes Porträt im Bilde führt, sein Profil im Löwenfell des Heros. So wie die Dinge liegen, muß also auch der Bericht der Commodusvita sinngemäß stimmen. Der Senat, eingeschüchtert und kriecherisch, erklärt ihn also tatsächlich zum Hercules und zum Gott. Daß dem so ist, zeigt auch die schöne rundplastische Darstellung des Commodus-Hercules im Konservatorenpalast zu Rom (Abb. 52)[62]. Sie ist wohl, wie die Münzen zeigen, auch ins letzte Lebensjahr des Kaisers 192 zu datieren. Das Brustbild ruht auf sinnfälligen Zeichen der kaiserlichen Macht, so wie Commodus sie auffaßt, auf der Himmelskugel mit dem Zodiacus, und einer Pelta, dem Amazonenschild mit der Aegis und dem Gorgoneion[63]. Der Zodiacus und die Himmelskugel bezeichnen den Weltenherrscher, den Kosmokrator; die Aegis mit dem Gorgoneion ist eine Kaiserinsignie, die von den Ptolemäern herstammt[64] und die die Kaiser seit jeher als Zeichen göttlichen Schutzes, aber auch der Macht tragen. Sie sitzt in dieser Komposition auf der Pelta, dem Amazonenschild, der in Adlerköpfen ausläuft, vielleicht auch hier als ein Zitat römischer Insignien. Die Pelta bedeutet für Commodus jedoch noch mehr, er nennt sich Amazonius und will auch so auftreten[65]. Unter der rechten Hand des Kaisers mit der Herculeskeule, die er schultert, kniet eine kleine Gestalt, die, heute ohne den Kopf, vielfach als Victoria beschrieben wird. Sie stellt aber eher die Virtus dar, denn sie hat keine Flügel, aber eine entblößte Brust wie eine Amazone, sie kniet da in kurzem Gewand und hohen Stiefeln. Die Victoria ist stets geflügelt und trägt meist lange Gewänder. Commodus läßt auf Münzbildern immer wieder die Virtus darstellen, er feiert sie und handelt selbst, wie die Bilder zeigen, voller

Abb. 52 Büste aus Rom: Commodus als Hercules

Virtus, kraftvoll und siegreich[66]. So kniet denn unter dieser so programmatischen Büste, die alle Vorstellungen des Kaisers von sich selbst wenige Monate vor seinem Tode gleichsam gebündelt wiedergibt, folgerichtig die kleine Gestalt der Virtus. Daß die Pelta von zwei reich bestückten Füllhörnern eingefaßt ist, bedarf kaum einer Erklärung; das Walten dieses kaiserlichen Hercules bringt all die Reichtümer zum Wohle der *res publica* selbstverständlich hervor. Dies alles indessen,

Abb. 53 Aureus: Gallienus

Insignien, Zeichen, Virtus und Cornucopiae, sind klein von Format und vollends dem machtvollen Hercules-Romanus-Commodus untergeordnet, der mit Keule, Löwenfell und den Äpfeln der Hesperiden in der linken Hand an erfolgreich vollendete Taten des Heros erinnert. Die Büste stand einst im Areal kaiserlicher Gärten auf dem Esquilin in Rom, ein Hinweis mehr für die Kaisernähe dieser außergewöhnlichen Komposition.

Daß die Zeit des Commodus, das letzte Drittel des 2. Jhs., diese eindeutige Selbstvergottung nicht ertragen kann, ist selbstverständlich. Der Tyrann wird, wenig mehr als 30jährig, am letzten Tag des Jahres 192 ermordet[67].

Der Kaiser und die Mysterien

Die unmittelbare Identifizierung mit einer klassischen Gottheit stößt offenbar Ende des 2. Jhs. auf entschiedene Ablehnung, wie das Beispiel des Commodus zeigt. Die Einweihung in geheime Mysterienreligionen, vor allem in den Kult der Demeter in Eleusis, bewirkte indessen einen geistigen Neubeginn des Eingeweihten, ja einen Wandel des Wesens in Richtung der Gottheit. So wird Hadrian nach seiner Initiation auf Cistophoren REN(*atus*) – wiedergeboren – genannt und mit den Ähren der Demeter dargestellt. Unter Augustus, ebenfalls einem Eingeweihten, erscheinen auf Cistophoren auch die Ähren im Bild, und wiederum Hadrian trägt auf einem seltenen Sesterz einen Ährenkranz[68]. Gallienus, der wohl 264 in Eleusis initiiert wurde, wird seiner Weihe am sinnfälligsten gerecht. Auf Goldmünzen aus der Münzstätte Rom trägt auch er wie Hadrian den Ährenkranz. Die Vorderseitenlegende der seltenen Münze lautet zudem GALLIENAE AVGVSTAE, in der dativischen Widmungsform, grammatikalisch weiblich, womit seiner Wandlung im Sinne der Demeter-Mysterien Ausdruck verliehen wird (Abb. 53)[69].

Diese Art Wesenswandlung aus religiösem Grund ist mit dem Hercules-Romanus-Commodus nicht zu vergleichen, da der Kaiser mit dem Hinweis auf seine Initiation ein sehr persönliches Geschehen im eigenen Leben offenbart, das aber keine Vergöttlichung bedeutet und in keiner Weise ihm allein vorbehalten ist. Selbstverständlich ist eine Initiation in eine Mysterienreligion alles andere als anstößig.

Abb. 54–57 Aurei: Postumus (54–56) und Probus (57)

Götter als Begleiter der Kaiser

Im Laufe des für das Imperium so schwierigen 3. Jhs. werden die alten Götter immer näher an den Kaiser herangeholt und neue, so etwa der orientalische Sonnengott, Sol genannt, mehr und mehr zu Hilfe gerufen. Man sieht ihre Köpfe z.B. auf kunstvollen *aurei* des gallischen Gegenkaisers Postumus. Er verehrt besonders eine gallische Gottheit, die mit Hercules identifiziert wurde und nach einem nicht näher bekannten Ort Deuso Hercules Deusoniensis[70] genannt wird (Abb. 54). Neben seinem Kopf erscheint also Hercules ihm gleichsam beigeordnet (Abb. 55); Victoria, Felicitas, Sonne und Mond – CLARITAS AVG(*usti*), das helle Himmelslicht – begleiten ihn (Abb. 56 und 55). Wie diese vermessen erscheinende Nebeneinanderstellung zu verstehen ist, zeigen wenige Jahre später einige *aurei* des Probus deutlicher. Hinter seinem Brustbild ist der Solkopf auf der Vorderseite (Abb. 57) mit der ungewöhnlichen Legende SOL COMIS (sic!) PROBI AVG(*usti*); auf der Rückseite liest man dann noch einmal SOLI INVICTO – COMITI AVG(*usti*): Der Gott ist zum *comes*, zum Begleiter und Berater des Kaisers geworden. Er hat ja immer schon seine ihn begleitenden *comites* gehabt, die eine Art Kronrat bilden. Sol beschützt ihn auch nach wie vor. Abb. 58 zeigt den gleichen Gott denn auch als CONSERVAT(*or*) AVG(*usti*), Bewahrer, Retter des Kaisers. Die Comes-Eigenschaft Sols überwiegt dann in den folgenden Jahren und Jahrzehnten. Das wichtigste Charakteristikum des Gottes, INVICTVS, seine Unbesiegtheit, nehmen alsbald die Kaiser für sich in Anspruch[71]. Noch Constantin der Große

Abb. 58 Aureus: Probus

apostrophiert Sol im Jahre 325, nachdem er das gesamte Imperium unter seinem Zepter vereint hat, als seinen *comes*[72]. Eine weitere Ausdeutung der Beziehung zu Hercules, wohl durchaus im Sinne des Kaisers, formuliert man in einer Weihung in der Stadt Pisaurum (Pesaro) in Italien, indem Hercules *consors domini nostri Aureliani*[73] genannt wird.

Sowohl Diocletian und Maximian in der Ersten Tetrarchie (293–305) als auch die Caesares, die Herrschaftsgebiet und Herrschaft als zukünftige Augusti mit ihnen teilen, stellen sich sehr gezielt in den Schutz klassischer olympischer Götter. Diocletian nennt sich *Iovius*, Maximian *Herculius*. Damit ist zugleich einer feinen Rangabstufung innerhalb des Kaiserkollegiums Genüge getan. Das Haupt des Kaiserkollegiums, Diocletian, ist dem obersten Olympier, Jupiter, zugeordnet, Hercules folgt seinen Anordnungen, wie Maximianus Herculius denen Diocletians – so jedenfalls die offizielle Lesart. Auch die Caesares haben ihre göttlichen Patrone: Constantius Chlorus den Mars, Galerius den Sol, wie dies vor allem wieder die Münzen zeigen. Die Conservator-Anrede wird für jede dieser Gottheiten verwendet, als *comites* erscheinen zusätzlich nur Hercules und Sol[74]. Hier wird die Praxis des späten 3. Jhs. nicht nur ungebrochen fortgesetzt, sondern auch sinnvoll ausgebaut. Die diocletianische Tetrarchie präsentiert sich also im Endeffekt als Jupiter untergeordnet. Die Attribute *Iovius* bzw. *Herculius* heißen in letzter Konsequenz 'Iuppiter-haft' und 'Hercules-haft'. Die Kaiser sind Träger des göttlichen *numen*, sie sind aber selbst zu Lebzeiten keine Götter[75].

Dieser Vorstellung entspricht auch die Formulierung der Präambel des Höchstpreisedikts Diocletians aus dem Jahre 301[76]: *Das Glück unseres Staates, den man (abgesehen von den unsterblichen Göttern) in Erinnerung an die von uns glücklich geführten Kriege beglückwünschen darf zu dem geordneten und im Schosse tiefster Ruhe befindlichen Zustande des Erdkreises sowie zu den Gütern des mit vielem Schweisse errungenen Friedens – dieses Glück treu zu bewahren und geziemend zu fördern, ist eine Ehrenpflicht und eine Forderung der römischen Würde und Majestät, damit wir,* die wir, durch die Güte und Gunst der Himmlischen in Unruhe versetzt, früher Räubereien barbarischer Stämme unterdrückt haben, *die so begründete Ruhe für immer mit der gebührenden Schutzwehr der Gerechtigkeit umgeben.* Die üppige barocke Sprache der Spätantike verdeckt die wichtige Wendung nicht, daß die Kaiser sich *von der gütigen Gunst der Götter in Unruhe versetzt* empfinden, als sie zur Tat zum Wohle der *res publica* schreitend die folgenschwere Verfügung über die Preisstabilisierung erlassen, der freilich kein Erfolg beschieden sein wird. Sie manifestieren sich also wiederum nicht selbst als Gottheiten[77]. Die Kaiser gelten von Anbeginn dieses Herrschaftssystems lediglich als Träger göttlicher Kraft. Die Grenzen zwischen einer 'Gottheit, die Kraft und Schutz gewährt', und 'göttlich' verwischen sich eher von der Seite der von den kaiserlichen Äußerungen Angesprochenen. Charakteristisch dafür ist die von Sueton[78] geschilderte Szene unter Augustus, wobei es nur um die Anrede *dominus* geht: *Die Anrede 'Herr' verabscheute er immer wie eine persönliche Beschimpfung und Beleidigung. Als einmal bei der Aufführung eines Mimus in seiner Anwesenheit auf der Bühne die Worte gesprochen wurden: 'O gerechter und gütiger Herr!' und das Publikum jubelnd Beifall klatschte, wie wenn sich diese Stelle auf Augustus bezogen hätte, dämmte er sofort durch eine Bewegung der Hand und seinen Blick diese unziemliche Huldigung ein ...*

Sacratissimi Imperatores

Die Entwicklung geht trotzdem weiter. Der Kaiserkult, in der Praxis des hellenistischen Ostens begründet und entfaltet, bietet den weihevollen Rahmen dafür[79]. Der Kaiser ist sich indessen seines von den Göttern stammenden Charismas wohl bewußt und stets bereit, es politisch (gelegentlich wohl auch voller persönlichen Glaubens und Sendungsbewußtseins) zu nutzen. Ende des 3. Jhs. wird definitiv ausgesprochen, was bislang – allerdings sehr lange – als Gedanke vorhanden war, daß die Kaiser ipso facto göttlicher Abstammung sind[80]. Der Lobredner sagt von Diocletian und Maximianus in der Geburtstagsrede des Letzteren[81]: *Wir feiern also, heiligster Kaiser, die Geburtstage, wann immer sie im Laufe der Jahre wiederkehren, in Verehrung sowohl Eurer Person als auch Eures numens, sofern ja Ihr von Göttern abstammt und durch Eure Namen, vielmehr aber durch Eure Tugenden bestätigt seid*[82]. Wie der Lobredner Maximian *sacratissimus imperator* nennt, wird allmählich alles, was mit dem Kaiser auch entfernt (selbst nur administrativ) in Verbindung steht, *sacer* genannt. Dieses Wort bedeutet 'dem Alltag entzogen'[83], erst dann 'gehoben' und 'heilig, geheiligt'. In der Tat, die Person des Kaisers ist an der Schwelle der Christianisierung des Imperiums bereits sehr weit von den Untertanen und ihrem Alltag entfernt, erhaben, von einem sinnfälligen Zeremoniell umgeben und abgeschirmt. Dennoch, die Kaiser proklamieren sich selbst nicht als Götter, wie bereits oben gesagt. Die drei Kaiser, die dieses getan haben, Caligula, Domitian und Commodus, gelten als besonders schlimme Tyrannen; alle drei wurden ermordet.

Noch vor der Phase der letzten Selbsterhöhung als Hercules führt Commodus ein weiteres Argument für die immer höhere Einschätzung seiner Person in die Debatte ein. Es geht dabei um seine hohe Abstammung, seine *nobilitas*.

Nobilitas

Commodus ist als Sohn und Nachfolger M. Aurels und der jüngeren Faustina seit rund 100 Jahren der erste Kaiser, der direkt von kaiserlichen Eltern abstammt und

Abb. 59 Aureus: Commodus

nicht in die kaiserliche Macht als Nachfolger adoptiert wurde[84]. Er regiert, schwach wie er ist, mit zunehmender Willkür, schockiert Rom mit bislang kaum erlebten Eskapaden, indem er sich beispielsweise unter die Gladiatoren begibt, mit ihnen an Circusspielen und Tierhatzen teilnimmt[85]. Es verwundert nicht, daß sich alsbald Widerstand regt, Verschwörungen angezettelt und blutig niedergeschlagen werden. Seit 186 argumentiert Commodus gegen seine durchaus gefährlichen Gegner mit seiner einmaligen NOBILITAS auf den Münzen (Abb. 59)[86]. Diese vordem nicht üblich gewesene Personifikation trägt auf der Hand das Palladium, die ehrwürdig-alte trojanische Athena-Statue, die immer wieder auf das traditionelle, von den Göttern gewährte Herrscherrecht Roms hinweist[87]. Er stellt sich damit als der Garant römischer Macht schlechthin dar. Noch deutlicher wird die offizielle Titulatur aus dem gleichen Jahre 186 auf einem Meilenstein in Nordafrika[88], auf dem er *nobilissimus omnium et felicissimus princip(um)* heißt, nachdem die Adoptivkaiser ab Nerva, sein Vater M. Aurel und sein Großvater Antoninus Pius als seine Vorfahren aufgezählt werden. Die leibliche Abstammung von Herrschern stellt ihn offensichtlich weit höher[89] in Rang und Ansehen – in der kaiserlichen *maiestas* – als alle noch so hervorragenden Adoptivkaiser vor ihm. Wenn Herodian den jungen Commodus in der ersten Rede nach dem Tod seines Vaters zu den Soldaten und zu seiner Begleitung sagen läßt[90]: *Ganz natürlich würdet ihr wohl, wenn ihr dies bedenkt, nicht einen euch vorgesetzten, sondern den für euch geborenen Herrscher wollen*, charakterisiert er damit die Stimmung um die Wende vom 2. zum 3. Jh., als man den Vorrang eines leiblichen Kaisersohnes vor allen Adoptierten offenbar bereitwillig anerkennt[91].

Um die besondere Eignung zum adoptierten präsumptiven Nachfolger der diocletianischen Tetrarchie zu unterstreichen, tragen sie offenbar aus dem gleichen Grund den Titel *nobilissimus Caesar*. Diese mehr als künstliche Nachfolgeregelung beruht auf der Vorstellung, daß die beiden Augusti nach 20 Jahren Regierung zurücktreten, die bisherigen Caesares ihre Stelle als Augusti einnehmen und ihrerseits Caesares adoptieren. Sie ist freilich nur von kurzer Dauer, währt gerade knappe 13 Jahre (293–306). Die geburtsbedingte *nobilitas* bleibt in aller Augen ein vorrangiges Anrecht auf den Thron. Constantin der Große, Sohn des Constantius Chlorus, wird im tetrarchischen System (obwohl oder gerade weil ein Kaisersohn) bei der Nachfolge übergangen. Das Heer seines Vaters ruft ihn aber nach dessen Tod regelwidrig zum Kaiser aus. In einer zeitgenössischen Lobrede erscheint alsbald die schärfste Formulierung der Geburtsnobilitas[92]: *Unter allen Kollegen Deiner maiestas besitzt Du, o Constantin, sage ich, den besonderen Vorrang, daß Du zum imperator geboren bist und die nobilitas Deiner Abstammung so hoch ist, daß das Kaisertum Deiner Würde nichts zugefügt hat und auch Fortuna Deinem numen nichts schenken kann, was nicht ohnehin schon Dir gehört, dies sei ohne Schmeichelei und Parteinahme gesagt.* Die spätere Praxis, etwa am byzantinischen Hof, zeigt, wie fest diese Vorstellung in der Mentalität auch der jüngeren Zeit verankert ist; Kaiserkinder werden nach der Porphyr-Gebärkammer in Byzanz Porphyrgeborene genannt und haben höchsten Rang.

Die *homines novi*, die Neulinge auf dem Thron, sind unter Umständen Nachfolger von Kaisersöhnen, wie Commodus und Caracalla, die voller Willkür regierten. Sie haben kraft Abstammung einen absoluten Anspruch auf die Herrschaft erhoben, versagten aber in ihrer Ausübung. Die scharfe Kritik, die gelegentlich aufkommt[93], leuchtet ein, ändert aber offenbar nichts an der breiten Akzeptanz des Nobilissimus-Prinzips.

Die Dynastie

So ist verständlich, daß die Dynastie und alles, was sie betrifft, in 'Bild und Bildersprache' der Kaiser eine hervorragende Rolle spielen[94]. Wie das Problem im Bild angegangen wird, sollen einige wenige Beispiele zeigen.

Die präsumtiven Nachfolger

Mit dem Porträt, in der Anlage dem des Augustus völlig gleichgestellt, wird der erste in der langen Reihe der Thronanwärter, M. Vipsanius Agrippa, präsentiert (Abb. 60). Beide Köpfe, der des Augustus auf der Vorder- und jener des Agrippa auf der Rückseite, bleiben ohne Insignien, d.h. in diesem Fall ohne Kränze; als Legende dient der Name AVGVSTVS-CAESAR bzw. M. AGRIPPA[95]. Es ist eine formal korrekte Vorstellung im Bilde. Augustus hat keine Söhne, nur eine Tochter. Er versucht zunächst, den jeweiligen Schwiegersohn näher an sich heranzuziehen. Der erste, Marcellus, stirbt jung nach kurzer Ehe mit Julia. Der zweite Gemahl, Agrippa, Augustus' höchst erfolgreicher Weggefährte seit seiner Jugend, ist nicht nur als Feldherr bedeutend, sondern auch ein großartiger Organisator, wie seine Tätigkeit in den neu eroberten Gebieten im Norden und im Osten des Reiches zeigt. Er wird schrittweise zum Nachfolger aufgebaut, erhält hohe Ämter, schließlich auch die *tribunicia potestas*, die Qualität eines Volkstribuns mit allen Vorrechten, die dem Herrscher vorbehalten sind. Agrippa stirbt indessen vor Augustus im Jahre 12 v.Chr. Als Julias dritte, erzwungene Ehe mit dem Stiefsohn des Augustus, Tiberius, scheitert, treten die Enkel, Caius und Lucius Caesares, Söhne Agrippas, die Augustus adoptiert hat, in den Vordergrund. Sie werden etwa um 2 v.Chr. im Münzbild vorgestellt (Abb. 62). Sie sind beide jung, vor allem haben sie keine militärische Reputation. So wird für sie ein neuer Rang kreiert, der eines *princeps iuventutis*, des Ersten (zugleich des Vornehmsten) der römischen Jugend.

Abb. 60–64 Aureus: Augustus (62) – Solidus: Crispus (64) – Denar: Augustus-Agrippa (60) – Sesterze: Drusus d. Jüngere (61) und Maximus Caesar (63)

Beide Prinzen stehen im Rückseitenbild nebeneinander mit ihren Waffen, aber als designierte Consuln in der Toga, über ihnen sieht man die Abzeichen hoher priesterlicher Ämter. Ihr Bild erscheint auf den Vorderseiten der Münzen nicht; dies wird auf den Gold- und Silberprägungen Augustus selbst vorbehalten.

Der Rang eines *princeps iuventutis* begleitet fortan den oder die Thronfolger. So werden im ersten Regierungsjahr Vespasians (Abb. 65) die beiden Söhne, Titus und Domitian, im Rückseitenbild eines *aureus* mit der Legende TITVS ET DOMITIAN(*us*) CAESARES PRIN(*cipes*) IVVEN(*tutis*) dargestellt. Abb. 63 zeigt Maximus Caesar, Sohn des Maximinus Thrax, als einen solchen, Abb. 64 Crispus, den 317 zum Caesar berufenen ältesten Sohn Constantins. Beide führen den Speer in der Hand, Maximus einen kurzen Stab dazu[96], Crispus aber hält, in der Aussage noch eindeutiger, den Globus als Zeichen der (zukünftigen) Herrschaft in der Linken. Noch Jahre später, als ein weiterer Sohn Constantins, Constantius, 324 zum *nobilissimus Caesar* erhoben wird, stellt man ihn immer wieder als *princeps*

Abb. 65 Aureus: Vespasian

iuventutis dar, militärisch gekleidet (Abb. 66); er hält die Kommandofahne (*vexillum*) in der rechten Hand. Auf dem Fahnentuch sind vier kleine Kringel in den Ecken und ein größerer in der Mitte sichtbar. Damit werden offenbar die Bilder des Kaisers und seines Hauses auf dem Fahnentuch angedeutet, es geht wohl kaum nur um eine Art Dekoration. Ein paralleles Goldmultiplum präsentiert in gleicher Weise Constantin II. als *princeps iuventutis* (Abb. 67)[97].

Alle diese Darstellungen haben den Charakter einer schlichten Vorstellung, sie betreiben keine besondere Propaganda, sie werben nicht, höchstens mit der Person.

Nichts anderes ist die Präsentation des Tiberius als präsumptiver Nachfolger[98]. Sein Kopf erscheint mit dem des Augustus in dessen späten Jahren auf parallelen Serien von Bronzemünzen und wird mit seinen Titeln, besonders auch den imperatorischen, genannt[99]. Die stadtrömischen Emissionen sind auf 10–11 datiert, die von Lugdunum-Lyon auf 10 bzw. 13. Erst aus dem letzten Jahr des Augustus, 13/14, gibt es eine Reihe von Gold- und Silberprägungen in Lugdunum, die denen des Augustus mit Agrippa entsprechen. Sie bringen auf den Vorder- und Rückseiten die beiden Porträtköpfe mit Namen und Titeln[100].

Nachdem Augustus' Enkel Gaius und Lucius Caesares in kurzem Abstand nacheinander gestorben sind, ist Tiberius der nächste designierte Thronfolger. Augustus will aber offensichtlich auch für eine Fortsetzung seiner Nachfolge Sorge tragen. Er veranlaßt Tiberius, noch bevor er ihn adoptiert, seinerseits den Neffen Germanicus an Kindes Statt anzunehmen. Diesen baut man nun zum Thronanwärter auf. Augustus' Enkelin Vipsania Agrippina wird seine Frau und eine glänzende Karriere eröffnet sich ihm. Germanicus ist nächst Tiberius selbst einer der besten Feldherren seiner Zeit, seine enorme Popularität zeigt sich bei jeder Gelegenheit in Rom und unter den Soldaten.

So kann Tiberius, mittlerweile seit dem Jahr 14 Kaiser, erst nach Germanicus' frühem Tod im Jahre 19 seinen leiblichen Sohn, den jüngeren Drusus definitiv[101] in die Thronfolge heben. Seine Vorstellung im offiziellen Münzbild[102] bekommt, verglichen mit der bisherigen Praxis, neue eindringliche Züge. Zum Porträt gesellt sich die komplette Filiation nebst seinen Ämtern und der *tribunicia potestas*. Doch nicht nur die edle Abstammung – Sohn des Tiberius, Enkel des Augustus – wird unterstrichen, sondern als Auftakt für eine lange Reihe dynastischer Darstellungen

Abb. 66–67 Goldmultipla: Constantius II. (66) und Constantin II. (67)

ein weiterer Vorteil des Prinzen (Abb. 61): Er selbst hat schon Nachkommen. Im Münzbild wird dies sinnfällig. Aus den gekreuzten Füllhörnern ragen zwei Kinderköpfchen heraus, zwischen ihnen erscheint das Zeichen der Prosperität, der Merkurstab. Diese beiden Kinder sind die Zwillinge Germanicus und Tiberius, die Söhne des Drusus. Das Bild ist eindeutig, es wird durch die gesicherte Fortsetzung der Dynastie mit dem Sohn des Tiberius, dann mit seinen Enkeln, das Wohlergehen aller bestens abgesichert. Diese Münzreihe ist in das 2. tribunicische Jahr Drusus', 22, datiert. Er stirbt freilich bald darauf eines gewaltsamen Todes, die auf ihn gesetzte Hoffnung schwindet.

Kaiserliche Kinder

Kaiserliche Kinder – vielmehr die Tatsache ihrer Existenz und damit ihrer Verfügbarkeit – werden immer wieder gefeiert. Der schöne *aureus* für Faustina die Jüngere, Gemahlin M. Aurels, trägt auf der Rückseite die Legende FECVNDITATI AVGVSTAE. Die personifizierte Fruchtbarkeit, wenn man so will, die Kaiserin selbst spielt thronend mit den kleinen Kindern des Hauses (Abb. 68). Diese Vorstellung bleibt vorherrschend. Noch im 4. Jh. ist der gleiche Gedanke in eine ähnliche Komposition gekleidet (Abb. 70)[103]. Der Doppelsolidus von 325/326 zeigt

Abb. 68–70 Aureus: Faustina II. (68) – Goldmultipla: Crispus (69) und Fausta (70)

Constantins Gemahlin Fausta, die anläßlich des zwanzigsten Regierungsjubiläums des Kaisers 325 den Titel Augusta bekommen hat. Sie thront in der Mitte des Rückseitenbildes mit dem charismatischen Nimbus um das Haupt, mit einem ihrer jüngsten Kinder auf dem Schoß. Neben ihr stehen die Personifikationen der Felicitas, der Glückseligkeit (des Wohlergehens), mit dem Merkurstab und eine andere weibliche Gestalt mit erhobener Hand, wohl die Pietas. Zu Füßen des Podiums, das mit Girlanden geschmückt ist, sieht man kleine Flügelgenien mit Kränzen, ein Hinweis auf die Jubiläumsfeierlichkeiten, die Anlaß zur allgemeinen öffentlichen Freude, zum *gaudium publicum*, geben. Die Legende feiert die PIETAS AVGVSTAE, ihr Kinderreichtum ist hier als Folge der Pietas dargestellt – ein kaum genau übersetzbarer Begriff, der Bogen seiner Bedeutung reicht von der frommen Pflichterfüllung bis zur zärtlich-ergebenen Liebe, ja bis zur Dankbarkeit, um von weiteren eher staatspolitischen Inhalten des Wortes hier einmal abzusehen.

Die durch die kaiserlichen Kinder gegebene Absicherung der Nachfolge, damit die Vermeidung jedweder Unsicherheit und eines eventuellen Bürgerkrieges, gilt, auf eine kurze Formel gebracht, als Schlüssel zum Wohlergehen des Reiches, als SAECVLI FELICIT(*as*), so im Falle der großen Familie M. Aurels, wie auf dem As für Faustina II. dargestellt (Abb. 71). Man sieht hier auf dem volutengeschmückten hohen Thron, der ursprünglich der der Götter ist[104], zwei Kleinkinder sorglos spielen. Sie sind gleich groß, man könnte an die Zwillinge Commodus und Antoninus denken, die am 31. August 161 geboren sind[105]. So ergäbe sich ein Anhalts-

Abb. 71 As: Faustina II.

punkt zur Datierung des Stückes auf die ersten Regierungsjahre von M. Aurel, denn Antoninus ist bereits 165 gestorben.

Septimius Severus feiert sein Haus, die *domus divina*, mit einer seltenen Goldemission (Abb. 72). Der Kaiser, die Kaiserin Julia Domna und die beiden Söhne Caracalla und Geta stellen das einzige Thema des Rückseitenbildes dar. Die Legende ist wieder FELICITAS-SAECVLI, Glückseligkeit der (aktuellen Regierungs)zeit.

Im 4. Jh., zum 20. Regierungsjubiläum Constantins, parallel zum eben besprochenen PIETAS-Typ für Fausta, entsteht eine weitere Goldserie; die Kaiserin steht in der Mitte des Bildfeldes und hält zwei Kinder in den Armen. Die Legende lautet entweder SALVS oder sogar SPES REIPVBLICAE[106], die kaiserlichen Kinder gelten als Rettung und Hoffnung des Reiches. Eine andere Formulierung dieses Gedankens finden wir im frühen 4. Jh. Nach dem ersten Bürgerkrieg zwischen Constantin und Licinius wird der – dennoch kurzlebige – Frieden 317 besiegelt, indem die Kaisersöhne Crispus, Constantin II. und Licinius II. zu Caesares, Kronprinzen, erhoben werden. Dies bedeutet nicht nur den Frieden, sondern auch die Hoffnung auf die gesicherte Thronfolge. Aus der Münzstätte Aquileia stammt aus diesem Anlaß ein prächtiger $4^1/2$facher Solidus für Licinius II.[107] (Abb. 74), der das Bild der vier Jahreszeiten mit der Legende FELICIA TEMPORA, glückliche Zeiten, trägt.

Zwist im Kaiserhaus

Auf 321 oder 324 ist der doppelte Solidus Constantins mit der Vorderseite des ältesten Sohnes Crispus zu setzen (Abb. 69). Das Bild auf der Rückseite ist einmalig und vielschichtig. Mit der ganz und gar unüblichen Legende FELIX PROGENIES CONSTANTINI AVG(*usti*), zu deutsch: *die glückliche Nachkommenschaft*

Abb. 72–73 Aureus: Septimius Severus (72) – Sesterz: Caracalla

des Constantinus Augustus, sieht man Kaiserin Fausta in der Mitte stehen. Sie legt ihre Hände auf die Schultern des älteren und des jüngeren Caesar. Ihr Stiefsohn Crispus und ihr Ältester, Constantin der Jüngere, sind in den Jahren 321 und 324 zusammen Consules, sie tragen die Konsulargewänder. Das schöne eigenwillige Stück ist also in einem der beiden Jahre in der westlichen Residenz Treveri-Trier

Abb. 75 Dupondius: M. Aurel

Abb. 74 Goldmultiplum: Licinius II.

Abb. 76–77 Aureus: Faustina II. (77) – Sesterz: Antoninus Pius (76)

entstanden[108]. Zugleich soll Eintracht zwischen den kaiserlichen Halbbrüdern signalisiert, vielleicht sogar beschworen werden. Wie wichtig dies ist, zeigt die Erfahrung. Kaiserliche Brüder bekämpfen sich, kaum daß sie die Macht erlangen, immer wieder und werden nur zu oft zu Opfern des Machtkampfes. Daher stellt man sie stets einträchtig beieinander dar. Das Bild der unter den Augen ihrer Mutter Julia Domna opfernden kaiserlichen Brüder Caracalla und Geta (Abb. 73) ist ein gutes Beispiel dafür, es entstand kurz bevor der ältere Caracalla den jüngeren Geta 211 ermordet hat[109].

Kaiserliche Hochzeiten

Kaiserliche Hochzeiten gehören ebenso vorrangig zu den dynastischen Themen der Bildersprache, wie die kaiserlichen Kinder. Die junge Braut wird stets von Venus begleitet (Abb. 77), wie die jüngere Faustina, als sie 145 die Ehe mit M. Aurel schließt[110]. Es versteht sich, daß bei solchen Anlässen die Eintracht, die Concordia beschworen wird. Auf einem seltenen Sesterz des Antoninus Pius, Vater der jüngeren Faustina, reicht die Concordia-Gestalt dem Kaiser die Hand, im Vordergrund opfern einträchtig die jungen Eheleute CONCORDIAE, der Concordia, wie die Legende sagt[111] (Abb. 76).

Ganz im Sinne der dynastischen Propaganda des Septimius Severus steht der kleine Bogen der Wechsler und der Rinderhändler über einem der Zugänge zum Forum Boarium zu Rom[112], heute zu einem Teil in der Kirche S. Giorgio in Velabro verbaut (Abb. 78). Laut Inschrift weiht man 204 den Bogen den Mitgliedern des Hauses des Severus, namentlich aufgezählt, *devoti numini eorum*, ergeben ihrem göttlichen Geist, im Jahr der Säkularfeier[113]. Im Durchgang ist eine doppelte Opferszene geschildert (Abb. 79 und 80). Septimius Severus opfert als *pontifex maximus*, den Kopf mit der Toga bedeckt – *ritu Sabino* – auf einem Dreifuß (Abb. 80); Opfergeräte und die eigentümliche Kopfbedeckung des obersten Priesters,

Abb. 78 Argentarierbogen in Rom

apex mit Namen, sind im Fries unter der Opferszene angebracht. Auf der anderen Seite stand ursprünglich der jüngere Sohn Geta. Diese Figur wurde nach seiner Ermordung abgearbeitet und die hinter ihnen stehende Gestalt der Kaiserin Julia Domna schlecht und recht ergänzt. Ihnen gegenüber, im parallelen Bild brachte ursprünglich der junge Ehemann Caracalla zusammen mit seiner Gemahlin Fulvia Plautilla ein Opfer dar, an das auch der Fries unter seinen Füßen erinnert. Auf der anderen Seite des Dreifusses stand gleich groß die junge Frau, Plautilla, zu-

Abb. 79 Argentarierbogen in Rom, Bogendurchgang, Caracalla

sammen mit Caracalla das Opfer vollziehend. Sie haben 202 geheiratet[114]. Nach dem Sturz des Vaters, des ehedem so mächtigen *praefectus praetorio* Plautianus, 205 wird auch Plautilla verstoßen und in die Verbannung geschickt. Einige Jahre später wurde sie ermordet. Aus diesem Anlaß erfuhr das kleine Monument eine grundlegende Änderung in Bild und Schrift, eine weitere folgte nach der Ermordung Getas im Jahre 212[115]. Beider Ächtung nach dem Tod, die *damnatio memoriae*, bringt dies zwingend mit sich.

Kaiserliche Brüder als Mitregenten

Kaiserliche Brüder als Mitregenten sind, wie die Erfahrung zeigt, keineswegs Garanten für eine gelungene, einmütige Gesamtherrschaft. Das einzige, wirklich gute Beispiel der Einmütigkeit in der Doppelherrschaft bietet M. Aurel in der Zeit

Abb. 80 Argentarierbogen in Rom, Bogendurchgang, Septimius Severus und Julia Domna

der gemeinsamen Regierung mit L. Verus 161–169. Zahlreiche Darstellungen, vor allem auch auf Münzen, begleiten und illustrieren diese Haltung, hier etwa Abb. 75[116]. Das Münzbild und die Legende stellen gleichsam ein Regierungsprogramm für die Doppelherrschaft dar. Die kaiserlichen Brüder Marcus und Verus stehen, beide in der Toga, einander gegenüber und reichen sich die Hand. Ein wenig beachtetes Detail kommt hinzu: M. Aurel hält in der linken Hand eine kleine Figur, die wieder das Palladium sein kann, das traditionelle Zeichen der römischen Macht. Er wird also als die eigentlich leitende Gestalt charakterisiert. Die Legende dokumentiert die CONCORD(*ia*) AVGVSTOR(*um*)[117], die in diesem Falle so weit geht, daß M. Aurel nach dem Tod des L. Verus 169 auf die gemeinsam ge-

Abb. 81–83 Aureus: Trajan (81) – Dupondius: Germanicus (82) – Sesterz: Agrippina die Ältere (83)

tragenen Siegestitel, die Verus errungen hat, fortan verzichtet[118]: *Indes übte Marcus solche Zurückhaltung, daß er trotz des gemeinsamen Triumphes nach Lucius' Tod nur den Germanicustitel führte, den er sich in dem von ihm selbst geführten Kriege erworben hatte.* Diese wirklich gelebte Concordia unter Herrscherkollegen ist selten vorhanden, wie die Geschichte zeigt. Hier liegt es allein an M. Aurel selbst[119].

Die Eltern als Thema der kaiserlichen Bildersprache

Eine andere Art dynastischer Bilder entsteht, wenn die Eltern um der eigenen Selbstdarstellung willen in den Vordergrund geschoben werden. Das gilt umso mehr, wenn diese zu Lebzeiten – vermeintlich oder wirklich – Unrecht erlitten haben. Die eigene Pietas kann damit ebenso demonstriert werden. Ein gutes Beispiel bietet dafür Caligula. Sein Vater Germanicus, hoch verehrt, sehr populär, ist – so meinte man – nicht ohne Mitschuld von Tiberius und Livia zu Tode gekommen[120]. Seine Mutter, Agrippina die Ältere, eine Enkelin des Augustus, wurde das Opfer ihres berechtigten Widerstandes gegen Tiberius. Die ihnen zuteil gewordenen höchsten Ehren sollen nun für sie – und natürlich für ihren jungen Sohn auf dem Kaiserthron – zeugen. Bronzemünzen, Sesterze, Dupondien, Asses werden in großen Mengen[121] in Umlauf gesetzt (Abb. 82 und 83). Sie zeigen einen Germanicus-Kopf mit langer Legende auf den Asses, auf den Dupondien aber ihn selbst auf dem Höhepunkt seiner glänzenden Karriere im Triumphzug 17 über die Germanen[122] und auf der anderen Seite seine Statue mit dem von Varus im Jahre 9 verlorenen, aber von ihm wiedergewonnenen Legionsadler. Dieser Konzeption entspricht, daß Agrippinas Andenken mit dem *carpentum*, einem Ehrenwagen mit Muli-Gespann, gefeiert wird, nicht anders als Germanicus mit der Statue. Daß der junge Kaiser der Eltern auf diese Weise gedenkt, ist ein Ausfluß seiner Pietas auf der einen Seite, aber auf der anderen ist es zugleich eine herbe Kritik am Vorgänger Tiberius. Der große Triumph des Germanicus liegt gerade 20 Jahre zurück, viele in der Stadt werden sich daran noch erinnern, wenn sie die Münze 37 oder wenig später in die Hand bekommen[123]. Knappe 2 Jahre nach dem Triumph ist der so beliebte Germanicus tot. Agrippina gilt, wie bereits gesagt, ebenso als ein Opfer der Willkür des Tiberius.

Eine ungewöhnliche Art der Ehrung der Vorfahren legt ein Münzbild Trajans an den Tag (Abb. 81). In der letzten Phase seiner Regierung, seit 112, erscheint eine Reihe von Gold- und Silberdenaren für die Damen seines Hauses und vor allem für seine 'beiden Väter' mit den einander gegenübergestellten Köpfen zur Legende DIVI NERVA ET TRAIANVS PAT(*res*). Wir kennen den Anlaß für die Emission nicht, der genannte Typ ist ungewöhnlich, ja einmalig. Der Kaiser, der nicht innerhalb der regierenden Dynastie als mehr oder minder naher Verwandter adoptiert wurde, erinnert neben dem kaiserlichen Adoptivvater auch an den leiblichen, von dem er abstammt. Wir müssen dieses Vorgehen einstweilen ohne Kommentar zur Kenntnis nehmen.

Adoption in die Thronfolge

Einen Fremden sich zum Nachfolger zu bestellen, versuchte zum ersten Mal Kaiser Galba in den Wirren nach Neros Tod. Als er Anfang Januar 69 von der Ausrufung des Vitellius zum Kaiser durch die Legionen am Rhein Nachricht erhält, wählt er L. Calpurnius Piso Licinianus zu seinem Nachfolger aus, der sich besonders durch seine hohe Abstammung auszeichnet. Er gehört durch Vater und Mutter der alten Nobilität an[124]. Galba stellt seine Wahl in Gegensatz zu Augustus. Tacitus läßt ihn erklären, Augustus habe die lange Reihe seiner (nacheinander verstorbenen) präsumptiven Nachfolger in seinem eigenen Haus gesucht, er, Galba, tue dies aber im öffentlichen Leben[125], und natürlich im Hinblick auf sein hohes Alter. Piso wird nach dieser Erklärung auch in die Praetorianerkaserne geführt, damit ihm akklamiert werde, um die nötige Akzeptanz seitens des stadtrömischen Militärs zu erlangen[126]. Tacitus betont es noch stärker als Plutarch, daß die Vorstellung Pisos unheilverkündende Vorzeichen begleiten[127]: *Den 10. Januar, einem scheußlichen Regentag, hatten Donner, Blitz und sonstige drohende Himmelszeichen außergewöhnlich beunruhigend erscheinen lassen. Während die Beobachtung solcher Himmelszeichen seit jeher zur Auflösung von Volksversammlungen führte, schreckten sie Galba nicht ab, sich ins Lager zu begeben, weil er derartige Dinge grundsätzlich als Zufallserscheinungen betrachtete, vielleicht auch in Gedanken, daß einem zu gewärtigenden Schicksal trotz aller Ankündigungen nicht zu entgehen sei.* Ein Bild vom designierten Thronfolger Piso haben wir freilich nicht. Beide, Kaiser Galba und sein Adoptivsohn, werden noch am gleichen Tag ermordet.

Eine wahre Dynastie mit leiblichen Söhnen neu zu gründen sei besser, zumal wenn die hochgeborenen Söhne von Kaisern sich als des Thrones unwürdig erwiesen haben, läßt Herodian den neu ausgerufenen Macrinus nach Caracallas Ermordung 217 zu den Soldaten sagen[128]: *... Ihr aber werdet leben in Furchtlosigkeit und Freiheit, die euch unter den vornehm geborenen Kaisern verlorengingen ... Selbst den Anfang eines berühmten Geschlechts zu bilden, ist auch für die Nachkommenschaft besser als einen von den Vorfahren ererbten Ruhm durch schlechten Lebenswandel zu beschmutzen.*

Consecratio

Unter diesem Aspekt wird dann die *consecratio*, die Erklärung des Vorgängers nach dem Tode zum Gott, besonders wichtig für den adoptierten oder leiblichen Sohn und Nachfolger, der dadurch zum *Divi filius*, des zum Gott Gewordenen Sohn, wird. Daß darin ein gutes Stück republikanischer Praxis verborgen bleibt, ist bald nicht mehr gegenwärtig[129]. Es gehört zu den vornehmsten Obliegenheiten des Nachfolgers, in einer großen Rede vor dem Senat den Verstorbenen zu würdigen und sein Testament zu eröffnen. Der Verstorbene und seine Tätigkeit werden beurteilt, Ehrungen beschlossen, darunter die feierliche Bestattung[130] und die *consecratio*, die als Beweis für die Aufnahme unter die Götter dient, oder aber seine Verdammung, die *damnatio memoriae*. Schon mit dem Tode des Augustus sieht man die ersten Anfänge dieses Zeremoniells[131]: *Nichts ließ er* (= Tiberius) *am ersten Tag in der Senatssitzung behandeln als die letzten Ehrungen für Augustus, dessen Testament, herbeigebracht von den vestalischen Jungfrauen ... Dann beriet man über die Ehrungen; unter diesen schienen die folgenden am auffallendsten: den Antrag, durch die Triumphpforte solle der Leichenzug geführt werden, stellte Gallus Asinius, der erlassenen Gesetze Titel, der von ihm besiegten Völker Namen sollen vorangetragen werden, L. Arruntius.* Den handgreiflichen Beweis für die Aufnahme des verdienten Kaisers unter die Götter auf Geheiß Jupiters bietet dann die Einäscherung, die mit großem Pomp durchgeführt wird. Von Augustus berichtet Sueton[132]: *Darauf* (nach den Leichenreden des Tiberius und seines Sohnes Drusus) *trugen ihn Senatoren auf ihren Schultern zum Marsfeld, wo er verbrannt wurde. Und es fand sich auch ein ehemaliger Prätor, der eidlich bezeugte, er habe das Bild des Verbrannten zum Himmel aufsteigen sehen*[133]. Es lohnt sich, den ausführlichen Bericht des Cassius Dio über die Bestattung und *consecratio* des Pertinax, des Vorgängers von Septimius Severus, der nur wenige Monate im Jahre 193 regiert hat, durchzulesen. Der Historiker ist Senator und hoher Würdenträger, er nimmt an der Zeremonie selbst teil. Als klarsichtiger, die Monarchie im Prinzip bejahender Zeitgenosse weiß er sehr wohl, daß dem Aufsteiger Severus die Divinisierung des Vorgängers und seine Einbindung in die Abfolge bewährter Kaiser von besonderer Wichtigkeit ist, um die eigene Position zu stärken. Hier Dios Bericht[134]: *Nachdem Severus seine Stellung befestigt hatte, ließ er zu Ehren des Pertinax ein Heiligtum errichten und ordnete an, daß sein Name am Ende aller Gebete und Eide genannt werde. Ferner sollten ein goldenes Bild des Toten auf einem mit Elefanten bespannten Wagen in den Zirkus gefahren und ihm zu Ehren drei vergoldete Thronsessel in die übrigen Theater gebracht werden. Seine Beisetzung aber fand, obwohl sein Ende schon lange zurücklag, folgendermaßen statt: Auf dem Forum Romanum wurde eine hölzerne Tribüne unmittelbar neben den marmornen Rostra aufgeschlagen, und darauf, zwar ohne Mauern, jedoch mit ringsumlaufenden Säulen, ein Tempel errichtet, eine kunstvolle Arbeit aus Elfenbein und Gold. Darinnen stand ein Ruhebett aus gleichen Materialien, das ringsum Köpfe von Land- und Seetieren trug und mit purpurnen, goldbestickten Decken geziert war. Und darauf ruhte ein wächsernes Abbild des Pertinax, angetan mit Triumphinsignien, und ein anmutiger Knabe scheuchte, so wie wenn es wirklich ein Schlafender wäre, mit Pfauenfedern Fliegen von ihm weg. ... Als all die Gruppen* (= des Festaufzugs) *vorüber waren, stieg Severus zu den Rostra empor und verlas eine Lobrede auf Pertinax. Wir aber brachten unsere Zustimmung wiederholt mitten in der Ansprache zum Ausdruck, indem wir Pertinax teils priesen, teils beklagten, am lautesten aber klangen unsere Zurufe, als Severus endete. Zum Schluß, als das Ruhebett entfernt werden sollte, brachen wir alle zugleich in Wehklagen aus und vergossen Tränen. Die höchsten Priester und Magistrate, und zwar nicht nur die amtierenden, sondern auch jene, die für das kommende Jahr bestimmt waren, hoben sodann das Ruhelager von der Bühne und übergaben es einigen Rittern zum Forttragen. Während wir übrigen nur vor der Bahre einhergingen, schlugen sich einige von uns die Brust und eine andere Gruppe spielte ein Trauerlied auf der Flöte. Ganz zuletzt folgte der Kaiser und in solcher Ordnung erreichten wir den Campus Martius. Ein Scheiterhaufen war dort errichtet, in Gestalt eines dreigeschossigen Turmes und geziert mit Elfenbein und Gold sowie einer Anzahl von Standbildern, allzuoberst aber stand ein vergoldeter Wagen, den Pertinax gewöhnlich benützt hatte. Innerhalb dieses Scheiterhaufens wurden nun die Totenopfer aufgehäuft sowie die Bahre niedergesetzt, worauf Severus und die Anverwandten des Pertinax die Nachbildung küßten. Der Kaiser bestieg dann ein Tribunal, während wir, der Senat, mit Ausnahme der Behörden auf Bretterbühnen Platz nahmen, um von dort aus sicher und bequem zugleich die weiteren Vorgänge verfolgen zu können. Die Behörden aber sowie die Ritterschaft, ihrem Rang entsprechend gekleidet, und gleichermaßen Reiterei wie Fußvolk umzogen rings den Scheiterhaufen, wobei sie schwierige Bewegungen friedlicher und kriegerischer Art ausführten. Zuletzt setzten die Konsuln den ganzen Aufbau in Brand, und als dies geschehen, entschwebte ihm ein Adler. So wurde Pertinax in die Unsterblichkeit versetzt*[135].

Bilder der consecratio

Die *consecratio* und die unter die Götter aufgenommenen Kaiser und Kaiserinnen, die *divi* bzw. *divae*, werden im Bild zunächst mit den charakteristischen Teilen der Zeremonie selbst, mit der Verdeutlichung des Sinnes der *consecratio*, dann aber auch mit den für sie beschlossenen Ehrungen vergegenwärtigt. Die schlichteste Darstellung ist die des geschmückten, mehrstöckigen Scheiterhaufens. Unsere Abb. 85 für DIVVS SEVERVS, 211 entstanden, steht für zahlreiche andere Münzbilder dieser Art; das letzte ist für den Vater Constantins des Großen, Constantius Chlorus, 306 gemacht worden[136]. Trotz des kleinen Formats ist das wichtigste

Abb. 84–90 Denare: Diva Sabina (84) und Divus Septimius Severus (85) – Sesterz: Diva Julia Domna (90) – Asses: Divus Augustus (86) – Divus Antoninus Pius (87) – Diva Faustina I. (88) Diva Faustina II. (89)

Element des Bildes, der zuoberst aufsteigende Adler, noch gut sichtbar. Vielfach, aber stets schlicht und gut verständlich, variiert man die Überzeugung, daß Jupiter selbst die Aufnahme unter die Götter verfügt. Sein Adler trägt den neuen Gott, die neue Göttin zum Olymp, so z.B. Abb. 89, Faustina II. Wenn nur der Adler im Bilde steht, ist es gleichsam eine Kurzfassung, so Abb. 84, Sabina. Auch die Kleinbronzen im Namen des Divus Claudius Gothicus um 270 tragen nur das Bild des Adlers bzw. das eines brennenden Altars, um göttliche Ehren anzudeuten. Das Relief Abb. 91 zeigt wiederum, wie Diva Sabina von einer Flügelgestalt mit Fackel in der Hand gen Himmel getragen wird[137]. Es mag die *aeternitas* sein, die göttliche Zeitlosigkeit, oder ein weiblicher Flügelgenius, den wir nicht näher deuten können[138]. Später, besonders im 3. Jh., wird Junos Pfau als Zeichen der Ewigkeit den vergöttlichten Kaiserinnen zugeordnet (Abb. 90, Diva Julia Domna). Das Bildgut ist inhaltlich bereits in der frühtiberischen Prägeserie für Divus Augustus ausgebildet: Der reichste Ausstoß bringt zum linksgewandten Kopf mit Strahlenkrone einmal Jupiters Blitzbündel, dann den Adler auf der Weltkugel und – mengenmäßig allen voran – den ihm zu Ehren nach dem Tod aufgestellten Providentia-Altar (vgl. Abb. 86). Daneben erscheinen die thronende Statue auf der Elefantenquadriga, die ihm nach dem Tode verliehen wurde, die *corona civica* (Eichenkranz) und der *clipeus virtutis* (Ehrenschild), die er schon zu Lebzeiten erhalten hat. Bei Gelegenheit kommt auch die Ehrenstatue eines Toten ins Münzbild, so unter Caligula für Germanicus (Abb. 82), ebenso die Säulenmonumente: Abb. 87 zeigt mit der Widmungslegende DIVO – PIO, *dem zum Gott erhobenen Pius*, jenes für Antoninus Pius[139]. Seine bereits 141 verstorbene[140] Gemahlin Faustina die Ältere wurde nach ihrem Tode ebenfalls konsekriert. Im Münzbild (Abb. 88) wird ihre thronende Statue in einem Doppelgespann von Elefanten zu den Spielen gefahren[141]. Die Statue ist mit dem Göttinnendiadem geschmückt, sie führt das Langzepter in der rechten Hand, ein weiteres göttliches Attribut. Alles in allem: Es gibt im Zusammenhang mit der *consecratio* zwei Themengruppen, die im Bilde reichlich kommentiert werden, einmal der Bezug auf die Aufnahme unter die Götter nach dem Willen Jupiters, zum anderen die Ehrungen, die im Leben und nach dem Tode dem *divus*, der *diva* zuerkannt wurden.

Neue Dynastien knüpfen an die alte Tradition an

Die erste neue Dynastie nach dem Fall der julisch-claudischen mit dem Selbstmord Neros 68, die aufsteigt und sich erst einmal stabilisieren kann, ist die flavische Vespasians mit den beiden Söhnen Titus und Domitian, die ihm nachfolgen. Es kann nicht verwundern, daß sie, die traditionslosen, sich auf den göttlichen Augustus beziehen. Ein einleuchtendes Zeichen dafür sind die Restitutionen verschiedener Münztypen der julisch-claudischen Dynastie[142], darunter – auch kein Zufall – in relativ großer Menge gerade der DIVVS AVGVSTVS PATER – PROVIDENT(*ia*)-As mit dem großen Altar. Der Urheber dieser neuen Serie stellt sich mit IMP(*erator*) T(*itus*) VESP(*asianus*) AVG(*ustus*) REST(*ituit*) – *Kaiser Titus Vespasianus hat* (die Münze/den Typ) *wiederhergestellt* – im Rückseitenbild vor (Abb. 92).

Abb. 91 Relief aus Rom: Apotheose der Kaiserin Sabina

Die *consecratio* und die Ehrungen der verstorbenen Mitglieder der kaiserlichen Familie sind für den lebenden Regenten von besonderer Bedeutung[143]. Diese Art Huldigung ehrt ihn nicht minder als den Toten, umso mehr, als die Veranlassung ein Zeichen der Pietät ist. Im sehr komplexen Begriff *pietas* liegt Religiosität, frommes Festhalten am geheiligten Brauchtum, Treue zur Tradition und zu den eigenen Vorfahren. Es ist kein Zufall, wenn die politisch so wichtigen Münzbilder Caligulas, die in vielfältiger Form an Augustus gemahnen, wiederholt die Pietas des jungen Kaisers (Abb. 149) z. B. mit der Einweihung des Tempels des Divus Augustus feiern. Claudius bemüht sich seiner nicht ganz gesicherten Stellung entsprechend besonders intensiv um die Ehrung seiner Familie und der kaiserlichen Vorfahren, obwohl er in mütterlichen Linie vom Verlierer des letzten Bürgerkrie-

Abb. 92 As: Titus für Divus Augustus

ges, M. Anton, abstammt, aber zugleich auch Nachfolger Livias, der Gemahlin Octavian/Augustus' ist. So kann der Bericht des Sueton über sein Verhalten nicht wundern[144]: *Danach war ihm daran gelegen, seine Sohnesliebe zu bezeugen, und er beschloß, keinen Schwur mehr zu heiligen und häufiger anzuwenden, als den bei Augustus' Namen. Er war dafür besorgt, daß seiner Großmutter Livia göttliche Ehren und im Zirkusumzug ein von Elefanten gezogener Wagen, ähnlich dem des Augustus, zuteil wurde; für seine Eltern ordnete er ein Staatsbegräbnis und dazu noch für seinen Vater jährlich an dessen Geburtstag zu feiernde Zirkusspiele an; seine Mutter aber erhielt einen Wagen, auf dem ihr Bild durch den Zirkus geführt wurde, und den Beinamen Augusta, den sie zu ihren Lebzeiten abgelehnt hatte ... Selbst Marcus Antonius ging nicht ohne Ehren und dankbare Erwähnung aus; Claudius erklärte nämlich einmal in einem Edikt, er bitte umso dringender, daß der Geburtstag seines Vaters Drusus festlich begangen werde, da auf den gleichen Tag auch der Geburtstag seines Großvaters Antonius falle. – Für Tiberius ließ er neben dem Pompeiustheater einen marmornen Triumphbogen errichten, dessen Bau zwar einst vom Senat beschlossen, aber dann nicht ausgeführt worden war. – Trotzdem er alle Erlasse Gaius'* (Caligulas) *als nichtig erklärte, verbot er doch, den Tag seiner Ermordung unter die Festtage aufzunehmen, obschon es auch der Tag seines eignen Regierungsantritts war.* Soweit Sueton über den dann ebenfalls divinisierten Kaiser Claudius.

Die consecratio in der Politik

Wie sehr die *consecratio* des verdienten Vorgängers ein Politikum zugleich ist, zeigt eine Stelle der Lobrede des jüngeren Plinius vor Trajan im Jahre 100 ganz besonders. Er sagt[145]: *Du hast ihn* (= Nerva) *zuerst mit Tränen, dann mit Tempeln geehrt, wobei Du die nicht imitiert hast, die das gleiche, jedoch in anderem Sinne getan haben. Tiberius hat Augustus in den Himmel erhoben, aber um die Majestätsklage einzu-*

führen, Nero den Claudius, um ihn zu verspotten, Titus den Vespasian, Domitian den Titus, damit jener als der Sohn, dieser als der Bruder eines Gottes angesehen werde. Du hast Deinen Vater unter die Sterne geführt, nicht um dem römischen Bürger Angst einzujagen, nicht zur Schande der Götter, nicht um Dir selbst Ehre zu schaffen, sondern weil Du glaubst, daß er ein Gott ist. Dieser Text ist mehr als eine schöne literarische Form, ein nobles Spiel mit Worten; er zeigt, daß die führenden Kreise sehr wohl um die Ambivalenz der *consecratio* wissen, sie auch insgeheim untereinander besprechen, ja vielleicht verspotten – doch der offizielle Glaube daran wird jenseits möglicher gegenteiliger persönlicher Überzeugung auf jeden Fall aufrecht erhalten. Sie ist eine Stütze der Loyalität und damit der Monarchie.

Der Kaiser im Ruhestand: ein erfolgloser Versuch

Die *consecratio* bewährter Kaiser ist, wie bereits gesagt, die logische Folge der republikanischen Praxis. Wurde jemand mit einer Aufgabe im Dienst der *res publica* betraut, mußte er nach Ablauf des Auftrags Rechenschaft darüber ablegen. Läuft der 'Auftrag' auf Lebenszeit, wie die Tätigkeit eines Kaisers, wird sein Wirken nach dem Tod durch den Nachfolger gewürdigt und die Taten abschließend be- oder verurteilt. Die *consecratio*, die Erklärung zum Gott, oder die *damnatio memoriae*, die Ächtung, ist, je nachdem, die Folge. Diocletians Versuch, am Ende einer etwas mehr als 20jährigen Regierung, nach feierlichem Verzicht auf die Macht, den Rang eines *senior Augustus*, eines Kaisers im Ruhestand, einzuführen, muß angesichts dieser Mentalität scheitern und bleibt ephemer, obwohl ein reicher Kleingeldausstoß 305 die Abdikation den Römern näherbringen möchte (Abb. 93–94). Folles werden in allen Münzstätten des Reiches in gleicher Ausführung

Abb. 93–94 Folles: Diocletian (93) und Maximianus Herculius (94)

und, so scheint es, in großen Mengen produziert[146]. Die Vorderseiten zeigen Diocletian bzw. Maximianus Herculius mit dem neu kreierten Titel *beatissimus* oder *felicissimus senior Augustus*, übersetzt *höchst glücklicher Altkaiser*. Die Rückseite trägt die Legende PROVIDENTIA DEORVM QVIES AVGVSTORVM; d.h. *der Götter Vorsehung* (bringt) *die Rast der Kaiser* (von den Mühen). Das schlichte Münzbild zeigt die Providentia, wie sie ihre Hand zu Quies mit Zweig und Zepter hinstreckt, diese gleichsam auffordert, ihre Wirksamkeit zu entfalten. Die Gleichzeitigkeit und die völlige Übereinstimmung von Bild und Legende in allen Münzstätten zeigen, daß es hier um eine zentrale Vorlage geht, die überallhin zur gleichen Zeit aus Anlaß der Abdikation versandt wurde. Beide, der Anlaß und seine Verdeutlichung in Bild und Schrift, sind ungewöhnlich[147].

So sieht dieses einmalige Ereignis auch Eutrop, der *magister memoriae* des Kaisers Valens im 3. Viertel des 4. Jhs., als er in dessen Auftrag eine handliche, knappe römische Geschichte mit der Überschrift *Breviarium ab Urbe condita* zu Papier bringt. Das Breviarium ist, wie der Name sagt, sehr kurz, das Hauptinteresse des Autors gilt den Kriegen Roms. Umso auffälliger ist es, daß er dem 'Sonderfall Diocletian' dennoch einen kleinen Exkurs widmet, in dem er dessen Einmaligkeit herausstellt. In unserer Sicht ist vielleicht noch wichtiger, daß er seiner Darstellung die folgende Bemerkung anfügt[148]: *Ihm ist also etwas widerfahren, was nie je einem Menschen widerfahren ist, daß er, der als Privatmann gestorben ist, dennoch unter die Götter aufgenommen wurde*. Man könnte erklärend hinzufügen: Diocletians kaiserlicher Auftrag, sein *imperium* war ja längst, noch zu seinen Lebzeiten durch den Rücktritt beendet, die *consecratio* als Folge der positiven Bewertung seiner Tätigkeit kommt eigentlich zu spät. Man sieht daraus aber, daß der traditionelle Sinn der *consecratio* allmählich in Vergessenheit gerät, das Bewußtsein, ein Träger des göttlichen Charisma gewesen zu sein, tritt entscheidend in den Vordergrund. Gerade deshalb bleibt die *consecratio* auch für das christlich gewordene Imperium von Bedeutung und wird bei Constantins Tod in christlichem Sinne weitergeführt[149].

Der Sieg

ist die wichtigste und schönste Gabe der Götter, ihr *charisma* besonderer Art.

Sieg und Charisma

Jupiter und alle Götter schenkten (Rom), *daß T. Quinctius neun Städte erobert hat*, so in etwa steht schon auf der Dedikationstafel der Triumphalweihung des Dictators T. Quinctius Cincinnatus Capitolinus geschrieben. Er hat Praeneste[1] 380 v.Chr. eingenommen und im Tempel des höchsten römischen Gottes seine Gabe niedergelegt, berichtet Livius[2]. Der Triumphator färbt sich mit Mennige rot, sagt uns Plinius der Ältere, wie es der geheiligte Brauch mit sich bringt[3]. Daß dies auch weiterhin üblich ist, zeigt Martial zum Germanentriumph Domitians:[4] *Wo Fortunas Tempel, der Heimkehr spendenden, weithin / leuchtend erstrahlt, da befand sich ein fröhlicher Platz. / Hier stand, rühmlich geziert durch den Staub des nordischen Krieges, / Caesar, und von dem Gesicht strahlte ihm purpurner Glanz.* Der Sinn scheint klar: Wenn der Sieg ein Geschenk der Götter ist an ihren Erwählten, den Charismatiker, dann ist er, gerade wenn er triumphiert, beseelt, und das sieht man seinem Gesicht an[5]. Diese Deutung wird bestens in der Bildersprache der frühen Kirche offenbar, die Engel beispielsweise, von Gottes Hauch erfüllt, haben alle auffallend rote Gesichter etwa auf den Mosaiken von S. Maria Maggiore zu Rom, aber auch anderswo[6]. Die spätrömische Vorstellung vom Nimbus ist diesem Gedankengut vergleichbar; das Strahlen kaiserlichen Wesens offenbart sich in ihm.

Das schicksalhafte Zeichen, das die Götter gewähren, als Nerva die Adoption Trajans in seine Nachfolge erklärt, ist ebenso eine Siegesnachricht[7]: *Aus Pannonien war der Siegeslorbeer* (gerade) *eingetroffen, da die Götter bewirkten, daß* (schon) *die Erhebung des unbesiegten Kaisers das Zeichen des Sieges schmücken sollte.* Die Kaiser werden immer wieder so dargestellt, daß die Victoria ihnen den Kranz über das Haupt hält, hier im Münzbild dem Vespasian (Abb. 95) und dem Trajan (Abb. 96). Auch im schlichten, aber ausdrucksvollen Bilde in der Kassettendecke des Bogens von Benevent sieht man wieder Trajan und die Göttin mit der gleichen Geste (Abb. 97). Die Victoria ist also die göttliche Begleiterin des Kaisers, wie sie ein besonders kunstvoll geschnittener *aureus* des Victorinus mit der Legende COMES AVG(*usti*) in der zweiten Hälfte des 3. Jhs. (Abb. 99) zeigt. Schutzgötter und göttliche *comites* – wörtlich: Begleiter – garantieren den Sieg noch 317 Constantin und den neu zu Caesares ernannten Kaisersöhnen Constantin II. und Licinius II. Vater und Sohn Constantin hält Sol Comes, der sie begleitende Sonnengott den Kranz über das Haupt, dem jungen Licinius dafür Iuppiter Conservator, der Beschützer der beiden Licinii (Abb. 100–102). Den gleichen Gedanken faßt Cassius Dio in Worte, wenn

Abb. 95–96 Aureus: Vespasian (95) – Sesterz: Trajan (96)

Abb. 97 Relief vom Bogen in Benevent

Abb. 98–99 Aurei: Postumus (98) und Victorinus (99)

er von Augustus berichtet[8]: ... *weihte er ... die Curia Julia, sie war zu Ehren seines Vaters erbaut worden. In ihr stellte er die heute noch vorhandene Statue der Victoria auf und wollte damit, wie es scheint, andeuten, daß er aus ihrer Hand das Reich empfangen hatte.* So nimmt er auch thronend die Victoria-Statuette auf einem Reliefbild entgegen, das eine in Boscoreale am Vesuv gefundene, heute aber nicht mehr existente Silbertasse getragen hat[9] (Abb. 103). Venus, die Stammutter der Julier, bietet ihm die Victoria-Statuette[10]. Dies ist in der Ausdrucksweise der Bilderspra-

Abb. 100–102 Goldmultipla: Constantin I. (100) und Constantin II. (101) – Licinius II. (102)

Abb. 103 Relief von einem Silbergefäß aus Boscoreale

che ein Zeichen der Auserwählung durch die Götter, die dem Begnadeten den Sieg gewähren.

Es ist interessant zu sehen, daß noch in der Völkerwanderungszeit die ursprünglich heidnisch-antike Koppelung von göttlichem Charisma und Sieg weiterlebt; sie ist nach wie vor ein gutes Argument, nun freilich in christianisierter Form. Königin Chrodichilde drängt immer wieder ihren Gemahl, den Frankenkönig Chlodwig, sich taufen zu lassen, dieser aber zögert. Als er auf dem Schlachtfeld von den Alamannen um 497 schwer bedrängt wird, kommt die Wende. Gregor von Tours berichtet[11]: *Als die beiden Heere zusammenstießen, kam es zu einem gewaltigen Blutbad, und Chlodovechs Heer war nahe daran, völlig vernichtet zu werden. Als er das sah, erhob er seine Augen zum Himmel, sein Herz wurde gerührt, seine Augen füllten sich mit Tränen und er sprach: 'Jesus Christ, Chrodichilde verkündet, du seiest der Sohn des lebendigen Gottes; Hilfe, sagt man, gebest du den Bedrängten, Sieg denen, die auf dich hoffen – ich flehe dich demütig an um deinen mächtigen Beistand: ge-*

währst du mir jetzt den Sieg über diese meine Feinde ... so will ich an dich glauben und mich taufen lassen auf deinen Namen. Denn ich habe meine Götter angerufen, aber, wie ich erfahre, sind sie weit davon entfernt, mir zu helfen. Ich meine daher, ohnmächtig sind sie, da sie denen nicht helfen, die ihnen dienen. Dich nun rufe ich an, und ich verlange, an dich zu glauben; nur entreiße mich aus der Hand meiner Widersacher.' Und da er solches gesprochen hatte, wandten die Alamannen sich und fingen an, zu fliehen. Als die direkte Folge des Sieges nimmt also Chlodwig die Taufe an – so stellt es Gregor, Bischof von Tours, dar, und die Leser und Hörer von Gregors Text haben es in seinem Sinne verstanden.

Siege im Auftrag des Kaisers

Wenn der Sieg das Zeichen des göttlichen Charisma des Erwählten ist, kann er nur durch ihn errungen werden. Siegen andere, so handeln sie ausschließlich in des Kaisers Auftrag. Cassius Dio spricht dies auch aus[12]: *Caesar triumphierte ebenfalls, da ihm in seiner Eigenschaft als oberstem Befehlshaber die Ehre des Sieges zukam.*

Abb. 104 Denar: Augustus

Im Münzbild kommt diese Vorstellung ebenso zum Tragen. Der thronende Augustus nimmt den Lorbeerzweig von den wirklichen Siegern Tiberius oder Drusus entgegen (Abb. 104)[13]. Noch deutlicher ist das repräsentative Bild auf der Gemma Augustea in Wien (Abb. 46). Augustus thront als Träger des *numens* des Stifters aller Siege, Jupiter, neben der Dea Roma, sein eigenes Schicksalsgestirn, der Capricorn, steht über ihren Köpfen. Die Triumphalszene entspricht dem Bericht des Sueton, bei dem man liest[14]: *Nach zweijähriger Abwesenheit in Germanien nach Rom zurückgekehrt, feierte er* (= Tiberius), *begleitet von seinen Kommandanten, denen er auch die Triumphalabzeichen erwirkte, den seinerzeit verschobenen Triumph. Bevor er sich zum Kapitol wandte, stieg er vom Wagen und warf sich seinem Vater, der bei der Feier*

Abb. 105–107 Aureus: Augustus (105) –
Denare: Augustus (106–107)

den Vorsitz führte, zu Füßen. Die Szene auf dem Stein zeigt Tiberius beim Absteigen vom Triumphalwagen, im Begriff, Augustus kniefällig zu huldigen[15]. Dieser Auffassung entspricht, daß der Kaiser den Triumph selbst innerhalb seines Hauses kaum mehr gewährt, höchstens die präsumptiven Thronfolger erhalten diese Ehrung. Tiberius und sein Bruder Drusus unter Augustus, Germanicus unter Tiberius und Titus unter Vespasian dürfen noch triumphieren, sie sind aber die letzten[16]; nach ihnen feiern die Kaiser allein den Triumph. Der kleine Triumph, *ovatio* genannt[17], wird auch immer seltener. Höchstens die *ornamenta triumphalia*, die Triumphalabzeichen verleiht der Kaiser als besondere Auszeichnung an vereinzelte verdiente Persönlichkeiten[18].

Es ist kein Zufall, daß Augustus seine Siege immer wieder mit dem Tierkreiszeichen des Capricorn, des Steinbocks, verbindet. Dies geschieht mit dem Hinweis auf die Rückgewinnung verlorener Feldzeichen mit dem Bild des Capricorn zur Legende SIGNIS RECEPTIS (Abb. 105) ebenso wie zu IMP XI (Abb. 107) beispielsweise. Dieses Sternzeichen gilt als sein Nativitätszeichen, auch wenn es genau genommen astrologisch nicht korrekt ist[19]. K. Kraft hat überzeugend nachgewiesen, daß das Erscheinen des Tierkreiszeichens im (Münz)bild daran erinnern soll, daß Octavian-Augustus zum Wohle der *res publica* berufen wurde, ganz im Gegensatz zu dem großen Verlierer des letzten Bürgerkrieges der Republik, M. Anton, sagt doch Cicero so knapp wie schlagend[20]: *Wäre er nicht diesem Staate geschenkt worden, dann hätten wir – dank der Niedertracht des Antonius – gar keinen Staat mehr.* Diesen breiteren Aspekt illustriert das Bild des Capricorns mit der Weltkugel zwischen den Vorderbeinen und dem Füllhorn auf dem Rücken (Abb. 106) ebenso wie sein Erscheinen über den Häuptern der Dea Roma und des Augustus auf der Gemma Augustea (Abb. 46).

Abb. 108–109 Denare: Augustus

Diplomatischer Sieg gegen die Parther

Als Sieg im Sinne eines Geschenks der Götter läßt Augustus auch Erfolge feiern, die nicht auf dem Schlachtfeld, sondern auf dem Verhandlungswege errungen wurden. Die Bilder sind sich aber inhaltlich gleich. Die Rückgabe der Generationen vorher an die Parther verlorenen Feldzeichen 20 v.Chr.[21] kommt sogleich ins Münzbild (Abb. 108). Mit der üblichen Geste der Ergebung, kniefällig, bietet der Perser das Signum dar, ganz wie in den sonstigen Triumphalbildern. Im Tatenbericht spricht Augustus von mehreren solchen Fällen[22]: *Zahlreiche militärische Feldzeichen, die durch andere Heerführer verloren worden waren, habe ich durch die Niederringung der Feinde in Spanien und Gallien so wie von den Dalmatern wiedererlangt. Die Parther habe ich veranlaßt, die Beute und Feldzeichen dreier römischer Heere mir zurückzugeben und demütig die Freundschaft des römischen Volkes zu erbitten.* Das zweite Münzbild Abb. 109 ist bei aller Entsprechung denn auch anders als Abb. 108 mit der Ergebung der Parther. Der kniende Barbar hat zotteliges Haar und trägt einen Fellmantel über der Schulter, gehört also zu den Feinden an der Nordgrenze des Imperiums. Was er darbietet, ist kein Feldzeichen im üblichen Sinne, sondern eine Fahne mit kurzer Stange, ein *vexillum*, eine Kommandofahne, die besonders bei der Reiterei eine Rolle spielt[23]. Überdies läßt es der Kommandant z.B. als Zeichen zur Sammlung der Soldaten vor der Schlacht hissen[24]. Im Frühsommer des Jahres 16 v.Chr. überfallen Germanen die Gallia Comata. Der Statthalter M. Lollius wirft ihnen zunächst Kavallerie entgegen, dann Fußtruppen, erleidet aber eine vernichtende Niederlage. Augustus selbst eilt nach Gallien, um die Verhältnisse zu retten und das Land neu zu ordnen[25]. Die Germanen haben sich bereits zurückgezogen, bitten nun um Frieden, stellen Geiseln[26] – und werden bei dieser Gelegenheit auch das *vexillum* zurückgegeben haben. Der Münzmeister C. Caninius Gallus signiert 12 v.Chr. nach der Rückkehr des Augustus den Typ Abb. 109. Er bezieht sich, in jenem Moment absolut aktuell, wohl auf die Ereignisse in Gallien, auf die Rückgabe der dort verlorenen Feldzeichen[27].

Abb. 110 Relief aus Rom: Triumphzug

All dies, es sei nochmals betont, hängt stets mit dem Sieg als wichtigstem Zeichen des kaiserlichen Charisma zusammen. Den Glauben an das Walten der Götter im Denken des Augustus will auch Sueton dokumentieren, wenn er schreibt[28]: *Später hatte Augustus ein solches Vertrauen in sein Schicksal, daß er sein Horoskop öffentlich bekanntgab und eine Silbermünze mit dem Zeichen des Steinbocks, in dem er geboren ist, prägen ließ.*

Triumphzüge in Rom

Zahl und Variationsbreite kaiserlicher Siegesbilder sind schier unerschöpflich. Als erste und wohl umfangreichste Gruppe ist der Triumph zu nennen, die Siegesfeier in Rom[29]. Die wichtigsten Momente der Festlichkeiten sind das Dankopfer des Siegers an die Gottheit, die den Sieg gewährt hat[30], meist, aber nicht ausschließlich an Iuppiter Capitolinus, und die Vorführung von Kriegsbeute und Gefangenen. Die Armee wird belohnt, Spiele werden veranstaltet, die *plebs Urbana* womöglich reich beschenkt. In den Triumphzügen stellt man auch die Einzelheiten des Feldzugs in allerlei Darstellungen zur Freude der Zuschauer vor; so schreibt Tacitus vom Triumphzug des Germanicus im Jahre 17[31]: *Unter dem Consulat von C. Caelius und L. Pomponius hielt Germanicus am 26. Mai seinen Triumph über die Cherusker, Chatten und Angrivarier sowie über die anderen Volksstämme, die im Gebiet bis zur Elbe wohnen. Mitgeführt wurden Beutestücke, Gefangene, Nachbildungen der Berge, Flüsse, Schlachten; und den Krieg nahm man, weil Germanicus an der Beendigung gehindert worden war, als wirklich beendet an. Es fesselte die Blicke der Zuschauer die herausragende Gestalt des Feldherrn selbst und der mit seinen fünf Kindern besetzte Wagen.* Einen charakteristischen Ausschnitt aus einem Triumphzug, der an die eben zitierte Beschreibung des Tacitus erinnert, bietet ein Bruchstück des Frieses aus dem Apollo-Tempel *in campo Martio* zu Rom (Abb. 110)[32] aus augusteischer Zeit. Man sieht die Gruppe der Träger, die für einen Augenblick die Trage abgestellt haben, vielleicht wechseln sie sich gerade ab, jedenfalls sind sie im lebhaften Gespräch miteinander. Auf der Trage steht eine Trophäe aus den Waffen und der sonstigen Ausstattung des besiegten Feindes. Zwei Gefangene sitzen gefesselt an beiden Seiten. Hinter dieser Gruppe mit dem lebenden Bild folgt ein

Abb. 111 Fries vom Titusbogen in Rom

Bläser und dann die eindrucksvolle Reihe der geschmückten Opfertiere mit den Opferdienern. An der Bruchkante nimmt man noch einen *togatus* wahr. Ein anderes Beispiel: Trotz sehr viel schlechterer Erhaltung sieht man einen liegenden Flußgott – den Jordan – auf der Trage (*ferculum*) in der Darstellung des Triumphs über die Juden auf dem Titusbogen (Abb. 111)[33]. An der Südseite im Bogeninneren des gleichen Monuments ist der wichtigste, charakteristischste Teil der Beute dargestellt (Abb. 112), die ganzen Heiligtümer des Tempels[34]. Es geht um den Triumph des

Abb. 112 Relief im Bogendurchgang des Titusbogens in Rom

Jahres 71 nach dem Sieg Vespasians und Titus' über die Juden und der Einnahme Jerusalems im Jahre 70. Am besten erkennbar unter den Beutestücken ist der siebenarmige Leuchter; vor ihm wird der Schaubrottisch getragen mit den gekreuzten Posaunen in ihrer Halterung. Im Hintergrund marschieren bekränzt die Soldaten unter den Tafeln, auf denen ursprünglich in Farben teils ihre Einheiten bezeichnet waren, teils die Erläuterungen zu den Schaubildern des Zuges[35].

Die Nordseite hingegen gehört dem Sieger (Abb. 113). Titus fährt im Triumphwagen mit dem Viergespann vor; den Kranz hält ihm die Victoria über den Kopf. Die Dea Roma führt das Viergespann an, neben ihm steht – trotz der schlechten Erhaltung zu erraten – ein alter Mann in der Toga, der Genius des Senats, wie direkt vor dem reich verzierten Wagenkasten seine Entsprechung, der jugendliche Genius Populi Romani[36], wir sind ja in Rom. Den Hintergrund füllen die dichten Reihen der Liktoren und der Soldaten, gelöst schwatzend und mitunter auch grobe Scherze reißend, so wie es Brauch ist[37].

Das zentrale Stück der Triumphalmonumente, den Kaiser im Triumphalwagen, sieht man immer wieder. Ein Beispiel stammt aus einem abgebrochenen Triumphbogen M. Aurels, dessen Bau zu seinem Triumph im Jahre 176 über die Quaden und die Sarmaten beschlossen wurde (Abb. 114)[38]. Da das Relief schon 1515 in den Konservatorenpalast gebracht wurde und dort seit 1572 im Treppen-

Abb. 113 Relief im Bogendurchgang des Titusbogens in Rom

haus aufgestellt ist, blieb es sehr gut erhalten. Auch hier wird der triumphierende Kaiser von der Victoria begleitet; der Wagen wendet gerade, er wird unter dem Bogen durchfahren, die Richtung zeigt der Bläser im Hintergrund an. Dieser Bogen mit der schlichten Lisenenverzierung neben einem Tempel ist auch auf dem Beuterelief des Titusbogens (Abb. 112) zu sehen; dort standen ursprünglich zwei Triumphwagen auf dem Gesims[39]. Es kann sich in beiden Fällen nicht um die *porta triumphalis* beim Tempel der Fortuna Redux handeln[40], die sehr wahrscheinlich viertorig war und eine Elephantenquadriga trug[41]. Es ist durchaus möglich, daß hier die Mitteldurchfahrt des jüngeren Augustusbogens[42] gemeint ist, der zwei Siege feiert[43] und in einem leichten Knick der Via Sacra am Caesartempel liegt. Die Änderung der Fahrtrichtung des Zuges auf dem M. Aurel-Relief (Abb. 114) unterstützt diese Deutung.

So oder ähnlich haben die Römer ihre Kaiser im Triumphzug jahrhundertelang erlebt[44]; womöglich steigert sich der Aufwand in jüngerer Zeit noch, als wirkliche Siege seltener, daher immer wichtiger werden. Besonders reich wird der große Triumph Aurelians 274 ausgestattet, so sagt es der spätantike Bericht[45].

Münzbilder feiern Siege

Die Variationsbreite der Siegesbilder auf Münzen ist groß. Es ist ein Glücksfall, daß die Emissionen recht umfangreich waren. So kommt es, daß trotz erheblicher Verluste im Laufe der Zeit vergleichsweise reiche Serien zur Dokumentation bereitstehen. Münzbilder und Legenden illustrieren die Geschehnisse stets

Abb. 114 Relief aus Rom: M. Aurel im Triumphwagen

erzählfreudig; manches davon mag schon im Triumphzug als lebendes Bild mit deutender Beschriftung auf Tafeln o.ä. vorhanden gewesen sein[46]. Vor allem die besiegten Feinde, wohl auch Orte und Landschaften, hat man auf diese Weise vorgestellt. Die Münzlegenden zu den Siegesdarstellungen erinnern gelegentlich an diese Praxis. Zum Bild einer gefesselten trauernden Gestalt gehört z.B. die Beischrift IVDAEA (Abb. 117) oder zur zweifigurigen Komposition – Gefangener und trauernde Judaea-Gestalt – IVDAEA CAPTA auf Münzen Vespasians (Abb.

115 116 117

118a 119 118b

120

121 122

Abb. 115-122 Aurei: Drusus der Ältere (115) – Domitian (118) – Probus (121–122) – Denar: Vespasian (117) – Sesterze: Vespasian (116) – M. Aurel (120) – As: Trajan (119)

Abb. 123–125 Dupondius: Trajan (124) – Sesterze: Domitian (123) – Trajan (125)

116). Die Landschaft, in der der Sieg erfochten wurde, ist mit der (Dattel)palme gekennzeichnet. Ähnliche Schaubilder hat es wohl auch im Triumphzug gegeben, wie Tacitus' Beschreibung des Triumphs des Germanicus[47] nahelegt.

Ähnlich ist die Darstellung der Germania auf Münzen Domitians angelegt; sie kauert auf ihren nutzlos gewordenen Waffen, einem Schild, einem geknickten Speer, und vergräbt trauernd den Kopf in der Hand. Der Siegestitel lautet GERMANICVS (Abb. 118). Andere Siegesbilder sind ebenso eingängig. Sie brauchen keinen besonderen Kommentar. Den Knienden, der einen Schild dem Sieger darbietet, weil er ihm keinen Schutz mehr gewährt, erkennt jeder sofort als den besiegten Feind (Abb. 123), ebenso jenen, den der kaiserliche Reiter zu Boden zwingt (Abb. 124). Trauer der Besiegten um die verlorenen Waffen, um den verlorenen Sieg zeigt auch das trajanische Münzbild Abb. 125. Im Falle des Domitiansesterzes Abb. 123 geht es um die Chatten, bei Dupondius und Sesterz Trajans (Abb. 124 und 125) um Daker und Sarmaten.

Das besiegte Land kann auch anders deutlich gemacht werden. Ägypten wird mit dem Krokodil als Charakteristikum der Nillandschaft auf den AEGYPTO CAPTA-Serien von Octavian/Augustus dargestellt (Abb. 126). Bündel von feind-

Abb. 126 Denar: Augustus

lichen Waffen, die nicht zur Trophäe aufgebaut sind, dienen ebenso als Zeichen des Sieges, wie die eben genannten Bilder. So sehen wir die Langschilde der Germanen, die, wie Tacitus sagt[48], bunt bemalt waren, die Speere und im Hintergrund eine Fahne mit Fransen auf den Stücken, die Claudius in Erinnerung an seinen Vater Drusus mit der Rückseitenlegende DE GERMANIS (sc. *triumphavit*) hat prägen lassen (Abb. 115), oder auf den Sesterzen M. Aurels mit DE SARMATIS im Abschnitt der Rückseite (Abb. 120) und seinem kompletten Titel als Vorder- und Rückseitenlegende. Hier fallen die seltsamen *dracones* auf, die drachenköpfigen Feldzeichen der Besiegten mit dem weit aufgerissenen Maul, die im scharfen Ritt, wenn der Wind durch sie durchströmt, furchterregend zischen können. Man zeigt also die Einzelheiten bewußt realistisch, damit der Betrachter durch die Waffen und die Trachtenbestandteile den Feind erkennt, gleich ob diese lose im Haufen liegend oder zu einer Trophäe aufgebaut dargestellt werden. Zwei Siege, zwei imperatorische Ausrufungen werden sinnfällig mit zwei Trophäen nebeneinander ins Bild gebracht, wie etwa unter Trajan (Abb. 119) ob seiner Siege über Germanen und Daker, oder unter M. Aurel und L. Verus, als des letzteren dreifacher Triumph an den Ostgrenzen mit drei Trophäen und den Siegestiteln *Armeniacus*, *Medicus* und *Parthicus maximus* entsprechend gefeiert wird[49].

Trophäen

Die Analyse zeigt immer wieder, daß die Trophäen-Darstellungen in ihren Einzelheiten zunächst verbindlich sind, sie sollen – und können – über den besiegten Feind informieren. So kehren die großen schmalen, ovalen bis hexagonalen Schilde der germanischen Chatten, deren einer auf dem Sesterz Abb. 123 zu sehen ist, auf der domitianischen Trophäe wieder, das, paarweise ausgeführt, ehedem wohl einen Teil eines Triumphmonuments bildete und heute am Kapitolsplatz zu Rom steht. Die beiden werden in der Stadt seit langem historisch unrichtig 'Trofei di Mario' genannt (Abb. 127)[50]. Sie bekamen bei der Neuordnung des Platzes im 16. Jh. ihre aktuelle Position auf der Balustrade an beiden Seiten der zum Platz hinaufführenden Treppe, der *cordonata*. Eines der beiden Monumente, jenes an der Südseite des Aufgangs, bringt noch mehr als nur Waffen und Ausrüstungsstücke des Feindes: Es zeigt eine kleine angekettete Gestalt im Fransenmantel, eine

Abb. 127 Einer der beiden 'Trofei di Mario' an der Südseite der Treppe zum Kapitolsplatz in Rom

Germanin, die offenbar an die gestellten Geiseln erinnern soll. Auf sie kommen wir noch zu sprechen.

Die Trophäen sind nicht nur im Münzbild oder als Skulpturen für jegliche Verwendung in den Einzelheiten korrekt und informativ. Sie sind es auch, wenn sie auf anderen repräsentativen Darstellungen verwendet werden, etwa auf Panzerstatuen von Kaisern. Unsere Abb. 128 zeigt einen *akephalos*, so genannt, weil er im Laufe der Zeit seines Kopfes verlustig ging[51]. Die Statue wurde in Sabratha in Libyen gefunden und gehörte zur Ausstattung der Marktbasilika der Stadt[52]. Schon der Gorgonenkopf auf der Brust des Panzers zeigt den Kaiser an; das Gorgoneion ist ein dem Kaiser vorbehaltenes Zeichen der Macht[53] und des göttlichen Schutzes[54]. Die Dekoration des Panzers mit der Trophäe entspricht voll und ganz den Münzdarstellungen von Vespasian und Titus zum Triumph über die Juden und zur Einnahme von Jerusalem im Jahre 71, wie unsere Beispiele Abb. 116 und 117 beweisen. Die Palme charakterisiert das östliche Land, der Gefangene steht da mit auf dem Rücken gefesselten Händen, er ist hier wie dort mit einem leichten, kurzen Gewand ohne Gürtel bekleidet. Auf dem Panzer sieht man auch eine auf den nutzlos gewordenen Schilden hockende weibliche Gestalt, eben die Judaea,

Abb. 128 Panzerstatue aus Sabratha

mit klagend erhobener Hand; sie ist in kunstvoll verkürzter Perspektive in Dreiviertel-Vorderansicht dargestellt. Zusätzlich zum Münzbild erscheint auf dem Panzer auch die Victoria, die auf den Schild, der noch auf dem Schlachtfeld an den Baumstamm gehängt wird, die frohe Nachricht vom Siege malt.

Es ist interessant, im Vergleich festzustellen, welche Unterschiede zwischen den Münzbildern und dem Relief auf der Panzerstatue bestehen. Die Judaea-Gestalt, die Trophäe mit dem Gefangenen, die Palme und die Victoria, die die Siegesnachricht auf den Schild schreibt, erscheinen auf dem Panzer als Gesamtkomposition, da die zur Verfügung stehende Fläche viel größer als jene auf der Münze ist. Im Zentrum steht die Trophäe, darum herum werden alle anderen Elemente des Bildes geordnet. Im viel kleineren Münzrund werden die genannten Teile des Bildes je einzeln gezeigt[55], insgesamt entsteht auf Parallelserien aber die gleiche breit ausgelegte Galerie der Siegesbilder.

Nach alldem ist es sicher, daß die Panzerstatue ursprünglich den Kopf des Vespasian getragen hat und an den Triumph im Jahre 71 erinnert[56]. So ist sie – zu Recht – in der Literatur seit jeher gedeutet worden.

Abb. 129 Panzerstatue aus Minturno

Ein weiteres Beispiel mag die Aussagefähigkeit einzelner Panzerreliefs bekräftigen. Es geht um eine kaiserzeitliche Panzerstatue, von der lediglich der Körper als Torso erhalten geblieben ist (Abb. 129)[57]. Die Trophäe besteht aus einem runden, kalottenartigen Helm, einem kurzen Mantel, einem Paar Beinschienen und Langschilden, die die beiden Victorien gerade an den Querbaum hängen. Eine Einzelheit wird in der Darstellung besonders betont: Unterhalb der Kopfbedeckung, im Ausschnitt des Gewandes erscheint ein offener (Metall)reifen mit deutlich verstärkten Enden. Damit wollte man ganz gewiß einen *torques* andeuten, den klassischen Halsring der Kelten. Die Besiegten sind also Kelten bzw. Stämme, die für die Römer als Kelten galten. Es handelt sich somit sehr wahrscheinlich um eine Panzerstatue des Claudius anläßlich seines Triumphs über die Stämme in der nachmaligen Provinz Britannia, namentlich im Süden der Insel. Der Triumph wird ihm 43 zuerkannt[58], die Inschrift des Bogens über der Via Lata spricht der Ergänzung zufolge von elf besiegten Königen auf der britischen Insel[59]. Im Triumphzug sind die Waffen und die Ausstattung der unterlegenen Könige sicher gezeigt worden[60].

Abb. 130 Panzerstatue aus Gabii

Nun folgt ein etwas schwierigeres Bild. Die erheblich ergänzte Statue aus der Sammlung Borghese in Paris Abb. 130 trägt ebenfalls ein in den Einzelheiten doch gut deutbare Trophäe[61]. Sie stammt aus Gabii unweit Roms an der Straße nach Praeneste-Palestrina[62]. Die Trophäe besteht aus einer Kappe aus Fell(?), einem Überwurf und Langschilden. Zwei Gefangene kauern mit langen Haaren in Hosen und nacktem Oberkörper angekettet über dem Palmettenornament. Die einzelnen Bestandteile der Trophäe sind ziemlich eindeutig. Fellbekleidung ist für Germanen typisch, ebenso die Hosen; man liest auch, daß sie mit nacktem Oberkörper in die Schlacht ziehen[63]. So besteht kaum ein Zweifel daran, daß es sich um geschlagene Germanen handelt. Da der Kopf der Statue eingesetzt und Hals und Halsstück modern sind, bleibt die Frage, welcher Germanensieg hier gemeint ist, jener Domitians über die Chatten 83, oder wurden andere germanische Gruppen dargestellt, Verbündete der Daker in den beiden Dakerkriegen Trajans (101–102 und 105–107) – etwa die Bastarnen an der unteren Donau. Die größere Wahrscheinlichkeit spricht für den domitianischen Chattensieg, der in erstaunlicher Intensität gefeiert wurde und der deswegen in zahlreichen Monumenten und Bildern seinen Niederschlag gefunden hat. Domitianische Münzbilder kommen der Trophäe auf dem Panzer näher als jene Trajans[64].

Zusammenfassend wird man für die Trophäen-Kompositionen feststellen können, daß sie offenbar den Details entsprechen, die in den Triumphzügen gezeigt wurden, und ebenso instruktiv wie diese sind. Sie dürften daher stets nach den Triumphalfeiern (höchstens aber parallel zu ihnen) entstanden sein.

Man darf allgemein auch sagen, daß kaiserliche Panzerstatuen, sofern sie konkrete Siegesbilder tragen, in den Einzelheiten der Wirklichkeit durchaus nahekommen. Sie sollen einen bestimmten Sieg eines bestimmten Kaisers verewigen, und sie tun es. Die andere darstellerische Möglichkeit ist, die allgemeine Sieghaftigkeit, das göttliche *numen*, dessen der Kaiser teilhaftig ist, ins Blickfeld zu rücken[65]. Dies geschieht mit Bildern von um Kandelaber gruppierten Greifen, mit Jupiters Adler, mit Victorien, die einen Kranz halten usw.

Sieg im Bürgerkrieg

Ein grundlegender und in der Münzprägung bestens dokumentierter Wandel in der Aussage kaiserlicher Triumphalbilder erfolgt im Jahre 192, dem letzten Regierungsjahr des Commodus. Abb. 131 zeigt ein Rückseitenbild in Gold, das höchst eigenwillig ist, umso mehr als man nach der bisherigen Erfahrung von der korrekten Wiedergabe stimmiger Einzelheiten ausgehen muß. Als Hercules Romanus vollendet der Kaiser eine merkwüdige Trophäe mit dem Aufsetzen des Helmes: Die feindlichen Waffen, die es bilden, ebenso die übliche Ausstattung, sind die eines römischen Offiziers, mehr noch, um den Muskelpanzer sieht man die Kommandantenschärpe geschlungen. Es handelt sich also um den Oberkommandierenden der Garde, um den *praefectus praetorio*, der vom Hercules Romanus, der die Züge des Kaisers trägt, als Feind eingestuft wurde und nun existentiell bedroht wird[66]. Commodus führt immer mehr eine Willkürherrschaft, hat folglich seit langem mit Verschwörungen in seiner Umgebung zu tun, wird extrem argwöhnisch. Er mißtraut der Oberschicht zu Rom und den führenden Militärs ebenso, zuletzt noch dem *praefectus praetorio* Q. Aemilius Laetus. Es geht hier wohl um ihn, er ist es, dem der Kaiser unmißverständlich droht. In dieser persönlichen Gefahr läßt er Commodus am letzten Tag des Jahres 192 an der Spitze einer verzweigten Palastverschwörung ermorden.

In unserem Zusammenhang ist der radikale Wandel der Bedeutung der Trophäe von Belang. Bis zu diesem Zeitpunkt galt die gesamte Siegesideologie dem Feind

Abb. 131 Aureus: Commodus

an den oder außerhalb der römischen Grenzen. Die Bürgerkriege fielen offiziell nicht in diese Kategorie; man bekämpfte und bestrafte den Gegner als *hostis publicus*, als den Feind des gesamten römischen Gemeinwesens[67]. Seit Commodus, der diese Barriere selbstherrlich durchbrochen hat, wird es möglich, über einen inneren Feind zu triumphieren, obwohl die Kategorie des *hostis publicus* keineswegs verlorengeht[68].

Es ist dennoch nicht leicht, diese neue Vorstellung in Rom durchzusetzen, wie der Bericht von Aurelians großem Triumph im Jahre 274 zeigt, der gegen Ende des 4. Jhs. abgefaßt wurde. Die unfreiwilligen Protagonisten der Siegesfeier sind Königin Zenobia von Palmyra und die beiden Tetrici, Vater und Sohn, aus dem sog. gallischen Sonderreich[69]: *Unter ihnen* (nämlich den fremden *gentes*) *schritten im Zuge auch die überlebenden Stadthäupter von Palmyra und die Ägypter zur Strafe für ihre Empörung. ... Im Zuge schritt Tetricus, angetan mit einem Scharlachmantel und gallischen Hosen, zur Seite sein Sohn, den er in Gallien zum Imperator ernannt hatte. Auch Zenobia schritt im Zuge, juwelengeschmückt und mit goldenen Fesseln beladen, die von anderen getragen wurden.* Es geht hier um Siege über abgefallene römische Gebiete wie die Westprovinzen bzw. um ehedem befreundete Randgebiete, die lange schon annektiert waren wie Palmyra. Sie haben sich von der zentralen Regierung Roms losgesagt, es geht also praktisch um Aufständische. Trotzdem wird für den Triumph auf 'auswärtigen Feind' hin stilisiert, die Tetrici 'gallisch' einkleidet, Königin Zenobia barbarisch geschmückt. Der Verfasser der Aurelianbiographie weist denn auch darauf hin, daß manch einer der Senatoren den Kollegen Tetricus im Zug besonders betrauert habe[70]. Gallien bzw. das zeitweilige Sonderreich kann demnach selbst in der Spätantike, als der Text niedergeschrieben wurde, nicht selbstverständlich als fremdes erobertes Land betrachtet worden sein[71]. Dennoch geht die Entwicklung langsam in die Richtung, daß auch innere Unruhen und Aufstände, die niedergeschlagen wurden, als triumphwürdige Siege aufgefaßt werden, umso mehr, als sie den regierenden Kaiser unmittelbar bedrohen. Dies zeigt sich in einer höchst eindrucksvollen Komposition in den letzten Jahren des 3. Jhs. noch einmal in aller Deutlichkeit. M. Aurelius Mausaeus Carausius, ein erfahrener hoher Offizier ergreift die Flucht nach vorn, als er Ende 286 oder Anfang 287 in den Kämpfen zur Sicherung des Ärmelkanals der Korruption beschuldigt wird. Er läßt sich von den britannischen Truppen zum Kaiser ausrufen. Wenige Jahre, bis Ende 293, kann er sich halten, wird aber schließlich von seinem Finanzminister Allectus ermordet, der dann die Macht an sich reißt. Gegen den Caesar der Tetrarchie im Westen, Constantius Chlorus, verliert dieser im Jahre 297 Macht und Leben[72]. Die Rückeroberung Britanniens feiern reiche Goldserien in Constantius' Residenz Treveri-Trier mit richtigen Siegesbildern (Abb. 132 ein zehnfacher, Abb. 133 ein einfacher *aureus*): Der Caesar reitet,

Abb. 132–133 Goldmultiplum: Constantius I. (132) – Aureus: Constantius I. (133)

nachdem er den Kanal überquert hat, in Londinium-London ein; die Gestalt der Britannia erwartet ihn kniefällig, mit flehend erhobenen Händen. Die Legende ist einzigartig: REDDITOR LVCIS AETERNAE, er, der charismatische Sieger, läßt wieder über das ehedem abtrünnige, aber jetzt in Gnaden wieder aufgenommene Britannien das ewig gültige Licht des wahren, wirklichen Herrschers erstrahlen[73]. Der *aureus* hingegen und die Parallelserien im Namen des Siegers und der Herrscherkollegen feiern allgemeiner die VIRTVS ILLYRICI und spielen damit auf ihre Herkunft aus dem illyrischen Gebiet (aus dem Vorbalkanland) an[74].

Der Rebell als Retter

Der Hintergrund der Entwicklung, die zur zeitweilig tolerierten Rebellion führt, ist komplex. In der immer schwieriger werdenden militärischen Situation seit Mitte des 3. Jhs. wird die vor Ort organisierte Abwehr gegen Angriffe von außen, die Errettung vor lokaler Gefahr von Rom unter Umständen durchaus geduldet, selbst wenn die Maßnahme äußere Formen der Usurpation annimmt. Im ersten Moment freilich, in dem die zentrale Macht dazu in der Lage ist, wird durchgegriffen und der Aufstand beendet. Postumus geht in höchster Not am Rhein diesen Weg; Gallienus versucht zweimal in den folgenden Jahren (260–268), das gallische Sonderreich mit militärischer Kraft wiederzugewinnen, was ihm freilich nicht gelingt.

Im Osten wächst seit den 40er Jahren des 3. Jhs. die Persergefahr. Der Sassanide Schapur I. erweist sich als erfolgreichster Gegner der Römer seit Jahrhunderten; es gelingt ihm 260, selbst den regierenden Kaiser Valerian gefangenzunehmen[75]. Palmyra, die reiche Oase in der syrischen Wüste, beherrscht eine wichtige Karawanenstraße vom Euphratknie zur Mittelmeerküste. Sie gehört seit dem Oberkommando des Germanicus im Osten (17–19) zum Imperium. Die Persergefahr kann Septimius Odainathus, Fürst von Palmyra, vor Ort bannen. Er wirkt durchaus im Sinne Roms; Gallienus erhebt ihn zum *corrector totius orientis*, zum Oberhaupt des ganzen Orients. Nach seiner Ermordung geht seine Witwe Zenobia für ihren Sohn Vaballathus erheblich weiter, indem sie den Augusta-Titel für sich in Anspruch nimmt und auf Ägypten übergreift[76]. Erst Aurelian kann beide Gebiete, Gallien und Palmyra, mit Militärgewalt wieder eingliedern; die Herrscher aber, Tetricus Vater und Sohn und Königin Zenobia, werden nach dem Triumph 274 nicht weiter bestraft, sondern lediglich in Italien festgehalten. Dennoch werden sie im Zug, wie wir gesehen haben, wie fremde besiegte Herrscher stilisiert und mitgeführt.

Die kaiserliche Virtus

In eben diesen schwierigen Zeiten im 3. Jh. tritt die Virtus des Kaisers, seine persönliche Tapferkeit und Standhaftigkeit als Garantie des Sieges immer mehr in den Vordergrund. Sie hatte in diesem Sinne als wesentliche kaiserliche Tugend immer schon ihre Bedeutung gehabt, seitdem Augustus ihren Kult neu organisiert hat[77]. Nun aber tritt sie als persönliche Eigenschaft, als Virtus Augusti, vielfach im Bild hervor. Eine der ersten Münzserien des Septimius Severus 193 führt die Virtus-Figur als Amazone im Revers (Abb. 134), die die Victoria mit dem Kranz

134

135

Abb. 134–135 Aurei: Septimius Severus (134) und Postumus (135)

Abb. 136 Denar: Gordian II.

auf der Hand hält. Dies ist zugleich ein Hinweis auf das Charisma des neuen Kaisers, auf seine Legitimation[78]. Selbst die kaum einige Wochen zählende Herrschaft der beiden Gordiane, Vater und Sohn, 238 kommt ohne sie nicht aus (Abb. 136)[79]. Es geht eben immer wieder um den Sieg als Legitimationsprinzip. Wie sehr persönlich und fast ausschließlich als militärische Tugend die kaiserliche Virtus verstanden wird, beweist ein *aureus* des Postumus, hier Abb. 135. Die Vorderseite bringt wie üblich die Büste des Kaisers im Lorbeerkranz, die Legende stellt ihn mit Namen und Titel vor. Die Rückseite aber zeigt nochmals die kaiserliche Büste im Helm mit VIRTVS POSTVMI AVG(*usti*), also die Virtus als militärische Macht, wesensgleich mit ihm. Die VIRTVS-AVGVSTI-Darstellungen nehmen im 3. Jh. in der Münzprägung dementsprechend ein breites Feld ein.

Die allgemeine Sieghaftigkeit des Kaisers

Konkrete Siegesdokumentationen mit Trophäen werden im Laufe des 3. Jhs. und später immer seltener. Auch wenn sie wirkliche Siege illustrieren, sind sie mehr und mehr schematisch. Der Triumph des Probus Ende 281 gilt den Germanen *und* den Blemmyern, wie berichtet wird[80]: *Er triumphierte über Germanen und Blemmyer und führte Abteilungen aller dieser Völker in einer Stärke bis zu je fünfzig Mann vor seinem Triumphwagen auf*, dennoch erscheint im Münzbild nur eine Trophäe, die Waffen, die sonstige Ausstattung sind nicht mehr charakteristisch, selbst die Ausstatttung angeketteter Gefangener besagt nichts über ihre Herkunft. Wenn die Legende VICTOR-IA GERM(*anica*) nicht dabeistünde (Abb. 121), wüßte der Betrachter kaum, um welchen Sieg es geht. Die Parallelprägung Abb. 122 zeigt in der Triumphalquadriga die Victoria mit dem Siegeskranz in der Hand, nicht den kaiserlichen Triumphator, und die Legende bringt die Widmung VICTORIAE-AVG(*usti*), *dem kaiserlichen Sieg*. Auch Constantins militärische Erfolge 314 am Rhein sind im Bilde nicht mehr spezifiziert (Abb. 137)[81]: Neben einer, man möchte

Abb. 137–139 Solidi: Constantin I. (137–138) und Crispus (139)

fast sagen, Allerwelts-Trophäe kauern zwei Gefangene. Es ist schon notwendig, den Sieg in der Legende mit FRAN(*cica*) ET ALAM(*annica* sc. *victoria*) genau anzugeben. Ein Unterschied im Erscheinungsbild wird höchstens mit der Andeutung der ostgermanischen Haartracht, des *nodus* (Knoten), gemacht. Die beiden Gefangenen sieht man neben dem 317 neuernannten Caesar Crispus als *princeps iuventutis* (Abb. 139), der die Sorge um die Westprovinzen übernehmen und in Treveri-Trier residieren soll. Im Vorderseitenbild wird er kriegerisch-sieghaft in heroischer Nackheit mit Schild und Speer abgebildet.

Ebenso bezeichnend in diesem Zusammenhang ist die Tatsache, daß der junge Kaiser im großartigen Kampfgetümmel auf dem sog. Ludovisischen Schlachtsarkophag nur noch die Rechte weithin sichtbar erhebt, ohne Waffen, hoch zu Roß. Damit wird signalisiert, daß der Sieg der seine ist; die Geste deutet im Gesamtzusammenhang der Komposition das sieghafte Wesen des Kaisers an (Abb. 140)[82], der selbst nicht mehr kämpft.

Die Gleichstellung von Herrschaft und Sieg

Die Herrschaft wird folglich mit dem Sieg verknüpft. Dies geht schon im 3. Jh. so weit, daß Regierungsjubiläen wie Siege von der Victoria auf den Schild geschrieben und verkündet werden. Zum fünften Regierungsjubiläum notiert die Göttin das Gelöbnis des Kaisers für die nächsten fünf Jahre mit VOT(*a*) / X (*decennalia*) im Rückseitenbild des schönen *aureus* des Postumus. Die Legende meldet den Anlaß: QVINQVENNALES POSTVMI AVG(*usti*), *Fünfjahresfest des Kaisers Postumus* in der zweiten Hälfte des Jahres 264[83] (Abb. 98). Wenig später, 303, entsteht auf dem Forum Romanum zu Rom bei den Rostra ein Fünfsäulendenkmal aus Anlaß des 20. Regierungsjubiläums (*vicennalia*) der beiden Augusti Diocletian und Maximianus Herculius[84]. Zugleich werden die *decennalia*, die Zehnjahresfeier der Caesares Constantius I. und Galerius begangen. Unsere Abb. 141 zeigt eines der Reliefs mit der

Abb. 140 Der sog. Ludovisische Schlachtsarkophag in Rom

Abb. 141 Relief auf der Decennalienbasis in Rom

Inschrift CAESARVM / DECENNALIA / FELICITER – *das zehnte Regierungsjubiläum der Caesares* (wurde) *glücklich* (begangen) – auf dem Schild, den zwei Victorien an dem Stamm einer Trophäe befestigen[85], wie wenn es um einen auswärts errungenen Sieg ginge.

Segensreiche Folgen des Sieges: Friede und Sicherheit

Der Sieg wird auch auf andere Weise als mit dem Triumph allein ins Bild gebracht. Viele Monumente, namentlich in Rom, erinnern an ihn, allen voran zahlreiche Triumphbögen[86], Skulpturen, Inschriften, selbst aus Anlaß von Siegen gewidmete und erbaute Heiligtümer verherrlichen ihn. Einer dieser Tempel ist sein ganz eigener Zeuge. Es ist der Tempel des Ianus Geminus bei der Einmündung des Argiletum in das Forum Romanum zwischen der Curia Iulia und der Basilica Aemilia[87]. Uralt, beherbergt er das Standbild des doppelköpfigen Ianus. Noch Prokop im 6. Jh. sah ihn so, wie er auf den Münzbildern Neros (Abb. 142) steht[88]:

Abb. 142 Sesterz: Nero

Er (= Janus) *hat seinen Tempel auf dem Forum, und zwar vor dem Senatsgebäude ... Der Tempel, ganz aus Bronze hergestellt, hat die Form eines Vierecks und ist so hoch, daß er die Janusstatue überdeckt. Das eherne Standbild mißt fünf Ellen und stellt einen Menschen dar, nur das Haupt trägt zwei Gesichter, von denen das eine zur aufgehenden, das andere zur untergehenden Sonne schaut. Beiden Gesichtern zugekehrt ist je eine Tür, welche die Römer im Frieden und in guten Zeiten geschlossen zu halten pflegten, in Kriegszeiten jedoch öffneten.* Wenn die Statue, die 5 Ellen, umgerechnet etwa 2,23 m hoch war, im bronzebeschlagenen Schrein gerade Platz hatte, war dieser wohl kaum mehr als 3–3,50 m hoch. Die eigenwillige Bauform zeigt der neronische Sesterz, dazu das Wesentliche daran, die geschlossene Pforte, vielleicht sogar in den Dimensionen etwas überbetont. Augustus hat auch diesen alten Kult wieder ins Leben gerufen. Das Tor des Heiligtums wird bekanntlich nur geschlossen, wenn überall im Imperium Friede herrscht. So besagt auch die Legende des Sesterzes Neros: PACE P(*opuli*) R(*omani*) TERRA MARIQ(*ue*) PARTA IANVM CLVSIT, zu deutsch: *Nachdem* (Kaiser Nero) *den Frieden* (im Sinne) *des römischen Volkes zu Land und zu Meer aufgerichtet hat, schloß er* (die Pforten des) *Janus* – was immer für die Besiegten die *pax Romana* im einzelnen auch heißen mag[89]. Den Grund des merkwürdigen Ritus läßt Ovid in den Fasti, seinem Festkalender, den Gott Janus selbst so erklären[90]: *Daß dem Volk, wenn zum Kampfe es eilt, offen stehe die Heimkehr, / Fallen die Riegel, so daß ganz sich eröffnet das Tor; / Ist darauf Frieden, so schließ' ich das Tor, um die Flucht ihm zu sperren; / Caesars Name hält jetzt lang wohl geschlossen mein Haus.* Die Schließung der Januspforte ist stets ein seltener, feierlicher Akt, ein positives Zeichen des Sieges. Nero vollzieht sie im Jahre 66[91].

Der Gedanke, daß der Friede die schönste Folge des Sieges sei, überrascht an und für sich nicht. Er kommt bestens zum Tragen, als z.B. Plinius der Ältere zwei Bilder des großen griechischen Malers Apelles in folgender Weise beschreibt[92]: *Wie oft er Alexander und Philippos gemalt hat, braucht nicht aufgezählt zu werden. Man bewundert .... in Rom den Kastor und Polydeukes mit einer Nike und Alexander dem Großen, ferner eine Darstellung des Krieges mit auf den Rücken gebundenen Händen und auf einem Triumphwagen einherfahrenden Alexander. Beide Bilder hat der göttliche Augustus an den belebtesten Stellen seines Forums in seiner zurückhaltenden Schlichtheit als Geschenk geweiht; der göttliche Claudius glaubte besser zu tun, auf beiden Bildern das Gesicht Alexanders tilgen und durch das des Augustus ersetzen zu lassen*[93]. Die Darstellung selbst bedarf ebenso wenig eines Kommentars, wie die nachträgliche Einfügung des Augustusporträts in beide Bilder. Es ist charakteristisch, daß der *aureus*, der die Einweihung des Gallienus in die eleusinischen Mysterien verkündet (Abb. 53)[94], mit folgender Rückseite gekoppelt ist: VBIQVE PA-X, *Überall* (ist) *Friede* (ein-

Abb. 143 Argenteus: Diocletian

gekehrt), heißt die Legende, und die Victoria fährt im Galopp in der Biga. In jenen schwierigen Jahren um 264[95] bedeutet das *charisma*, die (erwünschte) Gabe der Herrin von Eleusis, Demeter, den Frieden im gesamten Imperium, nachdem Victoria den Sieg gebracht hat. Es ist trotz aller Anstrengungen des Gallienus ein unerfüllbarer Traum, eine Wunschvorstellung, die der Kaiser mit Wort und Bild beschwört.

Ein spätantikes 'Gegenbild' zeigt als Ergebnis des kaiserlichen Sieges ein weit geöffnetes Lagertor (Abb. 143). Die Herrscher der Ersten Tetrarchie, Diocletian,

Maximianus Herculius, Constantius Chlorus und Galerius, feiern mit reichen Silberserien im letzten Jahrzehnt des 3. Jhs. Galerius' Erfolge in einer Reihe schwerer Feldzüge gegen die Sarmaten an der mittleren Donau. Eine Variation der Münzbilder zeigt die Herrscher sogar beim Opfer vor dem geöffneten Tor, das den Frieden und die Sicherheit an den Grenzen signalisiert. Hinzu kommen auch die wirtschaftlichen Vorteile für die Soldaten und für die Anwohner, die nun Markt halten und Märkte besuchen können. Die Besiegten dürfen zudem bei Wohlverhalten einige dafür vorgesehene Märkte ebenso aufsuchen, um einzukaufen und ihrerseits ihre Waren feilzuhalten. Wir wissen das aus verschiedenen Friedensschlüssen und sonstigen Vereinbarungen.

Eine weitere Folge des Sieges, der im Bild verherrlicht wird, erscheint auf den ersten Blick vielleicht merkwürdig. Abb. 144 zeigt Augustus wieder auf erhöhtem Sitz thronend. Vor ihm steht ein Germane im Fransenmantel und reicht ihm ein

Abb. 144 Denar: Augustus

Kleinkind zu[96]. Im Abschnitt liest man IMP XIIII, die Episode steht mit der 14. imperatorischen Akklamation im Frühsommer 8 v.Chr. im Zusammenhang[97]. Augustus und seine Nachfolger nehmen immer wieder von den besiegten, aber auch von den befreundeten Völkern Fürstenkinder als Geiseln. Der jeweilige König schickt die Söhne nach Rom ... *weil er* (sich um) *unsere Freundschaft mit dem Unterpfand seiner Kinder bewerben wollte,* heißt es im Tatenbericht des Augustus[98]. Diese Kinder werden sorgsam erzogen und, sobald die politische Situation es erlaubt oder erfordert, als Herrscher in ihren Gebieten wieder eingesetzt. Daß das Experiment selten wirklich gelingt, zeigen die Ereignisse; viele der prorömischen Fürsten werden nicht (oder nicht auf Dauer) akzeptiert oder wenden sich selbst gegen Rom. Als prominentes Beispiel dafür sei hier nur der Cheruskerfürst Arminius, der Sieger in der Varusschlacht im Jahre 9, genannt. Trotzdem: Die fürstlichen Geiseln gelten als Hoffnungsträger für den Frieden an den Grenzen und stellen zugleich ein sichtbares Zeichen des Sieges dar.

Ansiedlung der besiegten Feinde

In den schweren Jahrzehnten des 3. Jhs. kommt zusätzlich zu den militärischen Niederlagen eine gefährliche Landflucht auf[99]. Die Steuern sind erdrückend; große Landstriche veröden zudem als Folge von Barbareneinfällen. Ein neuer Aspekt eines kaiserlichen Sieges ist nunmehr die Wiederbesiedlung von Ödland durch Gefangene. Abb. 45 zeigt einen Probeabschlag in Blei von einem großen – in der endgültigen Form nicht erhaltenen – Goldstück, der in der Saône bei Lyon gefunden wurde und daher das 'Lyoner Bleimedaillon' genannt wird[100]. Die erzählfreudige Darstellung ist in zwei Streifen übereinander angeordnet. Im oberen Streifen führen Soldaten zwei thronenden Kaisern – m.E. Maximianus Herculius und Constantius Chlorus[101] – eine Gruppe von Besiegten, Männer, Frauen, Kinder, vor. Im unteren Streifen passiert die gleiche Gruppe immer noch unter militärischer Bedeckung den FL(*umen*) RHENVS, den Rhein, von CASTEL(*lum*) nach MOGONTI/ACVM, von Mainz-Kastel nach Mainz, also von der Grenze ins Reichsinnere. Der gallische Redner, der den Sieg des Constantius Chlorus über die Germanen 297 feiert, spricht deutlich aus, was die Ansiedlung im Ödland in den gallischen Provinzen bedeutet[102]: *Aber weder das tückische Gelände noch die vielen dort vorhandenen Waldverstecke konnten die Barbaren davor retten, daß sie sich alle Deiner göttlichen Macht ergaben und mit Frau, Kind, den nötigen Habseligkeiten ins seit langem verödete Land hinüberwechselten, um das, was vielleicht sie selbst einmal ausgeraubt und verwüstet haben, nun dienend zu bebauen ... Man darf nun, bei Hercules, im Namen von ganz Gallien froh sein und, mit Verlaub gesagt, den Sieg den Provinzen selbst zuschreiben. Denn jetzt pflügt uns der Chamave und der Friese, er, der unstete Räuber, übt sich in schmutziger Landarbeit, treibt sein Vieh zum Verkauf auf unsere Märkte und der Barbarenbauer sorgt für die Senkung der Getreidepreise.* Wieder ein Ertrag eines Sieges, der in Bild und Text gefeiert wird; ein Übriges trägt die Legende des Bleimedaillons bei, die SAECVLI FELICITAS, zu deutsch: *glückselige Zeiten*, heißt.

Wie wichtig eine solche Neubesiedlung infolge geglückter Feldzüge in der Spätantike immer wieder ist, zeigt auch eine reiche Kleingeld-Serie um die Mitte des 4. Jhs. Mit FEL(*icium*) TEMP(*orum*) REPARATIO, d.h. *Wiederherstellung glückseliger Zeiten*, als Legende erscheint neben der allgemeinen Siegesdarstellung Abb. 234 auch ein anderer Typ (Abb. 233) auf den Namen des Kaisers im Westen Constans: Ein Barbar wird aus seiner heimischen Hütte geführt, sicherlich, um im Imperium zur Bestellung des Landes neu angesiedelt zu werden[103]. Früher haben die Kaiser andere Siegesbilder zur Darstellung ihrer militärischen Erfolge wählen können; in der Spätantike steht die Ansiedlungspolitik jedenfalls im Westen immer mehr im Mittelpunkt.

Empfänge besiegter Feinde und ihr Zweck

Als besondere Ehrung beschließt der Senat gelegentlich, die Geschichte eines hervorragenden Feldzugs zu verewigen. Die Bilderfolge windet sich in breiten Streifen eine Säule hoch, um in alle Ewigkeit vom Charisma des siegreichen Kaisers zu zeugen. Zwei dieser Säulen stehen noch heute in Rom; die eine auf dem Trajansforum berichtet von den schweren Kämpfen des Kaisers an der unteren Donau und im östlichen Karpathenbecken gegen den Dakerkönig Decebal und seine Verbündeten, der zum großen Verlierer der Feldzüge wird. Trajan weiht nach Ausweis der Fasti Ostienses im Jahre 113 die Säule ein[104]. Die andere noch stehende

Abb. 145 Relief auf der M. Aurel-Säule in Rom

Siegessäule gilt den jahrzehntelangen verlustreichen Kriegen M. Aurels an den Nordgrenzen des Imperiums gegen die immer gefährlicher werdenden Germanen, allen voran die Quaden und ihre Verbündeten, die Sarmaten. Der endgültige Triumph kann schließlich 176 gefeiert werden[105].

Der Erfolg wird ohne viel Kommentare sichtbar, wenn die große Szene der Unterwerfung auf der Siegessäule M. Aurels ins Bild gesetzt wird. In einem Ausschnitt aus der Bilderfolge (Abb. 145) empfängt M. Aurel die Abordnung der Feinde im Lager[106]. Die Szene ist auf das Wesentliche verkürzt. Der Kaiser steht erhöht auf einem Podest, die Gruppe der Besiegten naht ihm tief gebeugt, mit ehrfurchtsvoll verhüllten, bittend ausgestreckten Händen[107]. Die Gefolgschaft M. Aurels, die militärische Umgebung im Lager, sind nur knapp angedeutet. Den Sinn eines solchen Empfanges durch den Sieger, die die nachhaltige Einschüchterung der Besiegten zum Ziele hat, zeigt der folgende Ausschnitt aus dem Geschichtswerk des Dexippos aus der zweiten Hälfte des 3. Jhs.[108]: *Als Aurelianus die juthungischen Skythen im Kampfe überwunden und bei dem Übergang über die Donau viele von ihnen auf der Flucht getötet hatte, kamen die übrigen um einen Vertrag ein und schickten eine Gesandtschaft. ... Als Aurelianus, der Kaiser der Römer, von der Ankunft der juthungischen Gesandtschaft erfuhr, erklärte er, er werde am folgenden Tage über ihr Anliegen verhandeln, und ließ, um die Gegner einzuschüchtern, seine Soldaten wie zur Schlacht Aufstellung nehmen. Als die Truppe in der von ihm gewünschten Ordnung stand, stieg er selbst, mit einem Purpurgewand bekleidet, auf eine hohe Tribüne und ließ das ganze Heer vor sich im Halbkreis antreten. Von den Ranghöheren ließ er die, die mit Kommandostellen betraut waren, neben sich ihren Platz einnehmen, alle zu Pferde. Hinter dem Kaiser waren die Feldzeichen der Elitetruppen – das sind goldene Adler, Kaiserbilder und reihenweise die goldglänzenden Kennzeichen der Einheiten*[109] *–, und das alles sah man, da es auf versilberten Lanzenschäften emporgehalten wurde. Als dies alles so ausgerichtet war, ließ er die Juthungen kommen*[110]. Noch deutlicher wird knapp 300 Jahre später Fl. Cresconius Corippus. Er schildert Ende des Jahres 565 einen Empfang der Awaren, eines gerade an den Grenzen des Ostreiches aufgetauchten, sehr gefährlichen Steppenvolkes in Constantinopolis durch den Nachfolger Justinians, Justin II.[111]. Die Beschreibung der Szene ist üppig, farbig, detailfroh. Den Sinn solcher 'Inszenierung' faßt Corippus schließlich in beinahe schon rohen Wendungen zusammen[112]: *... da staunen die barbarischen Krieger, wie sie erst den Eingang, dann den immensen Saal erblicken. Sie sehen die riesenhaften Gardesoldaten da stehen, ihre goldenen Schilde und Speere mit den Eisenspitzen, die vergoldeten Helme und die roten Helmbüsche. Sie erschauern angesichts der Lanzen und der erbarmungslosen Äxte und der anderen Wunder dieses großartigen Auftritts ... nicht anders als die hyrcanischen Tiger im Circus bei den Spielen ... sie knurren nicht, wenn sie mit ihrem Dompteur in die Arena laufen, angesichts der Abertausenden rundherum ducken sie sich vielmehr ängstlich, sie legen ihre Wildheit ab und nehmen fröhlich die harten Ketten an. ...* Beide Texte, die die Bilder bestens ergänzen, bedürfen in ihrer Eindeutigkeit keiner Kommentare: Die Einschüchterung einerseits, die Lockung einer überlegenen Zivilisation andererseits dienen als Waffen in einer Zeit, die nicht genügend militärische Stärke aufbieten kann, um Rom und Neu-Rom den Sieg zu sichern. Viel Wunschdenken ist dabei, versteht sich.

Wikinger in Byzanz

Die Inszenierung wirkt, wie ein späteres byzantinisches Beispiel zeigt. Auch da geht es um die Begegnung kriegerischer, gefährlicher Barbaren mit der goldenen Stadt Constantinopolis-Byzanz anläßlich eines Besuches von Wikingern und vor allem um die Wirkung dieses Erlebnisses auf sie.

Um die Wende vom 11. zum 12. Jh., während der Regierung Kaisers Alexios kämpft König Sigurd mit seinen Mannen im Heiligen Land, weshalb er den Beinamen 'der Jerusalemfahrer' bekommt. Sein Chronist wird Snorri Sturluson aus Island, der im 3. Buch des 'Heimskringla'[113] im ersten Drittel des 13. Jhs. von des Königs Fahrten berichtet. Nach erfolgreichen Kämpfen kehrt Sigurd zurück und will auch Constantinopolis besuchen. *Er fuhr dann nach Griechenland und legte sein ganzes Geschwader auf die Reede von Engilsnes* (= Kap S. Angelo oder Malea an der

Abb. 146 Gemme: Gefangennahme Valerians, Paris

Südspitze der Peloponnes), *wo er einen halben Monat lag. Jeden Tag strich günstiger Fahrwind das Meer entlang nach Norden, doch wollte er zur Fahrt einen richtigen Seitenwind, so daß man die Segel der ganzen Schiffslänge nach aufziehen müßte. Alle Segel waren nämlich von vorn und hinten mit kostbarem Tuch besetzt, weil beide, die Leute am Vordersteven wie auf dem Hinterdeck, nicht die weniger schönen Teile der Segel sehen wollten*[114]. Freilich wird nicht nur der Wunsch der Mannschaft nach Schönheit der wahre Grund dieses Verhaltens gewesen sein; wir sehen im weiteren Verlauf des Berichts, daß der König unter vollen Segeln in Constantinopolis einfahren will – auch er möchte beeindrucken: *Als König Sigurd in Byzanz einsegelte, da fuhr er nahe dem Lande. Alles Land dort am Strande ist voll von Burgen und Kastellen und Dörfern, ohne Unterbrechung. Da sahen sie vom Lande aus in die Wölbung aller Segel, und dazwischen war keine Lücke. Das Ganze sah aus, als wäre es eine große Wand. Das gesamte Volk stand an der See, um sich anzusehen, wie König Sigurd dort heransegelte.* Das Wichtigste aber sagt der Wikingerkönig zu seinen Begleitern in der Wartezeit vor der Goldenen Pforte, bevor sie offiziell empfangen werden und in die Stadt einreiten können: *König Sigurd sprach zu seinen Mannen, sie sollten stolz in die Stadt einreiten, und sie sollten so tun, als ob sie der neuen Dinge, die sie dort sähen, kaum achteten. Und dies taten sie auch*[115]. Der Ruhm von Constantinopolis-Byzanz ist längst zu ihnen in die ferne nordische Heimat gedrungen, trotzdem fürchtet Sigurd, daß der unmittelbare Eindruck seine Mannen überwältigen und sie trotz ihres Stolzes kleinmachen wird. Er behält am Ende recht, denn als er Byzanz schwer mit Geschenken beladen (aber auf Geheiß Kaisers Alexios mit einem Ehrengeleit bis zur Reichsgrenze – zur Sicherheit) heimwärts verläßt, heißt es: *König Sigurd verließ da Byzanz, zurück aber blieben eine große Zahl Männer und nahmen Sold*[116] – wir können hinzufügen, überwältigt von all dem, was sie gesehen haben und eingenommen von den Möglichkeiten, die sich ihnen in Byzanz – vermeintlich oder wirklich – zur Bereicherung bieten. Die Großartigkeit der Architektur der Stadt und ihr reicher Schmuck werden keinen geringen Anteil daran gehabt haben.

Das Bild des Verlierers

Es ist kein Wunder, daß das Gegenbild in der kaiserlichen Bildersprache Roms keinen Niederschlag finden kann. Der klassische Gegner, der persische Großkönig jedoch denkt und repräsentiert im 3. Jh. n.Chr. auf die gleiche Art und Weise, wie sein römischer Kollege und Erzfeind. Durch einen seltenen Zufall sind uns von der persischen Seite solche Gegenbilder des Verlierers erhalten geblieben. Hier zeigen wir ein Beispiel (Abb. 146)[117]. Die Pariser Gemme stellt den Moment der Gefangennahme des Kaisers Valerian Mitte 260[118] durch Großkönig Schapur I. dar; er ergreift gerade Valerians linkes Handgelenk im vollen Ritt. So wie im Bild sichtbar, ist die Szene gewiß nicht korrekt. Die römischen Schriftsteller deuten immer wieder an, daß Valerian, nachdem er wohl eine Schlacht gegen den Großkönig verloren hat, durch Verrat im Laufe von Verhandlungen in Gefangenschaft geraten ist. Das Bild zeigt die Quintessenz der Ereignisse, den Sieger in der Attitüde des unerhörten Sieges. Die Folge ist die absolute Knechtung Valerians; die entsprechenden Felsbilder sind in allen Einzelheiten höchst differenziert formuliert[119]. Überflüssig zu sagen, daß der Verlust des Charismas Valerian schließlich das Leben kostet und daß dadurch das Imperium in die tiefste Krise gestürzt wird.

Des Kaisers Wirken für die res publica

Wie bereits gesagt, gilt schon Octavian-Augustus als einer, der dem Willen der Götter entsprechend zum Wohle der *res publica* geboren wurde; *natus rei publicae*, sagt von ihm unter vielen anderen lobenden Wendungen Cicero[1]. Man erwartet dementsprechend vom Herrscher viel und Verschiedenes, je nach eigenem Standort. Hier erhebt sich nun die Frage, wie dieses Wirken in seiner eigenen Bildersprache erscheint.

Die Lenkung des Staates stellt dem Kaiser eine Vielzahl von Aufgaben. Die Art und Weise, wie Rom in der Kaiserzeit regiert wurde, ist vor wenigen Jahren wieder heftig diskutiert worden[2]. In den Auseinandersetzungen konnte man gewisse Felder herausarbeiten, auf denen diese Tätigkeiten notwendigerweise ablaufen. Im Bild werden freilich nur bestimmte wenige Aspekte dargestellt. Vom Krieg und vom Sieg haben wir schon gesprochen[3]; sie gehören zu den wichtigsten Themen der kaiserlichen Selbstdarstellung im Bild. Betrachten wir nunmehr einige andere der Reihe nach.

Der Kaiser und die religiöse Tradition Roms

Religiöse Aspekte sind an erster Stelle zu nennen; sie sichern und erhalten das Wohlwollen der Götter und zeigen zugleich die traditionsbewußt fromme Haltung des Kaisers. Als *pontifex maximus* ist er der Träger des höchsten Priesteramtes, führt Aufsicht in letzter Instanz über alle zugelassenen Kulte; er hat dadurch nicht nur großes Ansehen, sondern auch – im Rahmen des Pontifikalrechtes – absolute Entscheidungskompetenz.

Vota publica und andere Opfer

Als oberster Magistrat im Imperium, zudem als *pontifex maximus* – in diesem Sinne durchaus in der Tradition der Republik – verpflichtet der Kaiser die *res publica* mit den regelmäßig wiederholten öffentlichen Gelöbnissen, den *vota publica*, den Göttern[4]; und selbstverständlich gilt nach der Ausrufung so schnell wie irgend möglich, den Gang zum Kapitol zu unternehmen, wie ehedem (und auch in jüngerer Zeit) die Jahreskonsuln ihn pflichtgemäß durchführten. Die *vota publica* gehören zum feierlichen Jahresbeginn, wie Ovid es in hymnischen Formen besingt[5]: *Janus, zweiköpfiger du, Urquell des still gleitenden Jahres, / Der von den Göttern allein rückwärts zu blicken vermag, / Zeige den Fürsten dich hold, durch deren beständige Mühe / Ruhe das fruchtbare Land, Ruhe das Meer jetzt besitzt, / Zeige den Vätern dich hold, zeige hold dich dem Volk des Quirinus, / Öffne auf deinen Wink uns dein weißschimmerndes*

Haus! / Glückhaft dämmert der Tag! Fort mit bösen Gedanken und Worten; / Ziemt sich ein Glückwunsch allein doch für den glücklichen Tag! / Fern sei den Ohren ein Streit, fern bleibe unseliger Hader; / Laß für den heutigen Tag, Zwietracht, auch ruhen dein Werk! / Siehst du, wie hell der Äther erglänzt von den duftenden Flammen, / Wie auf der Glut des Altars knistert Ciliciens Frucht? / Zuckend erhellt die Flamme das Gold an den Wänden des Tempels, / Trifft hoch oben das Dach hell mit dem zuckenden Licht. / Weißen Gewandes steigt man hinauf zum Tarpeischen Felsen, / Denn für den festlichen Tag kleidet sich festlich das Volk! / Neu ziehn die Fasces voraus, neu schimmert der glänzende Purpur, / Neu ist die Last, die der Stuhl schimmernd zu tragen empfängt. / Stiere, vom Joch noch verschont, sie beugen den Nacken zum Opfer, / Die das Faliskische Land fern auf den Auen genährt.

Die *vota publica*, jedenfalls das zentrale Moment des Opfers, zeigt das Rückseitenbild des schönen *aureus* Hadrians in Abb. 147. Der Kaiser, die wichtigste

Abb. 147 Aureus: Hadrian

Person bei der heiligen Handlung, überragt um Haupteslänge das gesamte Opferpersonal. Dies entspricht seinem Rang.

Ähnlich angelegt, aber durch das große Format sehr viel erzählfreudiger ist ein Relief, das zum Triumphbogen M. Aurels aus dem Jahre 176 gehört hat und heute im Konservatorenpalast zu Rom aufbewahrt wird (Abb. 148)[6]. M. Aurel vollzieht zum Schluß seines Triumphs das Dankopfer vor dem Tempel des Iuppiter Capitolinus in Rom. Opferdiener, Flötenbläser stehen bereit, ebenso der *victimarius*, der nach der Libation des Kaisers den Stier opfern wird. Links neben dem Kaiser steht bekränzt der Genius des Senats, um das Umfeld des Geschehens zu charakterisieren, hinter ihm der Flamen, weiter links seine Begleitung, unter denen man Pompeianus, den Schwiegersohn M. Aurels, zu erkennen meint. Ähnlich verläuft der Opfervorgang auch anläßlich der *vota publica*. Daß mit diesen Darstellungen immer wieder das religiöse Wohlverhalten des Kaisers unterstrichen wird, zeigt die vergleichbare Einweihungsszene im Rückseitenbild eines Sesterz des Caligula (Abb. 149). Erst der junge Kaiser hat den von Tiberius und Livia dem göttlichen Augustus gelobten Tempel im Jahre 37 vollenden können; nun weiht er ihn ein[7].

Abb. 148 Relief aus Rom: Opfer M. Aurels

Abb. 149 Sesterz: Caligula

Die Rückseitenlegende weist mit DIVO – AVG(*usto*) – *dem zum Gott gewordenen Augustus* – darauf hin. Die Vorderseite bringt jedoch außer dem Namen und der Titulatur als Erklärung der Darstellung der thronenden Frauengestalt mit Diadem und Opferschale im Abschnitt den Namen PIETAS. Es geht immer wieder um die fromme Pflichterfüllung – auch dies bedeutet das Wort *pietas* – gegen die Götter, um deren Wohlwollen zu erlangen und zu erhalten. Ebenso wichtig sind die Gelöbnisse für die Fortdauer der Regierung. Je unsicherer die Lage des Kaisers im Laufe des 3. Jhs. wird, umso größeres Gewicht haben die *vota*. Sie kommen immer wieder ins Bild, wie z.B. Abb. 150 zeigt. Die Darstellung auf der Rückseite eines Asses von Philippus Arabs ist schlicht, gerade deswegen aber eindrucksvoll: VOTIS / DECENNNA/LIBVS / SC, zu deutsch: *Die Zehnjahresvota wurden gelobt*, wird in Worten verkündet, die von einem geschlossenen Lorbeerkranz mit Stirnjuwel umgeben sind. Diese Art Kranz ist hochoffiziell, der Kaiser trägt ihn[8], und im Stirnjuwel ist der römische Adler geschnitten[9]. Das Münzbild kann als eine Mitteilung auf einem Schild mit Lorbeerkranz gesehen werden, in der Form nicht anders als jene der Victoria, die die Siegesnachrichten auf einen Schild schreibt. Hier wird, wie gesagt, die Fortdauer der Regierung beschworen. In der Spätantike werden dann die jeweils fünfjährlichen Vota immer mehr betont[10].

Spiele: die ludi saeculares

Zu den religiösen Feiern gehören auch Spiele. Mit die vornehmsten sind die *ludi saeculares*. Sie sind mit dem Wunsch verbunden, die goldene Zeit, das *saeculum*

Abb. 150 As: Philippus I.

aureum, möge wiederkehren. Mehr noch, der ausrichtende Kaiser will damit sagen, in seiner Herrschaft ist es schon Wirklichkeit geworden. Ihrer Bedeutung entsprechend haben sie ihren festen Platz auch in der kaiserlichen Bildersprache. Augustus gestaltet seine *saeculares* im Jahre 17 v.Chr. besonders prächtig aus[11]. Im Münzbild (Abb. 151) erscheint ein Cippus mit der Aufschrift IMP(*erator*) / CAES(*ar*) / AVG(*ustus*) / LVD(*os*) / SAEC(*ulares restituit*)[12] – *Imperator Caesar Augustus* (hat) *die Saecularspiele* (wiederaufleben lassen). Im Felde steht der Hinweis auf die XV(*viri*) – S(*acris*) F(*aciundis*), auf das eigens für die Veranstaltung berufene fünfzehnköpfige Gremium, dessen Vorsitz Augustus führt. Weitere Münzbilder verweisen auf die Eigenart dieses von ihm wiederbelebten alten Festes. Der Herold, der die Bürger zum Feiern zusammenruft, wird im langen Gewand und einem Helm, der mit zwei Federn geschmückt ist, dargestellt. Er trägt einen Rundschild am linken Arm und den Merkurstab in der Rechten[13]. Es geht im Endeffekt um das Wohl der *res publica*, um das Abwenden von Schaden und Not. Dies erbittet auch Horatius in seinem feierlichen Chorgesang, im *carmen saeculare*[14]: *O, so gebt, ihr Götter, gelehrger Jugend / Reinen Sinn und Ruhe dem stillen Alter, / Gebt Gedeihn und Kinder und alles Schöne / Romulus' Volke!*

Die Zählung des *saeculum* – 100, 110 Jahre oder auch andere Perioden – ist schon in der Antike umstritten, ebenso ihr Beginn. Claudius beispielsweise beschließt im Jahre 47, im 64. nach Augustus' *saeculares*[15], wieder feiern zu lassen. Für seine Berechnung steht man im 800. Jahr nach der Gründung der Stadt. Der Herold erntet freilich Gelächter, als er die traditionelle Einladung *zu Spielen, die niemand gesehen habe und auch niemand je wieder sehen werde*[16] ausruft; die alte Formel hätte wirklich nur bei Perioden von 100 und mehr Jahren einen Sinn. Das Fest selbst ist von so hoher Bedeutung, daß außer Claudius alle Kaiser, die es veranstalten, das Thema im Münzbild verewigen lassen, so auch Domitian im Jahre 88. Seine Typen

Abb. 151–153 Denar: Augustus (151) – Sesterz: Septimius Severus (152) – As: Caracalla (153)

gehen zum großen Teil auf die augusteischen zurück und illustrieren im übrigen den Ablauf der Feier[17].

Septimius Severus folgt 204 der augusteischen Zählung. Seine *saeculares* kommen wieder ins Münzbild (Abb. 152). Im Revers erscheint der Kaiser und sein Sohn und Mitregent Caracalla beim Hauptopfer, das neben anderen Gottheiten auch der Terra mater gilt, die man links im Bilde sieht. Die beiden anderen Götter sind Jupiter und Hercules, die auf dem As (Abb. 153) neben dem Cippus mit der Inschrift CO(*n*)S(*ul*) / LVD(*os*) / SAEC(*ulares*) / FEC(*it*) stehen, zu deutsch: *als Jahresconsul, hat er die Saecularspiele veranstaltet*. Das abgebildete Stück nimmt, wie die Vorderseite zeigt, auf Caracalla Bezug. Hercules ist neu hier; seine Erscheinung weist auf eine gewisse Verschiebung im Kult gegenüber den Gottheiten hin, die unter Augustus im Rahmen der *saeculares* verehrt wurden, nämlich die Moiren, die Eileithyen, Terra mater, Dispater und Proserpina, dann Jupiter, Juno, Apollo, Diana und Latona[18]. Es ist zu Beginn des 3. Jhs. durchaus verständlich, daß Hercules nun neben Jupiter steht. Er ist das beste Beispiel für erfolgreich bestandene irdische Mühsal, daher jetzt der göttliche Beistand der Kaiser, die es auf ihrem Weg immer schwerer haben. Im weiteren Verlauf des 3. Jhs. erfährt der Heros daher wachsende Verehrung[19].

154 155

Abb. 154–155 Antoniniane: Philippus II. (154) und Otacilia Severa (155)

Philippus Arabs begeht die Tausendjahrfeier der Gründung Roms 248[20]; die Tierdarstellungen auf den Münzen (Abb. 154–155) werden als die seltenen Tiere gedeutet, die bei dieser Gelegenheit in den Spielen zu sehen waren. Hundert Jahre später, 348, verweist eine Kleinbronze vielleicht auf das Jubiläum, ohne unmittelbar darauf Bezug zu nehmen; lediglich die Legende FEL(*icium*) TEMP(*orum*) REPARATIO – *Wiederherstellung der glückseligen Zeiten* – zusammen mit der Darstellung des gerade wiedererstandenen Phoenix[21] könnte so gedeutet werden, denn die Constantinsöhne Constantius II. und Constans feiern natürlich die alten heidnischen *saeculares* nicht mehr.

SAECVLI FELICITAS: Das Goldene Zeitalter

Die Idee dieser Feste ist, wie bereits gesagt, auf der einen Seite Expiation und auf der anderen Sicherung des göttlichen Schutzes für Rom. Da man davon ausgeht, daß das Opfer erfolgreich ist und die Bitte des Kaisers Erhörung findet, verbindet sich mit der Vorstellung des *saeculum* das Aufkommen guter Zeiten, wenn nicht gar des *saeculum aureum*, des goldenen Zeitalters. Daß die Kaiser gerne ihre eigene Regierungszeit im besten Lichte dargestellt haben möchten, liegt auf der Hand. Seit dem 2. Jh. bis hin zu Constantin dem Großen erscheint gleichsam eine Kurzfassung der *saeculum-aureum*-Vorstellung auf repräsentativen Bronzemedaillons und auf Gold[22], immer wieder Putten, den Jahreszeiten entsprechend gekleidet, mit bäuerlichem Werkzeug, gelegentlich sogar mit Jagdbeute, stellen Frühling, Sommer, Herbst und Winter in bukolischen Formen dar. Die Legenden sind TEMPORVM FELICITAS, *glückselige Zeiten*, und SAECVLI FELICITAS, *glückliches Zeitalter*, oder ähnlich. Abb. 156 zeigt ein Beispiel mit der Vorstellung des jüngeren Sohnes des Septimius Severus, Geta, als Caesar; Abb. 157 ist ein Stück des Trebo-

Abb. 156–157 Bronzemultipla: Geta (156) und Trebonianus Gallus (157)

nianus Gallus anläßlich seines Antrittskonsulats, des zweiten seiner Gesamtkarriere, im Jahre 252[23]. Regierungsantritt wie die Sicherung der Nachfolge durch Kaisersöhne gelten immer wieder als Garanten der *saeculi felicitas*, der Glückseligkeit der Epoche. In schweren Zeiten häufen sich derlei Versprechungen meist kurz nach dem Antritt der eben ausgerufenen Kaiser, die sich so als Hoffnungsträger präsentieren.

Welche politische Brisanz in einer solchen 'Proklamation' verborgen sein kann, zeigt ein spätrömisches Beispiel. In den ersten Jahren des 4. Jhs. ist die Stadt Rom längst als – zunächst alleinige – Kaiserresidenz ins Abseits gedrängt. Im Herbst 306 wird dort Maxentius, Sohn des Maximianus Herculius, zum Kaiser ausgerufen. Er kann sich vorläufig in Italien und Sizilien, zeitweise auch in Nordafrika behaupten. Einige seiner Gold- und Silbermünzen – Abb. 158–159 – tragen zur Legende TEMPORVM FELICITAS AVG(*usti*) N(*ostri*) das Bild der römischen Wölfin mit den Zwillingen[24]. Diese Bilder signalisieren mehr als die erwünschte und erhoffte Wiederkehr des goldenen Zeitalters und aller Glückseligkeit in der Regierung des Kaisers Maxentius. Es ist all dies sehr wohl, aber im Zeichen der

Abb. 158–159 Aureus: Maxentius (158)
Argenteus: Maxentius (159)

Wiedererstarkung Roms, ein komplettes politisches Programm also, das im offenen Gegensatz zu dem der Kaiserkollegen des Maxentius steht.

Vater des Vaterlandes

Es gehört zu den vornehmsten Pflichten des Kaisers, seinen Untertanen ein sorgender Vater zu sein, ein *patronus*, ein *pater familias*. Dies meint der erfahrene politische Praktiker Cassius Dio Anfang des 3. Jhs., wenn er die Bedeutung des Ehrentitels *pater patriae*, Vater des Vaterlandes, erklärt[25]: *Die Benennung „Vater" verleiht ihnen möglicherweise eine gewisse Autorität über uns alle, wie sie einst die Väter über ihre Kinder besaßen, doch drückte sie dies zunächst nicht aus, sondern bedeutet nur eine Ehre und enthielt eine Mahnung an sie, sie selbst möchten ihre Untertanen gleich Kindern lieben, und an die Untertanen, sie möchten ihre Herrscher wie Väter verehren.* Diesen Ehrentitel lehnt, seitdem Augustus 2 v.Chr. ihn verliehen bekommen hat[26], kaum ein Kaiser ab. Die aus ihm resultierenden landesväterlichen Pflichten erfüllen sie ohne Ausnahme alle.

Largitiones, Kaisergeschenke

Man spricht in diesem Sinne konsequent von Geschenken, die der Landesvater in aller Großzügigkeit freimütig gewährt. *Liberalitas*, Freigebigkeit, nennt sich die herrscherliche Tugend dazu. Manche Kaisergeschenke erscheinen auch im Bilde; Wohltaten in Rom für die *plebs Urbana*, für die Bürger der Stadt und für Italien werden freilich vorrangig dargestellt. Die vielen und vielfältigen Gaben, die die Kaiser immer wieder den Provinzen, den Städten außerhalb Roms machen, von denen wir relativ gut unterrichtet sind, kommen jedoch in ihrer Bildersprache selten für uns greifbar vor. Sie wurden mit Sicherheit vor Ort dankbar aufgenommen, inschriftlich festgehalten, ob und in welchem Ausmaß auch im Bilde, können wir bei dem aktuellen Stand der Überlieferung nicht sagen. Die Dankes- und Loyalitätsbekundungen stellen eine Resonanz auf das Wirken der Kaiser dar, und so gehören sie streng genommen nicht zu unserem Thema.

Abb. 160–162 Aureus: Severus Alexander (162) – Denar: Hadrian (161) – Sesterz: Nerva (160)

Sehen wir uns nun einige der kaiserlichen Gaben in ihrem Niederschlag in der Bildersprache näher an. Die Versorgung mit Getreide und Lebensmitteln anderer Art ist eine stete Sorge vor allem auch in Rom und in Italien. Hungersnöte und Getreidespekulation können politisch immer gefährlich werden. Es gilt, die Preise niedrig zu halten und die Versorgung zu sichern. Schon seit der Zeit der Gracchen erhalten Bürger der Stadt Rom Getreide und Lebensmittel von Staats wegen; Augustus übernimmt 22 v.Chr. die *cura annonae*[27] selbst und baut eine gut funktionierende Organisation für die Getreideversorgung auf. Es kann nicht verwundern, daß er in seinem Tatenbericht wiederholt die eigenen Getreide- und Lebensmittel-Spenden erwähnt[28]. Einschlägige Darstellungen sind schlicht und eindrucksvoll, ein *modius* (Scheffel) mit Ähren und einem Mohnkopf in der Mitte, so auf dem As des Nerva mit der erklärenden Legende: PLEBEI VRBANAE FRVMENTO CONSTITVTO, d.h. *für die römische Stadtbevölkerung* (wurde) *die Lebensmittelzuteilung verfügt* (Abb. 160)[29]. Hadrians Denar zeigt ebenfalls den *modius* mit der Devise ANNO-NA AVG(*usti*), etwa: *Getreide vom Kaiser* (Abb. 161). Schließlich wird die Versorgung im Bild zu einem personifizierten Begriff beispielsweise auf dem *aureus* des Severus Alexander (Abb. 162): Eine Frauengestalt im Göttinnendiadem hält das Füllhorn im linken Arm, Ähren in der rechten Hand, neben ihr steht der schon bekannte *modius*.

Auch anderes wird dem Stadtvolk schon in der Republik von Magistraten und Magistratsanwärtern geschenkt. Wie das dafür verwendete Wort *congiarium* – aus *congius*, einem Hohlmaß – zeigt, bestand die Gabe zunächst aus Flüssigem, Wein, Öl etwa, dann erst wird es zum Geldgeschenk, das von Zeit zu Zeit verteilt wird. Es soll im Prinzip hohe Freude signalisieren, Kaiserkonsulate, dynastische Ereignisse wie Hochzeit und Geburt von Kaiserkindern, usw. Solche Gaben werden oft und gerne in den Texten erwähnt, umso mehr als sie sehr persönlich sind. Ein Beispiel sei dafür genannt. Augustus schildert seine Gaben im Tatenbericht so[30]: *Der Bevölkerung von Rom habe ich pro Kopf dreihundert Sesterzen auf Grund des Testaments meines Vaters zuteilen lassen, und in meinem Namen in meinem fünften Konsulat* (29 v.Chr.) *je vierhundert Sesterzen aus Mitteln der Kriegsbeute gegeben; ein zweites Mal habe ich während meines zehnten Konsulats* (24 v.Chr.) *aus meinem Erbgut pro Kopf vierhundert Sesterzen ausbezahlt, und in meinem elften Konsulat* (23 v.Chr.) *zwölf Getreidespenden zuweisen lassen, wobei das Getreide mit meinen eigenen Mitteln aufgekauft worden war; im zwölften Jahr meiner tribunicia potestas* (12 v.Chr.) *nun habe ich zum dritten Mal vierhundert Sesterzen pro Kopf gegeben. Diese meine Geldspenden kamen niemals weniger Menschen zugute als zweihundertfünfzigtausend. Als ich die tribunicia potestas zum achtzehnten Mal innehatte, in meinem zwölften Konsulat* (5 v.Chr.), *habe ich dreihundertzwanzigtausend Angehörigen der Stadtbevölkerung pro Kopf sechzig Denare geben lassen. Den Ansiedlern unter den Soldaten habe ich in meinem fünften Konsulat* (29 v.Chr.) *aus der Kriegsbeute pro Mann je tausend Sesterzen gegeben; diese anläßlich des Triumphes ausbezahlte Geldspende haben in den einzelnen Städten etwa hundertzwanzigtausend Menschen empfangen. In meinem dreizehnten Konsulat* (2 v.Chr.) *habe ich je sechzig Denare den Leuten geben lassen, die damals zu den Empfängern staatlichen Getreides gehörten; es waren dies ein wenig mehr als zweihunderttausend.*

Wie die Vergabe vor sich geht, zeigen immer wieder die Münzbilder. Neros Sesterz Abb. 163 mit CON(*giarium*) II(*iterum*) – DAT POP(*ulo*), zu deutsch: *Nero* (der mit Bild und voller Titulatur auf der Vorderseite zu sehen ist) *gibt dem Volk abermals ein congiarium*, ist besonders erzählfreudig. Der Kaiser sitzt auf einem hohen Podest, wohl auf dem Forum, wo die Verteilung der Berechtigungsmarken vor sich geht. Eine Leiter ist angelehnt, am oberen Ende sitzt eine kleine Gestalt, es ist der Zuständige, der die Verteilung unmittelbar vornimmt. Ein Bürger in der Toga ist gerade dabei, die Leiter hochzusteigen, um seine Anweisung entgegenzunehmen. Oben rechts erscheint die Personifikation der kaiserlichen Großzügigkeit, die Liberalitas, die ein Täfelchen mit der Angabe des Geschenks hochhält. Etwas weiter im Hintergrund sieht man eine Minerva-Statue. Noch ein hübsches, genrehaftes Detail: Unten an der Leiter steht ein kleiner Knabe, offenbar der Sohn des Berechtigten, und sieht dem Geschehen zu[31].

Die kaiserliche Liberalitas ist zuletzt der Grund jedes Geschenks an das Volk. So kommen vergleichbare Szenen immer wieder ins Bild, wie etwa gleich nach dem Regierungsantritt Hadrians (Abb. 166) oder auf der Rückseite des Sesterzes anläßlich der Annahme der *toga virilis* durch Commodus 175[32] (Abb. 165) oder auf dem *aureus* des Geta vom Februar 211[33] (Abb. 164), als er zusammen mit dem älteren Bruder Caracalla nach dem Tod ihres Vaters Septimius Severus den Thron

Abb. 163–165 Aureus: Geta (164) – Sesterze: Nero (163) und Commodus (165)

besteigt. Die Zählung der *liberalitates*, der kaiserlichen Gaben, ist in diesem Falle besonders genau: Wir lesen auf der Rückseite die Legende LIB(*eralitas*) • AVGG(*ustorum duorum*) • VI(*sextum*) • ET • V(*quintum*); Caracalla, der ältere Kaisersohn, hat einmal mehr als der jüngere Bruder Geta dem Volk Geschenke zukommen lassen können. Die genaue Beobachtung dieser Tatsache ist schon wegen der Rangfolge der beiden von besonderer Wichtigkeit und natürlich politisch brisant.

Die Verteilung von Lebensmitteln in Rom, die *frumenta*, die *congiaria* und – alles zusammengenommen – die *liberalitates* sind alle sehr persönlich und entsprechend wichtig auch für den Kaiser. Sie kehren daher ständig, aber freilich nicht in regelmäßigen Abständen im Bildmaterial wieder. Andere soziale Verfügungen haben ebenso einen besonderen Stellenwert für ihn und daher ihren Platz in 'Bild und Bildersprache'. Es bleibt hier zu fragen, auf welche Art dies geschieht.

Kinderhilfe für Rom und Italien

Die Alimentierung von Kindern in Italien, die aus bedürftigen Familien stammen, Hilfe zu ihrer Ausbildung[34], soll dem Bevölkerungsschwund im Kernland des Reiches entgegenwirken, so will es Kaiser Nerva[35]. Trajan bringt die Institution

Abb. 166 Sesterz: Hadrian

richtig in Gang, sie ist vergleichsweise gut dokumentiert[36]. In seiner Regie erscheinen verschiedene Münzbilder, die darauf zu beziehen sind, mit COS V (103–111)[37] und – wie hier Abb. 167 – mit COS VI (112–114). Im Reversbild des Sesterzes steht die Gestalt der Alimentatio, die Versorgung, eine Frau im Göttinnendiadem. Sie hält, um auf die Gabe des Kaisers hinzuweisen, das Füllhorn im Arm und Ähren in der rechten Hand. Soweit entspricht die Figur anderen, die ebenso Fülle und reiches Geschenk versprechen, wie etwa die Abundantia oder die Annona. Diese hier tut aber noch mehr, sie breitet ihren Mantel schützend um einen Menschen, der neben ihr ganz klein dasteht und auf den sie – die Schutzgeste ergänzend – herabschaut. Er trägt die Toga des römischen Bürgers und, soweit die winzige Darstellung es erlaubt zu sagen, einen *rotulus*, eine Schriftrolle in der linken Hand. Ob die Toga eine *virilis* des erwachsenen römischen Bürgers ist oder eine *praetexta* seines Sohnes im Kindes- und jugendlichen Alter, kann man dem Münzbild nicht entnehmen. M. E. ist die erste Annahme wahrscheinlicher. Da die Stiftung Jungen *und* Mädchen gilt, würde man zwei Kinder neben der Frauengestalt erwarten. Der *rotulus* dürfte die Berechtigung dokumentieren, daher könnte der Träger am ehesten der Familienvater sein. Daß er so klein neben der

Abb. 167–168 Denar: Diva Faustina I. (168) – Sesterz: Trajan (167)

Personifikation ist, entscheidet die Frage nicht, ob hier ein Erwachsener oder ein Knabe gemeint ist, selbst der Kaiser ist im Schutzmantel des Jupiter so klein dargestellt, s. Abb. 37. Zugleich wird mit der Togatracht der Kreis der Begünstigten angedeutet.

So eine inhaltlich mehrschichtige Mitteilung zeigt sogleich die Grenzen der Darstellungsmöglichkeiten im Bild auf; hier muß zum besseren Verständnis die Legende ALIM(*entatio*) ITAL(*iae*), Versorgung Italiens, im Abschnitt hinzugefügt werden. Auf einem der beiden Reliefs, die *anaglypha Hadriani* (in der älteren Literatur *Traiani*) genannt werden[38], könnte eine Szene vielleicht genauso gedeutet werden: Eine Frauengestalt nimmt vom Kaiser ein Dokument(?) entgegen. Versteht man sie als *Italia*, dann könnte das Dokument diese Art von Förderung zum Inhalt haben (Abb. 175)[39].

Eine besondere Variation im Rahmen solcher Fördermaßnahmen bekommt unter Antoninus Pius Eingang in die Bilddokumentation. Abb. 168 zeigt einen Denar mit der Büste der Kaiserin Faustina nach ihrem Tod und Konsekration 141[40]. Die Kaiserin, wie wenn sie noch lebte, und hinter ihr der Kaiser erscheinen auf dem Podest und neigen sich zu dem ihnen zugereichten Kind, ein weiteres wird gerade gebracht. Die Legende sagt, worum es sich handelt: PVELLAE FAVSTINIANAE, um Mädchen in der Stadt Rom, denen namens der toten Kaiserin Unterstützung zuteil wird[41].

Die Bilder sind immer Kurzfassungen, die die wesentlichen Elemente des Geschehens – gleichsam Silben der Bildersprache – festhalten, dies gelegentlich durchaus erzählfreudig. Sie greifen mitunter sogar Episoden am Rande auf. Das kleine Mädchen, das gerade dem Kaiserpaar vorgestellt wurde (Abb. 168), ist offenbar zum Podest zurückgelaufen und muß jetzt im Laufschritt abgeholt werden. Dennoch sind sie keine Momentaufnahmen im Sinne einer Photographie

169 170

Abb. 169–170 Sesterze: Nerva

etwa, Diva Faustina wird lebend dargestellt, obwohl höchstens ihr Bild nach ihrem Tode bei der Bekanntmachung der Stiftung aufgestellt gewesen sein mag. 'Bild und Bildersprache' der Kaiser sind auf ihre Art dennoch realistisch, aber vor allem dem Inhalt der Mitteilung verpflichtet.

Steuer-erleichterungen

Steuererleichterungen verschiedenster Art zählen in der kaiserlichen Bildersprache ganz selbstverständlich zu den Wohltaten, zu den positivsten Momenten seines Wirkens. Populär sind solche Maßnahmen immer, ob finanzpolitisch in jedem Fall sinnvoll, steht dahin. Sehen wir uns zunächst einige Münzbilder dazu an.

Abb. 171 ist ein *quadrans*, eine kleine Bronzemünze des Gaius Caesar, genannt Caligula[42]. Vorder- und Rückseite führen Namen, Herkunft und Titel. Das Stück kann auf den Herbst 39 datiert werden, als der Kaiser für sein drittes Consulat nominiert wird und im dritten Jahr seiner Herrschaft steht[43]. Statt der figürlichen Darstellung trägt der Quadrans in der Mitte des Münzrunds auf der einen Seite das Kürzel RCC in deutlich größeren Buchstaben, in Worten: *remissa ducentesima*, Caligula hat die 5%ige Auktionssteuer für Italien erlassen[44]. Die Freiheitsmütze (*pilleus*) auf der anderen Seite der Münze ergänzt bestens die Aussage. Dies ist seit jeher das Zeichen persönlicher Freiheit z.B. bei der Freilassung von Sklaven. Freiheit, *libertas*, bedeutet aber auch Befreiung von etwas Drückendem, von Steuern und

Abb. 171–173 Aureus: Septimius Severus (173) – Quadranten: Caligula (171) und Claudius I. (172)

Abgaben etwa. In diesem Sinne wird man die kaiserliche Mitteilung auf dem Quadrans verstehen und deuten können.

Finanzielle Stabilität ab sofort verkündet ein anderer Quadrans, diesmal des Claudius (Abb. 172)[45], wenn wir die Abkürzung richtig auflösen. Als einziges Bild zeigt das Stück eine Hand, die Finger zierlich gespreizt[46], beim Halten einer zweiarmigen Waage. Solche Waagen werden auch zum Zuwiegen von Münzen verwendet. Unter dem Balken der Waage steht das Kürzel PNR für *pondus nummi restitutum*, zu deutsch: *das* (richtige) *Gewicht der Münze* (wurde) *wiederhergestellt*[47]. Was diese Maßnahme im einzelnen bedeutet, wissen wir nicht genau. Auf jeden Fall gibt es in der Münzprägung des Claudius genug Gewichts- und Qualitätsschwankungen, um ihre Behebung als Zeichen für die positiven Seiten des kaiserlichen Wirkens darzustellen.

In der kurzen Regierung Kaisers Nerva 96–98 gibt es gleich zwei Münzbilder, die wieder in die gleiche Richtung weisen. Der Sesterz Abb. 169 trägt die vielsagende Legende FISCI IVDAICI CALVMNIA SVBLATA, zu deutsch: *die Prellerei der Steuerkasse für Iudaea* (wurde) *behoben* – das östliche Land ist, wie üblich, mit der Dattelpalme charakterisiert. Bild und Legende sind auch ohne viele Kommentare verständlich[48]. Es gab offenbar viele Unregelmäßigkeiten bei der Steuererhebung und der -eintreibung dort kaum ein Vierteljahrhundert nach der Niederschlagung des Aufstandes, die mit der Eroberung Jerusalems 70 durch Titus zu Ende ging. Mit der Behebung der Unregelmäßigkeiten hofft man auf mehr Ruhe im stets

Abb. 174 Relief aus Rom, sog. 'anaglypha Hadriani': Verbrennung der Schulden-Tafeln

unruhigen Land – und schreibt die Maßnahme dem Wohlwollen und dem gerechten Wirken des Kaisers zu. Der andere Sesterz Abb. 170 trägt die Legende VEHICVLATIONE ITALIAE REMISSA. Das Bild zeigt friedlich grasende Maultiere, hinter ihnen ragen Joche und Deichsel ungenützt in die Höhe. Es ist für Italien eine deutliche Erleichterung, Spanndienste nicht mehr leisten zu müssen[49], wie die Legende wörtlich sagt.

Der Erlaß von Steuerschulden ist als höchst populäre Maßnahme ebenso mehrfach Thema bildlicher Mitteilungen. Ein prächtiges Reliefpaar, die bereits oben erwähnten *Anaglypha Hadriani*, wurde 1872 am Forum Romanum gefunden, sein ursprünglicher Standort ist nicht bekannt[50]. Beide sind nicht ganz vollständig erhalten. Auf den Reliefs werden einige Szenen am Forum Romanum auf der einen Seite dargestellt, auf der anderen die Opfertiere des traditionellen Opfers der *suovetaurilia*, Schwein, Widder und Stier. Daß die Szenen im Ablauf ineinandergehen, zeigt als Nahtstelle die Marsyas-Statue unter dem Feigenbaum (*ficus Ruminalis*) einmal am rechten, zum anderen am linken Ende der Bilderfolge. Inhaltlich am wichtigsten scheint die Szene Abb. 174 zu sein, da sie den vergleichsweise größten Raum einnimmt. Gebündelte Tafeln werden herbeigeschafft und zum Haufen aufgeschichtet. Der Zusammenhang mit dem Erlaß von Steuerschulden durch Hadrian im Jahre 118 liegt auf der Hand, die einschlägigen Aufzeichnungen werden verbrannt, damit die Schulden ein für allemal getilgt sind. Dies betont eine im Wortlaut aufgezeichnete und in einem Fragment wiedergefundene Inschrift auf dem Trajansforum[51]. Ein Sesterz mit der Rückseitenlegende RELIQVA VETERA HS NOVIES MILL(*ies*) ABOLITA[52], zu deutsch: *alte Steuerschulden* (in Höhe von) *neunhundert Millionen Sesterzen wurden erlassen*, meldet die Tilgung ebenfalls und ergänzt die Bilderzählung: Im Reversbild zündet ein Liktor gerade die Schulddokumente an. Im Hintergrund der Reliefs sind die Bauten an der West-, Süd- und Ostseite des Forums dargestellt[53]. Es ist kein Zufall, daß die Aufzeichnungen der Steuerschuld vor dem Saturntempel zusammengetragen werden, wo sich das *aerarium*, der Staatsschatz, – jedenfalls zum Teil – befindet. Die genannten Summen auf der Inschrift und in der Münzlegende entsprechen sich. Es geht um den wahrhaft ansehnlichen Betrag von neunhundert Millionen Sesterzen (gleich 225 Millionen Denare). Die Verbrennung selbst findet auf dem Trajansforum statt, wie die Hadriansbiographie besagt und wo auch die Inschrift angebracht war. Tagespolitische Brisanz gewinnt diese Maßnahme durch den Zeitpunkt der Verfügung 118. Hadrian ist gerade in Rom angekommen und stellt sich als adoptierter Nachfolger vor. Seine Position ist aber alles andere als gesichert, einflußreiche Kreise lehnen ihn zunächst ab[54]. So will er sich mit dem Erlaß der Steuerschulden offenbar weitere Popularität sichern.

Die zweite Reliefplatte zeigt nacheinander angeordnet mehrere Szenen, die sinnvollerweise mit der Schuldentilgung in irgendeinem Zusammenhang stehen müssen. Sie finden auch auf dem Forum Romanum statt. Im Hintergrund von rechts nach links sind hier auf Abb. 175 die Marsyas-Statue und der *ficus Ruminalis*, die Bögen der Basilica Iulia, die Einmündung des Vicus Tuscus, dann der Castortempel und der schlichte Bogen des Augustus zu sehen. In der ersten Szene steht der Kaiser auf der Balustrade des Divus-Iulius-Tempels, hinter ihm seine Begleitung und Lictoren. Er spricht zu einer Gruppe von Römern. In der Hand hält er eine Schriftrolle, die wohl den Text seiner eben mitgeteilten Verfügung enthält. Die darauf folgende Szene, in der Anordnung von der ersten deutlich getrennt, hat zur Hauptperson eine sitzende Gestalt auf einem Podium, hinter ihm vier weitere stehende Männer, die auf den Sitzenden hin angeordnet sind, teilweise zu ihm hin blicken. Der Thronende übergibt einer vor ihm stehenden Frau eine Schreibtafel (?) oder weist ihr auf jeden Fall mit einer breiten Geste etwas zu. Es geht ohne Zweifel um eine Gabe.

Man muß wohl bei der Deutung davon ausgehen, daß die beiden Reliefs im Inhalt zusammengehören – beide berichten von kaiserlichen Verfügungen zugunsten der Römer in der Stadt, in Italien, im Reich. In der Ansprache kündigt der Kaiser wahrscheinlich diese für den Bürger positiven Anordnungen an, es ist kaum ohne Bedeutung, daß in der ersten Reihe der Zuhörer der eine oder der andere die Hand zur Begrüßung erhoben hat. Die thronende Gestalt wird allgemein als eine Statue des Trajan gedeutet, die die Szene verewigen soll, als der Kaiser die von ihm verfügte Unterstützung – die *alimentatio* – an die hohe schmale Frauengestalt, die

Abb. 175 Relief aus Rom, sog. 'anaglypha Hadriani': Hadrian verkündet den Schuldenerlaß (?)

Italia, vergibt. Die anderen Szenen zeigen aber Lebende in Aktion, so gäbe es im Bildbericht doch einen Bruch, denn der Sitzende ist nicht anders als alle anderen Beteiligten dargestellt. Wenn man aber im Kaiser, der die Ansprache hält, Hadrian sehen möchte, der den Bürgern den Erlaß der Steuerschulden mitteilt – die Durchführung sahen wir im anderen Relief – dann kann der sitzende Kaiser in der Mitte ebenfalls Hadrian sein, der die trajanische Alimentatio noch verstärkt weiterführt[55], also keine Statue des Trajan oder eine Statuengruppe: *Den Jungen und Mädchen, denen schon Trajan Unterstützung gewährt hat, ließ er großzügig diese erhöhen*, wird berichtet.

Das Programm der beiden Reliefs, die in der älteren Literatur für trajanisch galten, ist eindeutig das Lob der einmaligen Großzügigkeit Hadrians, der 118, kaum in Rom angekommen, auf diesem Wege seine umstrittene Legitimation als Adoptivsohn und Nachfolger Trajans untermauern will. Um gefällig zu sein, hat er nichts ausgelassen[56], sagt in diesem Zusammenhang sein Biograph und zählt den Erlaß der Steuerschuld, die Erhöhung der Alimentatio und die Verfügung auf, daß konfiszierte Güter von rechtskräftig Verurteilten nicht mehr für die kaiserliche Privatschatulle, sondern für das Aerarium eingezogen werden sollen. Die beiden ersten populären Maßnahmen sind das Thema der Reliefs, die dritte, obwohl für die Staatsverwaltung gewiß nicht ohne Bedeutung, kann nicht gut ins Bild gebracht werden und ist für die breite Öffentlichkeit wohl auch nicht übermäßig interessant.

Ein in diesem Zusammenhang wenig beachtetes Münzbild faßt all dies etwa zeitgleich sinnfällig zusammen (Abb. 176). Die Legende heißt: LOCVPLETATORI ORBIS TERRARVM, zu deutsch: *Dem Bereicherer des Erdkreises*. Wir sehen Hadrian auf hohem Podest sitzend, neben ihm die Liberalitas-Figur, die den reichen Inhalt ihres Füllhorns in die weit aufgehaltene bauschige Falte der Togen zweier Römer

Abb. 176 Sesterz: Hadrian

leert. Der Sesterz trägt noch die frühe lange Namensform und COS III, stammt also aus den letzten Wochen des Jahres 118 in Vorbereitung des Konsulats des Kaisers oder aus den ersten des Jahres 119, denn Hadrian tritt sein drittes Konsulat am 1. Januar 119[57] an. Bild und Legende verweisen wieder auf die finanziellen Vorteile, die er seinen Untertanen als Antrittsgeschenk zukommen läßt – und lassen ahnen, unter welchem enormen Legitimationsdruck Hadrian in der ersten Zeit seiner Herrschaft steht.

Circusspiele

Circusspiele sind von großem propagandistischen Wert für die Popularität des Kaisers, dennoch kaum von Bedeutung für die kaiserliche Bildersprache vor der Spätantike und Byzanz. Sie gehören eigentlich im weitesten Sinne in den Rahmen religiöser Feiern[58]. Letztlich obliegt ihre Veranstaltung den Konsuln und sonstigen hohen Magistraten, wenn es nicht um die periodischen Feiern des römischen Festkalenders geht. Als Geschenk, als Gabe, als *largitio* veranstalten die Kaiser immer wieder Feste und in deren Rahmen Spiele[59], etwa anläßlich von Triumphen. Noch in der Spätantike erfahren wir aus der Korrespondenz des Symmachus beispielsweise, daß der Kaiser Kriegsgefangene – in diesem Falle Sachsen – für die Gladiatorenkämpfe in Rom geschenkt hat[60]. Nur wenn er z.B. neue Agone einrichtet, werden sie in 'Bild und Bildersprache' berücksichtigt, so die fünfjährlich zu veranstaltenden Neronia ab 60, ein musischer, gymnastischer und Pferde-Wettbewerb, bei dem Nero selbst einmal als Kitharode aufgetreten ist[61].

Abb. 177 As: Vitellius

Largitiones – eine andere Art

Kaiserliche Gaben, *largitiones*, als wesentlicher Teil seines Wirkens für die *res publica* sind, wie wir gesehen haben, vielfältig. Komplizierte Inhalte mit den Mitteln der Bildersprache darzustellen, die durchaus ihre Grenzen haben, ist mitunter schwierig. Wenn ein Zusammenspiel von Bild und kurzem Text möglich ist, kann dies immerhin gelingen. Münzbild und -legende sind für solche Lösungen prädestiniert. Abb. 177 ist z.B. ein Hinweis darauf, wie Vitellius im Vierkaiserjahr 69 die Quintessenz seiner Propaganda vermitteln läßt. LIBERTAS RESTITVTA – *die Freiheit ist wiederhergestellt* –, sagt die Legende, und die personifizierte Libertas steht im Münzbild. So weit, so gut, da es hier zu einer einfachen Lösung kommen kann. Werden aber die gewünschten Mitteilungen komplexer im Inhalt, wird das Problem schon größer, zumal, wenn sich zum Bild keine deutende Beischrift gesellt. Das Vorhaben kann dennoch gelingen, wenn bestimmte Voraussetzungen dafür vorhanden sind, wie der folgende Fall lehrt.

Septimius Severus in Leptis Magna

Es handelt sich um die Reliefs eines Quadrifrons, eines Vierpaß-Bogens, über der Kreuzung des *decumanus* und einer der anderen Hauptstraßen in Leptis Magna in Nordafrika, dem Geburtsort des Septimius Severus[62]. Neben einem triumphalen Einzug (Abb. 180–181), von dem noch in anderem Zusammenhang die Rede sein wird[63], erscheint auch eine Darstellung des Kaisers mit seinen Söhnen Caracalla und Geta, die vielfach als das Bild der Eintracht in der kaiserlichen Familie angesprochen wird (Abb. 178–179). Diese Gruppe, die nach der Rekonstruktion

Abb. 178 Relief aus Leptis Magna: Besuch des Septimius Severus

stadtwärts am Monument angebracht war[64], bildet, so scheint es, den Schlüssel zum Verständnis der ganzen Komposition. Septimius Severus und Caracalla stehen im Vordergrund, beide gleich groß – also gleichrangig, beide sind Augusti –[65], und geben sich die rechte Hand. In der Mitte zwischen den beiden, aber kleiner als sie, sieht man den jüngeren Sohn Geta, den Kopf leicht zum Vater gewandt. Septimius Severus hält, halb aufgerollt, eine Schriftrolle in der linken Hand[66]. Die beiden Kaiser sind sich über den Inhalt der Schriftrolle, der hier offenbar verkündet wird, einig, wie der Handschlag zeigt. Worum es dabei geht, verrät die Komposition mit einfachen Mitteln. Konstruiert man ein Dreieck von den Köpfen beider Kaiser nach oben zum Gesims im Hintergrund hin, erblickt man in der so gewonnenen Spitze des Dreiecks die Tyche der Stadt Leptis Magna[67]. Es handelt sich also um etwas, was die Stadt als solche betrifft. Was dies nun ist, ist klar: Ihre Erhebung in das italische Recht[68], das ihr große finanzielle Erleichterung, immerhin die Befreiung von der Grundsteuer, gewährt, aber auch einen enormen Prestigegewinn für die Gemeinde bedeutet. Die Stadt trägt fortan den Beinamen Septimia, dem entsprechend nennen sich die Einwohner Septimiani[69]. Diese für Leptis Magna so bedeutende Szene geht offenbar auf dem Alten Forum vor sich, wie die Bildersprache uns nahelegt. Im Hintergrund, rechts und links neben der Tyche der Stadt, erblickt man Hercules und Liber Pater. Ihre Tempel stehen beiderseits neben dem großen Heiligtum der Dea Roma und des Divus Augustus auf dem Alten Forum[70]. Im Relief vertreten die Gottheiten ihre Tempel, die Tyche – d.h. die Stadt selbst – den Kult der Dea Roma und des Divus Augustus. Die Leptitaner vor Ort werden den bildlichen Hinweis ohne Mühe verstanden haben.

In Fortsetzung der Szene nach links erscheint die Kaiserin Julia Domna. In Anbetracht der Rolle, die sie spielt, ist dies selbstverständlich. Neben ihr steht die Virtus, denn die ehrenvolle Rangerhöhung der Stadt macht erst das Wirken des Kaisers im Sinne der Virtus möglich[71]. Die weiteren Personen rechts vom Kaiser

Abb. 179 Relief aus Leptis Magna, Ausschnitt: Septimius Severus, Caracalla und Geta

sind in Leptis Magna auch nicht unbekannt; sie gehören zur direkten Begleitung, allen voran der *praefectus praetorio* Plautian, ebenfalls ein Sohn der Stadt[72]. Sie alle werden vom Betrachter vor Ort erkannt und man wird auch später noch von ihnen erzählt haben.

Nach langer Diskussion scheint die Frage, wann der Besuch des Septimius Severus und seiner Familie in Leptis Magna stattgefunden hat, bzw. ob der Kaiser

Abb. 180 Relief aus Leptis Magna: Triumphzug des Septimius Severus

überhaupt in seiner Heimat war, entschieden zu sein[73]: 202–203 ist der Kaiserbesuch gut dokumentiert. Der triumphale Einzug indessen, der auf einem weiteren Relief auf dem Quadrifrons dargestellt ist, scheint ein anderes festliches Geschehen in Leptis zu verewigen, nicht die erste Ankunft (Abb. 180–181)[74]. Die Erzählung, die die Darstellung bietet, ist vergleichsweise einfach und leicht zu verstehen. Schauen wir uns die wichtigsten Einzelheiten der Bilderfolge näher an. Der Ort des Geschehens ist Leptis Magna, im Hintergrund sieht man den Leuchtturm am Hafen. In Begleitung von Berittenen, mit *vexilla* im Hintergrund, stehen Septimius Severus und seine Söhne mit durch das Stirnjuwel geschlossenem (Lorbeer)kranz in der Triumphalquadriga. Diese ist mit Reliefs – Victoria mit Kranz, die Göttertrias von Leptis Magna, Liber Pater, Tyche und Hercules[75] – reicht verziert: Es geht also um einen Sieg, den der große Sohn der Stadt, Septimius Severus unter dem Schutz der Leptitaner Götter erfochten hat. Die Pferde der Quadriga führt eine kleine Gestalt mit großem rundem Anhänger auf der Brust; man hat sie bislang als 'gespannführenden Ministranten', als *apparitor, viator,* als einen Herold angesprochen[76]. Weiter unten wird noch zu zeigen sein, daß aus dem Gesamtzusammenhang auch eine andere, vielleicht schlüssigere Deutung möglich ist.

Das Kernstück des Zuges bilden die bekannten Elemente von Triumphalzügen. Auf einem *ferculum* wird wohl die Trophäe mit den angeketteten Besiegten, Mann und Frau, getragen. Ein Stück ist an dieser Stelle ausgebrochen, man sieht nur noch die linke Figur, die Frau mit einem Kind. Davor, weiter nach rechts, haben gefangene Anführer ihren Platz, ihre Arme sind auf den Rücken gefesselt, sie tragen spitze Kappen. Alles weitere fehlt heute[77].

Es ist nicht nötig, in alldem eine Reminiszenz des Sieges gegen die Perser im Osten zu sehen, wie in der Forschung vielfach geschieht. Die unbefangene Lektüre des Reliefs ergibt eine Feier in Leptis selbst. Darüber hinaus scheinen auch weitere Quellen dafür zu sprechen. Es ist wahrscheinlich, daß Kaiser und Hof den Winter 202/203 in Leptis verbringen[78]. Im Spätwinter oder zu Beginn des Frühjahres unternimmt Severus einen Feldzug gegen die unruhigen Stämme im Süden

Abb. 181 Relief aus Leptis Magna, Ausschnitt aus dem Triumphzug des Septimius Severus

an den Grenzen, etwa gegen die Garamanten. Noch im 4. Jh. weiß man um die Bedeutung dieser Expedition[79]. Sie bewirkt langfristig Ruhe und Sicherheit für das ganze Gebiet, aus dessen Vorort, Leptis Magna, der Kaiser stammt[80]. Die *legio III Augusta* begleitet den Kaiser in das Unternehmen, ebenso die Garde unter Plautian. Das Emblem dieser Hauslegion von Nordafrika ist unbekannt; sie könnte ursprünglich zur Armee des Lepidus gehört haben. An die Gründung, an den Gründer, an eine besondere Auszeichnung wird gerne erinnert, vor allem auch mit dem Beinamen, der hier *Augusta* lautet. Die militärisch gekleidete, junge, langhaarige Gestalt, die die Triumphalquadriga führt, trägt, betont großformatig, eine Büste im Anhänger um den Hals. Nichts liegt näher, als in ihr den Genius der *legio III Augusta* zu sehen; die Büste als ihr Zeichen dürfte dann die des Octavian/Augustus sein[81], auf den der Beinahme der Legion hinweist.

Im oben zitierten Digesten-Text mit der Rangerhöung afrikanischer Städte wird auch Carthago erwähnt[82]. Septimius Severus und Sohn Caracalla gewähren dieser Stadt ebenso wie Leptis das *ius Italicum*. Auf einem *aureus* (Abb. 173) sieht man denn auch mit der Legende INDVLGENTIA • AVGG(*ustorum duorum*) IN CARTH(*aginem*), zu deutsch: *Erlaß* (von Steuern) *für Carthago durch die beiden Kaiser*, die Göttin Tanit mit der Mauerkrone auf dem Haupt – womit sie als Stadtgöttin, in diesem Falle von Carthago, ausgewiesen ist – mit dem Szepter in der Hand auf einem Löwen nach rechts reiten[83].

Kaiserbesuch in den Provinzen

Des Kaisers Besuch in den Provinzen und Städten des Reiches ist vielfach von Geschenken an Land und Leute begleitet. Er ist also ein Segen, nicht anders als seine Anwesenheit in der Residenz[84]. Dies ist jedenfalls die offizielle Sicht, daher

Abb. 182 Sesterz: Hadrian

begrüßen auch die personifizierten Provinzen den Kaiser mit herzlicher Ergebenheit in den Reversbildern der sog. Reisemünzen Hadrians[85], die an seine Besuche erinnern. Dem entspricht, daß Hadrian sich als RESTITVTOR, *Wiederhersteller*, gelegentlich auch *Retter* der Provinzen auf einer anderen Reihe von Münzen vorstellt; auf unserem Beispiel Abb. 182 gelten Bild und Legende der Macedonia[86]. Die dativische Widmungsform der Legende deutet sogar den Dank der jeweiligen Provinz an den Kaiser an. Die Wirklichkeit ist freilich ambivalenter. Nicht nur der Kaiser macht anläßlich seiner Besuche Geschenke, auch den Provinzialen kostet der Besuch gutes Geld: Ehrengeschenke werden an den Herrscher und an manche Herren der Begleitung fällig; eben diese aufwendige Begleitung muß standesgemäß versorgt sein, auch wenn der Kaiser seine *comites* finanziell unterstützt[87]. Plinius der Jüngere vergleicht denn auch Trajans Reisebegleitung mit dem Durchzug etwa eines Domitian[88]: (Es gab) *keinen Tumult* (bei der Requisition von Fahrzeugen), *keinen Übermut in bezug auf die Quartiere, der Proviant war derselbe wie für die übrigen, dazu das Gefolge in straffer Haltung und gehorsam.* Domitians Reisen waren, verglichen mit Trajans Reisezug, eher eine einzige Verwüstung[89], sagt er. Antoninus Pius wird wohl zu Recht eine Bemerkung in den Mund gelegt, des Inhalts, daß die Versorgung des Reisezugs selbst der sparsamsten Kaiser die Provinzbevölkerung hart ankommen muß[90].

Ungewöhnlich, ja einmalig ist ein anderer Hinweis in der Bildersprache auf die Wirksamkeit des Herrschers, wieder des Hadrian. Er benützt seine Reisen in die Provinzen auch dazu, das Militär zu überprüfen und die eventuell eingerissenen Laxheiten zu beseitigen. Sein Sesterz (Abb. 183) zeigt ihn an der Spitze einer militärischen Formation unter den Feldzeichen, die Legende spricht von der DISCIPLINA / AVG(*usti*). Wie die Inspektion im einzelnen vor sich ging, beschreibt sein spätantiker Biograph[91]: (... der Kaiser) *begab ... sich nach Germanien; obgleich mehr auf Frieden als auf Krieg bedacht, schulte er doch das Heer, als stünde der Krieg vor der Tür. Dabei gab er den Soldaten ein Vorbild im Ertragen von Strapazen, indem er selbst*

Abb. 183 Sesterz: Hadrian

unter den Fahnen ein Soldatenleben vorlebte; so ließ er sich auch gern vor aller Augen die aus Speck, Käse und Limonade bestehende Soldatenkost munden nach dem Beispiel des Scipio Aemilianus, des Metellus und seines unmittelbaren Vorbilds[92] *Trajan. Viele bedachte er mit Belohnungen, etliche mit Auszeichnungen, damit die Leute den härteren Anforderungen, die er an sie stellte, gewachsen waren. Er stellte nämlich seinerseits die seit den Tagen des Caesar Octavianus infolge der Gleichgültigkeit früherer Herrscher verlotternde Manneszucht wieder her durch eine Reform sowohl der Dienststellen als auch des Ausgabeetats; niemals duldete er, daß sich jemand ordnungswidrig aus dem Lager entfernte ... Durch sein eigenes männliches Vorbild wußte er auch die übrigen mitzureißen, legte er doch sogar zwanzig Meilen zu Fuß in voller Rüstung zurück ...* Er läßt auch allen Luxus aus den Lagern verschwinden, trägt schlichte Kleidung, kümmert sich selbst um die Kranken, um die Lage der Lager und um die so wichtige Logistik. Der spätrömische Autor folgt hier der nicht minder ausführlichen Schilderung des Cassius Dio vom Anfang des 3. Jhs., der eben diese menschlichen Momente unterstreicht[93]. Es besteht gar kein Zweifel, daß diese Texte auch als versteckte Mahnung an die weniger soldatischen Kaiser der jeweiligen Abfassungszeit verstanden werden wollen; Hadrian steht als großes Vorbild da. Das Münzbild verrät uns indessen etwas mehr. Die Wiederherstellung der Disziplin im Heer ist dem Kaiser selbst so wichtig, daß er den gewiß nicht leicht darstellbaren Begriff ins Bild fassen läßt, in sehr persönlicher Art, indem er den eigenen Anteil daran hervorhebt. Solche Bilder sind und bleiben selten. Die neronische Darstellung der DECVRSIO (Abb. 184) meint nicht die Armee und das notwendige Exerzieren, sondern wohl eine bei besonderen Anlässen abgehaltene Reiterparade[94], wie sie z.B. anläßlich der Mündigkeitserklärung Neros stattgefunden hat. Sueton schreibt[95]: *Bei seiner Mündigkeitserklärung auf dem Forum versprach er dem Volk eine Naturalspende, den Soldaten ein Geldgeschenk und veranstaltete mit den Prätorianern eine Parade, bei der er selbst das Kommando übernahm.* Die hier dargestellte Münze[96] wird auf die Jahre 64–68 datiert, als die Mündigkeitserklärung nicht mehr aktuell

Abb. 184 Sesterz: Nero

war. In dieser Zeit kann man sich als Anlaß für eine solche große Parade am ehesten den Besuch des Armenierkönigs Tiridates im Jahre 66 vorstellen.

Concordia

Zum 'Wirken' des Kaisers, zu seinen Erfolgen, die es im Bild festzuhalten lohnt, gehört die Bewahrung, mehr noch, die Rettung der *res publica* vor dem Bürgerkrieg, den man nach allen Erfahrungen früherer Zeiten zu Recht stets fürchtet. Daher ist die Eintracht, die *concordia*, ein immer wiederkehrendes Thema der kaiserlichen Bildersprache. Darin hat diese Eintracht im großen und ganzen zwei Ausformungen. Es geht einmal um das gute Einvernehmen mit dem Kaiser, zum anderen um jenes untereinander, wenn ein Herrscherkollegium regiert.

Die Macht des römischen Kaisers hängt bekanntlich vielfach vom Militär ab; die Garde in Rom und – später – die Legionen an den Grenzen schwingen sich nur zu oft zu Kaisermachern auf. So wird in der kaiserlichen Bildersprache immer wieder die Eintracht, besser gesagt, die einträchtige Unterstützung des Herrschers durch das Militär, die *concordia exercituum*, dargestellt. Zwei ineinander greifende Hände charakterisieren sie mit eben dieser Legende unter Nerva (Abb. 185) ebenso wie unter M. Aurel, als im Hintergrund, zum besseren Verständnis, noch ein Feldzeichen sichtbar wird (Abb. 187). Es gehört zum Wesen dieser Art Propaganda, daß Wunschbilder beschworen werden, es geht nicht unbedingt um einen Hinweis auf bereits Geschehenes. Beide Bildbeispiele, die eben zur Sprache kamen, sind gute Beweise für diese Auffassung. Nerva spricht von der CONCORDIA – EXERCITVVM praktisch in jedem Jahr seiner kurzen Herrschaft von 96–98[97], gewiß beschwörend, denn die Armee, allen voran die Garde in Rom, ist unzufrieden und unruhig. M. Aurels inhaltlich vergleichbarer Typ ist mit der 29. *tribunicia potestas* und dem 7. Imperatorentitel auf die Zeitspanne vom 10. Dezember 174 bis zur Annahme der 8. imperatorischen Akklamation etwa Juli/August 175 datiert[98], genauer wohl in die Monate des gefährlichen Aufstandes des Avidius Cassius ab

Abb. 185–188 Aureus: Nerva (185) – Sesterz: Pupienus (188) – Dupondius: M. Aurel (186) – As: M. Aurel (187)

Anfang April 175 bis zu seiner Ermordung im Juli des gleichen Jahres. Dies spricht wieder einmal überzeugend für die große Wendigkeit der Münzbilder, für ihre unerhörte Aktualität von Mal zu Mal[99].

Nicht minder wichtig für das Wohlergehen der *res publica* ist die Vermeidung eines Bürgerkrieges. Umgekehrt und positiv gesehen heißt dies die notwendige Wahrung der Eintracht, wann immer ein Kaiserkollegium in Rom herrscht. So wird denn auch in solchen Fällen die *Concordia Augustorum* in Szene gesetzt. Das bleibende Beispiel, mehr noch, das große Vorbild für alle Zeiten sind die 'kaiserlichen Brüder' M. Aurel und Lucius Verus (161–169). Durch des ersteren Großmut und seine lautere Haltung werden die Fehler des anderen ausgeglichen und das Imperium im Lot gehalten. M. Aurel sieht die Probleme ganz klar, wenn er über Lucius Verus in seinen 'Selbstbetrachtungen' im Rückblick mit mildem Tadel schreibt[100]: *(Den Göttern verdanke ich, daß ...) ich einen solchen Bruder hatte, der mich durch seinen Charakter zur Sorge um meine eigene Seele aufwecken konnte, mich aber zugleich durch seine Ehrerbietung und Liebe erfreute.* Die Legende CONCORD(*ia*)

AVGVSTOR(*um*) mit den entsprechenden Regierungsdaten M. Aurels – TR P XV/COS III[101] – umgibt so ein Bild kaiserlicher Eintracht (Abb. 186). Die beiden Adoptivbrüder reichen sich die Rechte; beide halten das Konsularzepter mit dem Adler in der Linken[102]. Es geht um ihr gemeinsames Konsulat im Jahre 161.

Im 3. Jh. kommt es wiederholt zu Kaiserkollegien, so beispielsweise 238. Nachdem die beiden Gordiane, Vater und Sohn, nach kurzer Regierung zu Tode gekommen sind, bestellt der Senat in Rom aus den eigenen Reihen Pupienus und Balbinus zu Kaisern und gesellt ihnen, um weitere Unruhen zu vermeiden, den Enkel Gordians I. gleichen Namens als Caesar bei[103]. So ist mehr denn je nötig, die Eintracht der Regenten zu beschwören. Die Ereignisse zeigen indes, daß die Mehrherrschaft kaum wirklich gutgehen kann. Nun werden im Gegensatz zu früheren Beispielen, keine Gesten der Eintracht dargestellt, sondern der personifizierte Begriff selbst: Abb. 188 zeigt die CONCORDIA AVGG(*ustorum duorum*) thronend, die Opferschale und – offenbar als Ergebnis ihrer Wirkung, als Verheißung – das doppelte Füllhorn haltend.

Die Porphyrgruppen in Venedig

Einen eigenartigen Ausdruck hat die *Concordia Augustorum*, die Eintracht der Kaiser, an der Schwelle zur Spätantike gefunden (Abb. 189). Die Porphyrgruppen von je zwei in gleicher Art ausgestatteten Personen[104] sind heute an der Außenecke der Schatzkammer der Basilika S. Marco in Venedig eingebaut. Sie gelangten mit der Beute von 1203/4 aus Byzanz in die Serenissima[105]. Die Aussage der Darstellungen ist unschwer zu erkennen. Alle vier Gestalten sind vollkommen gleich gestaltet, sie sind militärisch gekleidet, tragen das *parazonium*[106], das Paradeschwert mit dem Adlerkopf, und eine runde Kappe. Sie sind auch gleich groß; man will auf diese Weise ihre prinzipielle Gleichrangigkeit unterstreichen. Sie sind alle kaiserlichen Ranges, wie dies schon der Porphyr als Werkmaterial zeigt[107]. Je zwei legen sich gegenseitig die Hände auf die Schulter. Es ist eine Geste des Vertrauens, des guten Einvernehmens, aber auch des Schutzes. Die beiden nach rechts blickenden Gestalten tragen Bärte, ein Zeichen höheren Alters, wenn man so will, des Vater-Sohn-Verhältnisses, obwohl dieses schon mit der Blickrichtung nach rechts deutlich genug ist.

Die Porphyrgruppen wurden, wie bereits gesagt, aus Constantinopolis-Byzanz nach Venedig verschleppt. Vor einigen Jahren fand sich der abgebrochene, in Venedig ergänzte Fuß in Istanbul wieder[108]. Die Statuen waren dort paarweise auf Säulen aufgestellt[109] und gehörten ehedem zur Ausstattung des Platzes, der Philadelphion hieß[110]. Die jüngere byzantinische Deutung will in der Gruppe die Constantinsöhne sehen, die sich an jener Stelle nach dem Tod des Vaters 337 getroffen und begrüßt haben sollen, daher käme der Name Philadelphion, zu deutsch etwa *Ort der Bruderliebe*. Die vier Gestalten galten in der Forschung lange als Darstellung der Ersten Tetrarchie (Diocletian und Galerius bzw. Maximian und Constantius)[111]. Beide Lösungen, die byzantinische wie die moderne, sind problematisch. Die Deutung des byzantinischen Mittelalters auf die Constan-

Abb. 189 Porphyrgruppe an der Basilika S. Marco in Venedig

tinsöhne hinkt vor allem darum, weil diese 337 sich zu dritt in Constantinopolis zur Besprechung der Lage zusammenfanden. Die moderne ist politisch unwahrscheinlich. Constantin hat die Tetrarchen bis auf seinen Vater bekämpft und schließlich besiegt. Es ist schon darum wenig wahrscheinlich, daß er ein Monument mit den Gestalten seiner Feinde in der neugegründeten Residenz aufgestellt hätte, als er von überall her Kunstgegenstände, vor allem Statuen zur Verschönerung seiner Stadt herbeischaffen ließ[112]. *Constantinopolis wird unter Entblößung bald aller anderer Städte eingeweiht*, schreibt Hieronymus in seiner Chronik zum Jahr 330 kurz und treffend[113].

Die Benennung der beiden Porphyrgruppen in Venedig als Diocletian und Galerius bzw. Maximianus Herculius und Constantius Chlorus als die Augusti und die Caesares der Ersten Tetrarchie (293–305) ist trotzdem wahrscheinlich. Der Porphyr spricht für die Kaiserdarstellung, die Einzelheiten der Ausstattung der Figuren für die Zeit um die Wende des 3. zum 4. Jh. Wenn dem aber so ist, wird man sich überlegen müssen, ob sie nicht später als die unmittelbare Gründungsepoche um 330 nach Constantinopolis verbracht wurden. Die urbanistische Entwicklung des Aufstellungsortes, des Platzes Philadelphion, bietet zur Beantwortung dieser Frage einige Hinweise.

Auf dem Philadelphion an der Gabelung der Hauptstraße namens Mese[114] werden neben den Säulen mit den (Tetrarchen)statuen weitere Porphyrdenkmäler und auch ein vergoldetes Kreuz mit Steinen und Glas[115] erwähnt, das Constantin aufgestellt haben soll. Daß dieses Kreuz in die Zeit des Theodosius I. (378–395) gehört, ist allgemein anerkannt[116]. Der Platz wird demnach um jene Zeit fertig eingerichtet. Es könnte gut sein, daß das Tetrarchenmonument erst jetzt seinen Platz am Philadelphion gefunden hat. Ein gutes Dreivierteljahrhundert nach der Epoche der Ersten Tetrarchie, mehr als zwei Generationen bewegtester Entwicklung nach den diocletianischen Christenverfolgungen, nach der endgültigen Befreiung des Christentums von der Verfolgung und seinem Sieg über das Heidentum mögen Tetrarchen-Darstellungen nicht mehr so anstößig wirken, wie zur Gründungszeit von Constantinopolis um 330, wenn sie als solche überhaupt noch erkannt wurden. Überdies, als Theodosius I. seinen älteren Sohn Arcadius an seinen Quinquennalien am 19. Januar 383 als Mitregenten einsetzt, gibt es für knapp acht Monate bis zur Ermordung Gratians am 25. August des Jahres in der Tat vier Herrscher im Imperium: Gratian und seinen jüngeren Bruder Valentinian II. sowie Theodosius I. und seinen Sohn Arcadius[117]. Man würde also die 2+2 Kaiser auf den Porphyrsäulen unter Umständen sogar aktuell verstehen können, umso mehr, als die Rolle der beiden älteren Kaiser als Beschützer der beiden Jüngeren der Lage entspricht. Gratian ist der nach Anciennität und an Lebensjahren ältere Bruder Valentinians II., Theodosius I. der Vater des Arcadius. Die Regenten im Jahre 383 sind freilich bartlos.[118] Die flach ausgearbeiteten Bärte können aber kaum gestört haben: Die Figuren standen relativ hoch auf Säulen, solche Einzelheiten waren wohl nicht sichtbar. Der forcierte Ausbau und die Verschönerung der Stadt sind mit wechselnder Intensität bis in das 5. Jh. ständig im Gange; nichts hindert uns anzunehmen, daß die beiden Säulen mit den Gruppen der Tetrarchen nicht in der allerersten Gründungs- bzw. Ausbauphase nach Constantinopolis verbracht wurden, sondern erst zur theodosianischen Zeit.

Eine weitere Frage, woher die Statuengruppen kommen, kann nur hypothetisch beantwortet werden. Daß sie – nicht zuletzt wegen des verwendeten Materials – wohl in Ägypten, vor Ort in den Porphyrbrüchen gearbeitet wurden, ist schon aus stilistischen Gründen sehr wahrscheinlich[119]. Sie mögen im Zusammenhang mit dem Ausbau der großen Residenzen der Ersten Tetrarchie, etwa von Nicomedia, Antiochia oder Thessalonica, aber auch von Alexandria stehen. Nicomedia käme als ursprünglicher Aufstellungsort der Säulen vielleicht am ehesten in Frage. Als diocletianische Residenz hat dort ein Monument der Ersten Tetrarchie einen sinnvollen Platz. Hinzu kommt, daß 358 ein schweres Erdbeben Nordwestkleinasien verheert hat; wie Ammianus Marcellinus schreibt[120], ist gerade Nicomedia durch diese Naturkatastrophe stark in Mitleidenschaft gezogen worden. Man könnte sich denken, daß beim Aufräumen und dem Wiederaufbau manche brauchbaren Objekte nach dem nahen Constantinopolis verfrachtet wurden. Doch, wie bereits gesagt, sind und bleiben diese Überlegungen hypothetisch; möglich sind sie allemal.

Einsetzung von Stammesfürsten

Eine Reihe von Darstellungen, vielfach auf Münzen, zeigt die Bestallung von Stammesfürsten und Königen durch den Kaiser: Dies ist ganz offensichtlich ein wichtiger Punkt seines Wirkens und daher seiner Bildersprache, denn nicht minder wichtig als der innere Friede ist auch die Sicherung der Grenzen nach einem Sieg, nach erfolgreichen Verhandlungen. Schon Augustus ist bemüht[121], entscheidenden Einfluß auf die Nachbarvölker auszuüben. Konkret bedeutet das, daß romfreundliche Stammesfürsten zu Regenten eingesetzt werden, soweit es irgend geht. Man gewinnt in Friedensschlüssen überdies fürstliche Geiseln, vielfach Kinder, die, in Rom erzogen, zur gegebenen Zeit nach Hause geschickt werden, um ihre Stämme anzuführen[122]. Daß all dies nicht immer mit Erfolg gekrönt wird, vielmehr oft in Römerhaß umschlägt, weiß man aus der Geschichte. Dennoch, die Kaiser versuchen es im Laufe der Jahrhunderte immer wieder[123].

So nimmt es nicht wunder, daß die feierliche Einsetzung von Stammesfürsten und Königen ein wichtiges Thema der kaiserlichen Bildersprache abgibt. Sie dokumentiert Sieg, Erfolg, segensreiches Wirken für die *res publica*.

Die Darstellungen selbst sind auf das Wesentliche beschränkt, vor allem auf Münzbildern[124]. Der Kaiser oder wie hier der kaiserliche Prinz Germanicus setzt seinem Kandidaten die ihm zustehende Insignie auf den Kopf und präsentiert ihn dem Volk. Abb. 190 und als kleineres Nominal Abb. 191 zeigen, wie Germanicus im Jahre 18 Zenon, den Sohn des pontischen Königs Polemon I., in Artaxata zum König von Armenien krönt. Armenien als Pufferstaat zu Persien ist für Rom besonders wichtig. Tacitus vermerkt in den *annales*[125], daß der neue König Artaxias nach der Stadt seiner Erhebung benannt wird: *Einen König hatten sie zu jener Zeit nicht, seit ihnen Vonones genommen war; doch neigte sich die Volksgunst dem Zenon zu, dem Sohn des pontischen Königs Polemon, ... Daher setzte ihm Germanicus in der Stadt Artaxata unter dem Beifall der Adeligen vor der versammelten Volksmenge das königliche Diadem aufs Haupt. Alle huldigten dem König und grüßten ihn mit dem Namen Artaxias, den sie ihm nach der Stadt gegeben hatten.* Das Bild zeigt die jubelnde Menge und die akklamierenden Vornehmen nur mittelbar, indem der junge König sich von dem ihn krönenden Germanicus weg – und zum unsichtbaren Publikum hinwendet. Diese Geste scheint, wie auch die anderen Bilder zeigen, ein wichtiger Bestandteil des Zeremoniells zu sein. Die hier abgebildeten Münzen stammen aus der Münzstätte Caesarea in Kappadozien, die vor allem den Bedarf des Militärs

Abb. 190–191 Doppeldrachme und Drachme: Germanicus

zu decken hat. Es ist gewiß kein Zufall, daß diese Art 'Siegesmeldung' gerade dort produziert wird.

Trajans Sesterz mit der Rückseitenlegende REX PARTHIS DATVS, zu deutsch *den Parthern* (wurde) *ein König gegeben* (Abb. 192), zeigt weitere Eigenarten der Bildgestaltung. Die Szene spielt im Lager; Trajan sitzt auf einem hohen Podest in Begleitung seines *praefectus praetorio*. Der neue König hat sein Diadem aufgesetzt bekommen, er weist mit der erhobenen Rechten darauf hin und empfängt grüßend die Huldigung seines Landes, angedeutet durch die knieende Gestalt mit der Mauerkrone vor ihm. Im Text des Historikers Cassius Dio liest sich die gleiche Szene wie folgt[126]: *Trajan aber fürchtete auch eine Erhebung bei den Parthern, weshalb er ihnen einen eigenen König geben wollte. Zu diesem Zweck verfügte er sich nach Ktesiphon und rief alle Römer und sämtliche Parther, die sich damals dort befanden, auf einer weiten Ebene zusammen. Dann bestieg er eine hohe Rednerbühne, pries in stolzen Worten seine Taten und ernannte Parthamaspates zum Partherkönig, nachdem er ihm das Diadem aufs Haupt gesetzt hatte.* Dios Bericht und das Münzbild mit der eindeutigen Legende kann man gut miteinander vergleichen, weil sie vom gleichen Ereignis handeln. Der Vergleich zeigt auch die Unterschiede beider 'Sprachen', der verbalen und der bildlichen.

Mit den gleichen Mitteln der Bildersprache meldet ein *aureus* des L. Verus eine weitere Einsetzung eines Armenierkönigs 164, nach seinem Sieg im Jahr zuvor (Abb. 194)[127]. Eine etwas andere Situation schildert ein *aureus* des Trajan Abb. 193; die Szene im Lager ist wie jene auf dem Sesterz Abb. 192 mit der Bestallung des Partherkönigs, aber die drei Anwärter stehen noch vor dem Podium des Kaisers, ihm erwartungsvoll zugewandt. Die Legende verrät, worum es sich handelt: um die REGNA ADSIGNATA, die Zuweisung der Herrschaft an die einzelnen Kan-

192

193

194

Abb. 192–194 Aurei: Trajan (193) und L. Verus (194) – Sesterz: Trajan (192)

didaten, bzw. um die regionale Neuordnung und die Anerkennung bisheriger Herrschaften. Die formale Investitur wird später folgen. Dies alles gehört zu Trajans Partherfeldzug, der mit seinem Aufbruch aus Rom Ende Oktober 113 begonnen hat.

Das Zeremoniell der Bestallung hängt natürlich auch von den Bräuchen der betroffenen Völker und Stämme ab. Werden die östlichen Fürsten nach dem Aufsetzen des Diadems (oder der Tiara[128]) den Anwesenden gleichsam vorgestellt, indem sie ihnen zugewandt die Huldigung entgegennehmen, so ist die Szene im Falle der quadischen Stammeskönige eine andere, wie der viel besprochene Münztyp des Antoninus Pius Abb. 195 zeigt[129]. Er ist mit CO(*n*)S(*ul*) III auf die Jahre 140–144 datiert[130], fällt aber wohl eher in die erste Hälfte der Periode, also etwa 140–142. In den letzten Jahren Hadrians scheint es erhebliche Unruhen durch germanische Angriffe namentlich der Quaden an der mittleren Donaugrenze gegeben zu haben. L. Aelius Caesar, Hadrians präsumptiver Nachfolger, führt – jedenfalls nominell, denn er ist schon krank – den Krieg 137 gegen sie; nach seinem baldigen Tode beendet ihn T. Haterius Nepos, Statthalter in der Pannonia Superior, siegreich[131]. Da Hadrian selbst im Juni 138 stirbt[132], muß sein Nachfolger Antoninus Pius die Angelegenheit zu einem befriedigenden Ende führen. Die Einsetzung eines romfreundlichen Stammeskönigs im Quadenland nördlich der

Abb. 195 Sesterz: Antoninus Pius

mittleren Donau gehört offenbar dazu. Der Kaiser trägt die Toga, die Szene spielt also in Rom. Ihm gegenüber steht der neue König mit langem Bart und in einheimischer Tracht. Er empfängt von Antoninus Pius keinen Kranz, kein Diadem, wie vielfach angenommen wurde, sondern vielleicht eine Insignie, eine Fibel (?) mit den zwei Hängeperlen, die dem *rex* zusteht. Die Klientelkönige und -fürsten sind stets römische Bürger; in der Kaiserzeit erhalten sie die Bürgerschaft vom Kaiser. Antoninus Pius überragt ihn um Haupteslänge; damit wird der höhere Rang verdeutlicht, auch wenn wir wissen, daß er von hoher Statur war[133].

Constantin in Rom

Zwei zeitgenössische Bilderstreifen auf dem Constantinsbogen (Abb. 196–197) schildern auf ihre Art recht lebhaft die Tage nach Constantins Sieg über Maxentius am 28. Oktober 312 an der Milvischen Brücke im Norden der Stadt[134]. Sie sind gleichsam eine Illustration dessen, was der Kaiser, der nicht mehr dauernd dort residiert, während des Besuchs alles tut. So werden beide Reliefs zu einem bewegten Bericht im Bild, zu einem charakteristischen Ausschnitt wenn nicht sogar zu einer Zusammenfassung all dessen, was der Kaiser für die *res publica* bewirkt.

Eine der Szenen (Abb. 197) hat Constantins erste Ansprache zum Thema. Man erkennt im Hintergrund die Bauten auf dem Forum Romanum: von links nach rechts die Arkaden der *basilica Iulia*, den kleinen Bogen des Tiberius und rechts den mächtigen des Septimius Severus mit seinen drei Durchgängen. Die Mitte des Streifens, im Vordergrund, nimmt die große Rednerbühne, *rostra*, ein. Dahinter sieht man die fünf Säulen des Decennalienmonuments von Diocletian. Auf diese Stelle kommt es hier an. Der Kaiser steht im Zentrum groß im Vordergrund, die Rechte zum Rednergestus erhoben. Er ist der Triumphator, wie seine Kleidung auch ohne die heute fehlenden Farben anzeigt. Um ihn, ihm zugewandt, ihn dadurch im Bilde nochmals hervorhebend, stehen Senatoren, an ihrer Toga bestens zu erkennen, und dahinter, angedeutet, unter den Fahnen die Garde. Links und rechts auf einer niedrigeren Ebene reiht sich das Volk, dazwischen einige Kinder, alle erwartungsvoll dem Redner zugewandt. Der Bildbericht gibt hier keine unmittelbaren Hinweise auf den Inhalt der Rede an Senat und Volk von Rom, dennoch wird durch die Körpersprache der Zuhörer und Zuschauer freudige Erregung, Zustimmung, insgesamt eine positive Einstellung zur Rede und zum Redner signalisiert, man sieht da und dort zum Gruß – *acclamatio* – erhobene Hände. Soweit dieses Relief.

Das andere Relief (Abb. 196) setzt den freudigen Inhalt mit vielen erzählerischen Details weiter fort. War Constantin eben siegreich in Rom eingezogen, wurde er fast schon tumultuarisch begrüßt, wandte er sich sogleich an die Stadtbevölkerung, so berichtet der Lobredner. Tage später, nun schon *domi*, 'zu Hause' in der Stadt, sitzt er in der Toga mit dem breiten Umschlag, wie der Wurf in der Spätantike gestaltet wurde, einer anderen Versammlung vor. Geld wird den Römern verteilt, die an den *suggestus*, an den Podest des Kaisers herandrängen, ihre Berechtigungsmarken (?) hochheben. Den Kaiser selbst begleiten Senatoren; rechts und links am Rande dieser Szene stehen die kaiserlichen Fackelträger. In halber Höhe im Bild sind logenartige Nischen zu sehen, in denen offenbar Geldgeschäfte an den üblichen kleinen Tischen mit dem kubischen Tresor abgewickelt werden. Sie sind zu zahlreich, als daß sie unmittelbar mit der Administration dieses *congiarium* zu tun hätten. Die vier kleinen Szenen sind überdies trotz ihrer symmetrischen Anordnung einigermaßen variabel. Man zahlt, man notiert die getätigte Zahlung, man bespricht sich. Sie wollen wohl eher das Umfeld des Geschehens verdeutlichen, wo die kaiserliche Spende verteilt wird. Wir sind sehr wahrscheinlich an einem der Kaiserfora[135] mit Hallen und einzelnen kleineren Räumen für die Geschäfte, auch für die Bankgeschäfte.

Die Bildberichte werden auf willkommene Weise von Texten ergänzt. Zwei Panegyrici, Lobreden, gehen auf Constantins Sieg 312 und auf die Ereignisse im Spätherbst und Winter in Rom ein. Den Einzug in die Stadt schildern beide, Nazarius 321 im Rückblick[136] und ein anderer, namentlich nicht bekannter Redner 313[137]. Er war selbst nicht anwesend, vielmehr faßt er Berichte zusammen: *Selbst die Dächer der Häuser, so höre ich, sahen aus, als ob sie sich bewegten und als ob ihr First noch höher gewachsen sei, als dein* numen *langsam im Wagen vorbeifuhr, so sehr hielt dich zurück und schob zugleich dich voran die dichte Menschenmenge und die Begleitung des Senats. ... Manche erkühnten sich, dich zu bitten, stehen zu bleiben,*

Abb. 196 Relief vom Constantinbogen in Rom: Kaisergeschenke

Abb. 197 Relief vom Constantinbogen in Rom: Ansprache Constantins

beklagten, daß der Palast so schnell erreicht war, und als du eintratest, folgten sie nicht nur mit den Augen, sondern brachen fast die kaiserliche Schwelle ein. ... Die Leute, wann immer sie dich selbst in den Tagen der Wettkämpfe und der anderen Spiele erblicken konnten, sahen sie den Blitz deiner Augen, die deine Gestalt umgebende Majestät, dein würdevolles Gesicht. ... Was soll ich denn zu deinen Entscheidungen und Verfügungen in der Kurie viel sagen? Du gabst dem Senat die alte Autorität wieder, ... Ich würde mehr von deinen göttlichen Reden sagen ... wenn ich nicht vorzöge, von den Worten zu schweigen,

derweil ich mich beeile, die Taten zu rühmen. ... und so weiter, im Stile der spätantiken höchst barock wirkenden Lobreden, deren Kern aber, nicht anders als die Bildberichte, den Fakten entspricht. In dem konkreten Fall wissen wir auch in etwa, was Constantin verkündet hat, *benignitas* dem Volke und *clementia* dem Senat, freigebige Leutseligkeit auf der einen, Milde auf der anderen Seite[138]. So werden Bild und Wort unter bestimmten Voraussetzungen sich gegenseitig ergänzende Zeugen ihrer Zeit.

Die Inszenierung kaiserlicher Personen

Die Inszenierung erfolgt im Rahmen eines schrittweise entwickelten, bald sehr ausgefeilten Zeremoniells. Dies ist ein Thema, das viel Interesse in der Forschung erweckt hat und oft, auch umfassend, behandelt wurde[1]. Es genügt also, hier nur einzelne Aspekte – eher beispielhaft – anzusprechen.

Ehrungen

Zur Inszenierung der kaiserlichen Person gehören alle Darstellungen der ihnen zugekommenen Ehrungen. Schon Augustus beginnt damit. In seinem Tatenbericht steht zu lesen[2]: *Für diese meine Verdienste wurde ich auf Senatsbeschluß Augustus genannt, die Türpfosten meines Hauses wurden öffentlich mit Lorbeer geschmückt, ein goldener Schild in der Curia Iulia aufgehängt, den mir Senat und Volk von Rom widmeten ob meiner Tapferkeit, Milde, Gerechtigkeit und Pflichttreue, wie die auf diesem Schild angebrachte Inschrift bezeugt*. Dem Text entspricht eine Reihe von Münzbildern, die in aller Schlichtheit eindrucksvoll diese Ehrungen präsentieren (Abb. 198–200)[3]: den *clipeus virtutis* mit der Kurzfassung der Inschrift: S(*enatus*) • P(*opulus*)Q(*ue*) • R(*omanus*) / CL(*upeum*) • V(*irtutis dat*), dann mit der alleinigen Legende auf der Rückseite: CAESAR / AVGVSTVS die beiden Lorbeerbäume, die fortan die Eingangstür des Hauses des *princeps* zieren sollen[4] und schließlich den mit einem geschnittenen Stein[5] geschlossenen Kranz *für die Errettung der Bürger* – OB CIVIS / SERVATOS – aus der Not der Bürgerkriege. Diese Ehrungen signalisieren die Ausgestaltung und die Verfestigung der Monarchie; sie sind Augustus entsprechend wichtig.

Kaum weniger bedeutsam für Augustus erscheint auch der Altar der Fortuna Redux im Münzbild (Abb. 201), den Senat und Volk für seine glückliche Rückkehr aus dem Osten im Herbst 19 v.Chr. aufgestellt haben[6]. Auch diese Darstellung ist schlicht, der Altar trägt die Kurzfassung der Inschrift: FORT(*unae*) RED(*uci*) / CAES(*aris*) AVG(*usti*) / S(*enatus*) • P(*opulus*)Q(*ue*) • R(*omanus*), zu deutsch etwa: *Der den Caesar Augustus heimführenden Fortuna hat* (den Altar) *der Senat und das römische Volk aufgestellt*.

Ein Thronfolger wird vorgestellt

Ehrungen – diesmal mit vorstellendem Charakter – trägt auch das Reversbild des Goldstückes Abb. 202. Der junge Nero soll als Thronfolger aufgebaut werden. Er erhält zunächst priesterliche Ämter oder wird in die entsprechenden Gremien gewählt. Die Legenden der seltenen Goldmünze in der Regie des Claudius aus dem

Abb. 198–202 Aureus: Nero (202) – Denare: Augustus (198–201)

Jahr 51[7] sind recht ausführlich. Auf der Vorderseite steht um die jugendliche Büste Neros, der seit 50 Adoptivsohn des Claudius ist, der volle Name und sein neuer Rang: NERO CLAVD(*ius*) CAES(*ar*) DRVSVS GERMANICVS PRINC(*eps*) IVVENT(*utis*), auf der Rückseite: SACERD(*os*) COOPT(*atus*) IN OMN(*ia*) CONL(*egia*) SVPRA NVM(*erum*) EX S(*enatus*) C(*onsulto*). Dies besagt, daß der präsumptive Thronfolger aufgrund eines Senatsbeschlusses zum außerordentlichen Mitglied der vier großen Priesterkollegien gewählt wurde, für die die sakralen Gerätschaften stehen. Man sieht das *simpulum*, den langstieligen Schöpflöffel, den *lituus*, den Krummstab, den Dreifuß und die *patera*, die Opferschale, – sie erinnern an die Kollegien der *pontifices*, der *augures*, der *XVviri sacris faciundis* und der *epulones*. Hinweise auf die Priesterämter im Bild wurden schon unter Augustus im Zusammenhang mit den Säkularfeierlichkeiten ähnlich formuliert[8].

Ehrenstatuen

Zu den Ehrungen gehören auch die dem Kaiser erstellten Statuen, deren Zahl mit der Zeit gewaltig anwächst[9], darunter nehmen die Reiterstatuen eine besondere Stelle ein, auch wenn sie nicht unbedingt selten vorkommen[10]. Unser Beispiel hier ist in seiner Anlage jedoch so eigenwillig, daß es sich lohnt, es kurz zu betrachten. Abb. 203 zeigt einen seltenen Denar des Augustus[11]. Das Rückseitenbild gibt viele

Details an. Die Reiterstatue steht auf einer Basis mit einer Inschrift in Kurzform: S•P•Q•R / IMP / CAES. Den Hintergrund bietet eine Stadtsilhouette mit einer turmbewehrten Toranlage. Diese bei aller Kleinheit des Formats gelungene erzählerische Breite bietet die nötige Erklärung. Die Statue ist auf Senatsbeschluß vor den Toren aufgestellt worden. Den Anlaß berichtet Cassius Dio zum Jahr 27 v.Chr., wenn er schreibt[12]: *So erließ er in dem bereits genannten Jahr, als er sehen mußte, daß die Straßen außerhalb der Stadtmauern infolge mangelhafter Pflege nur schwer benutzbar waren, die Anordnung, daß dieser und jener Senator auf eigene Kosten die anderen Straßen wieder instandsetzen solle, während er sich selbst der Via Flaminia annahm; denn er wollte auf ihr ein Heer ins Feld führen. Diese Straßenerneuerung wurde damals um-*

Abb. 203 Denar: Augustus

gehend durchgeführt, weshalb man auf den Bögen der Tiberbrücke sowie in Ariminum Standbilder ihm zu Ehren errichtete[13]. In Ariminum (Rimini) erinnert ein heute noch stehender Bogen mit seiner Ehreninschrift an diese Maßnahme. So wird das Münzbild die vor der Stadt an der Einmündung der Via Flaminia in Rom an der Porta Flaminia[14] errichtete Statue darstellen, ein Reiterstandbild. Nach Cassius Dio stand es *auf den Bögen der Tiberbrücke*, wir fügen hinzu, in Sichtweite des Tores, also auf der Milvischen Brücke. Die Vorderseite der Münze gibt inhaltlich den Text der Res Gestae neben dem Namen des zuständigen Münzmeisters L•VINICIVS – L•F III•VIR wieder, S(*enatus*) • P(*opulus*)•Q(*ue*) •R(*omanus*) / IMP(*eratori*) • CAES(*ari*) / QVOD • V(*iae*) / M(*unitae*) •S(*unt*) • EX / EA • P(*ecunia*)•Q(*uam*) • IS / AD • A(*erarium*) • DE(*tulit*), zu deutsch: *Senat und Volk von Rom* (stellte dieses Standbild) *dem Imperator Caesar, weil die Straßen befestigt wurden aus dem Geld, welches er dem Staatsschatz abgeliefert hat.* Die Münze wird in das Jahr 16 v.Chr., unmittelbar nach dem Festjahr der Säkularfeier datiert, als in der Prägung an die großen Ehrungen an Augustus erinnert wird. Die Reiterstatue paßt bestens in dieses Prägeprogramm.

Der Kaiser vor den Soldaten

Eine der wichtigsten 'Inszenierungen' der kaiserlichen Person stellt ihr Auftritt vor den Soldaten dar; sie sind am Ende die Garanten der Macht im Imperium. Der Kaiser hält bei solchen Gelegenheiten stets eine Ansprache. Vor dem *suggestus*,

Abb. 204 Relief von der Trajanssäule in Rom: Trajans Ansprache an die Soldaten

einem Podium, haben sich die Einheiten versammelt, man sieht eine wechselnde Zahl von Soldaten und ihre Feldzeichen. Solche Szenen sind in den Reliefs der beiden Säulen, von Trajan und von M. Aurel vergleichsweise häufig. Als Beispiele mögen hier zwei Szenen kaiserlicher Ansprachen stehen (Abb. 204 und 205: M. Aurel-Säule). Zur 'Inszenierung' gehört zweifellos die stete Hervorhebung der Kaisergestalt, die selbst heute noch ins Auge fällt, obwohl die farbliche Fassung vollkommen fehlt. Er und seine Begleitung treten in diesen Szenen immer barhaupt auf[15], im Gegensatz zu den Soldaten und Chargen, die der Rede in voller Rüstung lauschen. In beiden Fällen weist die erhobene Rechte Trajans bzw. M. Aurels auf den Beginn der Rede hin, wie Quintilian lehrt[16]: *Die allgemeinste Gebärde aber, den Mittelfinger mit dem Daumen zusammenzuschließen, während die 3 anderen Finger entfaltet bleiben, erweist sich sowohl für den Redeanfang als brauchbar und erfolgt dann durch gemächliches Vorstrecken mit einer leichten Bewegung nach beiden Seiten, wobei zugleich Kopf und Schultern sachte in die Richtung der Handbewegung nachfolgen;* usw., denn Rhetorik gehört zur abgerundeten Ausbildung eines jeden hoch- oder höhergestellten Römers. Solche kaiserlichen Ansprachen werden im Feldzug vor den Soldaten, oft nach siegreichem Abschluß gehalten, in Rom aber vor allem nach der Ausrufung bzw. nach dem Thronantritt. Der neue Herrscher gewährt aus diesem Anlaß üblicherweise der Garde und dem Militär ein Geldgeschenk. Natürlich kann eine solche Rede vor den Soldaten auch zu anderen Zeiten

Abb. 205 Relief von der M. Aurel-Säule in Rom: M. Aurels Ansprache an die Soldaten

gehalten werden, wie wir noch sehen werden. Unsere drei Münzbilder zeigen überdies eine wesentliche Entwicklung in der Art der Darstellung an. Abb. 206 ist ein Sesterz Caligulas. Mit TR(*ibunicia*) POT(*estate*) in der Titulatur der Vorderseite gehört das Stück zu seinen ersten Prägungen nach der Thronbesteigung Mitte März 37[17]. Die Legende besagt, daß er zu den Gardekohorten spricht: ADLOCVT(*io*) / COH(*ortium*) liest man auf der Rückseite. Der Kaiser steht auf dem Podium in der Togatracht, er ist in Rom[18]. Galbas Sesterz Abb. 207, ebenfalls mit ADLOCVTIO im Revers, trägt ein viel bewegteres Bild: Soldaten in Waffen stehen vor ihm, lebhaft diskutierend, er selbst ist feldmäßig ausgestattet[19]. Galba spricht außerhalb Roms zu den Einheiten; oder aber direkt nach seiner Ankunft in der Stadt, als er, wie Sueton sagt, die Togatracht noch nicht angelegt hat[20]. Auch dieses Bild schildert eine der üblichen Antrittsansprachen. Caligula steht allein auf dem Tribunal, Galba wird von einem hohen Offizier, üblicherweise dem *praefectus praetorio*, begleitet. Die Szene ist recht lebendig gestaltet, die Soldaten stehen nicht starr ausgerichtet da, der Graveur deutet durchaus die gespannte Atmosphäre um Galba im Bürgerkriegsjahr 69 an.

Das Bronzemedaillon des Commodus[21] Abb. 208 zeigt wieder die bekannte *adlocutio*-Szene, der Kaiser steht auf dem Podium mit erhobener Rechten, dem Redegestus, wie auch auf den anderen Typen, vor den Soldaten, aber die Legende

Abb. 206–207 Sesterze: Caligula (206) und Galba (207)

bezieht sich nicht mehr auf die Szene selbst, sondern beschwört die erwünschte Wirkung der Ansprache, indem von FIDES EXERCIT(*us*), von der Treue des Heeres, die Rede ist. Die Situation, die das Bild verdeutlicht, ist jetzt, in der Mitte der achtziger Jahre des 2. Jhs., grundlegend anders geworden als im Falle der früheren Stücke Abb. 206 und 207. Das Ziel der kaiserlichen *adlocutio* ist freilich stets, sich die Treue der Soldaten zu sichern; hier kommt aber noch mehr und anderes zum Ausdruck. Man bedenke, daß zur gleichen Zeit zahlreiche Variationen des gleichen Typs sowohl auf Denaren als auch in der gewöhnlichen Aes-Prägung nachweisbar sind, daß die Gruppe der Soldaten vor dem Kaiser deutlich sichtbar auch Legionsadler mit sich führt. Es geht, besagt das Münzbild, um die gesamte Armee. Parallelstücke mit CONC(*ordia*) MIL(*itum*) beschwören sogar die Eintracht aller Soldaten[22] – die Lage wird zunehmend problematisch. FIDES EXERCIT(*us*) und CONC(*ordia*) MIL(*itum*) stellen zugleich die Wunschvorstellung des Commodus dar, denn in vielen Provinzen sind Unruhen aufgeflammt, und Verschwörungen – darunter auch für ihn gefährliche – müssen bekämpft werden[23]. Die Münzbilder zusammen mit den Legenden werden zunehmend tendenziös, ihr tieferer Sinn ist eine einzige Beschwörung. Die 'Inszenierung' selbst bleibt indessen realistisch, neu ist lediglich der Versuch, in der Darstellung zugleich Redeinhalte sichtbar werden zu lassen.

Abb. 208 Bronzemultiplum: Commodus

Abb. 209 Sesterz: Trajan

Gesandtschaftsempfänge

Kommen wir nun zu weiteren Formen der vielfältigen 'Inszenierung' der Person des Kaisers.

Wie ein Gesandtschaftsempfang im Lager, ein Empfang von fremden Königen und Fürsten, ist eine weitere Szene ausgestaltet (Abb. 209); doch die Legende auf dem Sesterz Trajans mit IMPERATOR VIII[24] belehrt uns gleich über einen anderen Inhalt der Szene. Das Bild wäre auch ohne sie erzählfreudig genug. Trajan sitzt auf einem hohen *suggestus*, militärisch gewandet, also außerhalb Roms, hinter ihm stehen zwei der begleitenden Offiziere. Soldaten unter ihren Feldzeichen haben sich vor dem Kaiser versammelt. Ungewöhnlich – und daher wohl wichtig – ist eine zusätzliche stehende Gestalt vor dem Podium, die, selbst im Militärgewand, sich den Versammelten zuwendet. Ihre Haltung entspricht in den Bestallungsszenen der der orientalischen Fürsten, die sich im Verlauf der Zeremonie vom Kaiser abgewandt den Anwesenden präsentieren. Man will anscheinend auf diesen Umstand zusätzlich zur Legende mit der VIII. imperatorischen Akklamation hinweisen. Dies gibt uns die Möglichkeit, den Hintergrund der Szene in der kargen Überlieferung des Partherkrieges Trajans[25] zu suchen, zumal die kleine Gestalt offensichtlich im nachhinein in die übliche *adlocutio*-Komposition eingefügt wurde.

Die Bestellung der Könige von Armenien stand nach römischer Auffassung seit jeher dem Kaiser zu; rechtliche Regelungen dazu gab es auch. Der Bruch erfolgt, als Großkönig Osroës nach 110 den regierenden armenischen König ab- und dessen Bruder Parthamasiris an seiner Statt einsetzt – ein Grund zum Krieg offenbar, der in Trajans Augen trotz diplomatischer Bemühungen von Seiten der Parther nicht zu beheben ist. Als im Aufmarsch zum nun anstehenden Partherkrieg der Kaiser die römische Grenze zu Armenien erreicht, läßt er die lokalen Könige zusammenrufen, um die Machtverhältnisse im römischen Sinne neu zu ordnen. Wir haben das Ergebnis bereits im Münzbild Abb. 193 mit der Legende REGNA ADSIGNATA gesehen[26]. Parthamasiris sollte vom Kaiser ebenfalls neu bestallt werden, um die alte Ordnung wiederherzustellen, doch Trajan lehnt dies ab. An dieser Stelle findet sich in den Exzerpten aus dem Geschichtswerk des Cassius Dio eine Episode, die an die hier dargestellte Szene erinnert[27]: *Zu Elageia in Armenien empfing er* (=Trajan) *den Parthamasiris; er saß dabei im Feldlager auf einem Tribunal. Zunächst begrüßte der Fürst den Herrscher, nahm sein Diadem vom Haupte und legte es zu dessen Füßen. Schweigend blieb er nun stehen und wartete, daß er es zurückerhalte. Die Soldaten aber brachen daraufhin in laute Rufe aus und begrüßten Trajan als Imperator, wie wenn er einen Sieg errungen hätte. Denn sie bezeichneten es als einen kranzlosen und unblutigen Sieg, den König, einen Nachkommen des Arsakes, einen Sohn des Pakoros und Neffen des Osroes, vor Trajan ohne Diadem, einem Gefangenen gleich, dastehen zu sehen. Über den Lärm erschrak der Fürst und meinte, es sei geschehen, um ihn zu beschimpfen, und bedeute seinen Untergang. Da wandte er sich um, als wolle er fliehen, doch als er sehen mußte, daß er von allen Seiten umstellt war, verlangte er, nicht vor der Masse sprechen zu müssen. Er wurde nun ins Zelt hineingeführt, konnte aber die Erfüllung keines seiner Wünsche erreichen.* Soweit der Bericht Cassius Dios. Die Ereignisse des Partherkrieges, Trajans Sieg über den Großkönig, der formelle Einzug Armeniens und des Zweistromlandes als neue Provinzen, die Einsetzung eines Partherkönigs von Roms Gnaden finden in der stets aktuellen Münzprägung einen breiten Niederschlag.

Commodus in der Curia Iulia

Nicht minder eigenwillig ist eine andere Münzdarstellung, die allein wegen dieser Eigenwilligkeit Beachtung verdient (Abb. 210). Commodus steht vor einer Säule mit einer Statue der Victoria mit Siegeskranz auf einem Globus. Er trägt die Toga, die Szene spielt also in der Stadt Rom. Die Statue auf der Säule erkennt man leicht, es ist die der Victoria in der Curia Iulia, dem kaiserzeitlichen Sitzungssaal des Senats, hinter den beiden curulischen Sesseln der amtierenden Konsuln, die den Vorsitz führen[28]. Der Kaiser erweist der *Victoria Romana* Reverenz, an sich eine ausgefallene Darstellung, wenn Commodus nicht der Tyrann auf dem Kaiserthron gewesen wäre. Daher sind sowohl der Zeitpunkt des Erscheinens als auch die leicht nachweisbaren Serienzusammenhänge des Sesterzes von großem Interesse. Das Reversbild ist übrigens einmalig in der gesamten kaiserzeitlichen Münzprägung.

Abb. 210 Sesterz: Commodus

Einen direkten Hinweis auf den merkwürdigen Bildinhalt finden wir in den Texten nicht. Die bisherige Erfahrung unserer Analysen hat indessen mit ziemlicher Sicherheit gezeigt, daß solche Bilder aktuell und informativ sind, also dem Betrachter eine relativ einfach verständliche Nachricht vermitteln. Unter diesem Aspekt steht die nun folgende Überlegung. Das Stück ist auf das Jahr 192 datiert, auf das letzte des Commodus[29]. Die Gestaltung des Porträts weist möglicherweise in die erste Hälfte des Jahres[30], allerdings steht die ganze Gruppe, die durch einen Stern im Revers gekennzeichnet ist, den Prägungen anläßlich der 'Neugründung' Roms wohl Mitte des Jahres[31] sehr nahe. Das Bild seinerseits besagt, daß Commodus die *Victoria Romana*, deren Statue hinter den Sitzen der Jahreskonsuln in der Curia Iulia steht, mit breiter Geste begrüßt, er begrüßt also den Senat selbst. Freundlich gesonnen war er dem Senatorenstand in den Jahren vor Entstehung dieses Bildes freilich nie; 192 indessen kann (muß?) er Wohlwollen signalisieren, denn er hat die Senatoren eingeschüchtert, sie seinem Willen gefügig gemacht. Er hat ihnen eine neue Abgabe in Gold zu seinem Geburtstag am 31. August abgepreßt[32] und sie dazu gebracht, ihrerseits dem anmaßenden Namenswechsel der nun 'neu gegründeten' Stadt Rom – sie sollte nunmehr *colonia aeterna felix Commodiana* heißen[33] – im vorauseilenden Gehorsam selbst zu folgen, wie in aller Bitterkeit der Autor der spätrömischen Kaiserbiographien berichtet[34]. Cassius Dio, senatorischer Augen- und Ohrenzeuge all dieser Ungeheuerlichkeiten, läßt seiner Verärgerung denn auch freien Lauf[35]: *So weit in seiner Verrücktheit hatte sich der Elende verstiegen. Auch seine Botschaften an den Senat pflegte er folgendermaßen einzu-*

leiten: „Der Imperator Caesar Lucius Aelius Aurelius Commodus Augustus Pius Felix Sarmaticus Germanicus Maximus Britannicus, der Befrieder des Erdkreises, der Unbesiegliche, der Römische Hercules, Pontifex Maximus, der Inhaber der tribunizischen Gewalt zum achtzehnten Male, Imperator zum achten Male, Konsul zum siebten Male, Vater des Vaterlandes entbietet den Konsuln, Praetoren, Tribunen und dem glückhaften Commodianischen Senat seine Grüße". Ob im Münzbild des Commodus Hohn, ja Verachtung mitschwingt, mag dahingestellt bleiben.

Szenen der Tradition

'Inszenierung' im modernen Sinne, ein theatralisches In-Szene-Setzen etwa von Älterem, kommt gelegentlich auch in Rom vor, wenn beispielsweise kaiserliches Wohlverhalten und Pietät im Sinne von Wahrung republikanischer Verhaltensmuster in der Herrschaft dokumentiert werden sollen. Plinius der Jüngere flicht in seine im Jahre 100 gehaltenen Lobrede an Trajan folgende Schilderung ein, als der Kaiser zu seinem 3. Konsulat im Oktober 99 nominiert wird[36]: *Ich bin verblüfft, Senatoren, nicht einmal meinen Augen oder meinen Ohren traue ich, ich frage mich selbst, ob ich es hörte oder selber sah. Der Imperator und Caesar und Augustus, dazu noch pontifex maximus stand vor dem Consul und der Consul saß, derweil der Kaiser vor ihm stand, er saß da ohne Bestürzung und ohne Angst, wie wenn das gewöhnlich so vor sich ginge. Mehr noch, der Sitzende gab dem Stehenden den Eid vor und dieser schwor, artikulierte und erklärte die Worte, mit denen er sich selbst und sein Haus dem Zorn der Götter anheimgab, sollte er je* (im Amt) *wissentlich falsch handeln.* Eine eindrucksvoll inszenierte Manifestation kaiserlichen guten Willens ganz im Sinne des Senats also, wie denn auch Cassius Dio vermerkt, daß Trajan sich um die Gunst der höheren Schichten bemühte[37].

Merkwürdiger als die Eidesleistung Trajans auf dem Marsfeld zu Rom erscheint eine andere vergleichbare Episode, die ihre Spuren auch in den Bildern hinterlassen hat. Es geht um Constantins 'Censur' 326, ebenfalls in Rom. Eine zweifellos zusammengehörende Dreiergruppe von Gold- und Silber-Multipla (Abb. 211–213), zu einem großen Teil in der stadtrömischen Münzstätte gearbeitet[38], trägt in Legende und Reversbild den ehrenden Hinweis auf die drei alten Stände, Senatoren, Ritter und Volk der Stadt Rom: SENATVS (Abb. 211), EQVIS ROMANVS (Abb. 212) und GENIVM • P[R] (Abb. 213), letzteres sogar in der beschwörenden Anrufungsform. Es geht hier um mehr als nur um die Darstellung der klassischen Stände Roms[39]; im Rahmen des zweiten Teiles der Vicennalienfeier, zum Abschluß des Festjahres 326 hält Constantin offenbar eine Schau, wie früher die Kaiser die *probatio equitum*, die Überprüfung der Ritter, auf dem Forum ab. Es gibt auch Hinweise darauf, daß er sogar den Rang eines Eques verliehen hat, da 380 dieses Privileg – offenbar auf eine Rückfrage hin – im Codex Theodosianus nochmals bestätigt wird[40]. Wie dies im einzelnen vor sich ging, wissen wir nicht[41]; die Münzbilder bringen lediglich die Stände in Erinnerung, den Senat mit dem Bild des Jahreskonsuln – Constantin führt im Jubiläumsjahr 326 zusammen mit seinem Sohn Constantius II. das Konsulat[42] – der bekränzte Kopf und die Weltkugel

Abb. 211–213 Goldmultipla: Constantin I. (211–212) – Silbermultiplum: Constantin I. (213)

signalisieren indessen den Kaiser selbst. Die EQVIS ROMANVS-Darstellung bedarf keines besonderen Kommentars; die römischen Ritter ziehen in der Schau am Forum vor dem Kaiser vorbei und grüßen ihn. Am eindeutigsten ist der GENIVM P(*opuli*) R(*omani*)-Typ mit der Genius-Gestalt, wie sie traditionell dargestellt wird, mit Mauerkrone, Füllhorn und Globus.

Ägyptische Bildersprache

Eine ganz andere Art der 'Inszenierung' zeigt die Abb. 214[43]. Es ist ein Pharao im Kopftuch und dem Ansatz der (abgebrochenen) ägyptischen Krone, aber das Gesicht ist ohne Zweifel das des Octavian/Augustus. Er präsentiert sich eindeutig als König, als Pharao von Ägypten[44], voll integriert in der dem Römer so fremden ägyptischen Auffassung von Herrschaft und Weltordnung unter Göttern, denen Rom sehr lange definitiv ablehnend gegenübersteht. Selbst die späte synkretistische Version der ägyptischen Religion, der Isis-Kult, hat es schwer, Fuß zu fassen[45]. Noch im 2. Jh. spöttelt Lukian in seinem Dialog *Die Götterversammlung* über die ägyptischen Götter in einer Weise, die nicht nur die entschiedene Ablehnung, sondern trotz voranschreitender Verbreitung auch das tiefsitzende Unverständnis weiter Kreise anzeigt. Es lohnt sich, eine längere Passage daraus zu zitieren, in der Momos, die personifizierte Tadelsucht, die ägyptischen Götter vor den Olympiern beschimpft[46]:

Abb. 214 Büste aus Karnak: Octavian

Momus: ...
Und gleichwohl, Götter, möchte das alles noch erträglich sein: aber du, ägyptisches in Leinen eingewickeltes Hundegesicht, wer bist du, mein feiner Herr, und wie kommst du dazu, daß du dich unter die Götter einbellen zu können glaubst? Und was will der memphitische gefleckte Bulle dort, daß er Kniebeugungen annimmt, Orakel spricht und Propheten im Solde hat? Ich schäme mich auch noch der Ibis und Affen und Böcke und anderer noch abeschmackterer Götter zu erwähnen, die uns aus Ägypten, ich weiß nicht wie, in den Himmel eingestopft worden sind: aber wahrlich, wie ihr andern Götter geduldig zusehen könnt, daß das alles ebensoviel und noch mehr als ihr selbst angebetet wird, oder wie du, Jupiter, leiden kannst, daß sie dir Schafbockshörner aufsetzen – das geht über meinen Begriff.
Jupiter:
Was du von den Ägyptiern meldest, ist in der Tat schändlich. Indessen steckt doch in diesen Dingen meistens ein geheimer Sinn, und wer nicht initiiert ist, sollte sich schlechterdings nicht herausnehmen, darüber zu lachen.
Momus:
Also brauchen wir wohl am Ende noch gar Mysterien, um zu wissen, daß Götter Götter und Hundsköpfe Hundsköpfe sind?

Jupiter sind dann bei Lukian die Argumente für die Fortführung der Diskus-

Abb. 215 Relief im Tempel von Esna

sion ausgegangen, denn er weigert sich, noch weiter über Ägyptisches zu sprechen; der beißende Spott bleibt so unangefochten im Raum stehen.

Der König ist in ägyptischer Sicht[47] Sohn und Bild des Schöpfergottes Amun-Re, ist aber auch den anderen Gottheiten ähnlich, eine Wesensverwandtschaft, die ihm zum 'Bild der Götter' schlechthin macht. 'Pharao ist nicht Gott, aber solange noch ein Rest der ursprünglichen Wirklichkeit des Königtums in Ägypten lebendig bleibt, ist er ein Zeugnis für die wirkende Mächtigkeit des Schöpfergottes in dieser Welt.' Er ist von Geburt an zur Herrschaft bestimmt[48]. Ägypten kann nicht anders als im Sinne der eigenen Gedankenwelt wirklich beherrscht werden[49], das sieht schon Octavian ganz realistisch und präsentiert sich den ägyptischen Untertanen als Pharao in klassisch-ägyptischer Form[50]. Denn daß es sich im Falle

Abb. 216 Relief im Tempel von Esna (Zeichnung)

der Abb. 214 um ein frühes Octavian/Augustus-Porträt handelt, steht schon aus ikonographischen Gründen außer Frage[51]. Der Kopf kann in die erste Zeit um oder kurz nach 30 v.Chr. datiert werden, als sich Octavian nach der Niederlage Kleopatras und M. Antons als der neue Herrscher Ägyptens den ägyptischen Untertanen vorstellt. Es ist in der Tat wahrscheinlich, daß die Plastik in Alexandria entstanden ist[52]; daher kommt wohl die angestrebte physiognomische Ähnlichkeit, eine hellenistische Tendenz die auf den ägyptischen Tempelreliefs nicht notwendig ist[53].

Man kann also alles in allem sagen: In Ägypten, für Ägypter sprechen die römischen Kaiserbilder ägyptisch. Selbstverständlich werden die zur Herrschaft notwendigen Rituale eingehalten, so merkwürdig sie auch immer für Griechen und Römer erscheinen mögen. Vor allem gilt dies für das die Legitimation des Pharao entscheidende Geburtsritual auf den Darstellungen in den Geburtskapellen, der Mamisi. Auch die römischen Kaiser werden, wie vor ihnen etwa Alexander der Große, als Söhne von Amun-Re offenbart[54]. Man sieht sie die gleichen Riten durchführen, die die Vorgänger-Pharaonen auch zelebrierten. Als ein Beispiel unter zahlreichen anderen steht hier ein Säulenrelief aus dem Tempel von Esna (Abb. 215), in dem Hadrian in der traditionellen Art als Pharao vor dem Gott Chnum dargestellt ist[55]. Außerhalb Ägyptens, außerhalb ägyptischer Zusammenhänge, wäre das Bild gewiß problematisch, wohl auch wenig sinnvoll, weil es nur dort verständlich, mehr noch, rituell begründet ist. Eine Ähnlichkeit mit der dargestellten Person ist, wie bereits gesagt, in diesem Zusammenhang nicht notwendig. Es geht um den Pharao namens X, nicht um eine bestimmte Person. Da aber der Name – in einer Kartusche beigefügt – für den Römer jedenfalls mit dem Träger untrennbar zusammenhängt, praktiziert man den römischen Brauch der Tilgung des Bildes infolge *damnatio memoriae* gelegentlich auch an ägyptischen Tempelreliefs. In Esna wird beispielsweise in der ortsüblichen Art ein Opfer von

Abb. 217 Relief von der Trajanssäule in Rom: Trajan und Licinius Sura

Septimius Severus, Julia Domna, Caracalla und Geta zu Ehren der Ortsgottheiten Chnum, Nebtu und Heka wiedergegeben – Getas Gestalt ist im Bilde aber getilgt, nur noch in Konturen zu erahnen (Abb. 216)[56], da er nach dem Willen Caracallas der Ächtung anheimgefallen ist.

Als ein relativ seltenes Beispiel ägyptischer Herrscherdarstellungen außerhalb Ägyptens dürfte der Obelisk Hadrians zu Ehren des im Nil ertrunkenen Antinous gelten, der seit 1822 auf dem Pincio in Rom steht[57]. Hadrian erscheint im Relief als Pharao in Schurz und Kopftuch vor den Göttern, er wird im Text als ... *Erbe* (= des Gottes Re-Harmachis, der angerufen wird), *das Abbild dessen, der [ihn] schuf, der geliebte Sohn, der König von Ober- und Unterägypten ... der vom Nil und allen Göttern [geliebte] Herr der Diademe [Hadrianus Caesar], der lebt, heil und gesund ist, der ewig lebt* ... angesprochen. Der Obelisk gehörte ursprünglich zum Grab oder zum Kenotaph des Antinous an der Via Labicana[58]. Da sein Kult an der Stätte seines Todes in Ägypten eingerichtet wurde, ist verständlich, daß die Grabstätte *in dem Grenzfelde von Rom* – so die Obelisk-Inschrift – nach ägyptischem Ritual ausgestattet war. Dieser Fall bleibt aber unter vergleichbaren Kaiserdarstellungen außerhalb Ägyptens alles in allem eine Ausnahme.

Nur ergänzend sei darauf hingewiesen, daß in Ägypten, gerade auch in Alexandria, eine Reihe der üblichen Herrscherbildnisse nachweisbar ist, nicht anders als in den übrigen Provinzen des Imperiums auch. Diese richten sich in ihrer Art vor allem an die nichtägyptischen Untertanen vor Ort[59].

Trajan und sein Freund Sura

Die 'Inszenierung' der kaiserlichen Personen ist stets offiziell. Es versteht sich von selbst, daß private Elemente darin keinen Platz haben, haben können[60]. Eben deswegen fällt unsere Abb. 217 ins Auge; es ist ein Ausschnitt aus der langen Bilderfolge der Trajanssäule[61]. Verständlich wird die Darstellung, wenn man sich vergegenwärtigt, daß die Bilderzählung beider Dakerkriege die persönliche Haltung und Gestik Trajans stets sehr deutlich wiedergibt[62]. Diese persönliche Haltung kommt hier auffällig zum Tragen. In einer *adlocutio*-Szene steht neben Trajan, im vertrauten Gespräch mit ihm[63], wohl sein *comes*, Begleiter, und Freund L. Licinius Sura[64]. Das Bild drückt auf seine Weise aus, was uns aus dem Geschichtswerk Cassius Dios über ihn berichtet wird[65]: *Indessen stand er zu Trajan in einem so engen wechselseitigen Freundschafts- und Treueverhältnis, daß ihm der Kaiser trotz vielfältiger Verleumdungen … niemals mißtraute und auch keinen Haß auf ihn warf. Im Gegenteil, wenn Suras Neider ihm besonders heftig zusetzten, dann begab sich Trajan uneingeladen zum Essen in sein Haus, schickte die gesamte Leibgarde fort … tags darauf aber erklärte er seinen Freunden, die unausgesetzt etwas Abträgliches über Sura zu erzählen hatten: „Wenn Sura den Wunsch hätte, mich umzubringen, gestern hätte er mich umbringen können“.* Selten kommen Bild und Bericht bei aller Schlichtheit so überzeugend in Deckung, wie in diesem Fall.

'Bild und Bildersprache' der römischen Kaiser in der Spätantike

Will man den Begriff 'Spätantike' hier heranziehen, so folgt man der heute üblichen Periodisierung in der Geschichtsschreibung: Sie trennt die Krise des 3. Jhs. von der Reorganisation des Reiches seit dem letzten Viertel des gleichen Jahrhunderts, die deren Folge war. Die Stadt Rom hat inzwischen ihre Führungsrolle de facto eingebüßt; die Kaiser – es gibt nun regelmäßig mehrere im Rahmen von Kaiserkollegien – residieren andernorts. Mehr noch, sie wechseln häufig ihre Residenzorte. Damit entsteht ein für die hier durchzuführende Analyse besonders schwieriges Problem. Rom hat als eigentliche Kaiserresidenz eine doch beachtliche Menge an verwertbarem Material für herrscherliche Mitteilungen in Form von Bildern geliefert, andere Fundorte steuerten Ergänzungen bei, die Texte boten noch Weiteres zum Verständnis der Monumente. Die neuen Residenzen Treveri-Trier, Mediolanum-Milano, Aquileia, Sirmium-Mitrowitza, Thessalonica-Saloniki, Constantinopolis-Byzanz-Istanbul, Nicomedia-Ismit, Antiochia am Orontes-Antakyé – um nur einige in der geographischen Reihenfolge von West nach Ost zu nennen – sind bis auf einige Ausnahmen höchstens punktuell erforscht. Wir kennen ihre Ausstattung als Residenzen in der Spätantike viel zu wenig. Von kaisernahen, in seinem Sinne entworfenen großen und kleinen Monumenten stehen uns kaum welche zur Verfügung, nur Münzen gibt es nach wie vor in ununterbrochenen Serien. Texte, die zu ihrer Erklärung beitragen könnten, sind auch nicht immer ergiebig.

Übergang zur Spätantike

Um die Eigenart der spätantiken Sicht einigermaßen zu fassen, bleibt, so wie die Dinge liegen, nichts anderes übrig, als einige ausgewählte Monumente in chronologischer Ordnung durchzuschauen, um so zu weiterführenden Folgerungen zu kommen.

Eine der jüngsten, noch vorkommenden *adlocutio*-Darstellungen feiert Constantins Sieg an der Milvischen Brücke im Norden Roms über Maxentius am 28. Oktober 312 (Abb. 218). Des Kaisers Begleitung bei der Ansprache bildet die Victoria als sinnfälliger Hinweis auf die Ereignisse. Die Soldaten wurden mit ihren Pferden übereinander angeordnet, um Tiefe anzudeuten. Wie gelegentlich schon früher[1], wird auch in diesem Falle nicht mehr nur die Szene an sich kenntlich gemacht, die schlichte Tatsache einer kaiserlichen Ansprache. Die Legende lautet vielmehr SALVS REI-PVBLIC-AE, *Heil der res publica*. Rettung, Errettung vor

Abb. 218 Silbermultiplum: Constantin I.

Tyrannei und Willkür ist die offizielle Lesart, Bild und Legende illustrieren nicht das Geschehen allein, sie geben den Tenor der kaiserlichen Siegesansprache wieder. Einer der Lobredner der Zeit, Nazarius mit Namen, wird wenige Jahre später barocke Wendungen dafür finden[2], wenn er Constantins triumphalen Einzug anderntags nach dem Sieg vor den Toren Roms schildert: *Jawohl, alle sahen* (im Zuge) *die unterjochten Scharen der Laster, die die Urbs ehedem belagert haben. Die Sünde gezähmt, die Perfidie besiegt, die Tollkühnheit ohne Selbstvertrauen, die Unverschämtheit in Ketten. Die gefesselte Raserei und die bluttriefende Grausamkeit knirschten in leeren Drohungen mit den Zähnen; die Hoffart und die Anmaßung besiegt, die Schwelgerei bezwungen, die Zügellosigkeit in eisernen Fesseln gebunden lagen da.* Dies alles ist die *salus reipublicae* der Münzlegende. Die Inschrift auf dem Constantinsbogen[3] sagt dies schlichter, doch sinngemäß ähnlich: Senat und Volk von Rom widmen Constantin den Triumphbogen, weil er Rom sowohl vom Tyrannen als auch von allen seinen Parteigängern zugleich befreit und es mit seinen gerechten Waffen gerächt hat. Der Lobredner Nazarius sieht die bösen Eigenschaften als solche, nicht ihre Träger in der Gefolgschaft des besiegten Tyrannen Maxentius, Personifikationen, nicht Personen.

Eine Frage bleibt freilich unbeantwortet – unbeantwortbar? – im Raume stehen. Waren alle diese Personifikationen auch tatsächlich im Zuge zu sehen, als Constantin am Tag nach dem Sieg, am 29. Oktober 312, im Triumph in Rom einzieht? Der Gedanke ist verlockend und hat sogar einige Wahrscheinlichkeit für sich. Nazarius[4] spricht 321, zum 15jährigen Regierungsjubiläum Constantins offenbar in Rom, keine neun Jahre sind seit dem Geschilderten vergangen. Er muß sich wohl korrekt an die Gestaltung des Zuges halten, denn viele erinnern sich noch daran. Man mag 312 dem römischen Stadtvolk auch eine sichtbare Begründung für Bürgerkrieg und Sieg geboten haben wollen, so wie in anderen Triumphaufmärschen die Geschichte des siegreich beendeten Feldzugs in lebenden Bildern dokumentiert wurde. Der Zug ist ohne Zweifel im Stile früherer Triumphe gestaltet, auch wenn die Inhalte verschieden sind. Trotzdem, bei aller Wahrscheinlichkeit muß diese Frage unbeantwortet bleiben.

Abb. 219 Goldmultiplum: Constantius II.

Aufkommen der Frontalität und der zeremoniellen Starre

Die wohl letzten Darstellungen eines *adventus*, eines feierlichen Einzugs des Kaisers, sieht man auf einem neunfachen solidus Constantius' II.[5] und auf dem Parallelstück mit stempelgleicher Vorderseite, aber mit der Darstellung der beiden kaiserlichen Brüder Constantius II. und Constans[6]. Die Stücke wurden wohl 343, zum 20. Regierungsjubiläum Constantius' II. geprägt (Abb. 219 und 220)[7]. Der *adventus* hat bereits im Laufe des 3. Jhs. triumphalen Charakter angenommen[8]. Dem entspricht die Ausstattung der Rückseitenbilder: das triumphale Sechsergespann und Victorien, die mit Kranz und Palmzweig den Kaisern zufliegen. Beide

Abb. 220 Goldmultiplum: Constantius II.

Abb. 221 Silberschale aus Kertsch

tragen Triumphalgewänder, in der linken Hand die Weltkugel, die rechte ist zum Gruß erhoben, die Häupter umgibt der Nimbus. Neu und ungewöhnlich ist die Starre, aber auch die Frontalität der Kaiserdarstellung. Die Komposition wirkt wegen der Fülle dekorativer Details etwas überladen.

Von gleicher Art – zeremonielle Starre und Siegerpose – ist das Niello-Ritzbild Constantius' II. auf einer Silberschale, die heute in der Ermitage in St. Petersburg liegt (Abb. 221)[9]. Sie wurde 1891 in Kertsch gefunden. Der Kaiser wendet sich höchst unnatürlich frontal dem Betrachter zu, blickt gleichsam aus dem Bild heraus. Die größere Fläche erlaubt mehr durchaus interessante Details. Eine Victoria eilt auf den Kaiser zu, ihr Siegeskranz ist mit einer zentralen Gemme geschlossen[10]. Die Begleitung wird mit einem einzigen Gardesoldaten angedeutet, der Schild trägt das Christusmonogramm. Unter den Hufen des kaiserlichen Reitpferdes ahnt man, mehr als man ihn sieht, einen besiegten Feind, zu Boden gesunken, sein Schild liegt verlassen da. Die beherrschende Impression des Bildes ist freilich die Frontalität der Kaiserdarstellung.

Eben diese starre Frontalität erinnert an den Bericht des Ammianus Marcellinus über den Einzug des gleichen Constantius II. 357 in Rom[11]: *Sooft er durch eins der hohen Tore fuhr, bückte er sich, obwohl von kleiner Statur, sonst richtete er wie mit gepanzertem Hals den leuchtenden Blick geradeaus und wandte das Gesicht weder nach rechts noch nach links. Wie ein menschliches Standbild schwankte er nicht, wenn ein Rad einen Stoß verursachte, und er spuckte nicht aus und rieb oder wischte sich nicht die Nase und nie sah man ihn auch nur eine Hand bewegen.* Text und Bilder decken sich hier.

Die beiden neunfachen *solidi* (Abb. 219–220) sind auch aus einem weiteren Grund interessant. Die Legenden beider Seiten, der Vorder- und der Rückseiten, haben Vorstellungscharakter. Im Falle der – hier stempelgleichen – Vorderseiten gesellt sich zur großen Büste im Diadem mit Victoriola und erhobener rechter Hand wie üblich Name und Titulatur des Münzherrn: D(*ominus*) N(*oster*) CONSTANTIVS – MAX(*imus*) AVGVSTVS; dann aber heißt es auf der Rückseite zum Triumphalbild Abb. 220 wieder: DD(*omini*) NN(*ostri*) CONSTANTIVS ET CONSTANS AVGG(*usti duo*). Beide repräsentativen Goldstücke sind in Antiochia, in der Regie Constantius' II. entstanden. So bringt die Rückseite des Typs, der alleine ihm gewidmet ist (Abb. 219), nochmals eine erweiterte Titulatur mit D(*ominus*) N(*oster*) CONSTANTIVS VICTOR SEMPER AVG(*ustus*), sein *immer sieghaftes* Wesen betonend, womit der jüngere Bruder Constans eindeutig auf die zweite Stelle verbannt wird. Auf der Rückseite wurde traditionell das Wirken des Kaisers für die *res publica* in Bild und Legende dargestellt, nun kommt es ganz anders. Das Thema des Reversbildes ist oder sind nunmehr der bzw. die Kaiser selbst, ihrem Wesen gemäß sieghaft. Nicht mehr ihr Tun und Wirken geben den Inhalt des Münzbildes ab, das Thema ist nur noch der/die Kaiser selbst und das hohe Amt.

Erzählerische Bilder werden seltener

Damit wird ein gewaltiger Wechsel im Inhalt kaiserlicher Bild-Mitteilungen offenbar. Die Vorderseitenbilder auf den Münzen waren im Prinzip stets mit den Kaiserporträts, den plastischen Köpfen und Büsten vergleichbar, jene auf den Rückseiten aber mit den historischen Reliefs und sonstigen einschlägigen Bildern. Man konnte sie, wie unsere bisherigen Beispiele und Analysen zeigen, bestens für die Dokumentation des Wirkens und Waltens des Kaisers für die *res publica* in Krieg und Frieden heranziehen, für sein charismatisches Wesen, für seine Familie oder die Dynastie. Nun ist dies alles nicht mehr gültig; der alleinige Inhalt der Bilder ist fortan der charismatische Kaiser selbst und sein Amt, man sieht ihn in starrer Frontalität thronend, stehend, ebenso frontal und unbeweglich – gleichsam aus dem Bild heraus – dem Betrachter zugewandt und gelegentlich, wie wir eben gesehen haben, hoch zu Roß oder im Wagen. Die Entwicklung der Bilder in diese Richtung kann man einigermaßen nachzeichnen.

Man hat auch früher schon den Kaiser allein im Rückseitenbild von Münzen dargestellt. Dies geschieht vor allem dann, wenn er das Jahreskonsulat übernimmt. Unsere Abb. 222 und Abb. 223 zeigen Postumus auf dem Amtssessel sitzend, der *sella curulis*, und Maximianus Herculius stehend, beide mit Globus und Zepter auf *aurei* von 264 bzw. 302[12]. Keiner von ihnen blickt indessen frontal aus dem Bild heraus, sondern sie wenden den Kopf leicht nach links, wie es die natürliche Haltung erfordert. Der Typ selbst ist im 3. Jh. neu und bleibt eher selten. Er deutet auch hier Tätigkeit, Dienst an der *res publica* im höchsten Amt nächst der Kaiserwürde an. In der Periode der Tetrarchien und in der ersten Häfte der Regierung Constantins, um die Wende des 3. zum 4. Jh., kommt er dann wiederholt vor (Abb. 224)[13]. In einem solchen Bild zum IV. Konsulat 315 (Abb. 225) legt Constantin

Abb. 222–223 Aurei: Postumus (222) und Maximianus Herculius (223)

Abb. 224–225 Solidi: Constantin I.

sitzend seine Hand auf den *zodiacus*, den Tierkreis mit den Sternzeichen, als Weltenherrscher[14]. Noch sind die Münzbilder abwechslungsreich, lebendig erzählfreudig[15]; sie feiern die Taten, das Wirken der Herrscher. Selbst kleinere Verwaltungsmaßnahmen finden gelegentlich einen Bildkommentar. Dafür ein Beispiel. Die Prägetätigkeit in Ostia wird 313 eingestellt, nachdem Italien nunmehr in das Teilreich Constantins eingegliedert wurde. Das Bild auf dem *follis* (Abb. 226)[16] ist bei aller Knappheit höchst informativ: Der Kaiser, militärisch gekleidet und mit der Victoriola in der linken Hand, hilft der personifizierten Münzstätte – einer Frauenfigur mit der zweiarmigen Waage – vom Schiff aufs Land. Der Umzug von Ostia nach Arelate-Arles in Südfrankreich wurde zu Wasser durchgeführt. Die Legende gibt die Erklärung für die Maßnahme an; auch hier wird also nicht so sehr das Ereignis allein, sondern sein Sinn charakterisiert. Sie heißt VTILITAS – PV-B-LICA, wörtlich *Gemeinnutz*. Ein Parallelstück, Abb. 227[17], trägt ein ähnliches Reversbild: Eine Frauenfigur mit der Mauerkrone auf dem Kopf und einer Fahne in der Hand hilft der Providentia-Gestalt mit dem Füllhorn im Arm vom gleichen Schiff aufs Land. Sie wird als Stadtgöttin vorgestellt; daß es dabei um Arelate geht, ist klar. Um das zu unterstreichen, führt sie das *vexillum* mit, denn sie hat eine Kaiserresidenz mit den Garden in ihren Mauern. Die Legende huldigt der weisen Voraussicht, der alles bedenkenden Vorsorge der beiden Kaiserkollegen Constantin und Licinius mit PROVIDE-NT-IAE AVGG(*ustorum duorum*), ein Zeichen zeremoniellen Entgegenkommens des ersteren[18] an den Mitregenten.

In diesen Jahren im zweiten Jahrzehnt des 4. Jhs. bleibt die Goldprägung immer noch erzählerisch; selbst die GLORIA ROMANORVM – *Ruhm der Römer* – eine allgemeine, im Inhalt jedoch blasse Aussage, wird wie eine kleine Genreszene im Münzbild formuliert (Abb. 228)[19]: Der Kaiser sitzt auf einem mit eroberten

Abb. 226–227 Folles: Constantin I.

Abb. 228 Goldmultiplum: Constantin I.

Waffen umgebenen Sitz, wendet sich der nahenden Victoria zu, die ihm den Globus, Zeichen der Herrschaft und des Sieges, darbringt. Die Vicennalien 325/326 werden mit GAVDIVM AVGVSTI NOSTRI – *Freude unseres Herrschers* – parallel zu den Decennnalien der Caesaren gefeiert (Abb. 229), Flügelgenien tragen eine Girlande mit zentralem Edelsteinschmuck, eine deutliche Anspielung auf den gemmengeschmückten Kranz des Kaisers und damit auf seine durch das Jubiläum bestätigte charismatische Herrschaft. Dieses *gaudium publicum* bedeutet in der Spätantike sehr viel[20], offenbar verlangt man aus diesem Anlaß auch Sonderabgaben von der Bevölkerung. Erst die Valentinianische Dynastie in der zweiten Hälfte des 4. Jhs. verfügt wiederholt in strenger Form, daß nur freiwillige Gaben bei solchem 'freudigem Anlaß' im Kaiserhause statthaft sind, was immer unter der Freiwilligkeit hier zu verstehen ist. Die Vorschrift Gratians vom 2. Februar 383 spricht von Anlässen wie dem Ende eines Krieges, vom Sieg, aber auch vom Kaiserkonsulat und vom Besuch des Herrschers[21]. Zweifellos gehören auch die feierlichen Vota, die Kaiserjubiläen, dazu. Noch 325–326 begleiten also die Münzbilder einigermaßen variabel das Hofgeschehen.

Das neue Bild des Kaisers

Das Kaiserbild, erstarrt in ikonenhafter Frontalität, in seiner Macht, im Herrscheramt, durch das Herrscheramt charismatisch überhöht, erscheint, kurz nachdem Constantin die Alleinherrschaft 324 erlangt und seine Vicennalien gefeiert hat. Ab etwa 326–27 gibt es auf den immer reichlich fließenden Goldprägungen, vor allem auf den großen vielfachen Stücken, kein anderes Thema mehr als den Kaiser selbst, nicht mehr seine Tätigkeit zum Wohl der *res publica*. Eines der letzten Beispiele von repräsentativen Münzbildern, die eine kaiserliche Aktivität zum Thema haben, ist das vielfache Goldstück Abb. 238. Es ist durch die Vorderseite

Abb. 229 Goldmultiplum: Constantin I.

recht gut um 328 zu datieren; der *solidus*, der die Fertigstellung der strategisch wichtigen Donaubrücke in dem Jahr mit den Namen des Brückenkopfes CONSTANTINIANA DAFNE feiert[22], trägt den gleichen Büstentyp. Das Reversbild PIETAS AVGVSTI NOSTRI signalisiert das hilfreiche Eingreifen zum Nutzen eines Landstriches infolge eines Sieges und der militärischen Absicherung. So kann man die Szene am einfachsten deuten; der Kaiser hilft der personifizierten Landschaft auf die Füße, empfohlen von der Virtus, und Victoria hält ihm den Siegeskranz über das Haupt.

Thronbilder kommen plötzlich auf, werden häufig, wie beispielsweise Abb. 230[23]: Constantin sitzt in der Mitte des Bildes auf einem Stufenpodest im Nimbus auf einem hochlehnigen Thron, der ehedem der Thron höchster olympischer Götter war, streng nach vorne ausgerichtet, rechts und links blicken seine Söhne stehend zu ihm auf. Die Legende SALVS – ET SPES REPVB-LICAE – *Rettung und Hoffnung der res publica* – faßt das neue Selbstverständnis schlagend in wenige Worte[24]. Es ist m.E. durchaus wahrscheinlich, daß dieser schroffe Wechsel in der Auffassung des Herrscheramtes, die Überhöhung, die absolute, fast könnte man sagen, übermenschlich-unangreifbare Starre mit der Familientragödie im Constantinischen Hause in Zusammenhang steht, der sowohl der älteste, fähigste

Abb. 230 Goldmultiplum: Constantin I.

Kaisersohn Crispus als auch die Kaiserin Fausta 326 zum Opfer gefallen sind[25]. Klar ist auf jeden Fall, daß nach diesem Zeitpunkt im Rahmen der kaiserlichen Bildersprache nur noch diese eine Art Darstellung erscheint.

Das Missorium von 388

Eines der eindrucksvollsten Bilder der Spätantike trägt das Silbermissorium Theodosius' I. in Madrid (Abb. 231), ein vollendetes, dazu noch gut datiertes Beispiel der damaligen Tendenzen der Hofkunst[26]. Als Kaisergeschenk wurde die im Durchmesser 74 cm große reliefierte Silberplatte zum 10. Regierungsjubiläum Theodosius' I., im Januar 388 aktuell, also wohl in der zweiten Hälfte des Jahres 387 hergestellt. Das Datum ergibt sich aus der fein gravierten Beschriftung rund um den Außenrand der Platte: D(*ominus*) N(*oster*) THEODOSIVS – PERPET(*uus*) AVG(*ustus*) – OB DIEM F-ELICISSIMVM X(*decennaliorum*). Sie ist im Nominativ abgefaßt und stellt Kaiser und Anlaß gleichsam vor, das 10. Regierungsjubiläum, einen Glückstag für den immerwährenden Augustus. In der Tat, die zentrale Gestalt ist Theodosius I., er thront auf einem *suggestus*, einem Podium, in der Mitte des Bildes im Nimbus und im Perlendiadem; er wird noch durch den architektonischen Hintergrund hervorgehoben, durch einen Bogen, der auf vier Pilastern ruht und eine feine Timpanon-Lösung aufbricht. Wir befinden uns offenbar im großen Thronsaal[27], dessen Beschreibung durch Corippus anläßlich des Empfangs einer Gesandtschaft der Awaren in Constantinopolis gegen Ende November 565 durch Kaiser Justinus II. auffallend ähnlich lautet[28]: *Der Thron des Kaisers adelt die Mitte des geheiligten Raumes, um ihn stehen vier mächtige Säulen, darüber ein Baldachin aus schwerem Gold, dem hohen Himmelsgewölbe vergleichbar, das das ewige Haupt und den Sitz des Thronenden beschattet, den edelsteinverzierten, purpurnen und goldenen*

Abb. 231 Silbermissorium des Theodosius I. in Madrid

Thron. Vier einander verbundene Bögen bilden den Baldachin. Links wie rechts schweben in der Höhe Victorien, die Flügel ausgebreitet, in der aufscheinenden Rechten Lorbeerkränze. Anhand des Bildes auf dem Missorium können wir die Beschreibung des Corippus noch präzisieren, wenn es sich denn um den von ihm beschriebenen Thronsaal handelt. Die beiden Genien in den Zwickeln neben dem Bogen bieten dem Kaiser die Kränze auf verhüllten Händen dar, wie es sich am Hofe geziemt. Neben ihm bzw. etwas hinter ihm thronen zur rechten Hand der ältere, zur linken, noch weiter zurück, der jüngere Mitregent, Valentinian II. und Arcadius, außen stehen Gardesoldaten. Wegen der Bruchlinie weniger gut sichtbar ist freilich ein weiteres zentrales Motiv der Thronszene: Theodosius überreicht einem hohen Würdenträger – gekennzeichnet mit einer Zwiebelknopffibel an der rechten Schulter und dem viereckigen Emblem auf dem Mantel – ein Diptychon. Dieser nimmt es mit verhüllten Händen entgegen, wie das Zeremoniell es gebietet. Betrachtet man die Gesamtkomposition, so ist dieser Teil zentral, er wird zusätzlich durch die Position in der ersten Ebene hervorgehoben. Es besteht gar kein Zweifel darüber, daß da eine kaiserliche Verfügung auf den Weg gebracht wird – doch welchen Inhalts? Es geht, wie die Beischrift klar sagt, um die Decennalien Theodosius' I. Das Diptychon dürfte die Verkündung der Decennalien, des damit verbundenen *gaudium publicum* zum Inhalt haben[29], sie wird stets an die *praefecti praetorio*, an die höchsten Territorialbeamten der Spätzeit, gerichtet. Wollte man die Hypothese noch weiter entwickeln, könnte man durchaus meinen, es ginge um den *praefectus praetorio Orientis* Cynegius, der seit Anfang Januar 384 das Amt innehat und noch am 14. März 388, also nach dem Beginn der Decennalienfeier am 19. Januar des Jahres als Inhaber dieses höchsten Amtes im Zivildienst genannt wird[30].

Im unteren Drittel der Komposition sieht man in einer knapp angedeuteten Landschaft die liegende Figur der Terra Mater mit kleinen Flügelgenien, eine leicht verständliche Anspielung auf die *saeculi felicitas*, die *Glückseligkeit der Zeiten*, unter dem Regime des Kaisers Theodosius I.

Eminent spätantik ist diese offizielle Kaiserdarstellung dadurch, daß alle drei Herrscherfiguren in starrer, erhabener Frontalität dargestellt sind, die begleitenden Gardesoldaten weisen mit Blicken und leichter Wendung ihres Körpers auf sie hin. Theodosius I. selbst schaut starr aus dem Bild heraus, er wendet sich in keiner Weise dem leicht gebückt stehenden Würdenträger, dem er seine Verfügung überreicht, zu, wie es vom Ablauf des Geschehens her zu erwarten wäre. Nimbus und Schrift waren ursprünglich vergoldet[31], so hebt man die hohen Personen noch einmal optisch hervor.

Die Platte wurde 1847 unweit der Stadt Almendralejo, 29 km südlich von Merida in Spanien, gefunden und ist heute in Madrid in der Real Academia de la Historia aufbewahrt. Es besteht gar kein Zweifel, daß sie ein Geschenk des Kaisers Theodosius I. an einen hochrangigen Würdenträger, vielleicht auch an einen Barbarenfürsten darstellt. Es wäre verlockend anzunehmen, daß es einem der hispanischen Weggefährten dieses aus Cauca in Nordwestspanien gebürtigen Herrschers geschenkt wurde. Ebensogut möglich ist aber, daß das Stück einem (germanischen) Fürsten in römischen Diensten oder außerhalb der Grenzen gehört hat. Germanische Scharen erreichen bereits 411 von Gallien kommend die iberische Halbinsel, auch das Gebiet, aus dem der Fund – zusammen mit zwei verschollenen Silberbechern – stammt. Eine so repräsentative Platte hätte ebenso gut ein Paradestück eines germanischen Königsschatzes sein können.

Der kaiserliche Porphyr

Der Porphyr gilt als insignienhaftes Material in der Spätantike, obwohl ein direkter Vorbehalt zugunsten des Herrscherhauses nirgends in letzter Konsequenz überliefert ist[32]. Die Purpurfarbe und die Härte des Gesteins, die an die Ewigkeit gemahnt, legt dies freilich nahe, ebenso seine relative Seltenheit. Ein einziges Beispiel soll als Hinweis darauf dienen. Abb. 232 zeigt eine Panzerstatue aus Porphyr in Turin[33]. Der Kopf fehlt, dennoch ist die Zuweisung an einen Kaiser sicher: Das Gorgoneion, das Haupt der Medusa ist ihm als Insignie vorbehalten[34]. Die Statue ist in etwa dreiviertel-lebensgroß. Sie erinnert an die beiden Porphyrgruppen an der Ecke der Schatzkammer von S. Marco in Venedig (Abb. 189); auch die Aus-

Abb. 232 Porphyr-Panzerstatue in Turin

rüstung ist den dort sichtbaren Teilen ähnlich. Zudem kommt die Edelsteinverzierung des Gürtels und des Schwertriemens der des Throns einer überlebensgroßen Porphyr-Sitzstatue aus Alexandria sichtlich nahe. Diese gilt als eine Darstellung Diocletians[35]. So kommen wir insgesamt in die Anfänge des 4. Jhs. R. Delbrueck sieht in weiteren zwei unterlebensgroßen Statuen in Wien und in Berlin direkte Verwandte des Turiner Stücks, obwohl diese beiden die kaiserlichen Personen in voll entfalteten Mänteln darstellen, über denen die Kaiserfibel mit den drei Hängeperlen recht gut zu sehen ist[36]. Zwei der drei kommen aus Alexandria, die Panzerstatue in Turin jedenfalls aus Ägypten. Dennoch ist eine direkte Zusammengehörigkeit kaum denkbar, die Bekleidung signalisiert stets eine bestimmte Situation, in der die kaiserlichen Personen dargestellt werden. Die unterschiedliche Aufmachung läßt also die Konstruktion einer Gruppe von constantinischen Kaisersöhnen zwischen 324 und 337 – so Delbrueck – wohl kaum zu. Wahrscheinlich ist lediglich die Datierung der Panzerstatue in die ersten Jahrzehnte des 4. Jhs., da sie, wie bereits gesagt, der Gruppe der Tetrarchen in Venedig in manchem Detail nahesteht. Doch wer der dargestellte Kaiser sein soll, ist kaum zu beweisen. Ägypten wurde in den Anfängen des 4. Jhs. von 305 bis 324, als die Statue möglicherweise entstanden ist, nacheinander von Galerius, Maximinus Daia, dann von Licinius beherrscht; die zwei letztgenannten verfielen der Ächtung. Diese konnte stets auch durch den Austausch der Köpfe auf den Statuen – zumal bei so kostbarem Werkmaterial wie Porphyr – vollzogen werden[37]. Einer dieser Kaiser könnte dargestellt gewesen sein. Eine sichere Benennung ist also, so wie die Dinge liegen, nicht möglich.

FELICIA TEMPORA – glückselige Zeiten

Nach den 20er Jahren des 4. Jhs., als der grundlegende Wandel der Kaiserdarstellung in die charismatische Immanenz, zur 'byzantinischen' Frontalität hin schroff und unabänderlich vollzogen wird, erlischt auch die lebendig-narrative Art der herrscherlichen Bildersprache. Man kann dies besonders gut auf den schnell wech-

Abb. 233–234 Aes: Constans (233) und Constantius II. (234)

selnden Münzbildern beobachten. Die repräsentativen Goldprägungen erzählen nicht mehr vom Wirken des Kaisers für die *res publica*, ihr alleiniges Thema ist der Herrscher selbst und sein Amt, wie bereits gesagt. Die eher unscheinbaren Bronzemünzen erinnern gelegentlich noch mit Siegesparaphrasen an die frühere lebhafte Art der Bilderchronik. Die Sieghaftigkeit liegt im Wesen des Kaisers, er gilt in der Spätantike als *semper victor, immer sieghaft*. Dies würde an und für sich schon genügen, um die späten Siegesdarstellungen auch ohne konkreten Anlaß zu erklären. Unter den Nachfolgern Constantins, in der Regie Constantius' II., kommt es dennoch zu einigen aktuellen Hinweisen. Die große Serie FEL(*icium*) TEMP(*orum*) REPARATIO, *Wiederherstellung glückseliger Zeiten*, die in der zweiten Hälfte der 40er Jahre des 4. Jhs. aufkommt, ist dafür ein besonders gutes Beispiel[38].

Abb. 235 Bronzemultiplum: Constans

Den Grundtyp, in großen Mengen für Constantius II. geprägt, zeigt unsere Abb. 234. Wie K. Kraft in vielfältiger geistreicher Argumentation wahrscheinlich gemacht hat, geht es um Constantius' II. Siege (oder was als Sieg gelten sollte) über die Perser, um seinen Erfolg in der Konsolidierung der stets gefährdeten Ostgrenzen des Reiches. Eine eindrucksvoll große Gestalt eines Fußsoldaten – richtiger wohl: des Kaisers selbst – ringt einen berittenen Gegner nieder. Es handelt sich möglicherweise um den Waffengang im Jahre 344, als sogar der sassanidische Thronfolger bei Singara in römische Gefangenschaft gerät[39]. Für den jüngeren Bruder Constans wird, ebenfalls von einer der östlichen Hauptmünzstätten, Antiochia, ausgehend, ein ganz anderer, einmaliger Typ mit der gleichen Legende FEL TEMP REPARATIO entworfen (Abb. 233). Ein Fußsoldat – auch hier der Kaiser selbst, wie die gut sichtbare Feldherrenbinde um den Muskelpanzer zeigt – führt einen winzig klein dargestellten Barbaren aus seiner bescheidenen ländlichen Hütte. Eine Umsiedlungsaktion unter Constans im Westen des Reiches ist im Gange, sehr wahrscheinlich die Ansiedlung von salischen Franken, nachdem ihr Einbruch 341/342 abgewehrt wurde[40]. Libanios hebt im Gegensatz zu den kriegerischen Taten des Constantius II. diesen 'friedlichen Sieg' des Constans in der Lobrede an die beiden Kaiser in Nicomedia 348 oder Anfang 349 mit Nachdruck hervor[41]: *Indes mußten einmal die Wellen der Franken zum Aufhören und zu festem Stillstand gebracht werden. Es erschien nämlich ein Kaiser* (Constans), *der ihre unersättliche Gier nach kriegerischen Dingen in Liebe zum Frieden wandte, und zwar durch nichts anderes als daß er vorführte, daß seine eigene Bereitschaft zum Kampf größer als die ihre* (d.i. der Franken) *sei. So nahmen diese es nicht auf sich, sich in ein Handgemenge einzulassen, sondern es genügte die Furcht, daß sie das taten, was auch das Ergebnis eines*

Abb. 236 Goldmultiplum im Schmuckrahmen: Theodosius I.

Kampfes gewesen wäre. Und sie erhoben die Hände nicht, um Speere zu schleudern, sondern um um Verträge zu bitten. Beweis dafür ist: Sie nahmen uns Herrschende gewissermaßen als Aufseher über ihre Taten an, legten die tierische Raserei ab und zeigten sich humanen Überlegungen zugänglich, sie ließen die Raubsucht fahren und achteten die „Wache" der Eidschwüre. Ja sie hätten auch ohne den Zwang der Vertragsschwüre Frieden und Ruhe geliebt. Soweit Libanios, der freilich die Vorgänge sehr auf die theoretische Ebene hebt. Das Problem kannte Rom allerdings schon lange; es war die Verödung ehedem reicher Landstriche unter den Schlägen barbarischer Einbrüche und unter dem schweren Druck der Steuerlast, die massive Landflucht ausgelöst hat. Ein Lobredner in Gallien feiert in seiner Festrede am 1. Januar 297 zu Ehren Constantius' Chlorus, des Großvaters der beiden Constantinsöhne, dessen Sieg an der Scheldemündung über verschiedene gefährliche germanische Stämme in flammenden Worten. Unter anderem spricht er auch von den wunderbaren Folgen des

Sieges[42]: *Man darf nun, beim Hercules, im Namen von ganz Gallien froh sein und, mit Verlaub gesagt, den Sieg den Provinzen selbst zuschreiben. Denn jetzt pflügt für uns der Chamave und der Friese, er, der unstete Räuber, übt sich in schmutziger Landarbeit, treibt sein Vieh zum Verkauf auf unsere Märkte und der Barbarenbauer sorgt für die Senkung der Getreidepreise.* Mit der Legende SAECVLI FELICITAS – *glückselige Zeiten* – schildert das sog. Lyoner Bleimedaillon, wohl ein Probeabschlag, wie weiter oben bereits ausführlich gezeigt, eben diese Ansiedlungsszene um die gleichen Jahre 297/298 am Rhein (Abb. 45)[43]. Unter Constans, so sagt beschönigend Libanios, bedarf es nicht einmal mehr eines unmittelbaren Sieges, es genügt die Drohung mit der Stärke und dem Kampfeswillen des Herrschers. Die Wirklichkeit ist freilich etwas anders, die germanischen Gruppen drängen immer mehr in das Reichsgebiet, sie nehmen auch Dienste, um Siedlungsland zu bekommen. Daß dies von Fall zu Fall momentane Erleichterung schaffen kann, ist sicher, was offenbar genügt, um die letzten bescheidenen, aber illustrativen Bilder der Spätantike zu schaffen.

Einen Rest von Aktualität offenbart auch ein anderes mehrfaches Bronzestück des Constans (Abb. 235)[44]. Es zeigt im Reversbild eine Schiffspassage des Kaisers in voller militärischer Begleitung, er wird von der Victoria geführt. Die Legende der Rückseite: BO-NONI-A OCEANEN(*sis*), Boulogne-sur-Mer, zeigt, daß er nach Britannien übersetzt. Der Besuch findet 343 statt; der Kaiser läßt die Küstenabwehr neu organisieren und den Hadrianswall im Norden instand setzen[45].

'Byzantinische' Bilder

Im weiteren Verlauf des 4. Jhs. und später in der gesamten byzantinischen Zeit verlieren sich mehr und mehr die aktuellen, informativen Darstellungen über die Tätigkeit der Kaiser auch auf den zunächst noch flexibleren Bronzeprägungen. Neben den starren, frontal ausgerichteten Bildern der Thronenden oder Stehenden findet man gelegentlich noch Hinweise auf die Sieghaftigkeit[46] und – im letzten Drittel des 4. Jhs. auf Gold und Bronze – den sog. Restitutor-Typ. Unser Beispiel hier, ein prächtig gerahmter mehrfacher Solidus[47] (Abb. 236), zeigt den frontal stehenden Kaiser Theodosius I. im Nimbus und im Diadem, militärisch gekleidet, die Kaiserstandarte (*labarum*) mit dem Christusmonogramm auf dem Fahnentuch in der Hand. Er hilft einer knienden Gestalt mit Mauerkrone auf die Füße, die ein bestimmtes Gebiet, eine Stadt, oder aber das Reichsgebiet insgesamt darstellt. Der Kaiser wird hier als RESTITVTOR REI-PVBLICAE, *Wiederhersteller der res publica*, vorgestellt, wohl im Zusammenhang mit der Beseitigung des Usurpators Magnus Maximus und seines Sohnes Flavius Victor im Sommer 388. Diese *restitutio* könnte also ganz praktisch die Wiederherstellung des intakten Reichs-

Abb. 237 Goldmultiplum: Libius Severus

Abb. 238 Goldmultiplum: Constantin I.

gebietes feiern, doch ist die Darstellung so allgemein, daß man eine Absicht, konkrete Ereignisse zu illustrieren, dem Bild wohl kaum unterstellen sollte.

Ebensowenig Aktualität wird man in dem inhaltlich verwandten Reversbild Abb. 237 des Libius Severus vermuten[48]. Der zwölffache Solidus folgt vergröbert einem Typ Constantins des Großen (Abb. 238), wie ein Vergleich der beiden Stücke zeigt. Die Szene ist inhaltlich mit dem Restitutor-Typ verwandt, wieder wird die Gestalt mit der Mauerkrone, kniend dargestellt, von der Virtus mit breiter Geste empfohlen. Der Kaiser hilft ihr auf die Füße. Die Victoria ihrerseits hält ihm den Siegeskranz über das Haupt.

Die Legende PI-ETAS AVG(*usti*) N-OSTRI ist ebenfalls vom constantinischen Vorbild übernommen, das aus der Münzstätte Nicomedia stammt. Man muß sich fragen, wo dieses mehr als 130 Jahre ältere constantinische Vorbild noch greifbar war und warum es ausgewählt wurde[49]. Obwohl man keine letzte Sicherheit erlangen kann, was die Provenienz des Vorbildes angeht, könnte man sich dennoch folgendes vorstellen[50]: Libius Severus kommt aus dem italischen Senatorenadel; er wird vom allmächtigen Heermeister Ricimer in Ravenna zum Kaiser erhoben. Inzwischen sind nach dem Tod Maiorians einige Monate ohne Kaiser im Westen vergangen. Er läßt sich seine Thronerhebung vom Senat bestätigen. Es ist nicht undenkbar, daß das constantinische Goldmultiplum in diesem Kreise als vornehmes Kaisergeschenk in einem Familienschatz vorhanden war. Die in der Legende gefeierte *pietas* des neuen Kaisers im Verbund mit dem *Restitutor*-Bild dürfte sich auf die Wiederherstellung der ordnungsgemäßen Herrschaft vornehmlich über Italien, freilich auch über die noch verfügbaren Gebiete des Westreiches beziehen. *Pietas* ist zugleich ein gerade vor der Senatorenschicht vertretbares Programm des soeben Ausgerufenen und in seiner Macht Bestätigten. Dies mag der Grund für die Wahl des Typs gewesen sein; das Stück stellt wohl einen Teil der largitionalen Geschenke aus Anlaß der Ausrufung dar.

Die Christianisierung von 'Bild und Bildersprache' der römischen Kaiser

Auf die Überhöhung der kaiserlichen Person und des Kaiseramtes in den 20er Jahren des 4. Jhs. und damit auf den Beginn des sog. 'Byzantinismus' wurde bereits mehrfach hingewiesen. Sie hat einen wesentlichen Wandel der herrscherlichen Bildersprache in der Spätantike zur Folge. Nicht minder wichtig ist aber das Aufkommen christlichen Gedankenguts in der Selbstdarstellung der Kaiser im Bilde.

Constantin der Große

Es beginnt gleichsam mit einem Paukenschlag: Constantin verdankt seinen Sieg über Maxentius an der Milvischen Brücke im Norden von Rom 312 dem Gott der Christen und läßt ins Stirnjuwel auf seinem Helm das Monogramm Christi setzen, wie das Silberstück Abb. 218 zeigt[1]. Die Stelle über der Stirn des Kaisers enspricht der der Gemme, die seit eh und je die juristisch relevanten Kränze des römischen Kaisers zu schließen pflegt. Als Emblem trägt der Stein den römischen Adler mit leicht entfalteten Schwingen, wie zum Flug ansetzend[2]. Den gleichen Adler führt auch das Elfenbeinzepter der *consules*, der *scipio eburneus*. Es geht also um das

Abb. 239 Follis: Constantin I.

höchste Staatssymbol Roms, zugleich aber auch um das sehr persönliche Bekenntnis Constantins zu Christus. Mit dem gleichen Monogramm des Namens Christi in durchaus antik-magischem Sinne läßt er die Schilde seiner Soldaten als Kennung in der Schlacht ausstatten, natürlich auch den eigenen, wie die Darstellungen zeigen, etwa auf der Silberschale Constantius' II. in der Ermitage in St. Petersburg (Abb. 221)[3]. Das Christusmonogramm kommt ebenso auf die Kaiserstandarte, im Bild zum ersten Mal auf einfachen Bronzemünzen um 325[4] (Abb. 239). Es ist ein ausgefallener Typ, so eindeutig Christliches hat es auf den Münzen Constantins seit 313 nicht mehr gegeben. Das kaiserliche *vexillum* mit dem Christogramm (*labarum* genannt) trägt auf dem Fahnentuch erhabene Punkte, offenbar, um Kaiserbilder anzudeuten; das Chi-Rho-Monogramm steht übergroß – um seine Bedeutung zu unterstreichen, wie es in Münzbildern üblich ist – auf dem Querstab, der die Fahne hält. Doch damit nicht genug: Das *labarum* durchsticht eine Schlange. Hinzu kommt die Legende SPES – PVBLIC(*a*), *Hoffnung der Allgemeinheit*. Mit dem Drachen, der Schlange, wird schon immer der böse Gegner signalisiert, wer immer dieser im konkreten Fall auch sei. Sinngemäß sehr nahe steht eine Beschreibung eines Tafelbildes im neuen Kaiserpalast zu Constantinopolis durch den Kirchenvater Euseb in seiner fast schon hymnischen Biographie[5]: *Verkündete er ja doch allen ohne Unterlaß mit allem Freimut den Christus Gottes, ohne irgendwie den heilbringenden Namen zu verbergen; ja er war stolz auf ihn und bekannte ihn offen, bald seine Stirne mit dem Zeichen der Erlösung bezeichnend, bald sich rühmend des Sieg bringenden Paniers. Dieses Zeichen stellte er auch in einem sehr hohen Gemälde, das vor dem Vorhof des kaiserlichen Palastes stand, sichtbar für alle Augen hin. Das Zeichen der Erlösung war auf dem Bilde über seinem Haupte angebracht, während er das feindliche und verderbliche Ungeheuer, das durch die gottlosen Tyrannen die Kirchen Gottes bedrängt hatte, in der Gestalt eines Drachens in den Abgrund der Hölle stürzen ließ; denn als Drachen und gewundene Schlange haben das Ungeheuer die Aussprüche in den Schriften der Propheten Gottes bezeichnet. Darum ließ auch der Kaiser den Drachen zu seiner und seiner Söhne Füßen mitten im Leibe von einem Geschosse durchbohrt und in die Tiefen des Meeres geschleudert in Wachsmalerei darstellen, daß jedermann ihn sehen konnte; denn damit wollte er auf den unsichtbaren Feind des Menschengeschlechtes hinweisen, der, was er ebenfalls durch das Heil bringende Zeichen über seinem Haupte darstellen ließ, durch die Kraft dieses Zeichens in den Abgrund des Verderbens gestürzt worden ist. Das deutete das farbenprächtige Bild an. …* Man könnte fast meinen, das Münzbild sei eine Kurzfassung dieses Bildes: Das *labarum* steht für den Kaiser selbst – denn es erscheint nur, um seine Anwesenheit zu verkünden – die Bilder der Söhne sind auf dem Fahnentuch angedeutet, über allem erhebt sich siegreich das Christusmonogramm, und die Fahne durchbohrt die böse Schlange als Hoffnung des ganzen Imperiums, wie die Legende besagt. Aktuell scheint diese kleine Münze im Jahre 325 zu sein, als Constantin das ökumenische Konzil nach Nikaia beruft, um den Versuch zu wagen, die verschiedenen Glaubensrichtungen der Zeit zu einen[6].

Diese beiden Manifestationen sind wohl – wie bereits gesagt – mehr persönlicher Natur. Sie bezeugen öffentlich die Hinwendung Constantins zu Christus, der ihm den Sieg an der Milvischen Brücke und alle weiteren Erfolge verliehen hat. Andere Abzeichen der kaiserlichen Macht werden zunächst längere Zeit nicht christianisiert, wie es scheint. Das Christusmonogramm im Stirnjuwel – nach 325/326 im Diadem statt der bisherigen Laubkränze – erscheint fortan immer wieder, wie man am Beispiel eines vielfachen Goldstücks auf den Namen Constantius' II. (Abb. 240) sehen kann. Das Diadem umgibt den Helm. Auf anderen Münzdarstellun-

Abb. 240 Goldmultiplum: Constantius II.

Abb. 241–243 Solidus: Vetranio (234) – Miliarensis: Constans (241) – Aes: Magnentius (242)

gen geringeren Formats der Zeit ist das Stirnjuwel zu klein, um die Darstellung darin exakt wiederzugeben, es wird aber immer deutlich hervorgehoben. All dies ist nicht verwunderlich. Constantins Söhne werden bereits christlich erzogen, und Constantius II. vertritt sein (arianisches) Christentum mit besonderer Vehemenz.

Das gleiche gilt für das *labarum*, wie die jetzt christliche Kaiserstandarte heißt, die auf dem Fahnentuch den Namenszug Christi trägt, so z.B. Abb. 243 und 244, ebenso wie auf dem Schild des Kaisers (Abb. 221) unter Constantius II.[7] etwa und später.

Alpha und Omega

Zur Mitte des 4. Jhs. taucht das Christusmonogramm mit Alpha und Omega, den sog. apokalyptischen Buchstaben, einmal sogar als selbständiges Münzbild auf (Abb. 242)[8]; der Gegenkaiser Magnentius läßt es für sich und seinen Bruder Decentius schlagen. Er rebelliert[9] Anfang 350 im Westen als germanischer Offizier im Dienste des Constans, des jüngsten Constantinsohnes, der sich mit harter Steuerlast und Willkür unbeliebt gemacht hat. Auf der Flucht, kurz nach Ausbruch des Aufstandes, wird Constans ermordet. Magnentius präsentiert sich, obwohl

Abb. 244 Solidus: Magnentius

wahrscheinlich selbst Heide, schon auf den ersten Serien von Gold- und Bronzemünzen mit dem üblichen Siegerbild, wobei er das *labarum* in der Hand hält (Abb. 244)[10]. Die Legenden feiern ihn als Sieger und Erretter der Römer aus der (Schuld)knechtschaft: VICTORIA AVG(*usti*) – LIB(*ertas*) ROMANOR(*um*) und auf dem Solidus hier als RESTITVTOR – LIBERTATIS[11]. Es gelingt ihm, über Gallien hinaus weiter nach Osten und Süden auszugreifen, zumal Constantius II. wegen der Persergefahr im Osten festgehalten wird. Um nicht auch noch Illyricum an Magnentius zu verlieren, veranlaßt die Schwester Constantina[12] den alten, erfahrenen *magister peditum* Vetranio, die Herrschaft zu ergreifen – dies im Einvernehmen mit ihrem Bruder Constantius II. Auch Vetranio beginnt jetzt mit der Prägung eigener Münzen. Er stellt sich mit einem altbekannten constantinischen Typ vor: Der Kaiser steht mit dem *labarum* in der Hand und die Victoria hält ihm den Siegeskranz über das Haupt (Abb. 243). Die Legende lautet: SALVATOR – REI – PVBLICAE, *Retter der res publica*, so werden auf den beiden Seiten der Münze das

Geschehen und die Hintergründe kurz zusammengefaßt. Mit der gleichen Darstellung auf dem Paralleltyp erscheint dann die Legende HOC SIG-NO VICTOR ERIS, zu deutsch: *In diesem Zeichen wirst du Sieger.* Dieses Rückseitenbild wird auch für Constantius II. geprägt. *Hoc signo victor eris* ist, wie A. Alföldi überzeugend dargelegt hat[13], die lateinische Version der Siegesverheißung im Traum Constantins 312 vor der Schlacht an der Milvischen Brücke, also eine echte constantinische Devise. Euseb hat sie griechisch mit τούτῳ νίκα wiedergegeben. Damit beteuert Vetranio, und mit ihm Constantius II., Vertreter der constantinischen – wahren – Herrschaft zu sein. Die Ereignisse folgen nun rasch: Magnentius verhandelt zunächst mit Vetranio, um gemeinsame Sache gegen Constantius II. zu machen, zumal er sich nach der Niederschlagung der Empörung des Nepotian in Rom im Juni 350[14] in seinem Führungsanspruch bestärkt sieht. Dennoch erfährt er am Ende eine definitive Ablehnung, Vetranio gibt die Herrschaft Weihnachten 350 sogar an den von Osten heranziehenden Constantius II. zurück. Dieser kann schließlich Magnentius 351 Einhalt gebieten, so daß der gallische Gegenkaiser auf seine ursprünglichen westlichen Gebiete zurückgeworfen wird. Jetzt, in der zweiten Phase seiner Herrschaft, kommt es zur erwähnten neuen Bronzeserie mit dem Christogramm und den Buchstaben Alpha und Omega (Abb. 242)[15]. Magnentius läßt sie für sich und für den inzwischen zum Caesar erhobenen Decentius in großen Mengen prägen[16]. Die Legende lautet auf den Magnentius- und Decentius-Stücken SALVS DD(*ominorum*) NN(*ostrorum duorum*) AVG(*usti*) ET CAES(*aris*), d.h. *Heil unserer beiden Herren, des Augustus und des Caesar.* Da will Magnentius mit dem weit verbreiteten Kleingeld ohne Zweifel alle, auch die einfachsten Schichten der Bevölkerung ansprechen. Die Darstellung muß also leicht verständlich sein[17].

Wichtig ist zunächst festzustellen, daß um die Mitte des 4. Jhs. das Christusmonogramm weithin bekannt ist, wie allein schon seine Verwendung als Zeichen auf der Kaiserstandarte ahnen läßt. Die beiden Buchstaben, Alpha und Omega, gelten für den Seher der Johannes-Apokalypse an mehreren Stellen des Textes immer wieder als Sinnbild von Anfang und Ende aller Dinge, auch für die Ewigkeit Gottes[18]. Diese Passagen werden in der Auslegung vielfach auf Christus bezogen, dennoch offenbart sich mindestens 21,3ff. Gott selbst so: *Da hörte ich eine laute Stimme vom Thron her rufen: Seht, die Wohnung Gottes unter den Menschen* (= das neue Jerusalem)*! Er wird in ihrer Mitte wohnen, und sie werden sein Volk sein; und er, Gott, wird bei ihnen sein … Er, der auf dem Thron saß, sprach … Er sagte zu mir: … Ich bin das Alpha und das Omega, der Anfang und das Ende …* Zum Verständnis der Magnentius-Münzen ist wesentlich zu wissen, daß vor ihm schon Constans etwa 348–350 in einem anderen Münzbild – hier Abb. 241[19] – auf dieses Buchstabenpaar Alpha und Omega Bezug genommen hat. Es steht im Rückseitenbild eines *miliarensis*, einer seit spätconstantinischer Zeit in Abständen geprägten Silbermünze. Sie führt regelmäßig vier, mitunter auch drei Feldzeichen im Revers, die alle auf den Fahnentüchern einen kräftigen Punkt zeigen. Dies besagt nicht mehr, als daß die Fahnentücher irgendeine Darstellung tragen. Auf diesem bislang einmaligen Stück in Wien sind vier Feldzeichen zu sehen. Die zwei mittleren tragen Alpha und Omega und zentral über ihnen, an Constantins Kleinbronze von 325 (Abb. 239) erinnernd, steht das Christusmonogramm im Felde. Mit der Placierung oben über den Feldzeichen wahrte man die Symmetrie der Anordnung, wies aber zugleich dem Christusmonogramm eine übergeordnete Position zu. Daraus ergibt sich einmal, daß sich Alpha und Omega keinesfalls unmittelbar auf das Christusmonogramm beziehen können, seine Aussage also qualitativ keineswegs verändern, zum anderen, daß dann die drei christlichen Zeichen nacheinander zu lesen sind: *Sieg in Christus in der Ewigkeit Gottes* etwa. Da die Johannes-Apokalypse im Osten zu dieser Zeit allgemein kaum anerkannt wird[20], im Gegensatz zum Westen, ist dies eine eindeutig *westliche* Argumentation für das hohe christliche Charisma des (westlichen) Kaisers, ganz im Sinne des Constans.

Kehren wir nun zu den nur wenige Jahre jüngeren Bronzemünzen des Magnentius zurück (Abb. 242). Sie stehen, wie wir gesehen haben, in der politischen Spannung der Bildersprache von Vetranio und Constantius II.[21]. Diese beiden haben mit Nachdruck darauf hingewiesen, daß sie, und nur sie allein, mit dem Charisma Christi herrschen, wie Constantin. Magnentius' Antwort darauf lautet – hier in seltener Übereinstimmung mit dem toten Constans –, er habe das höhere Charisma von Gott und Christus in Ewigkeit. Der heidnische *aeternitas*-Gedanke, der für die Kaiser im 3. Jh. in verzweifelter Lage so unendlich wichtig war, kehrt hier, christianisiert, inmitten höchster Schwierigkeiten wieder, ein Wunschdenken eher als ein wirklichkeitsnahes, schlagendes politisches Bild-Argument.

Christliche Insignien

Der nächste Schritt zur Christianisierung kaiserlicher Zeichen nach dem Erscheinen des Christusmonogramms im Stirnjuwel läßt nun mehrere Jahrzehnte auf sich warten. Ohne direkte Notwendigkeit werden die Kaiser bei tragbaren, nicht unmittelbar-heidnischen Insignien offenbar nicht tätig.

Abb. 245 Triens: Valentinian II.

Mit Valentinian II. kommt auf Trienten in der Hand der Victoria der Kreuzglobus auf (Abb. 245)[22]. Es scheint so, als ob hier eine insignienhafte Statuette ihre Gestalt von einem Tag auf den anderen verändert hätte. Es handelt sich urspünglich aller Wahrscheinlichkeit nach um das kleine Abbild der Victoria-Statue auf dem Globus,

Abb. 246 Elfenbeintafel vom Probus Famulus-Diptychon in Aosta

die Augustus in der Curia Iulia zu Rom dem Eingang gegenüber hat aufstellen lassen[23]. Eine niedrige Säule, deren Basis in den Ausgrabungen der Curia aufgedeckt werden konnte, trug sie, wie ein Rückseitenbild eines Sesterzes des Commodus (Abb. 210) nahelegt. Seit der Berufung beider Senatskaiser Pupienus und Balbinus 238 führen die Kaiser immer in der gleichen relativen Größe bis in die Spätantike hinein dieses Abbild, das man gut und gerne Victoriola nennen könnte, so z.B. Abb. 224: Constantin der Große, Abb. 219–220: Constantius II., Honorius Abb. 246 oder die beiden Stadtgöttinnen Roma und Constantinopolis, Abb. 251 und 240, da sie je einen Senat in ihren Mauern beherbergen. Die Annahme liegt nahe, daß der Senat seit 238 aus Anlaß der Ausrufung bzw. des ersten Besuchs des oder der neuen Kaiser in Rom jeweils eine solche Statuette ihm/ihnen dargeboten hat. Der Brauch lebt lange; noch Theoderich erhält sie gelegentlich seines Rombesuchs im Jahre 500[24] als Geschenk.

Als der Altar der Victoria 382 samt dem Brauch, der Göttin bei den Sitzungen zu opfern, schon Jahre vorher in Verruf geraten, nun endgültig entfernt wird, kommt es zu einem verbalen Schlagabtausch. Die heidnisch-römische Aristokratie, die den Brauch verteidigt, vertritt der Senator Symmachus, den jungen Kaiser Valentinian II. der mächtige Bischof von Mediolanum-Mailand, Ambrosius[25]. In der Residenz Mediolanum reagiert man schnell: Die Victoria-Statuette wird christianisiert, gut datierbar auf die Zeit des Streites um den Victoria-Altar in der Curia Iulia zu Rom in den 80er Jahren des 4. Jhs., wie die Drittel-Solidi aus der Münzstätte Mediolanum zeigen (Abb. 245). Auf der Weltkugel steht nunmehr das Kreuz statt der Victoria-Figur.

Zum endgültigen und durchgreifenden Wandel bedarf es freilich noch einiger Zeit. Zum Konsulat des Probus Famulus im Jahr 406[26] wurde das Elfenbein-Diptychon mit dem Bild des Honorius gearbeitet (Abb. 246)[27]. Wie im Codex Theodosianus festgeschrieben[28], dürfen nur die *consules ordinarii*, die Jahresconsuln,

Abb. 247–248 Solidi: Honorius (247) und Theodosius II. (248)

Elfenbeindiptychen verschenken; die Kaiserdarstellung hat also durchaus offiziellen Charakter. Der Kaiser hält, sonst in militärischer Aufmachung, immer noch die Victoriola in der Hand. Der Stifter, Probus Famulus, bleibt ja dem Senat verbunden. Erst im 5. Jh. ist die Victoria-Darstellung restlos christlich geworden, indem die Flügelgestalt ein langes Stabkreuz in der Hand hält und so zum Bild des Engels wird (Abb. 248 Rückseite)[29]. Parallel dazu sieht man in der Hand des Kaisers immer öfter die Kugel mit dem Kreuz anstelle der sonst üblichen Weltkugel, sie wird allmählich zu einer hohen Insignie, die nachmals der Reichsapfel heißen wird. Nach dieser Übergangszeit etwa im ersten Drittel des 5. Jhs. ist der Kreuzglobus fester Bestandteil der kaiserlichen Ausstattung für die folgenden

Abb. 249 Elfenbeintafel der Aelia Ariadne (?) in Wien

Abb. 250 Elfenbeintafel der Aelia Ariadne (?) in Florenz

rund elfhundert Jahre der byzantinischen Herrschaft[30]. Thronbild und Standbild (Abb. 249–250) auf zwei feinen Elfenbeinreliefs[31] vielleicht der Aelia Ariadne, Tochter Kaiser Leons I. und Gemahlin Kaiser Zenons, zeigen Ornat und Insignien, darunter den Kreuzglobus in den letzten Jahren des 5. Jhs.

Kreuzzepter

Wie auf dem Diptychon Abb. 246 die Victoriola, hält Honorius auf beiden Seiten eines Solidus aus Ravenna das altehrwürdige, traditionelle Konsularzepter mit dem römischen Adler, den *scipio eburneus*, zur Konsulartracht in der Linken (Abb. 247). Das Stück trägt die Rückseitenlegende VOT XXX – MVLT XXXX; ist also auf das Jahr des 30. Regierungsjubiläums datiert, das vom 23. Januar 422 bis zum 22. Januar 423 läuft. 422 ist Honorius zudem zum 13. Male Jahresconsul[32]. Beide Münzbilder zeigen ihn im Begriff, die Spiele zu eröffnen: Er hat in der erhobenen Rechten das Tuch, *mappa*, das er zum Zeichen für den Beginn in die Arena werfen wird. Sein Kollege im Konsulat ist sein junger Neffe im Osten, Theodosius II., seinerseits 422 zum 10. Mal im Amt. Der Solidus Abb. 248 trägt die entsprechende Rückseitenlegende VOT XX – MVLT XXX, auch er feiert ein Jubiläumsjahr, sein zwanzigstes. Vom 10. Januar 402 an gerechnet, ist dies die Zeitspanne vom 10. Januar 421 bis zum 9. Januar 422. Auf der Vorderseite ist die Theodosiusbüste dem Anlaß entsprechend parallel zu der des Honorius ausgestattet, auch er trägt das Konsulargewand, die *toga picta* mit der schweren Goldstickerei, und hält die *mappa*. Ein einziger gravierender Unterschied fällt beim Betrachten sofort auf: Theodosius II. führt nicht das Adlerzepter, sondern ein Kreuzzepter in gleicher Größe, auf dessen fein gearbeitetem Stab nicht der römische Adler sitzt, sondern das Kreuz[33].

Ein Kreuz auf einem römischen Herrschaftszeichen ist – verständlicherweise – lange nicht tragbar gewesen, stellte doch die Kreuzigung seit jeher eine besonders niedrige, beschämende Hinrichtungsart dar, die nicht einmal straffällig gewordenen römischen Bürgern zumutbar war. Noch in constantinischer Zeit ist sie voll gültig[34]; erst die jüngere christliche Literatur verlegt die Abschaffung in Constantins späteste Regierungsjahre. Mehrere Generationen sind notwendig, ehe das *skandalon* des Kreuzes – im Gegensatz zum Christusmonogramm – für das gesamte Imperium tragbar wird und als Zeichen auf einer traditionsreichen Insignie wie dem Konsularzepter verwendet werden kann. Aus der Gegenüberstellung beider Solidi sieht man überdies, daß im Osten des Reiches das Verständnis dafür eher vorhanden ist als im Westen; anders gesagt, daß im Osten die Christianisierung rascher voranschreitet und tiefer geht.

Einen ähnlichen Wandel darf man möglicherweise aus dem Vergleich der Münzbilder weiterer zwei Solidi folgern. Abb. 252 zeigt ein Stück mit Valentinian I. und seinem Bruder Valens – die Victoria mit ausgebreiteten Flügeln steht hinter ihnen. Die Darstellung zitiert den Anblick der *Victoria Romana* in der Curia Iulia, im Sitzungssaal des Senats zu Rom. Die Statue ist, wie bereits gesagt[35], auf der Schmalseite des Raumes auf einer niedrigen Säule aufgestellt, davor sitzen gegebenenfalls die Konsuln auf ihren *sellae curules*, den Amtssesseln. Geht auf der gegenüberliegenden Schmalseite die Eingangstür auf, beherrscht die Statue offenbar den ganzen Raum. Claudius Claudianus deutet dies kunstvoll im Lobgedicht aus Anlaß des Konsulats von Stilicho im Jahre 400 an[36]: *In der Tat, was für Zurufe der Vornehmsten, wie entschieden die Freude (aller), als die Victoria selbst, hoch aufragend, mit ausgebreiteten Flügeln dem Feldherrn die Tore der heiligen Halle öffnet …* Sie kommt ihm gleichsam entgegen.

Diesem Bild steht ein jüngeres aus Constantinopolis zur Seite (Abb. 253). Im Jahre 474 thronen Leon II. und sein Vater Zenon in ähnlicher Haltung und Aufmachung im Rückseitenbild des Solidus, doch hinter ihnen wird, genauso betont

Abb. 251–253 Goldmultiplum: Valentinian I. (251) – Solidi: Valentinian I. (252) und Leon II. – Zenon (253)

wie ehedem die Victoria, nunmehr das Kreuz sichtbar. Ob diese Szene im Senatssaal zu Constantinopolis[37] zu lokalisieren ist oder etwa in anderen repräsentativen Räumen des Palastes, selbst im Kathisma, der Kaiserloge im Hippodrom, wo die Kaiser die Huldigung entgegennehmen und ihrerseits – stets thronend[38] – Amtsgeschäfte erledigen, steht dahin. Man ist durch die Parallelität beider Bilder durchaus geneigt, etwa im Senatssaal zu Constantinopolis – anstelle der *Victoria Romana* zu Rom – ein Kreuz anzunehmen, zumal in Constantinopolis im Laufe der Zeit zahlreiche Kreuzmonumente aufgestellt werden[39].

VICTORIA-SALVS

Die Legende auf dem Valentinian-Solidus Abb. 252 lautet: VICTOR-IA AVGG(*ustorum duorum*), ist also eher allgemein gehalten. Jene des zweiten Stückes Abb. 253 hat, betrachtet man die Zeitumstände, mit SALVS REI – PVBLICAE fast schon beschwörenden Charakter[40]. Leon I., alt und krank, erhebt seinen Enkel Leon II., der schon den Rang eines Caesars hat, Ende 473 zum Augustus. Bald darauf, im Januar 474, ist er selbst tot. Leon II., ein Kind, beruft seinen Vater Zenon in die Mitregentschaft – dies ist das *Heil der res publica*. Die Regelung der Herrschaft, eventuell der Nachfolge, wird oft so apostrophiert. Breite Kreise, vor allem das Militär, aber auch die Bevölkerung werden auf diese Weise angesprochen, man sucht Einverständnis mit der Regelung und Unterstützung.

Das Hauptargument jedes Kaisers ist jedoch nach wie vor der Sieg. Trotz der Tatsache, daß die uns faßbaren Kaiserdarstellungen seit spätconstantinischer Zeit ikonenhaft erstarrt sind, bleibt der Hinweis auf die Sieghaftigkeit noch lange

Abb. 254 Kopie des Goldmultiplum: Justinian I.

lebendig. Eines der letzten Beispiele, bevor nur noch der charismatische Herrscher – wenn überhaupt – im Münzbild erscheint, ist dementsprechend ein Bild Justinians als *semper victor*, als stets Siegreicher. Das 1830 in Paris verlorengegangene vielfache Goldstück (Abb. 254) ist im Abdruck auf uns gekommen. Auf der Vorderseite ist der Kaiser in voller militärischer Ausstattung, mit Helm, Schild und Speer dargestellt. Die Rückseite zeigt die Victoria, die den Berittenen zum Siege führt, die Legende spricht von SA-LVS ET GL-ORIA – ROMANORVM, von *Heil und Ruhm der Römer*, der Kaiser aber wendet sich in der üblichen 'byzantinischen' Art aus dem Bild heraus dem Betrachter zu, wie schon Constantius II. Jahrhunderte früher (Abb. 221). Trotz der großartigen Immanenz des Münzbildes bleibt dennoch ein Körnchen Aktualität bestehen: Justinian betreibt seine großen Feldzüge im Osten, im Westen und im Süden des Reiches mit dem Wunsch, das alte römische Imperium wieder aufzurichten. Daher spricht die Legende – durchaus ungewöhnlich – nicht von der *res publica*, einem Begriff, der allgemeinere Bedeutung hat, sondern von *Romani*, den Römern.

Abb. 255 Solidus: Valentinian III.

Aufstand und Häresie

Ein anderes im 5. Jh. verhältnismäßig oft wiederkehrendes Münzbild des Sieges zeigt – in der Folge so vieler vergleichbarer Typen – den Sieger, wie er den Besiegten niedertritt. Der menschenköpfigen Schlange, die im Reversbild von Valentinian III. mit dem Stabkreuz in der rechten Hand das gleiche Schicksal trifft (Abb. 255)[41], kommt besondere Bedeutung zu. Die Schlange, der alte Feind, steht vor allem für die Häretiker. Der Sieg des Kreuzes – d.h. der Orthodoxie – soll also dargestellt werden, bewirkt durch den Kaiser. Der Typ kommt mit der endgültigen Bestallung Valentinians III. 425–426, mithin in offensichtlichem Zusammenhang mit der Beseitigung des Gegenkaisers Johannes, auf[42], um dann über Jahrzehnte weitergeführt zu werden. Da aber Johannes gotischer Abstammung war, war er auch Arianer[43]. So fallen beide Kategorien – Aufstand *und* Häresie – in diesem Falle zusammen. Außer einer kurzen Episode 428 gibt es in der langen Regierung Valentinians III. bis 455 keine Aufstände mehr, der Schlangentöter-Typ auf Goldmünzen lebt trotzdem weiter. So wird man ihn am besten doch mit dem Kampf gegen die zahlreichen Häresien der Zeit verbinden: 428 beispielsweise werden im Codex Theodosianus allein 27 Bewegungen der Art aufgezählt, die alle zu bekämpfen sind[44]. Überdies gelten seit langem der Drache und die Schlange als Sinnbilder der Häresien schlechthin.

Das christliche Charisma

Den Sieg erringt der Kaiser stets in Christi Namen; der voll ausgeschriebene Segenswunsch auf dem Fahnentuch des *labarums* in der Hand des Honorius auf dem Probus-Famulus-Diptychon (Abb. 246): *In nomine / XPI (Christi) vincas / semper*, zu deutsch: *Im Namen Christi sei immer siegreich*, führt nur in Worten das aus, was im Bilde mit dem Christusmonogramm auf dem *labarum* angedeutet wird. Der Sieg ist nach wie vor das entscheidende Zeichen des Erwählten Gottes, sein Charisma, das göttliche Geschenk, das ihn vor allen auszeichnet.

So ist es nicht verwunderlich, daß schon Constantin der Große seine Auserwählung durch die *Divinitas*[45], den unfaßbaren Gott der Christen, kurz nachdem er die Alleinherrschaft erlangt hat, im Bilde dokumentieren läßt. Das Bild selbst erscheint auf einem der ersten der frontal konzipierten ikonenhaften Rückseitenbilder auf einem hochoffiziellen vielfachen Solidus, der, reich gerahmt und geöst, als Geschenk des Kaisers zum Teil eines germanischen Königsschatzes wurde (Abb. 256)[46]. Mit der Legende GAVDIVM R-OMANORVM, *Freude der Römer* umgeben, ist die Darstellung in der Aussage einfach und daher recht eindrucksvoll: Constantin steht in der Mitte der Komposition militärisch gewandet nach vorne, und eine Hand aus den Wolken – Gottes Hand, wie der Betrachter es sogleich versteht – hält ihm das Diadem[47] über das Haupt. Zwei Söhne, Constantin II. und Constantius II., blicken zu ihm auf, an beiden Seiten stehend. Sie werden im Gegensatz zum Vater, der auch insgesamt höher ist, von der Virtus und von der Victoria gekrönt. Woher Constantin sein Charisma ableitet, bedarf keiner weiteren Erklärung. Dennoch bietet eine sehr viel spätere Kaiserinschrift in Rom auch in Worten die Deutung. Die zur Phokas-Säule auf dem Forum Romanum, auf der ehedem seine Statue stand, gehörige Inschrift vom 1. August 608 trägt die folgende Widmungsformel[48]: *Dem besten, gnädigsten, pflichtbewußtesten Herrscher, unserem Herrn Focas, allzeit Imperator, den Gott gekrönt hat, stets Triumphator Augustus* ... Es geht in Bild und Text um das höchste Charisma des Auserwählten Gottes, des Herrschers *Dei gratia*, wie die langlebige Formel später heißen wird. Eine entscheidende, große Tradition herrscherlichen Selbstbewußtseins wird hier begründet oder vielmehr im christlichen Sinne fortgeführt. Daß dem gleichen Constantin nach seinem Tode – ebenfalls im Münzbild – wieder Gottes Hand sich entgegenstreckt, um ihn als ersten christlichen Divus unter den Kaisern in den Himmel aufzunehmen[49], ist nur noch folgerichtig.

Abb. 256a Goldmultiplum im Schmuckrahmen: Constantius II. (Vorderseite)

Das kaiserliche Charisma ist also auch im Christlichen mit dem Sieg verbunden, wie es eine gegnerische Stimme zu Ende des 4. Jhs. ungewollt dokumentiert. Der Platoniker Eunapios erwähnt bei Gelegenheit[50], daß ein Praefect von Rom 'im Circus' eine Reihe von Bildern aufstellen ließ. Alle berichten von Kämpfen, doch statt einen siegreichen Kaiser und sich tapfer im Kampf bewährende Soldaten zu zeigen, so der wenig christenfreundliche Autor, erscheint Gottes Hand aus den Wolken und entscheidet die Schlacht. Man setzte auch eine erklärende Beschriftung daneben, einmal: *Gottes Hand vertreibt die Barbaren*, zum anderen: *Die Barbaren fliehen vor Gott. Es ist eine Schande, das hinzuzuschreiben*, fügt er verärgert hinzu, die Bilder sollen für sich sprechen. Eunapios' Kritik betrifft nur scheinbar die geringe künstlerische Qualität der Bilder, die zum Verständnis noch Beischriften brauchen. Am Ende geht seine Kritik tiefer, sie lebt von der Antithese zwischen

Abb. 256b Goldmultiplum im Schmuckrahmen: Rückseite von Abb. 256a

heidnischer und christlicher Deutung des kaiserlichen Sieges. In unserem Zusammenhang aber ist wichtig, daß das breite Publikum 'im Circus' das Charisma des Kaisers nach wie vor im Sieg dokumentiert sieht, jetzt jedoch im christlichen Sinn.

Die Resultate der Analysen

Titel und Untertitel präsentieren unverschlüsselt und ungekürzt die volle Zielsetzung der Arbeit. 'Beispiele und Analysen' – so der Untertitel – sollen die wichtigsten Züge von 'Bild und Bildersprache' der römischen Kaiser – so der Haupttitel – vorstellen. Beide, Haupt- wie Untertitel, signalisieren Begrenzung. Die 'Beispiele' wurden wohl aus der ganzen Fülle des reichen Materials genommen, eine Auswahl bedeuten sie trotzdem. Das gleiche gilt für den Haupttitel. Es geht ausschließlich um *kaiserliche* Bild-Mitteilungen vorwiegend erzählerischer Art vor dem zeitgenössischen Hintergrund[1].

Zunächst mußte man die völlig anders geartete Sicht der 'Bilder' in der Antike vorstellen. Die Nachwirkungen des antiken Bildverständnisses sind als Erbe von Byzanz in der orthodoxen Christenheit bis heute spürbar. Ebenso wichtig ist, wie weit der Analphabetismus verbreitet war. Bilder lesen auch jene Schichten, denen die Schrift Schwierigkeiten bereitet. Es zeigte sich, daß für die römische Kaiserzeit bescheidene Grundkenntnisse des Lesens und Schreibens eher typisch sind als ihre völlige Unkenntnis.

Das zentrale Problem der Arbeit ist die Verstehbarkeit der kaiserlichen Bild-Mitteilungen, ihre leichte Eingängigkeit, um nicht zu sagen, ihre Überprüfbarkeit auch und vor allem für das Druchschnittspublikum[2]. Wie eingangs gesagt wurde, geht es vor allem um 'Bild und Bildersprache' als politische Waffe im Dienste der römischen Kaiser. Man kann das Problem 'Bildersprache' natürlich auch anders, im breiteren kunst- und sozialgeschichtlichen Rahmen untersuchen, wie es in den letzten Jahren mehrfach in großer Souveränität für bestimmte Perioden der Römerzeit geschehen ist[3]. Ich wählte einen anderen Weg. Die Ergebnisse, im folgenden kurz zusammengefaßt, mögen unsere Kenntnisse der historischen Wirklichkeit in jener vergangenen Epoche ein wenig ergänzen.

Die Notwendigkeit von 'Bild und Bildersprache'

Eine zentrale Frage vorweg: Gibt es denn wirklich 'Bild und Bildersprache' im eben umrissenen Sinne im kaiserlichen Rom, für Rom?[4]

Bedenkenswert ist schon die Tatsache, wie groß die Anzahl der Bild-Mitteilungen von seiten des Kaisers war; man halte sich vor Augen überdies, wie viel davon im Laufe der Zeit verlorengegangen ist. Überflüssig zu sagen, doch sei nochmals betont, diese Mitteilungen sind immer tendenziös im Sinne des Kaisers, der der Herr seiner Bildersprache ist. Die beachtliche Anzahl der für unsere Fragestellung heranziehbaren Objekte trotz der immensen Verluste zeigt, welche Mühe man sich mit ihrer Erstellung gemacht hat. Dies setzt eine Reihe von Vorgängen voraus, wie etwa Bedenken und Besprechen der Themen, oft unter großem Zeitdruck, ihre Anwendung an irgendeinem Objekt, welchem, wohin damit, d.h. wo, an welchem Ort aufstellen? Dann die Erstellung, wer soll entwerfen, den Entwurf überprüfen, ihn ausführen, die Ausführung überprüfend abnehmen, usw.? Wir sind freilich über all dies im einzelnen kaum unterrichtet, aber in Anbetracht der vielfältigen Ergebnisse dieses Bemühens, der erhalten gebliebenen Objekte, wird man sagen müssen, daß eine machtvolle kaiserliche Bildersprache sehr wohl existiert hat. Hätte man sich keine Hoffnung gemacht, daß sie notwendig ist, daß sie 'ankommt', hätte man sich auch keine solche Mühe mit ihr gegeben. 'Bild und Bildersprache' im kaiserlichen Rom waren ein wesentliches Element der Politik mit den damaligen Mitteln, sie ist nachweisbar[5]. Im übrigen sind 'Bild und Bildersprache' aller Mächte dieser Welt heute, in der Epoche der Medienpräsenz nicht minder wichtig. Schon der Titel einer Schrift unserer Tage, *The Selling of the President*[6], spricht dafür. Man liest darin beispielsweise folgendes: Die Fernseh- und sonstige Kameras sollten so eingestellt werden, das war der Wunsch, daß in den Debatten zwischen Ford und Carter des letzteren relativ kleinere Statur nicht ins Auge fiel. Es ist auch kein Zufall, wenn alle Diktatoren des 20. Jhs. sich mit Kindern oder mit Haustieren, Hunden etwa, ablichten ließen, um Güte, Milde, Humanität ihres Verhaltens ohne Worte zu suggerieren. Heute ist allein schon die Auswahl der Bilder von erheblichem politischen Gewicht. Man kann jeden Gegner tödlich treffen, wenn ein einziger Ausschnitt aus dem laufenden Film, der ihn oder sie in unschöner, ungünstiger Mimik oder Haltung erwischt hat, als Standbild, als Darstellung der Person schlechthin genommen wird. Photos können auch beliebig manipuliert werden. Man kann aus Gruppen mißliebig gewordene Personen wegnehmen, Hintergründe fälschen und vieles andere mehr[7]. Die Perspektive der Fälschung/Verfälschung von Bild-Dokumenten durch elektronische Medien haben wir noch gar nicht wirklich erfaßt, da stehen wir am Anfang einer verwirrenden, vielleicht sogar bedrohlichen Entwicklung.

Darstellung und Diskussion

Kehren wir zur Antike zurück. Daß man über die Bilder und ihre Aussage gesprochen hat, zeigt sich mit beispielhafter Deutlichkeit an der M. Aurel-Säule auf der Piazza Colonna in Rom. Von der Straße aus gut sichtbar placiert, beeindruckt noch heute den Passanten die Szene des Regenwunders (Abb. 257)[8]. Es geht um eine Episode im Markomannenkrieg des Kaisers (172 oder 174), vielmehr um ein Wunder[9]. In den Auszügen aus dem Geschichtswerk Cassius Dios steht zu lesen[10]: *Marcus unterwarf nun die Markomannen und Jazygen nach vielen schweren Schlachten und Gefahren; auch mit den sogenannten Quaden geriet er in einen gewaltigen Krieg, wobei ihm ein unerwarteter Sieg vom Glück oder besser gesagt vom Himmel geschenkt wurde. Als nämlich während des Kampfes die Römer in Gefahr gerieten, rettete sie himmlische Macht auf ganz unerwartete Weise: Die Quaden hatten ihre Gegner an einem für*

Abb. 257 Relief von der M. Aurel-Säule in Rom: das Regenwunder

sie günstigen Platz eingekesselt. Als nun die Römer Schild an Schild mutig stritten, stellten die Barbaren den Kampf ein, in der Erwartung, ihre Feinde durch Hitze und Durst leicht bezwingen zu können. ... (Während ... die Römer) durch die Glut fast versengt in Reih und Glied und an ihren Posten standen, ballten sich plötzlich zahlreiche Wolken und – nicht ohne göttliches Eingreifen – rauschte ein gewaltiger Wolkenbruch nieder. Es geht in der Tat die Rede, Arnuphis, ein ägyptischer Zauberer im Gefolge des Marcus, habe mit Beschwörungen neben einigen anderen Gottheiten vor allem den Merkur, den Gott der Lüfte, angerufen und den Regenguß herbeigeholt. Genau diese Szene wird auf der Säule gezeigt. Von weitem erkennt man den personifizierten mächtigen Wolkenbruch und die Soldaten, die dankbar und überwältigt das Regenwasser in ihren Schilden auffangen, trinken, sich sichtlich erholen, sich zum Kampf stellen und siegen. Doch nun, wenn wir die Exzerpte aus Cassius Dios Werk weiterlesen, geschieht etwas Ungewöhnliches. Der Exzerptor, der konstantinopolitaner Mönch Johannes Xiphilinos d. Jüngere tritt aus dem Hintergrund hervor und berichtigt Cassius Dio[11]: *So lautet Dios Bericht über dieses Ereignis, er begeht damit aber offensichtlich einen Irrtum, sei es absichtlich sei es unbeabsichtigt ... Es war genau jene Begebenheit, welche damals den Römern zum Heile ward und die Barbaren vernich-*

tete, nicht aber der Zauberer Arnuphis; denn der Überlieferung nach fand Marcus keinen Gefallen am Umgang mit Zauberern und an Hexereien. Der Vorfall, von dem ich spreche, spielte sich folgendermaßen ab: Marcus hatte eine Einheit melitenischer Soldaten – die Römer reden dabei von Legion -, und all diese Männer sind Christen. Nun soll in jener Schlacht, als Marcus in seiner Bedrängnis keinen Ausweg mehr sah und schon um das ganze Heer bangte, der Präfekt zum Kaiser gegangen sein und ihm gesagt haben, daß die sogenannten Christen mit ihren Gebeten alles und jedes erreichen könnten und daß sich zufällig eine ganze Legion von Anhängern dieses Glaubens im Heer befinde. Marcus hörte dies und forderte die Leute nun auf, zu ihrem Gotte zu beten. So beteten sie denn und sogleich erhörte sie ihr Gott und zerschmetterte die Feinde mit seinem Blitz, während er die Römer mit einem Regenguß erquickte. Der Beiname der *legio XII fulminata*, vom Standort Melitene in Kappadozien, im Text des Xiphilin *fulminatrix* geschrieben, wortwörtlich 'blitzetragend' und als Zeichen auf Jupiter deutend, mag zu der Erklärung beigetragen haben. Xiphilin in der zweiten Hälfte des 11. Jhs. in Konstantinopel hat nur Dios Text kommentiert-korrigiert, aus dem er Exzerpte machte. Er steht am Ende eines langen Streites. Schon Kirchenvater Tertullian beruft sich in seiner wohl Ende 197 zu datierenden Verteidigungsschrift *Apologeticum*, also etwa 15–18 Jahre später (wenn man die Fertigstellung der Säule unter Commodus annimmt) auf diese offenbar vielfach besprochene und erzählte Episode des Markomannenkrieges[12]: *Wir* (= die Christen) *dagegen weisen unsererseits einen Beschützer vor, falls man den Brief Mark Aurels, des verehrungswürdigen Kaisers, hervorsucht, in dem er bezeugt: die Gefahr des Verdurstens bei dem Feldzug in Germanien sei durch einen Regen vertrieben worden, den die Gebete von „zufällig christlichen" Soldaten erwirkt hatten* – es ist dabei für unsere Argumentation nebensächlich, daß das Schreiben des Kaisers als apokryph gilt. Tertullian jedenfalls meint, damit argumentieren zu können. Vor allem aber gilt, daß das Ereignis selbst offenbar weithin bekannt war.

So oder ähnlich werden sich also in Rom in Anbetracht der Wunder-Erzählung in der Bilderfolge von den Markomannenkriegen Heiden und Christen die wahren Hintergründe des Geschehenen je nach Standpunkt erklärt haben. Im übrigen sei noch hinzugefügt, daß gerade auch dieses Beispiel bestens für die realen Inhalte der Triumphalbilder spricht. Und noch etwas. Die Darstellung führt wieder deutlich das Charisma M. Aurels vor Augen: Errettung und Sieg selbst in schwierigster Lage durch göttliche Hilfe.

Man darf noch hinzufügen, daß wohl alle kaiserlichen Bildmitteilungen besprochen wurden, besonders auch in den besser informierten hohen und höchsten Kreisen, egal ob auf loyale Art oder mißgünstig und spöttisch.

Die Aussage von 'Bild und Bildersprache' der Kaiser Roms

Die Aussage der kaiserlichen Bildersprache ist auf wenige, für den Kaiser absolut wichtige Tatbestände konzentriert. Entscheidend ist die Auserwählung durch die Götter, dann aber durch den Gott der Christen. Dem Auserwählten gewähren die Götter, später Gott selbst, ihre Gaben, ihren Schutz.

Auch die Wahl des Nachfolgers wird göttlich geleitet, so argumentiert man; im Rückblick stellen oft manche Einsichtigen die Anzeichen des Auserwähltseins bereits vor dem Erlangen der Macht fest. Ein Strahlen, das von der hohen Person ausgeht, wird im Laufe der Zeit zum Nimbus sublimiert, der intensive Blick ist vorhanden, und vor allem spricht das Gespür der 'unverdorbenen Natur' für den Auserwählten, Tiere zeugen häufig für ihn. Schon hier, nicht nur im Bildverständnis allgemein, scheinen die durchaus durchlässigen Grenzen hin zur Magie im Guten wie im Bösen auf. Man sieht ein schicksalhaftes Walten ebenso in der Adoption. Trotzdem bleibt die bessere Lösung das Eingeborensein im Herrscherhaus, die höhere *nobilitas* des porphyrgeborenen Kaisersohnes innerhalb einer Dynastie. Diese unausrottbare Überzeugung trägt wieder unverkennbar auch magische Züge.

Die schönste Gabe ist der Sieg[13]. Man wird nicht müde, dieses Thema in jeder Form zu variieren, zu wiederholen, immer wieder zu bestätigen. Der Sieg stellt den wahren Beweis für den auserwählten Charismatiker dar. Wird ihm das Charisma entzogen, vermag er nicht mehr zu siegen, dann geht nicht nur die Herrschaft zu Ende, sondern auch die Existenz: Ein römischer Kaiser kämpft nie um politisches *Über*leben, sondern ausschließlich um das nackte Leben. So kann Diocletians Vorstellung von dem sich in den Ruhestand zurückziehenden verdienten 'Altkaiser' sich nie wirklich stabilisieren, und lächerlich ist Nero und vermessen, wenn er meint, bei einer Absetzung würde ihn seine Kunst ernähren[14].

Der krönende Abschluß eines charismatischen Lebenslaufs ist die *consecratio*, das Gegenteil, wiederholt verhängt, die Ächtung des Andenkens, die *damnatio memoriae*. Die erstere, die Erhebung unter die Götter, bestätigt das Zeremoniell mit dem vom Scheiterhaufen hochfliegenden Adler: Jupiter ist es, der die *consecratio* verfügt, sein göttlicher Wille erfüllt sich so. Im gleichen Sinne streckt sich Gottes Hand aus den Wolken dem gen Himmel fahrenden toten Constantin helfend entgegen.

Das Wirken des Kaisers für die *res publica* ist die logische Folge seines charismatischen Daseins. Die Götter haben ihn zum Wohle der Gemeinschaft geboren sein lassen, wie schon Cicero vom jungen Caesar – Octavian – sagt[15]. Sein Wirken ist vielfältig; es reicht über die Erfüllung der Pflichten gegenüber den Göttern im Sinne der altrömischen *pietas*, über seine Fürsorge für die Untertanen bis hin zu den Staatsaufgaben, die wir heute unter Innen- und Außenpolitik subsumieren würden. Geschenke der kaiserlichen Großzügigkeit, *largitio*, sind ebenso beliebte Themen der Darstellung, wie die stets schwierige Wahrung der Reichseinheit. Den Erfolg preist man als die Glückseligkeit der Zeiten, die SAECVLI FELICITAS, später FELICIA TEMPORA[16].

Wandel der Inhalte und der Bilder

Wir haben einen großen Bogen geschlagen, von Marius etwa bis in die Zeiten des Phokas, vom 1. vorchristlichen bis ins 7. nachchristliche Jahrhundert. Auch wenn es langsam vor sich geht, wandeln sich die Inhalte und damit parallel oft auch die

Abb. 258 Relief auf der Decennalienbasis in Rom

Bilder. Der Wandel ist die Folge der veränderten Zeiten: Sieg und Macht Roms sind spätestens seit dem 3. Jh. nicht mehr unanfechtbare historische Größen. Der Kaiser rettet sich immer mehr in sein Charismatikertum, je schwerer, ja unlösbarer die Probleme werden. Seine ihn beschützenden, guten Rat erteilenden Begleiter sind jetzt göttliche Wesen, allen voran Hercules und Sol (freilich nicht der klassisch-griechische Helios); der eine hat irdische Mühsal siegreich bestanden, der andere sieht alles in der Welt und verheißt ein besseres Jenseits. Der Kaiser enthebt sich immer mehr des Irdischen, er wird zum *praesens deus*, zum gegenwärtigen Abbild der Gottheit(en). Siege sind seltener geworden, aber sie sind nach wie vor die Garanten des Auserwähltseins. So spricht man, namentlich im Laufe des 3. Jhs. weniger vom konkreten Sieg, sondern von der sieghaften Natur des Kaisers, statt vom wirklichen Triumphator mit dem ebenso reellen Sieger-Beinamen vom *semper victor*, vom jederzeit Sieghaften. Constantin bekennt sich zu Christus, weil er in seinem Namen gesiegt hat. Die alte Verbindung *charisma* – Sieg bleibt auch nach der Wendung zum Christentum bestehen als Zeichen der besonderen Gnade Gottes.

Einzelne Tätigkeiten, die stets erzählfroh dargestellt waren, werden im Laufe der Zeit zu allegorischen Figuren gebündelt, wir sehen die Gestalt der Annona anstelle der früher so lebendigen Verteilungsszenen, Abundantia, die reiche Fülle hilft ihr, um nur dieses eine Beispiel zu nennen. Manche durch Zeremoniell und Tradition geheiligte Szenen bleiben sich dennoch gleich, wie das Vota-Opfer der Tetrarchen vom Jahre 303 in Rom auf dem Forum Romanum zeigt (Abb. 258)[17]. Dea Roma begleitet Diocletian und Maximianus Herculius beim Opfer, um den Ort der Handlung anzudeuten. Der Flötenbläser, der Opferdiener, der Priester im Hintergrund sind ebenso da wie, mindestens andeutungweise, die Begleiter der Kaiser. Der einzige, aber wesentliche Unterschied ist, daß der opfernde Kaiser von der Victoria bekränzt wird. Sieg, vielmehr die immanente Sieghaftigkeit, ist längst ursächlich mit der Herrschaft, folglich auch mit dem VOTA-Opfer zu den Regie-

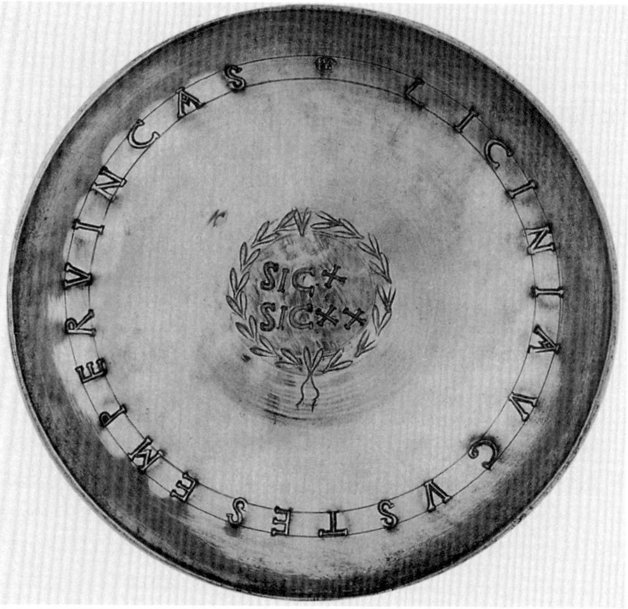

Abb. 259 Largitionsschale, Silber, des Licinius I.

rungsjubiläen verbunden. So nimmt es nicht wunder, daß rund zwei Jahrzehnte später auch unter Licinius die repräsentativen Geschenke[18], Silberschalen (Abb. 258–259), anläßlich des 10jährigen Regierungsjubiläums mit VOTA-Hinweisen *und* Siegeswünschen wie LICINI AVGVSTE SEMPER VINCAS, zu deutsch: *Licinius Augustus, du mögest immer siegen,* versehen sind.

Die ehedem stete Aktivität des Kaisers, wie in den Bildern festgehalten, erstarrt abrupt um 326 zu einem einzigen Thema aller Bilder in der kaiserlichen Bildersprache. Ab sofort ist es nur noch die kaiserliche Person selbst, nicht mehr sein Wirken, die dargestellt werden muß. Nur gelegentlich durchbrechen einige schematische Siegesbilder die eherne Barriere; die Münzbilder der FEL(*icium*)

Abb. 260 Silberschatz mit Liciniusschalen

TEMP(*orum*) REPARATIO-Serien um die Mitte des 4. Jhs. zeigen neben stereotypen Siegerdarstellungen ebenso Hinweise auf Ansiedlungen von Barbaren. Auch dies gehört zu den mageren Erfolgen der Spätantike vor allem im Westen des Reiches. Man faßt das kaiserliche Wirken darüber hinaus in dem starren RESTITVTOR – Wiederhersteller-Bild zusammen (Abb. 236). Die überall sichtbare ikonenhafte, überhöhte Starre wird immer wieder vom göttlichen Charisma bestrahlt und gleichsam befestigt[19] (Abb. 219; 230; 256 beispielsweise).

Die Wirklichkeitsnähe der Bilder

Die Analysen haben unzweifelhaft erbracht, daß alle Bilder, die kaiserliche Botschaften erzählerisch vermitteln sollen, bis in die Details hinein der Wirklichkeit entsprechen, informieren wollen[20], freilich stets im Sinne des Kaisers, sie sind also ihrer Gattung gemäß immer tendenziös. Die Darstellungen werden in veränderter Lage auch korrigiert, wie dies z.B. im Zusammenhang der Ächtung des Geta gut nachweisbar ist. Oft gibt es zeitgenössische Texte verschiedener Art, die die kurzgefaßten Mitteilungen der Bilder erweitern, Hintergrundinformationen bieten, weiterführen können. Eine methodische Folgerung ergibt sich aus dieser Erfahrung. Wenn nur Bilder da sind oder nur Texte, können sie völlig gleichwertig, freilich unter Wahrung ihrer eigenen Spielregeln, zur Ergänzung und Weiterführung unserer Kenntnisse der historischen Wirklichkeit dienen und, in weitere Zusammenhänge gestellt, auch für die Ermittlung der höheren historischen Wahrheit verwendet werden[21]. Sie bilden zwei unterschiedliche Quellen, aber richtig gewertet sind sie von gleicher Geltung. Sie müssen nur im Themenbereich und in der Zeitstellung einander entsprechen.

Eine andere Art 'Realität' kommt meist in schweren Zeiten auf: das Wunschdenken. Statt Ereignisse zu schildern, wie üblich, werden erwartete und erwünschte Situationen und Geschehnisse ins Bild gebracht. Es genügt, auf die oft beschworene Treue des Heeres (FIDES EXERCITVS) oder auf die Eintracht der Kaiser im Vorfeld eines Bürgerkrieges etwa (CONCORDIA AVGVSTORVM) zu verweisen.

Roma aeterna

Viele Objekte, die hier analysiert wurden, stammen aus der Stadt Rom. Sie blieb eigentlich bis in die Spätantike sinngemäß eine Polis, ein Stadtstaat, der redliche Mühe mit dem riesigen eigenen Herrschaftsgebiet hatte. Es besteht gar kein Zweifel daran, daß die Urbs lange Zeit die wirkliche Mitte der römischen Welt war[22], sie galt auch später als traditionelle Residenz, auch wenn die Kaiser nur noch gelegentlich zum feierlichen Besuch gekommen sind. Die Schicksale der anderen Residenzen der Spätantike im Laufe der Jahrhunderte, allen voran Constantinopolis-Byzanz-Istanbul, haben maßgeblich daran mitgewirkt, daß die antiken Anlagen überbaut, verschwunden sind und daß wir heute nur relativ wenige Monumente von dort kennen. Sie waren zu ihrer Zeit da und hatten, nicht anders als die stadtrömischen, ihre eigene Bedeutung für 'Bild und Bildersprache' der römischen Kaiser gehabt. Die Provinzen ihrerseits, vor allem die Städte, folgten stets dem Beispiel Roms bzw. dem der Kaiserresidenzen[23].

Entscheidend ist in unserem Zusammenhang eine Feststellung, die Herodian dem Pompeianus, M. Aurels Freund und Begleiter, im Felde an der Donau nach des Kaisers Tod 180 in den Mund legt[24]. Der junge Commodus, M. Aurels Sohn und Nachfolger, möchte so schnell wie irgend möglich Frieden mit den Markomannen und Quaden schließen, damit er bald wieder in Rom sein kann. Er vermißt die Bequemlichkeit und die Schönheit, die die Stadt ihm bietet. Pompeianus versucht, ihn umzustimmen, um die Verhältnisse an der Donau im Sinne M. Aurels nicht unter Zeitdruck regeln zu müssen. Sein letztes Argument – Commodus wird nicht darauf hören – ist:

und schließlich, was Rom anbetrifft, so ist es da, wo der Kaiser ist.

Anmerkungen

Vorwort

1 'Und dies zu meiner Absicherung, o freundlicher Leser, und zu Deiner Information! Du kritisiere frei und aufrichtig, sprich Deine Kritik, aber meiner Gründe eingedenk und eingedenk auch meiner persönlichen Möglichkeiten! '– so schließt Lorenz Beger 1685 in seinem 'Thesaurus ex thesauro palatino selectus, sive gemmarum et numismatum quae in Electorali Cimeliarchio continentur elegantiorum ... illustrata dispositio' die Praefatio im Band I.
Ich möchte zu den 'persönlichen Möglichkeiten' Begers noch meine 'persönlichen Grenzen' hinzufügen.

Zwei Grundbegriffe: 'Bild und Bildsprache'

1 Brockhaus Enzyklopädie 2^{17} (Wiesbaden 1967) 715.
2 Duden: Das große Wörterbuch der deutschen Sprache (Mannheim 1977) 389.
3 Th. Pekáry (1985) 4ff. für die Kaiserbildnisse, dort auch die weiterführende Literatur.
4 Vgl. M. R.-Alföldi, Antike Numismatik. Theorie, Praxis, Bibliographie[2] (Mainz 1982) 228f.; 330; vgl. auch ebd. 39; M.H. Crawford in: Studies in Numismatic Method presented to Philip Grierson (hrsg. C.N.L. Brooke – B.H.I.H. Stewart – J.G. Pollard – T.R. Volk, Cambridge 1983) 47ff.; allgemein auch N. Hannestad (1988) 9ff.
5 Cass. Dio epit. 64,5,1f.
6 Plin. NH 37,4,4.
7 Zum Titel: A.A. Lund, L. Annaeus Seneca: Apocolocyntosis Divi Claudii (Heidelberg 1994) 11ff. mit der aktuellen Diskussion.
8 Joh. Chrysost. 2. Hom. c.3; 5. Hom. c. 3 über die Statuen; F. van de Paverd, St. John Chrysostome, the Homilies of the Statues. An Introduction (Roma 1991) 22f.; 31ff. auch zu den übrigen Texten.
9 M. Psellos, Chron. 5,25.
10 Tac. ann. 12,41,1f.
11 Siehe die Beschreibung: W. Helbig, Führer[4] II 261ff. Nr. 1445 (E. Simon) bzw. Ril.stor. (1986) 12ff. (M.L. Cafiero) zur Auffindung, zu den weiteren Schicksalen des Stücks und zu den Ergänzungen, sowie 17ff. (M.G. Chilosi – G. Martellotti) zur Technik der Restaurierung.
12 Siehe auch unten S. 92f. – Zu den Ereignissen und Hintergründen s. A.R. Birley, Hadrian. The restless emperor (London – New York 1997) 93 ff.
13 So richtig E. Simon (Anm. 11) 262.
14 Die Schulter der Roma und die unter der im Original erhaltenen Toga gut sichtbare Armhaltung Hadrians zeigen an, daß die Ergänzung von Bescapè gegen M.L. Cafiero (Anm. 11) 13 richtig ist: Hier war kein Händedruck als Geste guten Einvernehmens intendiert, so wie manche Adventus-Darstellungen auf Münzen in extremer Verkürzung der Begrüßungsszene zeigen. – Zu weiteren Einzelheiten s. M. R.-Alföldi, Gedenkband für Helga v. Heintze (im Druck); zum M. Aurel-Relief unten S. 92f.
15 Vgl. die Literatur bei D. Kienast (1990) 130f.

16 W. Helbig, Führer[4] I (1963) 8ff. Nr. 12 (E. Simon) Relief A: 10ff.; N. Hannestad (1988) 132ff., bes. 136f.

17 Siehe die Einzelheiten: M. R.-Alföldi in: I Germani in Italia (Hrsg. B. und P. Scardigli, Roma 1994) 170ff. mit der weiterführenden Literatur.

Die Bildauffassung der römischen Kaiserzeit

1 Zur Entwicklung der Bildauffassung zusammenfassend s. RAC 2 (1954) Sp. 302ff. – Zur magischen Kraft griechischer Kultstatuen vgl. F. Hölscher in der Reihe BAB (München) in Vorbereitung: freundlicher Hinweis von H. v. Steuben (Frankfurt a. M.).

2 Plut. Arat. 32,3.

3 Ilias, 6,293ff.

4 Theokr. 7,106.

5 Suet. Domit. 15,3.

6 Cass. Dio epit. 69,4,4f. – Zum Tempelbau: E. Nash (1967) II 496ff., vgl. H. Halfmann, Itinera principum. Geschichte und Typologie der Kaiserreisen im Römischen Reich. HABES 2 (Stuttgart 1986) 146.

7 G. Lahusen, RM 92, 1985, 261ff., ihre forcierte Naturtreue ebd. 286ff.

8 Polyb. 6,53,4ff.

9 Slg. Barberini, Konservatorenpalast, Rom, W. Helbig Führer[4] II, 418f. Nr. 1615 (H. v. Heintze): Kopf republikanisch, Körper augusteisch. Anders B. Andreae, Die Kunst des alten Rom (Freiburg–Basel–Wien 1989) 27: Kopf augusteisch, Körper claudisch, im 18. Jh. zusammengefügt; vgl. G. Lahusen (Anm. 7) 281f., sowie den Kat. Augustus und die verlorene Republik (Berlin 1988) Nr. 192: spätaugusteisch-tiberisch (M. Hofter). – Die Texte über *imagines maiorum*: G. Lahusen, Schriftquellen zum römischen Bildnis I. Textstellen von den Anfängen bis zum 3. Jh. n.Chr. (Bremen 1984) 128ff.

10 Suet. Div. Vesp. 19,2.

11 Tac. ann. 3,14,4. – Zum Piso-Prozeß: W. Eck– A. Caballes - F. Fernández, Das senatus consultum de Pisone patre (München 1996) mit der früheren Literatur.

12 Fr. Graf, Gottesnähe und Schadenzauber. Die Magie in der griechisch-römischen Antike (München 1996) 198ff.; vgl. auch Th. Hopfner, Griechisch-ägyptischer Offenbarungszauber I (Leipzig 1921) s.v. Schadenszauber; Zwang; Zwangsformeln; für das folgende bes. § 632. Zu den Puppen vgl. zusammenfassend: RE 14 (1928) Sp. 347ff. (Th. Hopfner).

13 Pap. Gr. Mag.[2] IV, Z. 296ff.

14 Horat. serm. 1,8,23ff.; vgl. dazu G. Luck, Magie und andere Geheimlehren in der Antike (Stuttgart 1990) 99ff.

15 Lact. de mort. pers. 25,1ff. – Zur Stelle: P. Bruun in: Studia Romana in honorem Petri Krarup septuagenarii (Odense 1976) 122ff. – Zur Bezeichnung bzw. zum Wortgebrauch von *imago* generell: R. Daut, IMAGO. Untersuchungen zum Bildbegriff der Römer (Heidelberg 1975).

16 Herod. 8,6,2.

17 SHA v. Hadr. 6,3.

18 Cass. Dio epit. 72,31,2. – Vgl. auch RAC 2 (1954) Sp. 330 (J. Kollwitz).

19 Dazu auch weiter unten 21f.

20 Zur *acclamatio*: A. Alföldi, Repräsentation 169, bes. Anm. 5.

21 Plin. epist. 10,96,5: nämlich das Opfer von den als Christen Verdächtigen; s. Tertull. apol. 12,7, der dies natürlich ablehnt. Vgl. dazu G. Eckert, Orator Christianus. Untersuchungen zur Argumentationskunst in Tertullians Apologeticum (Stuttgart 1993) 150ff., bes. 152ff. – Siehe noch Th. Pekáry (1985) 150f.; RAC 14 (1988) Sp. 1019ff. (J. Engemann); RBK 3 (1975–76) Sp. 742ff. (K. Wessel).

22 So Tac. ann. 12,17,2; 15,29,1ff.; s. auch 15,24,2.

23 H. Kruse (1934) 80f. mit weiteren Beispielen.

24 Vgl. R. Grigg, JRS 69, 1979, 107ff., bes. 114ff. mit der älteren Literatur.

25 Tac. hist. 3,12,2. – Weitere Beispiele: H. Kruse (1934) 14ff.; besonders charakteristisch der

Beginn der Unruhen in Antiochia gegen Ende Februar 387, wie Libanios, or. 22,7f. und sonst schildert: F. van de Paverd, St. John Chrysostome, The Homilies of the Statues. (Roma 1991) 22f.; 31ff.

26 Artemid. Oneirokrit. 4,31 – den Hinweis verdanke ich H.-Chr. Noeske, Frankfurt a. M.

27 Sever. v. Gabala, de mundi cr. or. 6,5. – Zu Severian v. Gabala: LThK[2] 9 (1964) Sp. 698f. (A. Olivar).

28 Athan. or. 3 c. Arian. Sp. 332A-B. Vgl. R. Stichel, Die römische Kaiserstatue am Ausgang der Antike. Untersuchungen zum plastischen Kaiserporträt seit Valentinian I. (364–375 n.Chr.) (Roma 1982) 5f.; L. Koch, BenediktMSchr 21, 1939, 86; weitere Beispiele s. B. Kotter, Die Schriften des Johannes von Damaskos III. Contra imaginum calumniatores orationes tres. Patristische Texte und Studien 17 (hrsg. K. Aland – W. Schneemelcher, Berlin-New York 1975) 11ff. bzw. RAC 2 (1954) Sp. 319ff.; 333f. (J. Kollwitz) und 14 (1988) bes. Sp. 1038 (J. Engemann) jeweils mit der weiterführenden Literatur.

29 Interessant ist die intellektuelle Auslegung Kaiser Julians: Er spricht in dem Zusammenhang nicht nur die Loyalität der Untertanen an, sondern auch ihre Gefühle; sie können dafür *eunoia*, Wohlwollen, vom Kaiser erwarten. Er ordnet die verehrungswürdigen Bilder in Stufen ein (Julian, Briefe (München 1973) Nr. 48,293Bff. mit Kommentar, vgl. auch ebd. 294Bff.). Diese feine Charakterisierung der Bilder ist freilich kaum die Auffassung breiter Schichten der Bevölkerung um 363, als der Brief geschrieben wurde. Eine ähnliche Differenzierung findet sich in der 21. Predigt über die Statuen, Kap. 3 von Johannes Chrysostomos.

30 Ambr. expos. ps. 118, 10, 25,4.

31 Conc. Nicaen. II Actio 1 Mansi Bd. 12 S. 1013f. D, zitiert nach H. Kruse (1934) 35; ihm folgend L. Koch (Anm. 28) 86, Anm. 1. – Zum Verlauf des Konzils vgl. H.G. Thümmel, Bilderlehre und Bilderstreit. Arbeiten zur Auseinandersetzung über die Ikone und ihre Begründung vornehmlich im 8. und 9. Jahrhundert. Das östliche Christentum NF Bd. 40 (Würzburg 1991) 71ff. mit der einschlägigen Literatur.

32 Epist. II 74 (Migne, PG 99) 1309B.

33 H.-G. Beck, Vademecum des byzantinischen Aristokraten. Das sogenannte Strategikon des Kekaumenos[2] (Graz 1964) 180f. und Anm. 101. Zum Autor ebd. 14ff.

34 H.G. Thümmel, Die Frühgeschichte der ostkirchlichen Bilderlehre. Texte und Untersuchungen zur Zeit vor dem Bilderstreit. Texte und Untersuchungen zur Geschichte der altchristlichen Literatur Bd. 139 (Berlin 1992) 24ff. mit der weiterführenden Literatur; zu den Bilderreden von Johannes von Damaskos s. B. Kotter (Anm. 28) 1ff., bes. 8ff.

35 Vgl. S. 27.

36 Vgl. H.G. Thümmel (Anm. 34) 174ff.

37 Vgl. zusammenfassend zum Bilderstreit: G. Weiß, Byzanz. HZ Sonderheft 14 (München (1986) 151 ff. – P. Schreiner, in: Bisanzio, Roma e l'Italia nell'alto medio evo. SettStSpoleto 36, 1986 (1988) 319ff. mit der laufenden Diskussion bzw. H.G. Thümmel (Anm. 34) 199ff. und *passim*.

38 Greg. Reg. epist. App. VIII Z. 10ff.

39 G. Ostrogorski, SemKond 6, 1933, 78f. auch zum Folgenden.

40 Greg. Reg. epist. IX 209 Z. 10ff.

41 Greg. Reg. epist. XI 10 Z. 17ff., vgl. unten S. 27.

42 Libri Carolini/Cap. de imag. 3,15; dazu mit der weiterführenden Literatur zusammenfassend L.E. Saurma-Jeltsch im Katalog: 794 – Karl der Große in Frankfurt a. M. (Sigmaringen 1994) 69ff. – Zur Haltung im Westen allg.: RAC 2 (1954) Sp. 334 (J. Kollwitz); H. Belting, Bild und Kult. Eine Geschichte des Bildes vor dem Zeitalter der Kunst[2] (München 1991) 332f.; nach wie vor wichtig G. Ostrogorsky, (Anm. 39) 73ff., bes. 78ff. auch zu den Textstellen.

Bild geht vor Schrift

1 Lukian, Von der Tanzkunst 64, den Namen des Pantomimen nennt Lukian nicht.

2 RE 18 (1949) Sp. 833ff., bes. 859ff. (E. Wüst). – Vgl. die ähnliche Einschätzung der Malerei:

M. R.-Alföldi in: Alte Geschichte und Wissenschaftsgeschichte. Festschrift für Karl Christ (hrsg. P. Kneissl – V. Losemann (Darmstadt 1988) 358ff.

3 Athen. Deipn. 1,21f-22a. – Zusammenfassend zur Gestik vgl. Hist. Wörterbuch der Rhetorik (Darmstadt 1992ff.) 2, Sp. 175ff. (F.R. Varwig) bes. auch zu Quintilian. Siehe auch U. Maier Zichhorn, Die Gestikulation in Quintilians Rhetorik (Frankfurt 1989) 31ff. bzw. 35ff. zum Forschungsstand.

4 Suet. Div. Iul. 33 – gelegentlich kommen freilich auch Mißverständnisse auf, wie gerade das erwähnte Beispiel zeigt: Caesars Soldaten hoffen auf eine höhere Belohnung, weil sie seine Gestik falsch verstanden haben.

5 Liban. or. 1,76; vgl. den Kommentar zur Stelle in der Edition von J. Martin (1979) 225.

6 G. Storz, Die Gegenwart 9 vom 2. Jan. 1954, 19f. in der Würdigung eines Pantomime-Abends von Marcel Marceau. – Zum Problem an Einzelbeispielen s. IL GESTO nel rito e nel cerimoniale dal mondo antico ad oggi (hrsg. S. Bertelli – M. Centanni, Ponte alle Grazie o.J. = 1995) bes. die Bibliographie 49ff.

7 In: Γέρας Α. Κεραμοπούλλου (Athen 1953) 598.

8 Phil.leg. ad Gaium §§ 227–228.

9 Amm. Marc. 17, 10, 3f.

10 Zum Problem zusammenfassend: J.M. Fröschl, ZSSR 104, 1987, 85ff. mit der Diskussion des früheren Schrifttums.

11 Hierzu s. H.-I. Marrou, Geschichte der Erziehung im klassischen Altertum[7] (München 1977) 490ff.; L. Friedländer, Darstellungen aus der Sittengeschichte Roms in der Zeit von Augustus bis zum Ausgang der Antonine[10]I (Leipzig 1922) 175ff.; zu Byzanz: H. Hunger, Schreiben und Lesen in Byzanz. Die byzantinische Buchkultur (München 1989) 79ff.; zur jüngsten Literatur vgl. E. Herrmann-Otto, Ex ancilla natus. Forschungen z. antiken Sklaverei (hrsg. H. Bellen) 24 (Stuttgart 1994) 314 Anm. 48ff. – Vgl. auch: A. Demandt in: Atti dell'Accademia Romanistica Costantiniana. X. Convegno Internazionale (o.J.) 652ff.

12 Horatius vergleicht das Schicksal seines 1. Buches der Epistulae (1,20,17f.) mit dem einer gescheiterten Existenz, die als *magister ludi litterarii* endet. Vgl. dazu E. Herrmann-Otto (Anm. 11) 312. Die Konkurrenzsituation ist in diesem Bereich sehr hart; Namen von Lehrern finden sich auch auf Fluchtäfelchen, vgl. A. Audollant, Defixionum tabellae (Paris 1904) Nr. 33–34.

13 Dig. 50,4,11, 4 vgl. jedoch ebd. 50,5,2,8 sowie 50,13,1,6. Eine Belastung dieser Berufsgruppe über das Tragbare hinaus soll auf jeden Fall vermieden werden.

14 H.I. Marrou (Anm. 11) 555ff.; Plinius, der für seine Vaterstadt Comum (Como) eine solche Stiftung anregt und sich daran maßgeblich beteiligt, spricht von *praeceptores*, die besoldet werden müssen, damit die Jungen nicht in die nächstgrößte Stadt Mediolanum zum Unterricht gehen müssen (Plin. epist. 4,13,3ff.).

15 L. Friedländer (Anm. 11) I 176f.; E. Herrmann-Otto (Anm. 11) 315ff.

16 Horat. serm. 1,6,75, Mart. 10,62, 1ff.

17 Mart. 10,62,12.

18 H.I. Marrou (Anm. 11) 499ff. - Die Art, Lesen und Schreiben zu unterrichten, hat sich auch in Byzanz nicht wesentlich geändert, vgl. H. Hunger (Anm. 11) 77ff.

19 Horat. de arte poet. 325ff. – Noch Ausonius spielt mit den Zahlen im 4. Jh. ähnlich (ecloga de rat. lib. 18ff.). Waren die Verse zugleich Merksprüche?

20 Vgl. das Stück im Museo Nazionale Romano zu Rom beispielsweise: S. Balbi de Caro, La banca a Roma. Vita e costumi dei Romani antichi. Bd. 8 (Roma 1989) 46 und Abb. 27.

21 Plin. NH 9,24.

22 Suet. Cal. 45.

23 Lex Vipascensis I 8; C. Domergue, Conimbriga 22, 1983, 57. Ebd. 39ff. die früheren Editionen, 98f. der Kommentar zur Stelle.

24 H.I. Marrou (Anm. 11) 276ff.; es gibt Ende des 3. Jhs. mehrere διδάσκαλοι am Ort: R.A. Kaster, ZPE 51, 1983, 132ff. Ich verdanke den Hinweis H.-Chr. Noeske (Frankfurt a. M.).

25 H.I. Marrou (Anm. 11) 495f. bes. Anm. 38.

26 H.I. Marrou (Anm. 11) 495f.; L. Friedländer (Anm. 11) I 179ff.; A. Demandt (Anm. 11) 652f.

27 H. Blanck, Das Buch in der Antike (München 1992) 30 verweist in diesem Zusammenhang

auf die vielen Graffiti, Aufschriften auf Gebrauchsgegenständen, Inschriften usw. und schließt daraus, daß die Kenntnisse im Lesen und Schreiben weit verbreitet waren. Überdies erwuchsen breiten Schichten offenbar keine wesentlichen Nachteile aus ihrer Unkenntnis, vgl. J.M. Fröschl (Anm. 10) 109; für das römische Ägypten im Vergleich mit anderen Provinzen s. R.P. Duncan-Jones, CHIRON 7, 1977, 333ff.

28 Nov. Just. 73,9; vgl. zur Stelle J.M. Fröschl (Anm. 10) 143.

29 Petr. cena Trim. 58,7.

30 Greg. Reg. epist. XI 10 Z. 17ff. – G. Ostrogorski, SemKond 6, 1933, 79 weist übrigens darauf hin, daß vor Gregor bereits Kirchenvater Neilos im ersten Drittel des 5. Jhs. ähnlich dachte (epist. 4,61 = PG 79, 577D).

Die kaiserliche Bildersprache wird aufgebaut

1 Vgl. die weiteren Einzelheiten: M. R.-Alföldi, Antike Numismatik. Theorie, Praxis, Bibliographie[2] (Mainz 1982) 38ff.; H. M. Kaenel in: Einleitung in die lat. Philologie (Stuttgart–Leipzig 1997) 670ff.

2 RRC S. 721ff. mit der einschlägigen Literatur bzw. der Diskussion um die Benennung.

3 E. Nash (1968) I 210ff.

4 Die Datierungen und die Typenbeschreibungen folgen meist RRC *passim*; vgl. die thematische Periodeneinteilung von A. Alföldi in: R.A.G. Carson – C.H.V. Sutherland (hrsg.), Essays in Roman Coinage presented to Harold Mattingly (Oxford 1956) 65ff.; dazu die Zusammenfassung von N. Hannestad (1988) 21ff. mit weiterer Literatur, sowie T. Hölscher (1994) 255, Anm. 4 und C.J. Classen, RM 93, 1986, 259ff.

5 Zur Bedeutung der Hinweise im Münzbild auf große Vorfahren, namentlich auf die Könige und auf Brutus, den Gründer der Republik: H. Bellen, Athenaeum 79,1 (1991) 7ff., sowie T. Hölscher (1994) 145ff.

6 Der Kopf auf der Vorderseite gilt als Dionysos; die italische Entsprechung Liber charakterisiert wieder die Italia außerhalb Roms, vgl. N. Hannestad (1988) 31.

7 Vgl. die knappe Zusammenfassung der Ereignisse und ihrer Hintergründe: J. Bleicken, Geschichte der römischen Republik[3]. Oldenbourg, Grundrisse der Geschichte 2 (München 1988) 63ff.; 171ff. mit weiterführender Literatur, ebenso H. Bellen, Grundzüge der römischen Geschichte von der Königszeit bis zum Übergang der Republik in den Prinzipat (Darmstadt 1994) 101ff. bzw. 218ff. zur aktuellen Diskussion; zur Entwicklung der Münzbilder: C.J. Classen (Anm. 4) 272ff.; Ch. Battenberg, Pompeius und Caesar: Persönlichkeit und Programm in ihrer Münzpropaganda (Marburg 1980), bzw. W. Hollstein, Die stadtrömische Münzprägung der Jahre 78-50 v.Chr. zwischen politischer Aktualität und Familienthematik (München 1993).

8 M. R.-Alföldi, NumZ 98, 1984, 22ff.

9 Zu Sulla vgl. J. Bleicken (Anm. 7) 72ff.; 188ff.

10 Appian., B.C. 1,97 (§§ 453ff.)

11 Plut. Sulla 19,9ff. bzw. RRC S. 373.

12 Gegen Crawfords Ablehnung (RRC S. 373f.): Appian bestätigt B.C. 1,79 (§ 362), daß er vor der Rückkehr aus dem Osten um die Wiederherstellung seines Priesteramtes ersucht hat, er muß es also schon vor dem Krieg gegen Mithridates gehabt haben, so T.R.S. Broughton, The Magistrates of the Roman Republic II (Cleveland, Ohio 1952/1960) 45.

13 Er läßt dem entsprechend seine neuattischen Tetradrachmen mit zwei Trophäen signieren: M. Thompson, The New Style Silver Coinage of Athens. NumSt 10 (New York 1961) Nr. 1341ff.

14 Zum Siegelring: RRC S. 373 mit weiteren Hinweisen; die zwei Trophäen entsprechen den zwei imperatorischen Akklamationen.

15 Plut. Sulla 34,1ff.; Appian. B.C. 1,97 (§ 452).

16 Plut. Sulla 6,7ff.; C.J. Classen, Gymnasium 70, 1963, 331.

17 Die Datierung ist schwierig: T.R.S. Broughton (Anm. 12) II 445; RRC zu Nr. 378.

[18] RRC Nr. 378 mit dem Vermerk S.C., also aufgrund eines besonderen Senatsbeschlusses, vielleicht aus besonders bewilligtem Metall (zum Problem selbst vgl. RRC S. 606ff.), daher wohl auch die Kontrollzeichen reihenweise.

[19] Vgl. die Auseinandersetzung darüber RRC zu Nr. 381.

[20] Plut. Sulla 6,1 vgl. Marius 32,4.

[21] Zur Geschichte des jugurthinischen Krieges: J. Bleicken (Anm. 7) 68f. mit weiterer Literatur.

[22] Zur Fundsituation s. M.E. Bertoldi, QuadInstTopAnt 5, 1968, 39. – Zu den Reliefs: W. Helbig, Führer[4] II 443ff., Nr. 1650, (E. Simon). – Die Zuweisung und die Datierung sind nach wie vor umstritten, vgl. Chr. Reusser, Der Fidestempel auf dem Kapitol in Rom und seine Ausstattung. Ein Beitrag zu den Ausgrabungen an der Via del Mare und um das Kapitol 1926–1943. BComm Suppl. 2 (Roma 1993) 121ff.; 136f.; T. Hölscher (1994) 60ff.; 201; 232; beide, wenn auch nicht mit letzter Sicherheit, für die Datierung in die Zeit Sullas (vgl. die weitere Literatur ebd.). H. Meyer, BComm 94, 1991–92, 17ff. und G. Haffner, RdA 13, 1989, 46ff. datieren die Bruchstücke zurück in das 2. Jh. v.Chr.

[23] Vgl. die Rekonstruktion von Th. Schäfer im Katalog: Die Numider. Reiter und Könige nördlich der Sahara (Bonn 1979) 243ff. und bes. die Bedeutung des dunkelgrauen, weiß geäderten Marmors, der wahrscheinlich aus den Brüchen der numidischen Stadt Thala stammt, ebd. 248f.

[24] So Vell. Pater. 2,25,4. – Vgl. die Bestätigung des Besitzes 77 n.Chr. durch Vespasian: ILS 251. Zum *mons Tifata*: H. Nissen, Italische Landeskunde 2 (Berlin 1902) 709 mit zusätzlichen Angaben. Vgl. RRC S. 450, dort die Texthinweise.

[25] Zur Person und ihrer Zeit: J. Bleicken (Anm. 7) 76ff. mit weiterer Literatur.

[26] Vgl. trotz M.H. Crawfords Kritik (RRC zu Nr. 438): K. Kraft, JNG 18, 1968, 7ff.; N. Hannestad (1988) 26.

[27] Denen entsprechen die vier Kränze 52 v.Chr., die auf der Rückseite der Vinicius-Denare RRC 436 die Victoria auf ihrem Palmzweig zeigt.

[28] Cass. Dio 42,18,3, Sullas Zeichen waren zwei Trophäen, nicht drei, wie bei Pompeius.

[29] Zum Bau: E. Nash (1968) II, 423ff.; zu den Spielen anläßlich der Weihung des Tempels: Plin. NH 8,20.

[30] T. Hölscher (1994) 53ff.; für die ältere Phase der Republik ebd. 34ff. etwa mit weiterer Literatur; vgl. N. Hannestadt (1988) 36f.

[31] Das erste uns greifbare Beispiel für die politische Bedeutung von Historienbildern geht auf die Wende des 3. zum 2. Jh. v.Chr. in Rom zurück, vgl. N. Hannestad (1988) 36 mit weiterführender Literatur.

[32] Cic. de harusp. 23,49.

[33] Plut. Caes. 46,1ff.

[34] Plut. Pomp. 68,2.

[35] Zum Forum Iulium und dem Tempel: E. Nash (1968) I 424ff. Gleichzeitig mit der Einweihung wurden Spiele zu Ehren der Venus Genetrix (*ludi Veneris Genetricis*) gefeiert, die, charakteristisch auch dies, ab 45 v.Chr. *ludi Victoriae Caesaris*, Spiele zu Ehren von Caesars Victoria, heißen. – Es ist ebenso folgerichtig, daß in der Entscheidungsschlacht bei Pharsalos gegen Pompeius 48 v.Chr. *Venus Victrix* Caesars Losung war; vgl. die Stellen bei RRC S. 735 Anm. 6.

[36] Das Palladium im Arm des Diomedes unter den Statuengruppen in der Villa des Tiberius in Sperlonga kommt formal der Münzdarstellung nahe: B. Andreae, Praetorium Speluncae. Tiberius und Ovid in Sperlonga. Abh. Akad. Mainz GSKl. 1994/12 (Stuttgart 1994) 44ff. Das Münzbild folgt der Mythenversion Vergils in der Aeneis (vgl. 2,717ff.), mit dem kleinen Unterschied, daß Aeneas das Palladium – *pars pro toto* für die *patrii penates* – selbst trägt. s. auch W. Schürmann, Typologie und Bedeutung der stadtrömischen Minerva – Kultbilder (Roma 1985) 17ff.; 33ff.

[37] T. Hölscher (1994) 145ff. und *passim* sieht sogar eine Exklusivität der Führungsschicht darin.

[38] Vgl. zu den anderen Typen Ph.V. Hill, QTic 4, 1975, 157ff.

[39] Zu den Typen im Zweiten Bürgerkrieg s. RRC S. 743ff. – Die Legende NEPTVNI hinter dem Kopf des Pompeius wird man am besten mit *Neptunius* auflösen.

[40] Vgl. zum Titel Plut. Antonius 54,6f.; E. La Rocca, BComm 92, 1987–88, 265ff.
[41] Grundlegend: R. Syme, Die römische Revolution[2] (hrsg. W. Dahlheim, München–Zürich 1992) 16ff. *passim*; vgl. auch C.J. Classen (Anm. 16) 315ff.
[42] Zusammenfassend: J. Deininger, ANRW I 1 (1972) 984ff. mit der früheren Literatur.
[43] D. Kienast (1992) 4; 42 mit weiteren Hinweisen.

Der Auserwählte und Schützling der Götter

[1] Der der Vorderseite sehr nahe stehende *aureus* RIC 197 trägt in der Legende den Hinweis auf AVGVSTI PROFECTIO; man wird dies mit einiger Wahrscheinlichkeit mit dem Auszug Trajans Ende 113 in den Perserfeldzug verbinden können. Damit wäre ein Zeitansatz um den Jahreswechsel 113/114 denkbar. Da aber der Kaiser als *togatus* dargestellt ist, könnte man sogar meinen, daß er (wenn es sich um eine Statuengruppe handelt, vgl. unten S. 43f.) zur Entstehungszeit des Münzbildes in Rom weilt. Daher wäre auch eine Datierung vor der PROFECTIO-Serie, also etwa Mitte 113 möglich. Sicher ist freilich nur, daß die Münze in der Titulatur COS VI führt, also 112 oder in den Folgejahren entstanden ist.
[2] Zu Sperlonga: B. Andreae, Praetorium Speluncae. Tiberius und Ovid in Sperlonga. Abh. Akad. Mainz GSKl. 1994/12 (Stuttgart 1994), vgl. oben S. 38.
[3] RIC 249–50; 268; 619 und 643 sind Gold- und Silberdenare bzw. Sesterze des Trajan.
[4] Plin. pan. 1,4f. – Auch die kaiserlichen Wohltaten sind im gleichen Sinne Jupiters Gnade und Geschenk: ebd. 52,6f. Zum Panegyricus: M. Fell, Optimus Princeps? (München 1992) 9ff.
[5] Suet. Div. Tit. 9,1.
[6] Tac. hist. 3,74,1.
[7] Der Tempel Domitians ist nahe bei dem Kapitolstempel gefunden worden: E. Nash (1967) I 518f.
[8] ... *in sinu dei* ... wird man besser so verstehen als 'in den Armen des Gottes', wie vielfach in der Sekundärliteratur zu lesen ist; *sinus* heißt der Bausch der Toga bzw. des Gewandes.
[9] Suet. Domit. 23,1; Cass. Dio epit. 68,1,1; Lact. de mort. pers. 3,3. Besonders wichtig Plin. pan. 52,4f. Vgl. Th. Pekáry (1985) 63; 76.
[10] Demgegenüber ist die domitianische Gruppe anders zu deuten: Ein kaiserliches Exvoto, das in aller schuldiger Dankbarkeit die konkrete Errettung des Caesars Domitian aus unmittelbarer Not illustriert.
[11] Weitere Details s. M. R.-Alföldi, in: Festoen. Opgedragen aan A.N. Jadoks-Josephus Jitta bij haar zeventigste verjaardag (hrsg. J.S. Boersma u.a.). Scripta Arch. Gron. 6 (Bussum-Groningen o.J. [1977]) 15ff.
[12] Suet. Domit. 15,3.
[13] Petr. patr. frg. 10,6.
[14] RIC 534; in der gleichen Serie werden auch Concordia (Eintracht) und Spes (Hoffnung) beschworen. – Vgl. dazu auch oben S. 12ff. bzw. N. Hannestad (1988) 191.
[15] RIC 589: Sesterz; 602: Dupondius.
[16] SHA v. Ant. Pii 12,5. – Die Szene noch einmal: SHA v. M. Ant. Phil. 7,3; vgl. auch v. Sev. 23,5.
[17] Charakteristisch ist beispielsweise, wie schwer sich F. Taeger, Charisma. Studien zur Geschichte des antiken Herrscherkultes 2 (Stuttgart 1960) *passim* mit der Deutung von einschlägigen Aussagen römischer Autoren tut. – Interessant ist die Polemik des Polybios gegen ein Charismatikertum des Scipio Africanus, vgl. C.J. Classen, Gymnasium 70, 1963, 318f.
[18] Pape-Sengebusch, Griechisch-deutsches Handwörterbuch[3] (Braunschweig 1908) s.v.
[19] W. Enßlin (1943) 26ff.
[20] Vitruv. I, 1,1.
[21] *Numen* wird hier mit 'Wille' übersetzt; dem Begriff wird man vielleicht gerechter, wenn man 'göttliches Walten' darunter versteht.
[22] Tac. hist. 2,33,1.
[23] Mart. spect. 30,7f., in der Übersetzung 29,7f.
[24] Suet. Div. Vesp. 5,4; ebenso Cass. Dio, epit. 65,1,2.
[25] Verg. Aen. 2,681ff.

[26] Zur Illustration vgl. Th.B. Stevenson, Miniature Decoration in the Vatican Virgil. A Study in Late Antique Iconography (Tübingen 1983) 49f., Picture 16; zur Diskussion über die Entstehungszeit: 112ff.

[27] Verg. Aen. 8,675ff.

[28] Suet. Div. Aug. 79,2. – Zum konzentriert-magischen Blick, bis hin zum Schielen, wie etwa Abb. 218, s. S. Eitrem, SymbOsl. 22, 1942, 61f.; H.P. L'Orange, Apotheosis in Ancient Portraiture (London 1947) *passim*; vgl. auch H. Kähler, JAI 67, 1952, 1ff. für die constantinische Zeit.

[29] Herod. 1,7,5.

[30] Antrittsprägung Diocletians, dann auch des Maximianus Herculius in den Münzstätten Kyzikos und Antiochia RIC V 2, 215; Diocletian: RIC 293–294 bzw. 314; Maximian tritt in der zweiten Hälfte des Ausstosses in Antiochia hinzu: RIC 617.

[31] Liest man FATIS VICTRICIBVS als Dativ, '*den* Schicksalsgöttinnen', bedeutet die Weihungsform inhaltlich das gleiche; der neue Kaiser dankt für ihr Walten.

[32] Vgl. P. Bastien, Le médaillon de plomb de Lyon. Le monnayage de l'atélier de Lyon (274–413). (hrsg. P. Bastien-M. Amandry- G. Gautier) Supplément. Num. Rom. 18 (Wetteren 1989) mit der älteren Literatur.

[33] Pan. lat. X (II) 3,2; vgl. N. Hannestad (1988) 328 mit weiterführenden Hinweisen.

[34] Prokop, Vandalenkriege 1,4,1ff.

[35] P. Zanker (1987) 233; 349, sowie weiter unten S. 87f. – Er spricht von der 'Jupiterrolle', (wie A. Demandt (1996) 207ff. von einem 'mythischen Rollenspiel', das freilich die Person durchaus erhöht), doch m.E. ist ein solches Erscheinungsbild für die Zeitgenossen und für den Kaiser selbst keine Rolle im modernen Sinne, sondern die sinnfällige, allseits verständliche Manifestation seines Gottesgnadentums. – Vgl. J.R. Fears, Princeps a diis electus (Rom 1977) 207f.; D. Kienast (1992) 108 Anm. 165 mit weiterer Literatur; zusammenfassend T. Mikocki in: Roman Portraits. Artistic and Literary. (hrsg. J. Bouzek – I. Ondrejová, Mainz 1997) 48ff. mit einem Schwerpunkt bei den kaiserlichen Damen.

[36] P. Zanker (1987) 234f.

[37] In den Vatikanischen Sammlungen: W. Helbig, Führer[4], I 37f. Nr. 45 (H. v. Heintze).

[38] Die nüchterne juristische Form der Rechtsposition des Kaisers, wie in den Digesten später formuliert wurde, charakterisiert sehr wohl die römische Denkweise: Dig. 1,3,31. Cassius Dio referiert 53,18,1 diesen Tatbestand fast in der gleichen Form wie Ulpian, sein Zeitgenosse: *Und außerdem haben sie* (= die Kaiser) *sich ein weiteres Sonderrecht angeeignet, wie es keinem früheren Römer so umfassend und ohne Vorbehalt je zuteil wurde. … Sie sind, wie es die Worte in Latein in aller Deutlichkeit ausdrücken, nicht an die Gesetze gebunden, das heißt, sie sind frei von allem Gesetzeszwang und brauchen sich an keine geschriebene Satzung zu halten*. Plinius' jubelnder Ausruf in seiner Dankesrede vor Trajan im Jahre 100, (pan. 65,1) ist und bleibt ein Wunschtraum der Senatoren, denn der gleiche Plinius bestätigt an der zitierten Stelle, daß dem Kaiser die Gesetze nicht geschrieben werden. Dennoch droht dem Kaiser, der sich mißliebig verhält, vor allem viele vor den Kopf stößt, beleidigt, tyrannisch regiert, der gewaltsame Tod; schon Caligulas Ermordung 41 begründet Fl. Josephus etwa in diesem Sinne (Ant. Jud. 19,1,19). Vgl. A. Demandt (1996) 229f.

[39] Die Serie RIC[1] (Tiberius) 22–24 wird auf das Jahr 22 datiert, dort auch ein Vorderseiten-Typ mit SALVS AVGVSTA, Livia-Porträt, barhaupt (RIC[1] 23).

[40] Die dargestellte Nero-Figur hat mit dem Koloß lediglich die Strahlenkrone gemeinsam; der Koloß ist eine Statue in heroischer Nacktheit, soweit dies aus den Darstellungen ersichtlich ist: E. Nash (1968) I 268f.

[41] Fasti Praenest. CIL I^2 p. 231.

[42] W. Enßlin (1943) 27.

[43] P. Bastien – C. Arnold Biucchi, RIN 84, 1983, 73ff.

[44] Typisch ist, wie heftig ein frivoles Spiel mit der Angleichung an Götter in Rom abgelehnt wird: Suet. Div. Aug. 70,1ff., zur Stelle: S. Eitrem, SymbOsl 10, 1932, 43; A. Demandt (1996) 17. – Anders M. Clauss, Klio 78, 1996, 400ff.

[45] Siehe dazu ausführlich weiter unten S. 75ff.

[46] A.A. Barrett, Caligula. The Corruption of Power (London 1989) 147ff. mit der älteren Literatur.

47 Suet. Domit. 13,2, Suetons Gegenbeispiele sind Augustus (53,1) und Tiberius (27), die selbst die Anrede *dominus* zurückweisen.
48 W. Dahlheim (1984) 23f.
49 Tac. ann. 1,10,6.
50 Suet. Div. Vesp. 23,4.
51 Tertull. apol. 28,3f. – Vgl. dazu G. Eckert, Orator Christianus. Untersuchungen zur Argumentationskunst in Tertullians Apologeticum (Stuttgart 1993) 161ff.
52 Vgl. die knappe Zusammenfassung des Ablaufs: H. Chantraine, Mitt. Ges. Freunde der Universität Mannheim e.V. 35, 1986, 10ff.
53 Zusammenfassend: M.R. Kaiser-Raiß, Die stadtrömische Münzprägung während der Alleinherrschaft des Commodus (Frankfurt a. M. 1980) 50ff.; vgl. J. Gagé, ANRW II 17,2 (1981) 662ff.
54 Herod. 1,14,8.
55 O. Palagia, Boreas 9, 1986, 147ff. und Anm. 110 verweist in diesem Zusammenhang darauf, daß Commodus in Rom dem Koloß einen Herculeskopf aufsetzen läßt, vgl. das Epigramm Ant. Pal. 11,269.
56 Cass. Dio epit. 73,17,4.
57 SHA v. Comm. 8,6.
58 Vgl. Cass. Dio epit. 73,15,2; auch SHA v. Comm. 8,9.
59 E. Hohl übersetzt im positiven Sinne für den Senat: ... *mit, wie sich versteht,* ironischem *Beifall begrüßt.*
60 Cass. Dio epit. 73,15,3.
61 Wohl eher einem Konzept (Modell?) folgend: Commodus hat nur noch wenige Monate zu leben, und er verfällt zunächst der *damnatio memoriae*. Man wird also diese Statuengruppe – obgleich anscheinend beschlossen – kaum ausgeführt haben. Zum *aureus* P.H. Martin, JbSt-Kunstslg. Baden-Württemberg 12, 1975, 51ff.
62 W. Helbig, Führer[4] II S. 306f. Nr. 1486 (H. v. Heintze) mit weiterer Literatur und dem Hinweis auf die Fundstelle; zur laufenden Diskussion vgl. die feinfühlige Beschreibung und Deutung: B. Andreae, Die Kunst des alten Rom (Freiburg–Basel–Wien 1989) 179f.; zum Zodiakos auf dem Globus H.G. Gundel, Zodiakos. Tierkreisbilder im Altertum (Mainz 1992) 77ff.; frühere, anderslautende Deutungen: J. Aymard, REL 14, 1936, 363f.; H. Kähler, Rom und seine Welt (München 1960) 331f. – Vgl. auch N. Hannestad (1988) 246ff.
63 A. Alföldi, Repräsentation 236 zum Zodiacus.
64 A. Alföldi, Repräsentation 239f. zur Aegis.
65 M.R. Kaiser-Raiß (Anm. 53) 48, 51.
66 M.R. Kaiser-Raiß (Anm. 53) 37f. mit Beispielen.
67 D. Kienast (1990) 148 – s. auch M. R.-Alföldi, Festschrift B.-Sey-Gedai (Budapest), im Druck.
68 D. Kienast, JNG 10, 1959–60, 61ff. – N. Hannestad (1988) 208f. berücksichtigt den Bezug auf Demeter in seiner Deutung auf Antinous' Opfer nicht. B. Lichocka (Anm. 35, Roman Portraits) 88ff. verweist auf die tieferen Dimensionen der Darstellung.
69 A. Alföldi, ZfN 38, 1928, 174ff.; ders., 25 Jahre Römisch-Germanische Kommission (Berlin-Leipzig 1930) 21; D. Kienast (1990) 64f.; anders J.P.C. Kent, NC 1973, 65ff.
70 G. Elmer, BJb 146, 1941, 31.
71 Siehe dazu weiter unten S. 176; 184.
72 M. R.-Alföldi, Mullus. Festschrift Theodor Klauser. JbAC ERg.-Bd. 1, 1964, 10ff.
73 ILS 583: *consors* bedeutet eigentlich Teilhaber, hier eher (Schicksals)genosse.
74 RIC VI (1967) *passim* (C.H.V. Sutherland).
75 W. Enßlin (1943) 27.
76 Ed. de pret. rer. ven. praef. 5. – Die Übersetzung weicht partiell von der K. Büchers ab.
77 So wundert es nicht, wie stark in der Münzprägung der Tetrarchie neben dem Genius Populi Romani der Genius Augusti betont wird.
78 Suet. Div. Aug. 53,1. – Anders M. Clauss, Klio 78, 1996, 400ff.
79 Vgl. dazu D. Kienast (1992) 154.
80 Vgl. die fragmentarische Weihung aus Dyrrhachium (Macedonia) an Diocletian und Maxi-

mian (ILS 629); andere Beispiele nennt W. Enßlin (1943) 44ff., bzw. für die Endphase der Republik oben S. 38.

81 Pan. lat. XI (III) Genethl. Maximiani Aug. 2,3f.

82 Die Weiheformel auf Münzen, etwa DEO ET DOMINO NATO AVRELIANO AVG(*usto*) in der Münzstätte Serdica, dann die wenigen vergleichbaren Typen später in Siscia unter Probus und Carus scheint eine zeitlich begrenzte lokale Variation darzustellen, die kurzfristig von Serdica nach Siscia übernommen wurde; vgl. A. Alföldi, RM 50, 1935, 211f. Sie wird nicht verboten, sondern offenbar geduldet; eine weitere Verbreitung gibt es aber nicht (datierbar: 274 bzw. 276–283, wohl zu Anfang der Periode).

83 Daher die Wendung *sacer esto*: Sei verflucht.

84 Tacitus läßt anläßlich der Adoption zum Nachfolger des jungen Piso Kaiser Galba den Unterschied zur privatrechtlichen Adoption in einer Rede darlegen: hist. 1,15,1ff. – Siehe auch weiter unten S. 74f.

85 Herodian gibt sehr gut die Stimmung wieder, etwa 1,15,7ff., auch 1,14,7f. ist charakteristisch. Vgl. ebenso Cass. Dio epit. 73,21,3.

86 Dazu M. R.-Alföldi, Festschrift der Wissenschaftlichen Gesellschaft an der Johann Wolfgang Goethe-Universität, Frankfurt a. M. (Wiesbaden 1981) 337ff. mit der früheren Literatur.

87 Vgl. oben S. 42.

88 ILS 397 Numidien.

89 So auch Herodian, wenn er von ihm im Rückblick sagt: *er war seiner Herkunft nach vornehmer als alle Kaiser vor ihm* (1,17,12).

90 Herod. 1,5,6. s. auch ders., 1,5,5.

91 Der NOBILITAS-Typ des Commodus bleibt auf Münzen der Folgezeit den Kaisersöhnen, sooft sie auftreten, vorbehalten. Ab Philippus Arabs trägt die Nobilitas-Figur nicht mehr das Palladium, sondern die Weltkugel, das Zeichen der Macht der Kaiser schlechthin und wird auch auf die kaiserlichen Väter übertragen: M. R.-Alföldi (Anm. 86) 342.

92 Pan. lat. VI (VII) 2,5. – Vgl. auch ebd. 3,4–4,2.

93 Herodian 5,1,8 läßt Macrinus nach seiner Ausrufung in diesem Sinne zu den Soldaten sprechen; vgl. dazu auch weiter unten S. 75.

94 Zu den hellenistischen Vorgängern von dynastischen Herrscherdarstellungen s. B. Hintzen-Bohlen, JdI 105, 1990, 130ff., bes. 153ff.

95 Auf der Rückseite erscheint zudem, wie üblich, der Name des verantwortlichen Münzmeisters mit Angabe des Amtes, hier: PLATORINVS IIIVIR (Denar, RIC[1] 169). Weitere Typen zeigen den Kopf des Agrippa mit der Mauer- und der Schiffskrone, die er für den 36 v.Chr. errungenen Seesieg vor Naulochos erhielt, bzw. sein Reiterstandbild sowie Augustus und Agrippa nebeneinander sitzend. – Zum Gesamtproblem der Nachfolge unter Augustus s. P. Zanker (1987) 218ff.; D. Kienast (1992) 114ff.

96 A. Alföldi, Repräsentation 232. Er erinnert an die Ähnlichkeit mit dem kurzen Stab der Providentia, die damit den Globus dirigiert.

97 Die Datierung der Stücke ist nicht leicht. RIC (Constantinopolis) 65 verlegt die Reihe auf 333; im Gesamtzusammenhang ist meine frühere Datierung: Die constantinische Goldprägung (Mainz 1963) 108 auf 324–327 dennoch wahrscheinlicher.

98 Zu weiteren Aspekten vgl. am Beispiel der Triumph- und Ehrenbögen der julisch-claudischen Dynastie: F.S. Kleiner, MM 30, 1989, 244ff. Die Galba begleitende berittene Person auf dem Bogen von Tarraco (Tarragona) – wenn man mit der Ausdeutung der Darstellung überhaupt so weit gehen will – ist wohl entgegen Kleiner (ebd. 249ff.) sein Gardekommandant, wie andere Beispiele zeigen.

99 RIC[1] 219 für Augustus, RIC[1] 220 für Tiberius; in Lugdunum RIC[1] 356ff. und *passim*.

100 RIC[1] 356.

101 Drusus wird schon zu Lebzeiten des Augustus *princeps iuventutis*; Tiberius unterstützt ihn auf vielerlei Art in seinen ersten Regierungsjahren: PIR IV/3[2] (1966) Nr. 219.

102 Siehe die Einzelheiten: E. Meise, JNG 16, 1966, 7ff.; D. Kienast (1990) 82f.; zu seiner Position vgl. ders., (1992) 150; 195 Anm. 101.

103 RIC VII (Treveri) 443, mit 324 zu früh datiert.

[104] A. Alföldi, Repräsentation 243ff. zum Thron.
[105] D. Kienast (1990) 140.
[106] Vgl. RIC VII s.v.
[107] RIC VII (Aquileia) 31, dort auf das Neujahr 319 datiert.
[108] RIC VII (Treveri) 442, auf 324 datiert; die Abstammung Constantins II. mütterlicherseits ist in der Forschung umstritten. – Zum Datum: D. Kienast (1990) 302; 305.
[109] RIC 452a vom Jahre 210; die Frauengestalt wird als Concordia angesprochen.
[110] Noch anläßlich der Eheschließung Constantins mit der Tochter des Maximianus Herculius, Fausta, 307 wird eine kleine Silbermünzen-Serie mit VENVS FELIX herausgegeben: RIC VI (Treveri) 756.
[111] RIC 601(a) deutet die große stehende Figur als Diva Faustina I. – Im Hintergrund, auf einer Statuenbasis steht die kleine Figur der Fortuna mit Füllhorn (so RIC 1129). Dies ist wohl kaum ein Zufall. Der spätrömische Biograph des Antoninus Pius weiß von einer goldenen Fortuna-Statuette im kaiserlichen *cubiculum*, die er angesichts des nahen Todes zu M. Aurel tragen läßt (s. oben S. 221, Anm. 16).
[112] E. Nash (1968) I 188ff.; N. Hannestad (1988) 277ff.
[113] Die Inschrift ILS 426 ist mehrfach korrigiert worden, wie auch die Reliefs; erstellt haben den Bogen die *argentarii et negotiantes boari huius loci*. – Datum der Säkularfeier: D. Kienast (1990) 157.
[114] Cass. Dio epit. 77,1,2; D. Kienast (1990) 165.
[115] PIR III^2 (1943) F 554 zu Plautian; F 564 zu Plautilla; III (1898) S 325 zu Geta.
[116] Das Stück ist mit TR P XV COS III für M. Aurel auf 161 datiert.
[117] Als Regierungsmaxime allgemein bekannt: In Cuicul (heute Djemila) in Numidien weiht ein Augustalis *ob honorem aed(ilitatis)* eine Statue der Concordia Augustorum (ILS 368), um nur ein Beispiel für die Resonanz in der Bevölkerung zu nennen.
[118] SHA v. M. Ant. Phil. 12,9.
[119] L. Verus' Charakter war mehr als problematisch: s. M. Aurel, Selbstbetrachtungen 1, 17, 6.
[120] Siehe oben S. 18.
[121] Die in Rom gefundenen Münzen zeigen den auffällig hohen Prozentsatz gerade dieser Typen im Kleingeld-Umlauf; sie zielen in ihrer einfach-eingängigen Aussage auf die *plebs Urbana*, die Bevölkerung in der Stadt.
[122] Dazu weiter unten S. 90.
[123] Caligula betont am Anfang seiner Regierung auch auf andere Weise seine Abstammung von Augustus, s. Abb. 149 und S. 118f.
[124] Tac. hist. 1,14,2. So auch Plut. Galba 23,1f. dem Text des Tacitus selbst in den Wendungen sehr nahe.
[125] Tac. hist. 1,15,2. – Vgl. H. Nesselhauf, Hermes 83, 1955, 493ff., bzw. K. Christ, Historia 14, 1965, 67. – Der neuen Auffassung entspricht auch die Gestaltung des Galba-Bogens in Tarragona: F.S. Kleiner, MM 30, 1989, 239ff.
[126] Wie wichtig, ja entscheidend, das Votum der Soldaten ist, zeigt eine der frühen Prägeserien des Claudius in Gold und Silber mit dem Bild des Praetorianerlagers und der Beischrift IMP(*erator*) RECEPT(*us*) – *als Imperator angenommen* – (RIC^1 22ff.). Zu solchen und ähnlichen Szenarien s. auch weiter unten S. 158ff.
[127] Plut. Galba 23,2; Tac. hist. 1,18,1. – Vgl. zur Adoptionsform oben Anm. 125.
[128] Herod. 5,1,8: Das schlechte Beispiel stellen die Kaisersöhne Commodus und Caracalla dar, vgl. zur Stelle F.L. Müller (Herodian) 327.
[129] Zusammenfassend zur politischen Bedeutung: H. Chantraine, GWU 1988, 67ff.- Siehe auch weiter unten S. 81.
[130] Zu den kaiserlichen Begräbnisstätten zusammenfassend: G. Wesch-Klein, Funus publicum. Eine Studie zur öffentlichen Beisetzung und Gewährung von Ehrengräbern in Rom und in den Westprovinzen. HABES (Stuttgart 1993) 110ff. mit weiterführender Literatur.
[131] Tac. ann. 1,8,1ff.
[132] Suet. Div. Aug. 100,3f. – Vgl. D. Kienast (1992) 202f.
[133] Wieder ein gutes Beispiel für die Stellvertretung der Bilder, vgl. dazu oben S. 16ff.

134 Cass. Dio epit. 75,4,1ff.; 5,1ff.

135 Sehr ähnlich ist die Beschreibung der Bestattung und der Apotheose des Kaisers bei Herodian (4,2), auch wenn er Einzelheiten vor allem des Scheiterhaufen-Aufbaus phantasievoll ergänzt. Überdies deutet er den Sinn der *consecratio* falsch, wenn er sagt (4,2,1): Es *ist Brauch bei den Römern, diejenigen Kaiser zu divinisieren, die bei ihrem Tod Söhne als Nachfolger hinterlassen; diese Ehrung nennen sie Apotheose.* Die die Beschreibung der Zeremonie einleitende Bemerkung zeigt aber, wie wichtig (und wohl allenthalben besprochen) die dynastische Idee ihm und seiner Zeit ist.

136 Mehr dazu weiter unten S. 203 zur Christianisierung der kaiserlichen Bildersprache.

137 Das Relief ist eingemauert – wohl in einem später nochmals gebauten (?) Bogen, populär 'arco di Portogallo' genannt, am Corso in Rom – erhalten geblieben. Der Bogen ist dann 1662 abgebrochen worden. Zum Bau: E. Nash (1968) I 83ff.; R. Krautheimer, Roma di Alessandro VII. 1655-1667 (Roma 1987) 33ff.; 111; Ril. stor. (1986) 21ff. zum 'arco di Portogallo' 24ff. (M. Bertoletti), zum Relief (E. La Rocca). Vgl. auch N. Hannestad (1988) 206f.

138 Ebenso trägt ein männlicher Flügelgenius das Kaiserpaar Antoninus Pius – Faustina I. als Divus und Diva im Sockelrelief der Antoninus-Säule empor (Helbig, Führer[4] I S. 378ff. Nr. 480) (E. Simon). Die neuen Gottheiten werden überdies auch in diesem Bilde von Adlern flankiert. Hier ist der Ort der *consecratio* noch deutlicher als im Diva-Sabina-Relief (Abb. 91) angegeben. Es ist stets der Campus Martius. Er wird in der linken Ecke des Bildes als junger Genius mit erhobener Rechten sichtbar, den *gnomon*, den Zeiger der Sonnenuhr haltend, die auf dem Marsfeld stand.

139 E. Nash (1968) I 270ff.

140 D. Kienast (1990) 136.

141 RAC 4 (1959)Sp. 1016ff. (I. Opelt); zum Brauch: F. Matz, Der Gott auf dem Elefantenwagen. Abh. Akad. Mainz GSKl. 1953/10.

142 Zusammenfassend: H. Komnick, Die Restitutionsmünzen der frühen Kaiserzeit. Aspekte der Kaiserlegitimation (im Druck).

143 Zum politischen Spiel mit der *consecratio* vgl. die Zusammenfassung von H. Chantraine, GWU 1988, 67ff.

144 Suet. Div. Claud. 11,2f.

145 Plin. pan. 11,1f.

146 RIC VI *passim*. Die Buchstaben S-F im Feld der Rückseite werden meist mit SENIOR und FELIX aufgelöst.

147 Nebenbei sei bemerkt, daß Diocletians Vorstellung vom Thronverzicht nach 20 Jahren Regierung ebenso scheitert wie seine gekünstelte Nachfolgeordnung: Maximianus Herculius fügt sich nicht und versucht bei der ersten Gelegenheit, die sich bietet, die Macht wieder zu ergreifen. Er war kaum mehr als 18–20 Monate im erzwungenen Ruhestand.

148 Eutrop. brev. 9,28. – *Magister memoriae* ist ein hohes Verwaltungsamt bei dem *magister officiorum*, vgl. HAW III/6, 233 (A. Demandt).

149 Siehe S. 203.

Der Sieg

1 Heute Palestrina, 39 km südöstlich Rom.

2 Liv. 6,29,9. – Die Weihgabe soll nach Livius eine von Praeneste nach Rom gebrachte Jupiterstatue, nach Festus (363 M) ein goldener Kranz gewesen sein. Den Triumphzug und den Triumphalweg allgemein schildert F. Coarelli, DialArch 2, 1968, 55ff. – Zum Zusammenhang von Sieg und Charisma s. G. Ch. Picard (1957) 232ff.

3 Plin. NH 33,111f.

4 Mart. 8,65.

5 Siehe dazu auch oben S. 47ff.

6 B. Brenk, Die frühchristlichen Mosaiken in S. Maria Maggiore zu Rom (Wiesbaden 1975) 12;

114; vgl. auch J. Wilpert – W.N. Schumacher, Die römischen Mosaiken der kirchlichen Bauten vom IV.–XIII. Jh. (Freiburg–Basel–Wien 1976) 13; 75ff.; 308ff. Grundlage ist Hebr. 1,7: *Und von den Engeln sagt er: Er macht seine Engel zu Winden und seine Diener zu Feuerflammen.* Noch deutlicher ist im Alten Testament Ex 34,29: Moses' Antlitz leuchtet, *weil er mit dem Herrn geredet hatte.* Die Beispiele ließen sich leicht vermehren.

7 Plin. pan. 8,2. – Vgl. M. Fell, Optimus Princeps? (München 1992) 77; 108f.

8 Cass. Dio 51,22,1.; D. Kienast (1992) 190f.

9 Zur Tasse: A.M.A. Héron de Villefosse, MonPiot V 1899–1902, 134ff., Taf. 31,1; F. Baratte, Le trésor d'orfèvrerie romaine de Boscoreale (Paris 1986) 69ff., bes. 70; vgl. auch: Il tesoro di Boscoreale. Una collezione di argenti da mensa tra cultura ellenistica e mondo romano. Mostra Pompei 20.8.–30.9.1988 (Milano); T. Hölscher (1994) 105ff. Ich danke J. Gorecki (Frankfurt a. M.) für vielfältige Hinweise.

10 Zur Victoria in dem Zusammenhang: P. Zanker (1987) 188ff. mit weiteren Literaturhinweisen.

11 Greg. Tur. hist. Fr. 2,30.

12 Cass. Dio 51,21,6.

13 K. Kraft, Zur Münzprägung des Augustus. Sitzber.Wiss.Ges. Frankfurt a. M. 7, 1968/5 = Ges. Aufsätze z. ant. Geldgeschichte und Numismatik I (Darmstadt 1978, hrsg. H. Castricius – D. Kienast) 324ff.

14 Suet. Tib. 20. – Tiberius hat den ihm zuerkannten Triumph wegen der Katastrophe des Varus gegen die Germanen im Jahre 9 verschoben.

15 P. Zanker (1987) 232f. datiert die Gemma Augustea um 10 n.Chr. und deutet die Gestalt des thronenden Augustus 'als Jupiter', der freilich das Blitzbündel nicht hält. Entsprechend der hier gegebenen Deutung zeichnet die Gemma Augustea eine Episode des Triumphs am 23. Okt. 12 (D. Kienast [1990] 77) nach.

16 Tiberius und sein Bruder Drusus 12 bzw. 11 v.Chr., Tiberius als Thronfolger 12, Germanicus 17 und, zusammen mit Vater Vespasian, Titus 71 n.Chr. E. Künzl (1988) 119f.

17 RE 18 (1942) Sp. 1890ff. (G. Rohde); E. Künzl (1988) 100ff.

18 Vgl. W. Eck, Senatoren von Vespasian bis Hadrian. Prosopographische Untersuchungen mit Einschluß der Jahres- und Provinzialfasten der Statthalter. Vestigia 13 (München 1970) 35f.; E. Künzl (1988) 119f.

19 Zusammenfassend zum Problem D. Kienast (1992) 183f. – K. Kraft, JNG 17, 1967, 17ff. bes. Anm. 3 mit Hinweisen auf die ältere Literatur.

20 Cic. Phil. 3,5. – Zur Vorstellung *natus ad rei publicae salutem* vgl. K. Kraft, JNG 17, 1967, 23ff.

21 D. Kienast (1992) 283f.; P. Zanker (1987) 190f.

22 Res Gestae Divi Aug. 29.

23 A. v. Domaszewski, Abh. Arch.-Ep. Sem. Wien 5, 1885 = Aufsätze z. röm. Heeresgeschichte (Darmstadt 1972) 1ff.; RE 8A (1958) Sp. 2446ff. bes. Sp. 2449ff. (A. Neumann). Die kurze Stange weist auch auf die Funktion bei der Kavallerie hin.

24 Vgl. Caes. de b. G. 2,20,1.

25 D. Kienast (1992) 297f. mit weiteren Hinweisen.

26 R. Wolters, 'Tam diu Germania vincitur'. Römische Germanensiege und Germanensieg-Propaganda bis zum Ende des 1. Jhs. n.Chr. (Bochum 1989) 32f. bes. Anm. 100.

27 Die Aktualität spricht dafür, daß hier auf Gallien Bezug genommen wird, nicht auf die anderen Fälle in Hispanien und im Dalmatergebiet, die Augustus im Tatenbericht (oben Anm. 22) gleichwohl erwähnt.

28 Suet. Div. Aug. 94,12.

29 Zusammenfassend: E. Künzl (1988) mit weiterer Literatur.

30 Augustus feiert dementsprechend ausgiebig nach der Entscheidungsschlacht 31 v.Chr. vor Actium Apollo Actiacus, wie Münzbilder und Cassius Dio (51,2f.) erzählen.

31 Tac. ann. 2,41,2f. – Vgl. auch G. Lehmann in: Arminius und die Varusschlacht. Geschichte – Mythos – Literatur (hrsg. R. Wiegels – W. Woester) (Paderborn–München–Wien–Zürich 1995) 134ff.

32 Auch Apollo Sosianus-Tempel genannt; vgl. E. Nash (1968) I 28f.; zum Fries: W. Helbig, Führer[4]

II (1966) S. 458ff. Nr. 1670; dagegen I. Scott-Ryberg, MemAmAcadRome 22, 1955, 145f.; für Augustus' Triumph über Illyricum entscheidet sich P. Zanker (1987) 76; s. auch G.M. Koppel, BJb 189, 1989, 20 bzw. G.Ch. Picard, MemArchHist 71, 1959, 274ff. Zum Triumphzug vgl. E. Künzl (1988) 65ff.

33 M. Pfanner, Der Titusbogen (Mainz 1983) 84; E. Künzl (1988) 26.

34 Sie werden von Fl. Josephus aufgezählt: Ant.Jud. 3,4ff.; s. auch die Beschreibung des Triumphs bei E. Künzl (1988) 10ff.; 14ff. – Vgl. H. Greßmann, Altorientalische Bilder zum Alten Testament[2] (Berlin–Leipzig 1927) 148; K. Galling (hrsg.), Bibl. Reallexikon[2] (Tübingen 1977) 235 (H. P. Rüger).

35 Zu den beiden Reliefs: M. Pfanner (Anm. 33) 44ff., bes. 65ff.; 71ff.

36 M. Pfanner (Anm. 33) 69ff. nennt die Figur in der Beschreibung und der Analyse der Reliefs 'Honos'. Dies ist inhaltlich durchaus denkbar, jedoch, stellt man die Annwesenheit des Genius Senatus im Bilde fest, so ist der Genius Populi Romani die notwendige, gedanklich schlichte Ergänzung dazu. – Zu Honos: LIMC V/1 (1990) 498ff. (C. Lochin). – Ebenso wird die Dea Roma bei M. Pfanner (Anm. 33) 67ff. als Virtus angesprochen.

37 Man muß wie immer das Fehlen der Farben auf den Reliefs beklagen; sie würden zur Wahrnehmbarkeit der Bilder viel beitragen, Einzelheiten unterstreichen, und die innere Rangordnung der Szenen, die den Inhalt stark mitbestimmt, offenlegen helfen.

38 Ril. stor. (1986) 38ff. (M.L. Cafiero) mit der Geschichte des Stücks und den Einzelheiten seiner Restaurierung. – N. Hannestad (1988) 233.

39 M. Pfanner (Anm. 33) 91ff. zufolge wäre der Titusbogen gemeint, was wenig wahrscheinlich ist. Dieser wurde erst nach dem Tod des Kaisers fertiggestellt. Geht man davon aus, daß solche Bilder dem realen Geschehen sehr nahe kommen, schließt sich diese Annahme von selbst aus.

40 So F. Coarelli, DialArch 2, 1968, 84 zum Triumphalrelief des M. Aurel.

41 E. Künzl (1988) 58ff.; vgl. RE 7A (1939) Sp. 374ff. (H. Kähler).

42 P. Zanker (1987) 87; E. Künzl (1988) 51ff.

43 Der ursprüngliche Bogen zu Ehren des Sieges vor Actium (31 v.Chr.) wurde durch einen größeren ersetzt, der zusätzlich an den unblutigen Sieg über die Parther 20 v.Chr. erinnert und 19 v.Chr. beschlossen wurde. Zur Geschichte und zum Befund zusammenfassend: E. Künzl (1988) 51ff.

44 Zum gelegentlichen Mißbrauch des Triumphs vgl. M. R.-Alföldi, Germani in Italia (hrsg. B. und P. Scardigli (Roma 1994)) 171f. über Domitian, Persius, Sat. 6,43ff über Caligula.

45 SHA v. Aur. 33,1ff., wo wohl auch Einzelheiten von Einzügen von Gesandtschaften mit der Ausstattung des Triumphzuges vermengt werden. Besondere Betonung erfährt die Beute bzw. die besiegten Herrscher im Zuge, allen voran Königin Zenobia von Palmyra in goldenen Ketten. Siehe dazu noch weiter unten S. 103.

46 Diese Tafeln sind wohl auch im Beuterelief des Titusbogens gemeint, vgl. M. Pfanner (Anm. 33) 67ff. SHA v. Aur. 34,1 erklärt denn auch: *man trug Tafeln mit den Namen der* (besiegten) *Völker voran*.

47 Siehe oben Anm. 31.

48 Tac. Germ. 6,1.

49 M. Aurel RIC 947; 955; (für L. Verus) RIC 1464–1465.

50 G. Tedeschi Grisanti, I 'Trofei di Mario'. Il ninfeo dell'Acqua Giulia sull'Esquilino. Monumenti Romani VII (Roma 1977) 49ff. mit weiteren Hinweisen auf die Forschungsgeschichte bzw. auf die aktuelle Literatur.

51 K. Stemmer, Untersuchungen zur Typologie, Chronologie und Ikonographie der Panzerstatuen. Arch. Forschungen 4 (Berlin 1987) 62, Typ V 10; dort die Literatur.

52 Vgl. G. Caputo, QArchLib 1, 1950, 1ff., mit Hinweis auf die Münzen bereits als Vespasianstatue definiert.

53 A. Alföldi, Repräsentation 239.

54 Siehe oben S. 44.

55 RIC 424 bzw. 466 (Vespasian).

56 K. Stemmer (Anm. 51) 152; 156f. meldet generell Zweifel an der Aktualität der Panzerreliefs an – zu Unrecht, wie es sich zeigt. Beide, Münzbild wie Panzerrelief, folgen offensichtlich den

Schaubildern im Triumphzug; man hat sie so echt wie möglich gestaltet, um erkennbar und informativ zu sein.

57 K. Stemmer (Anm. 51) 24 Typ II 3 Fundort Minturno an der Liri, der Grenze von Latium zu Campania in Italien, das antike Minturnae: PEClS 582f.

58 D. Kienast (1990) 90.

59 Die Inschrift: ILS 216; zum Bogen vgl. E. Nash (1968) I 102f.

60 Vgl. dazu die Bemerkung des Cassius Dio 60,21,4. – Damit ist die von K. Stemmer (Anm. 51) 24 zitierte Datierung von C. Vermeule auf die claudische Zeit gut gesichert.

61 K. Stemmer (Anm. 51) 14f. Typ 19.

62 PEClS 340f. Vgl. F. Coarelli, Dintorni di Roma. Guide arch. Laterza 7 (o.J.) 166ff. Die Statue stand wohl auf dem Forum, das 1792 durch G. Hamilton ergraben wurde; seit 1808 ist sie im Louvre, Paris.

63 Vgl. dazu Tac. Germ. 6,8; 17,1ff.; Caes. de b. G. 4,1,10 (von den Sueben). Zu den Darstellungen zusammenfassend: K. Schumacher, Germanendarstellungen. Teil I: Darstellungen aus dem Altertum. Neu bearb. von H. Klumbach. Kat. RGZM 1 (Mainz 1935) bzw. I. Járdányi Paulovits, BpRég 14, 1945, 205ff.; zur Bekleidung und zur Bewaffung R. v. Uslar bei R. Much, Die Germania des Tacitus[3] (unter Mitarbeit von H. Jankuhn hrsg. W. Lange, Heidelberg 1967) *passim*.

64 K. Stemmer (Anm. 51) 14f. führt frühtrajanische Parallelen zum Typ auf, was für die spätdomitianische Datierung ebenso günstig ist.

65 K. Stemmer (Anm. 51) 152ff. *passim* sieht eher allgmeingültige Allegorien im Reliefschmuck der Panzer. Man wird der Sache wohl gerechter, wenn man die narrativen Trophäen-Darstellungen von den anderen eher statischen (Greife, Kandelaber usw.) trennt. Analysiert man die narrativen Trophäen auf ihre Einzelheiten hin, kommt man schnell dahinter, welcher *konkrete* Sieg verherrlicht werden sollte. Die statischen Panzer-Dekors verweisen wohl, wie Stemmer (Anm. 51) 153ff. schreibt, allgemein auf die Sieghaftigkeit der Kaiser. Überdies wird man bei den *akephaloi* oder den zusammengesetzten Statuen erst jeweils die Zugehörigkeit zum Kaiser überhaupt – am besten mit dem Gorgoneion – prüfen müssen. Auch G.Ch. Picard (1957) 360ff. leugnet die illustrative Art von Trophäen, er spricht von der *victoire universelle* des Augustus, konzediert aber dennoch den domitianischen Monumenten eine gewisse Originalität.

66 Weiteres zum Problem: M. R.-Alföldi, in: Festschrift B.-Sey-Gedai (Budapest), im Druck.

67 Es ist charakteristisch, wie Vitellius seinen Sieg im Bürgerkrieg 69 im Münzbild feiern läßt. Victoria hängt, wie üblich, den mit der Siegesnachricht beschrifteten Schild auf, aber die Inschrift heißt: OB CIVES SERVATOS (RIC[1] 13–14), zu deutsch: *Wegen Errettung der Bürger* (Roms). Eine weitere Variation (RIC[1] 15): Victoria schreibt VIC(*toria*) AVG(*usti*) auf den Schild, gefeiert wird der persönliche Sieg des Kaisers, der ihn legitimieren soll.

68 Constantin nimmt – sicher gezielt – das Münzbild des Commodus im gleichen Sinne jeweils nach dem ersten und dem zweiten Bürgerkrieg gegen Licinius ab 315 und 324/325 wieder auf (vgl. hier Abb. 138) und bestätigt damit dessen ursprünglichen Sinn; s. M. R.-Alföldi, in: Charakter. Festschrift für Mando Oikonomidou (Athen 1996) 35ff.

69 SHA v. Aur. 33,5; 34,2f. – Zum aurelianischen Siegesfest s. E.W. Merten, Zwei Herrscherfeste in der Historia Augusta. Untersuchungen zu der Pompa der Kaiser Gallienus und Aurelianus. Antiquitas 4/5 (Bonn 1968); zu Palmyra s. weiter unten Anm. 76.

70 SHA v. Aur. 34,4: ... *weil er* (der Senat) *Augenzeuge eines Triumphs über Senatsmitglieder werden mußte*.

71 Zum gallischen Sonderreich zusammenfassend: I. König, Die gallischen Usurpatoren von Postumus bis Tetricus (München 1980) mit weiterer Literatur.

72 Zu den Daten: D. Kienast (1990) 274f.

73 Zum Stück mit der älteren Literatur: P. Bastien – C. Metzger, Le trésor de Beaurains (dit d'Arras). Num.Rom. X (Wetteren 1977) 94f.; Nr. 218 und *passim*.

74 RIC VI 87ff.; vgl. die Stücke aus dem Schatzfund von Arras: P. Bastien – C. Metzger (Anm. 73) 97ff. Nr. 226ff.

75 Vgl. dazu weiter unten S. 116.

76 Zu Palmyra und Zenobia: E. Equini Schneider, Septima Zenobia Sebaste. Stud.Arch. 61 (Roma 1993) 61ff. zur Geschichte; vgl. auch H.J.W. Drijvers, ANRW II 8 (Berlin–New York 1977) 799ff.;

ders., Palmyra. Geschichte, Kunst und Kultur der syrischen Oasenstadt. Ausst. Linz 10.4.–27.5.1987 (hrsg. E. Ruprechtsberger) Linzer Arch. Forschungen 16 (Linz 1987) 128ff. mit der älteren Literatur; B. Kytzler, Frauen der Antike. Von Aspasia bis Zenobia (Zürich 1994) 176ff.; J. Long in: Shifting Frontiers in Late Antiquity (ed. R.W. Mathisen – H.S. Sivan 1996) 59ff., bes. 69f. – Zur unsicheren Quellenlage von Zenobias Schicksal vgl. F. Paschoud, Zosime I (1971) 168 f. – Den ersten Fall eines geduldeten lokalen Widerstandes (gegen Schapur I.) stellt offenbar der Emesener Hohepriester Uranius Antoninus dar: H.R. Baldus, Uranius Antoninus. Münzprägung und Geschichte. Antiquitas 3/11 (Bonn 1971).

77 Cass. Dio 54,18,2 zum Kult von Virtus und Honos (17 v.Chr.); D. Kienast (1992) 82; 235; 245.

78 Zur Victoriola ab etwa 238: M. R.-Alföldi, JNG 11, 1961, 19ff.

79 Die Beschreibung 'Soldat' ist häufig, dennoch wenig sinnvoll: Es handelt sich, wie hier, meist um Mars. – G.Ch. Picard (1957) 379ff. *passim* betont die Bedeutung der Virtus-Idee übermäßig.

80 SHA v. Probi 19,2.

81 Vgl. dazu M. R.-Alföldi, TrZ 54, 1991, 239ff.

82 Zum Ludovisichen Schlachtsarkophag zusammenfassend mit der Literatur: W. Helbig, Führer^4 III 272ff. Nr. 2354 (B. Andreae).

83 D. Kienast (1990) 241.

84 E. Nash (1967) I 198ff. mit der früheren Literatur. Propyläen Kunstgeschichte 2: Das römische Weltreich, hrsg. Th. Kraus (Berlin 1967) 242 (H.v. Hentze). Vgl. auch den arcus *novus Diocletiani*, E. Nash (1967) I 120ff.

85 Zur sieghaften Gestaltung der Kaiserfeste s. A. Alföldi, Repräsentation, 218f.

86 Vgl. dazu auch S. 91ff.

87 E. Nash (1967) I 502f.

88 Prokop, Gotenkriege 1,25,19ff.

89 Verg. Aen. 1, 293ff. meint, damit sei der Krieg eingeschlossen, Ovid, fast. 1,281 und Horaz, epist. 2,1,255 denken im Prinzip ähnlich, wenn sie sagen, der Friede sei so festgehalten.

90 Ovid. fast. 1, 279ff.

91 D. Kienast (1990) 97.

92 Plin. NH 35,93f.

93 Vgl. F. Matz, Festschrift C. Weickert (Berlin 1955) 46ff.

94 Siehe oben S. 57.

95 D. Kienast (1990) 215.

96 Die gleiche Szene sieht man noch einmal auf einem der Silberbecher von Boscoreale: F. Baratte, Le trésor d'orfèvrerie romaine de Boscoreale (Paris 1986) 71ff. mit der älteren Literatur. Dort werden zwei Kinder, ein älteres und ein etwas jüngeres, Augustus dargeboten; s. P. Zanker (1987) 230f.; T. Hölscher (1994) 105ff. – Vgl. D. Kienast (1992) 260.

97 D. Kienast (1990) 66.

98 Res Gestae Divi Aug. 32; an dieser Stelle geht es um die Parther im Osten.

99 HAW III/6, 331ff. (A. Demandt) mit den Quellen und der Literatur.

100 Siehe oben S. 222 Anm. 32.

101 Die von P. Bastien (S. 222 Anm. 32) *passim* vorgeschlagene Alternative zur Datierung zum Sieg 297, das Jahr 310, ist wenig wahrscheinlich. Der Stempel wurde wohl in Lugdunum-Lyon erstellt, also im damaligen Herrschaftsbereich Constantins d. Gr., der 310 allen Herrscherkollegen ablehnend gegenübersteht. So ist es kaum denkbar, daß er auch nur einen der Mitregenten neben sich thronend hätte abbilden lassen – wen? Außer Constantin tragen zu jener Zeit den Augustus-Titel Galerius, Maximinus Daia, Licinius und Maxentius. Der selbsternannte Senior Augustus Maximianus Herculius ist im gleichen Jahr zu Tode gekommen, sonst käme auch er noch in Frage.

102 Pan. lat. VIII (V) 8,4; 9,2f.

103 Zur Deutung: K. Kraft, JNG 9, 1958, 141ff.

104 Zum Datum der Weihung: D. Kienast (1990) 122. – Schon aus diesem Grunde verbietet sich eine Datierung in die Regierungszeit des Hadrian, wie A. Claridge, JRA 6, 1993, 5ff. vorschlägt. Einmal ist es wenig wahrscheinlich, daß die Säule, die rund 16 Monate später als das Trajansforum und die Basilica Ulpia vom Kaiser selbst eingeweiht wurde, nicht fertig gewesen

wäre. Nach Abschluß der Dakerkriege 107 und dem Triumph über die Daker hatte man genug Zeit für die Fertigstellung. Der zeitliche Abstand beider Weihungen spricht gerade dafür, daß sie 112 noch nicht, 113 aber schon fertig war. Ein weiterer Grund steht ebenso prinzipiell gegen eine hadrianische Datierung. Trajan bekam posthum den Triumph über die Parther zuerkannt; der einzige Siegestitel, der dem Divus gegeben wird, ist *Parthicus maximus* (D. Kienast (1990) 123). Wäre also die Säule nach dem Tod Trajans reliefiert worden, wäre es undenkbar, daß der Partherfeldzug nicht berücksichtigt worden wäre. Ein Letztes: Die Inschrift der Säule (ILS 294) ist zu Lebzeiten Trajans formuliert; sie nimmt Bezug auf die Erdbewegungen, die im Zusammenhang mit dem Bau des Trajansforums durchgeführt wurden. Die erstaunliche Höhe der Säule soll ihren Umfang dokumentieren. – Zur Säule s. S. Settis – A. La Regina – G. Agosti – V. Farinella, La colonna Traiana (Torino 1988) mit der älteren Literatur; zur Streifendekoration, die sich an die Triumphalmalerei anlehnt, ebenda 93ff. (S. Settis). Interessante neue Einsichten vermittelt R. Billiant, Visual Narratives. Storytelling in Etruscan and Roman Art (Ithaca – London 1984) 90ff.; dazu auch L.E. Baumes – T. Hölscher – L. Winkler, JAI 106, 1991, 261ff.

105 D. Kienast (1990) 138. – Zur Säule: G. Becatti, La Colonna coclide istoriata (Roma 1960) 47ff.; vgl. Propyläen Kunstgeschichte II. Das römische Weltreich (hrsg. Th. Kraus 1967) 94ff. (H. v. Heintze).

106 Ähnlich angeordnet ist auch das Relief mit der Ergebungsszene vom Bogen M. Aurels zu Rom: Ril. stor. (1986) 38ff.

107 Wie wichtig das Minenspiel, die Körpersprache ist, um Unterwerfung zu signalisieren, zeigt Amm. Marc. 17,10,3. Man läßt den Germanenkönig Suomar erst zur Audienz im Lager vor, als er in der Haltung und in der Gestik Demut bekundet, vgl. oben S. 24.

108 Dexipp. FrGHist. II Nr. 100, Frg. 6,1ff. – Zur Deutung s. A. Radnoti, Die germanischen Verbündeten der Römer (Frankfurt o.J. [1970]).

109 Hier weiche ich von der Übersetzung etwas ab, wo an dieser Stelle *Truppenverzeichnisse in goldgestickten Lettern* steht.

110 Weitere 'Szenarios' s. unten S. 156ff.

111 Dazu mit weiterführender Literatur M. R.-Alföldi, in: Alte Geschichte und Wissenschaftsgeschichte. Festschrift für Karl Christ zum 65. Geburtstag (Darmstadt 1988) 358ff.

112 Corippus in laud. Iustini Aug. min. 3,237ff.

113 Snorris Heimskringla, übersetzt von F. Niedner. Slg. Thule 2. Reihe Bd. 16 (Jena 1923); zur Deutung im folgenden vgl. M. Rentschler, Liudprand von Cremona. Eine Studie zum ostwestlichen Kulturgefälle im Mittelalter (Frankfurt a.M. 1981) 31ff.

114 Snorris Heimskringla (Anm. 113) 218f. (cap. 11).

115 Ebd. 219 (cap. 12).

116 Ebd. 220 (cap. 13).

117 E. Babelon, Catalogue des camées antiques et modernes. Bibliothèque Nationale (Paris 1897) 193ff. Nr. 360. Vgl. Propyläen Kunstgeschichte 2. Das römische Weltreich (hrsg. Th. Kraus 1967) Nr. 386c.

118 D. Kienast (1990) 212. – I. König, Die gallischen Usurpatoren von Postumus bis Tetricus (München 1980) 26.

119 Die Analyse von M. Meyer, JAI 105, 1990, 237ff., bes. 297ff. zeigt dies überzeugend; vgl. die ältere Literatur 297ff., dazu auch W. Kuhoff, Herrschertum und Reichskrise. Die Regierungszeit der römischen Kaiser Valerianus und Gallienus (253–268 n.Chr.) (Bochum 1979).

Des Kaisers Wirken für die res publica

1 Cic. Phil. 3,8; noch deutlicher Phil. 12,9. – Vgl. zum Ganzen K. Kraft, JNG 17, 1967, 20ff.

2 Es geht um die These von F. Millar, The Emperor in the Roman World (31 B.C. – A.D. 337) (London 1977), daß der Kaiser im Prinzip nicht agiert, sondern lediglich reagiert. Siehe die Gegenposition bei J. Bleicken, Zum Regierungsstil des römischen Kaisers. Eine Antwort auf

Fergus Millar. Sitzber. Wiss. Ges. Frankfurt 18/5 (Wiesbaden 1982) mit der Auswertung auch anderer Rezensionen zu Millars Studie.

3 Siehe oben S. 83ff.

4 Zu den *vota* zusammenfassend: RE Suppl. 14 (1974), Sp. 965; 969ff. (W. Eisenhut); s. auch Th. Mommsen, Römisches Staatsrecht^3 (Leipzig 1887) II/1, 135f.; I, 244f. mit den Autorenstellen.

5 Ovid. fast. 1,65ff. – Vgl. dazu Liv. 21,63,7ff. – A. Alföldi, Repräsentation 199f.

6 Ril. stor. (1986) 39ff. (M.L. Cafiero) 46ff.; zur Restaurierung (M.G. Chilosi – G. Martellotti) 46ff.

7 Zum Tempel: E. Nash (1968) 1, 164; zum Stück: Bauten (1973) Nr. 33.

8 A. Alföldi, Repräsentation 137ff.

9 M. R.-Alföldi, Die constantinische Goldprägung (Mainz 1963) 139ff.

10 Dazu noch oben S. 107 bzw. 190.

11 D. Kienast (1992) 187ff. – RIC 157ff. P. Zanker (1987) 172ff. – Vgl. zusammenfassend zum *saeculum:* Kl. Pauly 4 (1972) Sp. 1492ff. (G. Radke).

12 Die Ergänzung entspricht Suet. Div. Aug. 31,4; zu den einzelnen Typen mit der einschlägigen Literatur s. W. Trillmich in: Kaiser Augustus und die verlorene Republik. Ausstellungskatalog. Antikenmuseum Berlin 1988, 520f.; H. Kloft in: BAC 24 (1996): Kommunikation in politischen und kultischen Gemeinschaften 51ff. für die augusteische Zeit mit der aktuellen Diskussion.

13 Ein weiterer Münztyp, RIC^1 158, ergänzt sinnvoll diese Reihe: Augustus wird auf einem Podest sitzend dargestellt, wie er den Bürgern Räucherwerk verteilt. Dies ist eine im Münzbild übliche Abkürzung eines weit komplexeren Inhalts auf das Wesentliche. Zosimos schildert den Ablauf der Festlichkeiten etwas ausführlicher (2,5,1); er sagt, die 15 Mitglieder des Gremiums sitzen auf dem Kapitol und in den einzelnen Tempeln und verteilen vor dem Fest den Bürgern – nur die Freien sind zugelassen – *katharsia*, reinigende Sühnemittel, Fackel, Schwefel und Asphalt, natürlich im Auftrag des Augustus, wie die Kurzfassung im Münzbild zeigt.

14 Horat. carm. saec. 45ff.

15 Tac. ann. 11,11,1.

16 Suet. Div. Claud. 21,2.

17 RIC 115ff.; 375ff. Der beschriftete Cippus ist ebenso da, wie der Herold – auf seinem Rundschild sieht man jetzt eine Minerva-Büste, die der göttlichen Beschützerin des Kaisers –, dann die verschiedenen Opfer, die zu den *saeculares* gehören.

18 Die Aufzählung des Zosimos (2,5,2) ist deutlich zweigeteilt; der zweiten Gruppe, mit den Moiren beginnend, scheint das nächtliche Opfer zu gelten. Vgl. Zos. I (ed. F. Paschoud 1971) 187 Anm. 7 mit weiterer Literatur.

19 Auch das Parallelstück des Septimius Severus ist ähnlich gestaltet und beschriftet: RIC 761 (Sept. Severus); zu Caracalla vgl. RIC 420 (gleiche Beschreibung: BMC 846; Hunterian III 81), wo überall statt Jupiter die Benennung Liber/Bacchus steht. Vergleicht man die Abbildungen der Münzen, wird eindeutig, daß wegen der Abnützung des Stempels das Blitzbündel in Jupiters rechter Hand in die Darstellung des Adlers am Fuß des Gottes hineinfloß und so eine 'Kanne' gebildet hat. Auf dem abgenützten Stempel hat sich die Spitze des Götterzepters oben besonders verbreitert, so daß die Form an den Thyrsosstab erinnern kann. Dennoch ist die Gottheit im Münzbild links des Cippus eindeutig Jupiter.

20 D. Kienast (1990) 197.

21 Zwei Varianten gibt es: Phoenix auf Felsen und Phoenix auf der Weltkugel, beide Male umgeben Strahlen den Kopf des göttlichen Vogels. Die Münzstätten im Westen benützen beide Typen, jene im Osten nur die Variation mit der Weltkugel, vgl. RIC VIII 35ff. (J.P.C. Kent). Die Emissionen sind neben den umfangreichen Serien anderer FEL-TEMP-REPARATIO-Rückseiten vergleichsweise bescheiden. Dazu auch weiter unten S. 184f.

22 Grundlegend: F. Matz, Ein römisches Meisterwerk. Der Jahreszeitensarkophag Badminton-New York. Erg.-Hefte JdI 19 (Berlin 1958); zur Herkunft des Bildtyps ebd. 82ff.; s. auch G. Hanfmann, The Season Sarcophagus of Dumbarton Oaks (Dumbarton Oaks 1951); P. Kranz, Jahreszeiten-Sarkophage. Entwicklung und Ikonographie des Motivs der vier Jahreszeiten auf kaiserzeitlichen Sarkophagen und Sarkophagdeckeln. Die antiken Sarkophagreliefs (hrsg.

B. Andreae) 5, 4 (Berlin 1984) 105ff.; 169f. – Zu den Münzbildern M. R.-Alföldi, Die constantinische Goldprägung (Mainz 1963) 50f.; zum Auftakt unter Hadrian s. H. Bellen, in: Rom und Rhein – Macht und Münzen. Festschrift der Numismatischen Gesellschaft Mainz-Wiesbaden (Speyer 1996) 9ff.

23 D. Kienast (1990) 207.

24 Vgl. auch die eher allgemein gehaltenen Bemerkungen von C. Dulière, Lupa Romana. Recherches d'iconographie et essai d'interprétation (Bruxelles–Rome 1979) 183f.

25 Cass. Dio 53,18,3. – Zum gesamten Fragenkomplex, vor allem auch zur Genesis des Ehrentitels: A. Alföldi, Der Vater des Vaterlandes im römischen Denken (Neudruck der Aufsätze im MusHelv 7–11, 1950–1954, Darmstadt 1971) bes. 80ff.; 124ff. – Zu den Pflichten des Kaisers aus diesem – letztlich – *patronus*-Verhältnis zusammenfassend: W. Dahlheim (1984) 34f.

26 D. Kienast (1990) 64.

27 D. Kienast (1990) 63. – Zum Gesamtproblem: B. Sirks, Food for Rome. The Legal Structure of the Transportation and Processing of Supplies for the Imperial Distributions in Rome and Constantinople (Amsterdam 1991).

28 Z.B. Res Gestae Divi Aug. 15 etwa; vgl. weiter unten S. 127.

29 Dies gleich nach Thronantritt Mitte September 96: D. Kienast (1990) 120; die Münze (RIC 89) ist mit TRP COS III zum 1. Jan. 97 aktuell, wurde also in den letzten Wochen des Jahres 96 geprägt.

30 Res Gestae Divi Aug. 15.; W.E. Metcalf, RIN 95, 1993, 337ff. zum Gesamtproblem.

31 Das II *congiarium* fällt in das Jahr 57 (D. Kienast (1990) 98); der abgebildete Sesterz RIC^2 101 wird auf 63 datiert.

32 D. Kienast (1990) 147; 149. – Der Anlaß für eine Verteilung ist die Annahme der *toga virilis* und des Titels *princeps iuventutis*. Damit ist eine Datierung auf den Frühsommer 175 gegeben, die besser ist als die des hier in Frage stehenden Stückes RIC 1516 auf 172–173, zumal die PRINC(*eps*)-IVVENT(*utis*)-Serie die gleichen Vorderseiten-Legenden trägt. Der zusätzliche Siegestitel SARM(*aticus*) wird ohnehin erst mit dem Herbst 175 aktuell: D. Kienast (1990) 149.

33 D. Kienast (1990), 164; 166.

34 Epit. de Caes. 12,4.

35 Mit TVTELA ITALIAE (RIC 92) kommt dies auch ins Münzbild. Das Stück ist etwas problematisch: H. Cohen, Description historique des monnaies frappées sous l'Empire romain[2] (Paris 1880ff.) Nr. 142 bezieht sich auf J. Tristan, Commentaire historique contenant en abregé les vies des Empereurs, jusqu'à Pertinax (Paris 1635 und spätere Neuauflagen; s. dazu A. Banduri, Numismata Imperatorum Romanorum ... Bibliotheca Nummaria Bd. I [Paris 1718] 33ff.), bzw. J.H. Eckhel, Doctrina numorum veterum 6 (Wien 1796) 408, der bei der Beschreibung des Stückes an die Notiz in der Epit. de Caes. 12,4 erinnert.

36 W. Eck, Die staatliche Organisation Italiens in der hohen Kaiserzeit. Vestigia. Beiträge zur Alten Geschichte 28 (München 1979) 146ff.; – M. Fell, Optimus Princeps? (München 1992) 156ff.

37 Eine nähere Datierung der Münzen ist kaum möglich; einige Vorschläge s. bei W. Eck (Anm. 36) 149ff. – Vgl. ders., AA 1980, Sp. 266ff.

38 Zu diesem Monument s. weiter unten S. 133ff.

39 Siehe S. 134f.

40 D. Kienast (1990) 136.

41 W. Eck (Anm. 36) 131.

42 RIC^1 38. – Zum Typ umfassend: A.U. Stylow, CHIRON 1, 1971, 285ff.

43 D. Kienast (1990) 86.

44 W. Eck (Anm. 36) 113 Anm. 12 mit weiteren Hinweisen; zum *pilleus*: A.U. Stylow (Anm. 42) 289f. – Vgl. auch M. R.-Alföldi, Germania 75, 1997, 49ff.

45 RIC^1 74 mit CO(*n*)S(*ul*) DES(*ignatus*) IT(*erum*): *zum zweiten Mal zum Consul nominiert*, auf die zweite Hälfte des Jahres 41 datiert (D. Kienast (1990) 91).

46 Diese Geste könnte übertrieben wirken, wenn eine spätantike Vorschrift für das Wiegen von Goldmünzen nicht genau die gleiche beim Halten der Waage vorschreiben würde (Cod.

Theod. 12,7,1); man will damit verhindern, daß der Steuereinnehmer unbemerkt den Finger auf die Waage drückt und so den Einlieferer benachteiligt, vgl. M. R.-Alföldi, AIIN 36, 1989, 141.

47 Die Auflösung geht auf J.H. Eckhel, Doctrina numorum veterum VI (Wien 1796) 238 zurück; andere weniger wahrscheinliche s. RIC[1] Anm. zu Nr. 74.

48 RIC 59.

49 Zur Institution der *vehiculatio*: W. Eck (Anm. 36) 88ff.; 94f. auch zum Sesterz hier.

50 E. Nash (1968) II 176f. mit der älteren Literatur; dazu Th. Pekáry (1985) 26; N. Hannestad (1988) 192ff., zum möglichen Aufstellungsort 193. – Für Trajan: M. Fell (Anm. 36) 96ff.

51 ILS 309, auch Cassius Dio (epit. 69,8,1[2]), die SHA (v. Hadr. 7,6) und Hieron. Chron. p. 197,24f. notieren diese großzügige Verfügung.

52 RIC 590–593, mit der Vs.-Legende auf 119 datiert.

53 E. Nash (1968) II 176.

54 Siehe auch oben S. 12f. – A.R. Birley, Hadrian. The restless emperor (London – New York 1979) 93 ff.; zum Steuererlaß: 97 ff.; zur Alimentation: 99.

55 SHA v. Hadr. 7,8. Vgl. W. Eck (Anm. 36) 150f. zur hadrianischen Alimentation. – Ob die sitzende Gestalt einen Bart trägt oder nicht, kann man nicht entscheiden, vor allem auch, weil der Bart des jungen Hadrian kurz war.

56 SHA v. Hadr. 7,6.

57 Zum 3. Konsulat 119: D. Kienast (1990) 129.

58 Zu den Grundlagen und zur republikanischen Praxis s. zusammenfassend H.H. Scullard, Römische Feste. Kalender und Kult (Mainz 1985; englisch London 1981) 59f.; das Beispiel der *Ludi Romani* 257ff.

59 Zusammenfassend zur Rechtslage: Th. Mommsen, Römisches Staatsrecht[3] (Leipzig 1887) II 951f.

60 Symm. epist. 2,46,1f. ad Flavianum. Der Brief datiert vom Jahr 393.

61 Vgl. RIC[1] 171; weitere Angaben: Kl. Pauly 4 (1972) Sp. 73 (R. Hauslitz).

62 Zusammenfassend: PEClS 499 (J.B. Ward-Perkins); M. Floriani Squarciapino, Leptis Magna (Basel 1966) 63ff.; grundlegend vor allem für die Rekunstruktion des Bogens: R. Bartoccini, AfrItal 4, 1931, 32ff.; V.M. Strocka, AntAfr 6, 1972, 147ff. mit ausführlicher Analyse der Bilder und der einschlägigen Literatur. – Zum historischen Hintergrund: A.R. Birley, Septimius Severus. The African Emperor (London 1971), *passim*.

63 Vgl. S. 140f.

64 R. Bartoccini (Anm. 62) 114.

65 Caracalla wird 198 zum Augustus, zum vollberechtigten Mitregenten des Septimius Severus berufen: D. Kienast (1990) 162.

66 So richtig schon R. Bartoccini (Anm. 62) 116; es ist kein Augurstab (*lituus*), den man anders in der Hand halten würde.

67 Sie begleitet in einer anderen Gruppe die kapitolinische Trias (M. Floriani Squarciapino (Anm. 62, Abb. 16); dies ist ein Zeichen für den seit Trajan innegehabten *colonia*-Rang der Stadt. Es ist nicht unwesentlich, daß in diesem Relief die Züge Jupiters denen des Septimius Severus, der Juno denen der Kaiserin Julia Domna angenähert sind. Als dritte der Trias steht auch Minerva da, ihr Kopf ist indessen nicht erhalten geblieben.

68 Dig. 50,15,8,11.

69 IRT 283, 284, auch 393, in der für eben diese kaiserliche Großzügigkeit – *ob eximiam ac divinam in se indulgentiam* – gedankt wird; vgl. J. Gascou, ANRW II 10, 2 (1982) 216 Anm. 470. – Es ist vielleicht nicht uninteressant, darauf hinzuweisen, daß kaiserliche Verfügungen, Sendschreiben mit Inhalten, die vor Ort von Bedeutung sind, der Gemeinde Vorteile bringen, vielfach auf Erztafeln geschrieben und an zentraler Stelle aufgehängt wurden. Eine besonders gute Parallele zur Verleihung des *ius Italicum* an Leptis Magna ist die große Inschrift (ILS 212 = FIRA I 43 = H. Freis (1984) Nr. 34) aus Lyon, die Claudius' Rede vor dem Senat 48 für die Zulassung von gallischen Vornehmen zum Senat und zu römischen Ämtern verewigt (dazu Tac. ann. 11, 23ff.).

70 M. Floriani Squarciapino (Anm. 62) 84ff., Abb. 10 (Plan des Forums). Severus läßt ein neues

Forum bauen, ebenso Tempel für Liber Pater und Hercules (so Cass. Dio epit 77,16,3, wo freilich kein Ortsname genannt wird; es muß sich keineswegs auf Leptis Magna beziehen), ebenso eine Basilica, die erst 216 fertig wird, vgl. A.R. Birley (Anm. 62) 218 und PEClS 500 mit weiterer Literatur (J.B. Ward-Perkins).

71 Ich folge hier V.M. Strocka (Anm. 62) 158 auch in der Ablehnung der Deutung der Gestalt neben der Virtus als Honos.

72 IRT 530 a–b dokumentieren Marmorlieferungen nach Leptis Magna im Auftrag Plautians; sie dienen severischen Neubauten. Diese Inschriften sind rein administrativer Natur und nach dem Einbau nicht mehr sichtbar. Daher stört die Tatsache nicht, daß Plautian Jahre später der *damnatio* verfallen, hier jedoch sein Name nicht getilgt ist.

73 Grundsätzlich bejahend für 202-203: H. Halfmann, Itinera principum. Geschichte und Typologie der Kaiserreisen im römischen Reich. HABES 2 (Stuttgart 1986) 218; 222 mit der älteren Literatur; vgl. auch A.R. Birley (Anm. 62) 216; 218f.

74 Vgl. die Beschreibung und die Analyse von V.M. Strocka (Anm. 62) 149ff., dort auch die frühere Literatur.

75 So V.M. Strocka (Anm. 62) 150f., dem ich hier gerne folge.

76 Siehe bei V.M. Strocka (Anm. 62) 151 und Anm. 8.

77 Das parallele Triumphalrelief wiederholt anscheinend das erste: V.M. Strocka (Anm. 62) 154ff.

78 A.R. Birley (Anm. 62) 218f.

79 Aur. Vict. 20,19. Dazu SHA v. Sev. 18,3.

80 IRT 292 ist eine Weihung eines Centurio an Dolichenus für den Sieg und die Rückkehr der Kaiser 'in ihre Stadt' – vgl. A.R. Birley (Anm. 62) 219.

81 Zur Legion zusammenfassend: RE 12 (1925) Sp. 1493ff. (E. Ritterling); Y. Le Bohec, La troisième légion Auguste (Paris 1989) mit der älteren Literatur; zur Gründung ebd. 335ff.; zum Beinamen, den die Legion wohl wegen besonderer Dienste für Augustus zwischen 27 und 19 v.Chr. etwa erhalten hat, ebd. 337. Ihr Emblem ist nicht bekannt: RE 12, (1925) Sp. 1493 (E. Ritterling). – Die ebenfalls in dem Zusammenhang genannte *legio III Gallica* hat den Stier als Legionszeichen, kommt hier also nicht in Betracht.

82 Oben Anm. 68.

83 In die Jahre 202–210 datiert; verlegt man diese Maßnahme auf die Zeit des doch recht wahrscheinlichen Besuchs von Septimius Severus und seiner Familie in Nordafrika und Leptis Magna, also auf etwa 203, wird man den *aureus* an den Anfang der Periode setzen. – Parallel dazu gibt es auch einen entsprechenden Typ IN ITALIAM (RIC 268, Sept. Severus; RIC 132, Caracalla; beide Anfang 3. Jh. zu datieren); es handelt sich dabei wohl darum, daß Septimius Severus dem *populus Romanus* für alle Zeiten die Versorgung mit Öl garantiert hat, so SHA v. Sev. 18,3; vgl. A.R. Birley (Anm. 62) 218 Anm. 1.

84 So formuliert es noch im 4. Jh. ein Lobredner in Gallien; viele reiche Bauwerke und Baumaßnahmen sind 'Geschenk der Anwesenheit' des Kaisers: Pan. lat. VI (VII) 22,6. Vgl. auch H. Halfmann (Anm. 73) 111ff.

85 P.L. Strack II 139ff.

86 Zur RESTITVTORI-Serie vgl. P.L. Strack II 152ff., zum Macedonia-Typ 154f.

87 L. Friedländer, Darstellungen aus der Sittengeschichte Roms in der Zeit von Augustus bis zum Ausgang der Antonine[10] (Leipzig 1922) I 79. H. Halfmann (Anm. 73) 70ff.; 92ff.; 129ff.

88 Plin. pan. 20,3.

89 Plin. pan. 20,4.

90 SHA v. Ant. Pii 7,11. – Ebenso lobend äußert sich M. Aurel in den Selbstbetrachungen 1,16.

91 SHA v. Hadr. 10,2ff. – A.R. Birley (Anm. 54) 118 ff.

92 Besser: *seines Vaters und Vorgängers.* – Auch Plinius lobt Trajan darum (pan. 18,1).

93 Cass. Dio epit. 69,9,1ff. – Zur *disciplina militaris* zusammenfassend: RE 5 (1903) Sp. 1176ff. mit den Autorenstellen (Fiebiger); zu den Hadriansmünzen ebenda Sp. 1182; vgl. auch Y. Le Bohec, Die römische Armee. Von Augustus zu Konstantin d. Gr. (Stuttgart 1993) 116ff. sowie die Bibliographie dort. – Zu Hadrians Ansprache in Lambaesis anläßlich seiner Reise nach Africa 128 (ILS 2487 und 9133-35a = H. Freis (1984) Nr. 79) vgl. P. Alexander, HarwSt 49, 1938, 147ff.: der Text der Rede zeichnet sich nicht nur durch große Nüchternheit, sondern vor allem auch

durch intime Kenntnis der Materie und psychologisches Geschick aus; vgl. dazu H. Halfmann (Anm. 73) 192: Besuch in Lambaesis am 1. Juli 128 (dort weitere Literaturhinweise); A.R. Birley (Anm. 54) 210 ff. und D. Kienast (1990) 129.

94 Vgl. RE 4 (1901) Sp. 2354 (Fiebiger); bzw. Kl. Pauly 1 (1964) Sp. 1420 (A. Neumann).

95 Suet. Nero 7,2.

96 RIC¹ 145.

97 Vgl. RIC 2–3: die Grundtypen, die immer wiederkehren.

98 D. Kienast (1990) 139; zu Avidius Cassius ebd. 142f.

99 CONCORDIA-Darstellungen auf Münzen werden daher in den unruhigen Jahrzehnten des 3. Jhs. nachgerade alltäglich; sie haben ihren festen Platz unter den Antrittsprägungen auch der kurzfristig Regierenden, sind also beschwörende Anrufungen.

100 M. Aurel, Selbstbetrachtungen 1,17,6.

101 D. Kienast (1990) 139; 144; 15. *tribunicia potestas*: 10. Dez. 160 – 9. Dez. 161, 3. Konsulat: 1.1.161 zusammen mit L. Verus, dessen 2. Konsulat.

102 Der Typ erscheint in allen Nominalen als Antrittsserie sowohl für M. Aurel als auch für L. Verus, s. RIC III (1930) *passim*. – Es ist interessant festzustellen, daß M. Aurel stets auf jeder Darstellung derjenige ist, der nach rechts blickt; im Laufe der Zeit wird diese Rechtswendung typisch für den höheren Rang innerhalb eines Kaiserkollegiums.

103 Zu den Daten s. D. Kienast (1990) 188ff.

104 R. Delbrück, Antike Porphyrwerke. Studien zur spätantiken Kunstgeschichte 6 (Berlin–Leipzig 1932) 84ff., 94ff.; vgl. auch M. Bergmann, Studien zum römischen Porträt des 3. Jahrhunderts n.Chr. Antiquitas 3/18 (Bonn 1977) 174ff. – Weitere Literatur bei W. Müller-Wiener (Anm. 108) 267. – Siehe auch die Bemerkungen über die hohe Qualität der Statuen von N. Bonacasa in: Roman Portraits. Artistic and Literary (hrsg. F. Bouzek – I. Ondrejová, Mainz 1997) 67. – R. Rees, Greece and Rome, Sec. Ser. 39, 1992, 187f. betont die Gleichförmigkeit der Statuen und den *concordia*-Gedanken.

105 Man nahm lange an, daß sie zur venezianischen Beute aus Akko-Ptolemaïs 1258 unter Lorenzo Tiepolo gehörten; vgl. R. Delbrück (Anm. 104) 90. – Die Verwechslung kam wohl daher, daß die Beute von Akko an der äußeren Südseite vom Tesoro der Markusbasilika ausgestellt war.

106 A. Alföldi, Repräsentation 184f., zum edelsteinbesetzten Gürtel 182f.

107 Zum Gebrauch von Porphyr zusammenfassend: G. Steigerwald, JbAC 33, 1990, 209ff. mit weiterer Literatur.

108 W. Müller-Wiener u.a., Bildlexikon zur Topographie Istanbuls. Byzantion – Konstantinupolis-Istanbul bis zum Beginn des 17. Jahrhunderts (Tübingen 1977) 266ff. mit weiterer Literatur; R. Naumann, IstMitt 16, 1966, 209ff.; F. A. Bauer, Stadt, Platz und Denkmal in der Spätantike (Mainz 1996) 230ff.

109 So P. Verzone, Palladio 1, 1958, 4ff.

110 Zum Platz und zu den byzantinischen Deutungen der Statuengruppe: A. Berger, Untersuchungen zu den Patria Konstantinupoleos. Poikila Byzantina 8 (Bonn 1988) 330ff., bes. 333ff.; kritisch gegen P. Verzone (oben Anm. 109).; vgl. F. A. Bauer (Anm. 108) 232f.

111 R. Delbrück (Anm. 104) 84ff. und *passim* sieht die beiden Augusti Diocletian und Maximianus Herculius bzw. die beiden Caesares Galerius und Constantius Chlorus in den Gruppen. Dies ist insoweit wenig wahrscheinlich, als innerhalb beider Gruppen Altersunterschiede angedeutet werden.

112 Zusammenfassend: W. Müller-Wiener (Anm. 108) 19ff.; C. Mango, Le développement urbain de Constantinople (IVe–VIIe siècles) (Paris 1982) 23ff., beide mit reicher Bibliographie. – Vgl. C. Mango, DOP 17, 1963, 55ff. speziell zum Statuenschmuck.

113 Hieron. Chron. p. 232,24. – Siehe auch F.W. Unger, Quellen der byzantinischen Kunstgeschichte (Wien 1878) Nr. 3 und 4 beispielsweise; W. Müller-Wiener (Anm. 108) 20f.

114 W. Müller-Wiener (Anm. 108) 267; C. Mango (Anm. 112) 28ff.; A. Berger (Anm. 110) 333ff.

115 A. Berger (Anm. 110) 332.

116 Zusammenfassend mit der einschlägigen Literatur: RBK 6 (1995) (E. Dinkler-v. Schubert) Sp. 50.

117 Zu den Daten: D. Kienast (1990) 328ff.

[118] Vgl. M. Bergmann (Anm. 104) 176. – Die ungewöhnlichen Löcher an den sonst glatten Kappen könnten u. U. zur Anbringung von bisher fehlenden zusätzlichen Details bei der Adaptierung der Statuen notwendig geworden sein.

[119] Zur Arbeitsweise im Porphyrbruch in Ägypten s. R. Delbrück (Anm. 104) 9f.; M.J. Klein, Untersuchungen zu den kaiserlichen Steinbrüchen an Mons Porphyrites und Mons Claudianus in der östlichen Wüste Ägyptens (Bonn 1988) 25ff. und *passim.*

[120] Amm. Marc. 17,7,1ff. – vgl. L. Roccetti, ASAA 24-25, 1972-73, 476f.; weitere Angaben s. C. Mango, ByzZ 83, 1990, 56 Anm. 34.

[121] Wie vor ihm Julius Caesar, vgl. de b. Gall. 2,35,1f. – Wenn M. Anton im Osten Verbündete unter den Fürsten sucht, sie mit dem Ehrentitel 'Philantonioi', Freunde des M. Anton, auszeichnet, so gilt dies der Stärkung seiner Position gegenüber Octavian.

[122] Germanische Beispiele s. M. R.-Alföldi, in: Germani in Italia (hrsg. B. und P. Scardigli, Roma 1994) 188f.

[123] Die Einsetzung muß gelegentlich mit Waffengewalt durchgesetzt werden. Von einem solchen Fall berichtet der jüngere Plinius (epist. 2,7,1f. zu Vestricius Spurinna s. W. Eck, Senatoren von Vespasian bis Hadrian. Vestigia 13 (München 1970) 55; 58; 225.

[124] Vgl. R. Göbl, RhM NF 104, 1961, 70ff. z.T. abweichend.

[125] Tac. ann. 2,56,2f. – Letzteres stimmt freilich nicht, der Gründerkönig hieß so. – Übersetzt von E. Heller (1982), dort Anm. 46; vgl. Strab. 12,556, auch Vell. Pater. 2,94;122 über einen früheren Fall im Osten, die Einsetzung des Tigranes durch Tiberius in Armenien.

[126] Cass. Dio epit. 68,30,3; vgl. N. Hannestad (1988) 174.

[127] Die Münze ist mit TR(*ibunicia*) P(*otestate*) IIII IMP(*erator*) II CO(*n*)S(*ul*) II auf die Zeit vom 10. Dezember 163 bis zum 9. Dezember 164 datiert; L. Verus erhält den Siegestitel *Armeniacus* im Herbst 163: D. Kienast (1990) 144.

[128] Der Kopfputz scheint besonders im Falle des Armeniers Zenon-Artaxias eine hohe Tiara zu sein, vgl. die Abb. 190 und 191.

[129] P.L. Strack 3 (1937) 52; 66. – R. Göbl (Anm. 124) 76f.

[130] D. Kienast (1990) 134.

[131] A. Alföldi, in: Budapest története 1 (Budapest 1942) 190f.; RE Suppl. 9 (1962) Sp. 554f. (A. Mócsy); A. Mócsy, in: Pannonia régészeti kézikönyve (Budapest 1990) 37; J. Fitz, Die Verwaltung Pannoniens in der Römerzeit 2 (Budapest 1993) 478f. zu T. Haterius Nepos – alle zitierten Werke mit der einschlägigen älteren und jüngeren Literatur.

[132] D. Kienast (1990) 129.

[133] SHA v. Ant. Pii 13,1.

[134] Zu den Reliefs: H.P. L'Orange – A. v. Gerkan, Der spätantike Bildschmuck des Konstantinbogens (Berlin 1939) 80ff. bzw. 89ff. und *passim.* – Zu den erwähnten Bauten: E. Nash (1968) s.v.

[135] Siehe die Analyse des Baus bei H.P. L'Orange – A. v. Gerkan (Anm. 134) 94ff.

[136] Siehe ausführlich S. 173.

[137] Pan. lat. XII (IX) 19,1ff. – 20,1f. – Textstelle 19,6 nach E. Galletier (1949/52): *numerum ceterumque ludorum.*

[138] Charakteristisch ist z.B. die Wiedereinsetzung des letzten *praefectus Urbi*, Rufius Volusianus, der als Würdenträger des Maxentius kurzfristig zurückgetreten ist, um nur ein Beispiel zu nennen, vgl. PLRE I 976ff.

Die Inszenierung kaiserlicher Personen

[1] Grundlegend: A. Alföldi, Repräsentation. – Für Byzanz vgl. O. Treitinger, Die oströmische Kaiser- und Reichsidee nach ihrer Gestaltung im höfischen Zeremoniell (Jena 1938); Nachdruck[2] (Darmstadt 1956).

[2] Res Gestae Divi Aug. 34.

[3] P. Zanker (1987) 97ff.; D. Kienast (1992) 71; 81ff.; Augustus und die verlorene Republik. Ausstellungskatalog (Berlin 1988) Nr. 333ff.; die Münzen (W. Trillmich), jeweils mit weiterführender Literatur.

4 Die beiden Lorbeerbäume gehören in Zukunft wohl überhaupt zur kaiserlichen Wohnstätte im Verständnis des Volkes, wie Herodians Bericht über die Ausrufung des Pescenius Niger in Antiochia 193 nahelegt; die Soldaten haben ihn als Augustus begrüßt, warfen ihm den Purpur um, improvisierten die kaiserlichen Insignien für ihn, führten ihn, Feuer vorantragend, zu den Tempeln in Antiochia und schließlich zu seinem Haus, das sie nunmehr 'kaiserlichen Palast' nannten und als solchen mit Symbolen der kaiserlichen Herrschaft schmückten (Herod. 2,8,6). Es ist doch wahrscheinlich, daß es um den Kranz und die Lorbeerbäume ging; man konnte beides leicht und schnell vor Ort beschaffen.

5 Das Stirnjuwel trägt das Bild des römischen Adlers mit leicht entfalteten Schwingen, wie auf dem Konsularzepter, dem *scipio eburneus* (A. Alföldi, Repräsentation 230f.); einige Beispiele, wo es erhalten geblieben ist, zeigen es, s. M. R.-Alföldi, Die constantinische Goldprägung (Mainz 1963) 139ff.

6 D. Kienast (1992) 94.

7 Claudius für Nero RIC[1] 98; zum Datum: D. Kienast (1990) 96. – Zum *princeps iuventutis* s. oben S. 62ff.

8 Vgl. RIC[1] 150 etwa.

9 Vgl. generell Th. Pekáry (1985) mit der Verwertung der Schriftquellen; zu den Reiterstatuen 84ff.

10 Zu den überlieferten Reiterstatuen und ihrer Bedeutung zusammenfassend: J. Bergemann, Römische Reiterstatuen. Ehrendenkmäler im öffentlichen Bereich (Mainz 1990).

11 RIC[1] 148.

12 Cass. Dio 53,22,1f. – Siehe auch Res Gestae Divi Aug. 20, sowie Suet. Div. Aug. 30,1 und ILS 84. Zum Straßenbau: Th. Pekáry, Untersuchungen zu den römischen Reichsstraßen (Bonn 1968) 71ff., sowie RE Suppl. 13 (1973) Sp. 1540 (G. Radke) mit der früheren Literatur.

13 Th. Pekáry (1985) 26; D. Kienast (1992) 411.

14 E. Nash (1968) II, 210ff.; zur Milvischen Brücke I, 191f.

15 Zu den Kaiserdarstellungen im Helm zusammenfassend: K. Kraft, Gesammelte Aufsätze zur antiken Geldgeschichte und Numismatik I (Darmstadt 1978) 133ff.; ebd. 135. Er macht darauf aufmerksam, daß selbst in Schlachtenszenen der Kaiser oder (wie Germanicus bei Tac. ann. 2,21,2) der kaiserliche Prinz barhaupt dargestellt wird, *damit* er besser erkannt werden kann. Die *adlocutio*-Szenen sind ohnehin friedliche Momente selbst im Felde.

16 Quintil. inst. or. 11,3,92. Vgl. die Zeichnungen: Hist. Wörterbuch der Rhetorik (Darmstadt 1992ff.) s.v. Chironomie Sp. 176ff. (F.R. Varwig). – R. Brilliant, Gesture and Rank in Roman Art (New Haven 1963) *passim*.

17 D. Kienast (1990) 85.

18 A. Alföldi, Repräsentation 124. – Viele der antiken Historiker bringen (teils fiktive) Texte von solchen Antrittsreden an die Praetorianer und/oder an die Armee, ebenso vor dem Senat, vgl. Anm. 20 beispielsweise.

19 A. Alföldi, Repäsentation 161ff.

20 Suet. Galba 10,1 schildert eine Ansprache noch vor der Ausrufung; der Autor bemerkt dann cap. 11, daß der neue Kaiser, in Rom angekommen, die Toga nicht anlegt, ehe er einige Anführer des Aufstandes nicht unschädlich gemacht hat, d.h. daß er erst dann amtieren will.

21 M.R. Kaiser-Raiss, Die stadtrömische Münzprägung während der Alleinherrschaft des Commodus. Untersuchungen zur Selbstdarstellung eines römischen Kaisers (Frankfurt a. M. 1980) 33ff. Vgl. F. Gnecchi (1912) 2, Tf. 78, 9. Das Stück ist auf das Jahr 186 datiert.

22 M.R. Kaiser-Raiss (Anm. 21) 34f. zu den in jenem Jahr neuen Goldtypen CONC(*ordia*) MIL(*itum*): Soldaten, von dem Kaiser zusammengeführt, reichen sich die Hände (RIC 127).

23 Vgl. HAW III/5,1, 359ff. (H. Bengtson).

24 Die VIII. imperatorische Akklamation erfolgte im Spätherbst 114: D. Kienast (1990) 123.

25 Dazu CAH XI (1954) 242ff., sowie K.-H. Ziegler, Die Beziehungen zwischen Rom und dem Partherreich. Ein Beitrag zur Geschichte des Völkerrechts (Wiesbaden 1964) 97ff., beide mit weiteren Hinweisen.

26 Siehe oben S. 150f.

27 Cass. Dio epit. 68,19,2ff.

28 Zur Statue in der Curia vgl. M. R.-Alföldi, JNG 11, 1961, 25ff.; die Spuren der Säulenbasis sind im Boden nachgewiesen worden.
29 D. Kienast (1990) 148ff.
30 M.R. Kaiser-Raiss (Anm. 21) 54f.
31 M.R. Kaiser-Raiss (Anm. 21) 52f. ist für den Sommer, auf den Brand Roms folgend, D. Kienast (1992) 148 für Oktober mit Fragezeichen.
32 Cass. Dio epit. 73,16,3.
33 M.R. Kaiser-Raiss (Anm. 21) 35 mit den sonstigen Varianten des Namens.
34 SHA v. Comm. 8,9, s. oben S. 54.
35 Cass. Dio epit. 73,15,4ff.
36 Plin. pan. 64,2f. – Zur Bedeutung vgl. W. Dahlheim (1984) 16.
37 Cass. Dio epit. 68,5,4.
38 Die Münzstätte Rom hat zu jener Zeit seit rund 10 Jahren kein Gold mehr geprägt; die entsprechenden Stücke, die offenbar aus Gründen der Kapazität der einzelnen Münzstätten außerhalb Roms entstanden sind, stammen meist aus Nicomedia, der Hauptmünzstätte für Gold aus der Periode der Vicennalien Constantins 325–326, aber auch von anderswo. Zu den Prägeserien vgl. M. R.-Alföldi, Die constantinische Goldprägung (Mainz 1963) 99ff.; zum Datum der Vicennalien D. Kienast (1990) 296.
39 A. Alföldi, JRS 37, 1947, 12ff.
40 CTh 13,5,16 an den Verband der *navicularii*, die Anteil an der Versorgung der Urbs und später auch von Constantinopolis mit ihren Frachtschiffen haben.
41 Vgl. Dion. Hal. 6,13; auch Plut. Pomp. 22,5, obwohl es dabei um die formale Befreiung vom Heeresdienst geht, nicht um den eigentlichen Rittercensus, kann eine Vorstellung von der *pompa* geben. – Siehe auch Th. Mommsen, Röm. Staatsrecht[3] (Leipzig 1887) II 398f.; III 490f.
42 D. Kienast (1990) 297; 311.
43 Aus Karnak im Ägyptischen Museum zu Kairo (Nr. CG 701); dazu G. Grimm in: Alexandrien. Kulturbegegnungen dreier Jahrtausende im Schmelztiegel einer mediterranen Großstadt. Aeg. Trev. 1 (Mainz 1981) 20f. mit weiterer Literatur.
44 Ich profitiere im folgenden von Gesprächen mit Prof. H.J. Thissen, Köln, dem ich dafür herzlich danken möchte.
45 F. Cumont, Die orientalischen Religionen[4] (Darmstadt 1959) 73ff.
46 Lukian, Die Götterversammlung 10f.
47 E. Hornung, Der Eine und die Vielen. Ägyptische Gottesvorstellungen (Darmstadt 1971) 128f., das Zitat 133.
48 E. Hornung (Anm. 47) 132.
49 Vgl. H.J. Thissen, BiblOr 52 Sp. 406, bzw. Th. Pekáry (1985) 65.
50 Zum Kopf G. Grimm, (Anm. 43) 20, Taf. 12 mit weiteren Literatur-Hinweisen.
51 D. Boschung, Die Bildnisse des Augustus. Das römische Herrscherbild I (hrsg. K. Fittschen – T. Hölscher – P. Zanker, Berlin 1993) 202 reiht den Kopf, Kat.-Nr. 268*, unter die 'Fälschlich als Augustus benannte(n) Porträts' ein, trotz der auch von ihm festgehaltenen großen 'physiognomischen Ähnlichkeit'. Wenn er die Zuweisung durch 'die typologische Analyse' nicht erhärten kann, so liegt dies allein daran, daß das Porträt chronologisch ganz am Anfang der Octavian/Augustus-Bildnisse steht, als von einer ausgebildeten Typologie noch nicht die Rede sein kann.
52 So G. Grimm (Anm. 43) 21.
53 Th. Pekáry (1985) 65.
54 Vgl. den etwas außergewöhnlich Fall der Tochter Caligulas, Drusilla, bei H.P. L'Orange, SymbOsl 20, 1940, 105ff.
55 S. Sauneron, Le Temple d'Esna III (Kairo 1968) 350, Säule Nr. 14 mit Abb. S. 300. – Weitere vergleichbare Kaiserdarstellungen in Esna, Kôm-Ombo, Dendera und anderenorts vgl. H. Jucker, JbBernHistMus 41-42, 1961-62, 317ff.
56 H. Heinen, RM 98, 1991, 282.
57 Zu den römischen Obelisken zusammenfassend: C. D'Onofrio, Gli obelischi di Roma (Roma 1965) 259ff.; zum Text: A. Erman, RM 11, 1896, 114; bzw. ders., AbhPr. Ak. d. Wiss. Berlin, Phil.-

Hist. kl. 1917/4; zur Topographie und Geschichte E. Nash (1968) II 130ff. mit weiterer Literatur.

58 Chr. Hülsen, RM 11, 1896, 122ff.

59 Vgl. H. Jucker, ANRW XII/2 (1981) 667ff.

60 Vgl. zum Problem generell: A. Demandt, Das Privatleben der römischen Kaiser (München 1996) 9ff.; 21ff.

61 Aus Szene Nr. CIV; vgl. K. Lehmann-Hartleben, Die Trajanssäule. Ein römisches Kunstwerk zu Beginn der Spätantike (Berlin–Leipzig 1926) 11ff.; 22ff. – S. Settis – A. La Regina – G. Agosti – V. Farinella, La Colonna Traiana (Torino 1988) mit weiterer Literatur.

62 So K. Lehmann-Hartleben (Anm. 61) 15.

63 R. Bianchi Bandinelli, Rom. Das Zentrum der Macht. Römische Kunst von den Anfängen bis zur Zeit Marc Aurels (München 1970) 229.

64 Zu L. Licinius Sura zusammenfassend: PIR V (1970–1987) 253, vgl. W. Eck, Senatoren von Vespasian bis Hadrian. Vestigia 13 (München 1970) s.v.

65 Cass. Dio epit. 68, 15, 4ff.

'Bild und Bildersprache' der römischen Kaiser in der Spätantike

1 Siehe oben S. 160f.

2 Pan. lat. IV (X) 31, 3

3 ILS 694.

4 Zur Person des Nazarius s. PLRE 1 (1971) 618f.

5 H. Dressel, Die römischen Medaillone des Münzkabinetts der Staatlichen Museen zu Berlin (Dublin–Zürich 1973) Nr. 233; F. Gnecchi I Nr. 4, früher in der Slg. Graf M. Tyszkiewicz. Es wurde also wahrscheinlich außerhalb der römischen Grenzen in Osteuropa gefunden.

6 F. Gnecchi (1912) 1, Nr. 2 in der Ermitage, St. Petersburg. Das Stück wurde in Kiew gefunden.

7 RIC-Datierung: ab 347.

8 A. Alföldi, Repräsentation 88ff., bes. 93. – Zur Weiterentwicklung des *adventus* des Herrschers im frühen Mittelalter vgl. K. Tenfelde, HZ 235, 1982, 48ff.

9 J.P.C. Kent – K.S. Painter, Wealth of the Roman World AD 300–700 (Ausstellungskatalog London 1977) Nr. 11 mit guten Gründen für die Zuweisung an Constantius II.

10 Vgl. dazu noch weiter unten S. 178; 190; 202.

11 Amm. Marc. 16,10,10. – Zu weiteren Bildern bei Ammianus Marcellinus s. R. MacMullen, The Art Bulletin 46, 1967, 435ff., bes. 438ff., zu seiner Arbeitsweise vgl. 15,1,1.

12 D. Kienast (1990) 240; 280.

13 D. Kienast (1990) 297.

14 Zum *zodiacus* vgl. A. Alföldi, Repräsentation 217ff.

15 Vgl. auch die zeitgleichen Reliefs am Constantinsbogen in Rom oben S. 152ff.

16 RIC 50 aus Arelate wird 313–315 datiert. Die Beschreibung des Reversbildes ist nicht ganz korrekt.

17 RIC 31 (Arelate), 313–315 datiert.

18 Beide Vorderseiten tragen Constantins Büste in der Konsulartracht und mit dem Adlerzepter; dies entspricht dem III. bzw. IV. Konsulat 313 und 315 (D. Kienast (1990) 297), wobei das erstere Datum als Ergebnis der ersten Neuorganisationsmaßnahmen nach dem Sieg über Maxentius als wahrscheinlicher erscheint.

19 Eineinhalbfacher Solidus auf 320–321 datiert; es wird wohl an Constantins Siege am Rhein und über Maxentius erinnert; der Bildtyp wurde unter Maxentius um 310–311 in Rom entworfen und nach Ticinum mitgenommen, vgl. M. R.-Alföldi, Die constantinische Goldprägung (Mainz 1963) 15ff.; der Typ könnte besser um oder kurz nach 315 datiert werden.

20 Zum *gaudium publicum* vgl. A. Alföldi, Repräsentation 219.

21 CTh 8,11,4; aufgenommen auch in den CJ 12,63,1.

22 RIC (Constantinopolis) 36.

23 RIC 44 (Constantinopolis) 9 *solidi*, datiert 330.

[24] Eine andere entsprechende Darstellung s. unten S. 203f. – Zur byzantinischen und zur westlich-mittelalterlichen Auffassung, P. Beskow, REX GLORIAE. The Kingship of Christ in the Early Church (Stockholm-Göteborg-Uppsala 1962) 253ff.

[25] Vgl. vorläufig: M. R.-Alföldi, Forschung Frankfurt 2, 1990, 30ff.

[26] Vgl. B. Brenk, Spätantike und frühes Christentum. Propyläen Kunstgeschichte Suppl. I (Frankfurt a. M.–Berlin–Wien 1977) Nr. 115 (W. Müller-Wiener); H. Schlunk-Th. Hauschild, Hispania Antiqua. Die Denkmäler der frühchristlichen und westgotischen Zeit (Mainz 1978) 109; Age of Spirituality (ed. K. Weitzmann), Cat. Metropolitan Museum of Art 1977/78 (New York 1979) Nr. 64 (K.J. Shelton), jeweils mit weiterführender Literatur. – Inzwischen werden Kaisergeschenke *intra palatium*, in hofeigenen Werkstätten gefertigt; vgl. dazu M. R.-Alföldi, Rangbezeichenender Schmuck in der Spätantike und im frühen Byzanz. Abh. Akad.Mainz GSKl, in Vorbereitung.

[27] Anders H. Schlunk-Th. Hauschild (Anm. 26) 109.

[28] Corippus, in laud. Iustini Aug. min. 3,194ff. – Ähnlich ist die Hintergrund-Dekoration bei königlichen Handlungen auf den sog. David-Tellern aus dem zweiten Zypern-Schatz, (7. Jh.): Wealth of the Roman World AD 300–700 (ed. J.P.C. Kent-K.S. Painter) Cat. British Museum 1977 (London, 1977) Nr. 180 (Nat.Mus. Nicosia, Zypern), 181–183 (Metropolitan Museum of Art, New York, USA). – Vgl. auch M. R.-Alföldi, in: Alte Geschichte und Wissenschaftsgeschichte. Festschrift Karl Christ (Darmstadt 1988) 365ff.

[29] Vgl. CTh 8,11,1ff. bzw. oben S. 178.

[30] Zum Amt des *praefectus praetorio* in der Spätantike s. zusammenfassend: RE 22 (1954) Sp. 2426ff. (W. Enßlin), zu Cynegius ebd. Sp. 2437f. bzw. HAW III/6, 133; 245ff. (A. Demandt). – Zu den Daten: D. Kienast (1990) 334.

[31] H. Schlunk-Th. Hauschild (Anm. 26) 109.

[32] R. Delbrueck (S. 236, Anm. 104) 11; vgl. auch M. Reinhold, History of Purple as a Status Symbol in Antiquity. Coll. Latomus 116 (Bruxelles 1970) *passim*. – G. Steigerwald, JbAC 33, 1990, 209ff. mit weiterführenden Hinweisen. – Vgl. auch HRG s.v. Purpur, Porphyr (A. Erler). – Andere extrem harte Gesteine, wie Granit, Diorit u.ä., gehören aus dem *aeternitas*-Gedanken heraus ebenso in die Gruppe der Porphyre, gilt doch die Herrschaft der Kaiser als 'ewig'.

[33] R. Delbrueck (S. 236, Anm. 104) 106ff.; C. Carducci, Museo di Antichità di Torino. Itinerari dei Musei, Gallerie e Monumenti d'Italia Nr. 6 (Roma 1959) 36.

[34] A. Alföldi, Repräsentation 239f.

[35] R. Delbrueck (S. 236, Anm. 104) 96ff. – Vgl. N. Bonacasa in: Roman Portraits. Artistic and Literary (hrsg. J. Bouzek – I. Ondrejová, Mainz 1997) 66f.

[36] R. Delbrueck (S 236, Anm. 104) 110ff. zur Zuweisung.

[37] Zum Prinzip vgl. H. Blanck, Wiederverwendung alter Statuen als Ehrendenkmäler bei Griechen und Römern (Roma 1969) *passim*, bes. 24f.; 108ff.

[38] Zur Aussage: K. Kraft, JNG 9, 1958, 141ff.; vgl. RIC VIII S. 34ff. und die mehr allgemeinen Erwägungen von E.A. Arslan im Ausstellungskatalog FELIX TEMPORIS REPARATIO (Milano 1992) 23ff.

[39] K. Kraft (Anm. 38) 158f.

[40] K. Kraft (Anm. 38) 177ff. bemüht sich um den Nachweis, daß Franken schon vor der von Amm. Marc. 17,8,1ff. geschilderten Ansiedlung in Toxiandrien – im Gebiet zwischen Schelde und Maas – ins Reichsgebiet aufgenommen wurden. Die Libanios-Stelle (Anm. 41) ist, zusammen mit der Aussage des Münzbildes, Beweis genug dafür, um so mehr, als die Rede vor den Kaisern gehalten bzw. von ihnen gelesen wurde. Vgl. zusammenfassend zur Toxiandrien-Frage HAW III/6, 96ff. (A. Demandt).

[41] Liban. or. 59,131f.

[42] Pan.lat. VIII (V) 9,2f. (auf 297–298 datiert).

[43] Siehe oben S. 112 mit weiteren Hinweisen.

[44] A. Alföldi, Die Kontorniaten. Ein verkanntes Propagandamittel der stadtrömischen heidnischen Aristokratie in ihrem Kampfe gegen das christliche Kaisertum (Budapest 1943) 9, Taf. 2,12.

[45] HAW III/6, 82 (A. Demandt). – Auch die an und für sich nicht sehr häufigen Schiffsdarstel-

lungen innerhalb der FEL TEMP REPARATIO-Bronzeserien – Kaiser auf Schiff, Victoria mit Steuerruder – beziehen sich wohl auf diese Reise des Constans nach Britannien, vgl. K. Kraft (Anm. 38) 170.

46 Grundlegend: W. Enßlin, Gottkaiser und Kaiser von Gotten Gnaden. SitzberBAW. Phil.-hist. Abt. 1943, 54ff.; 61ff.; J. Straub, Vom Herrscherideal in der Spätantike (Stuttgart 1939) 166f., sowie E. Kitzinger, Byzantine Art in the Making. Main lines of stylistic development in Mediterranean Art. 3rd – 7th Cent. (London 1977). – Zu den epigraphischen Belegen s. V. Rosenberger, Bella et expeditiones. Die antike Terminologie der Kriege Roms. HABES 12 (Stuttgart 1992) 125ff. zur Sieghaftigkeit in der Spätantike.

47 J.M.C. Toynbee, Roman Medallions. NumSt 5 (New York 1944) 187, Taf. 36,1.

48 J.M.C. Toynbee (Anm. 47) 173; 183, Taf. 30,3.

49 Unter Constantin gibt es solche Übernahmen von mehr als 120 Jahre älteren Typen des Commodus: M. R.-Alföldi, in: Charakter. Festschrift M. Oikonomidou (Athen 1996) 35ff.

50 Zu den Ereignissen s. HAW III/6, 172f. (A. Demandt).

Die Christianisierung von 'Bild und Bildersprache' der römischen Kaiser

1 Zum Stück vgl. K. Kraft, JNG 5–6, 1954–55, 151ff.; P. Bruun, Arctos. Acta phil. Fenn. N.S. 3, 1962, 5ff.; M. R.-Alföldi, Die constantinische Goldprägung (Mainz 1963) 139ff.; dies., in: Migratio et commutatio. Studien zur Alten Geschichte und deren Nachleben. Festschrift Thomas Pekáry (St. Katharinen 1989) 318ff.; zum Christusmonogramm zusammenfassend: H.R. Seeliger, ZfK 100, 1989, 149ff. mit weiterer Literatur. – Die gleiche Auffassung des gottgegebenen Sieges vertritt noch im Zusammenhang mit dem Frankenkönig Chlodwig der Bischof von Tours, Gregor, im 6. Jh., vgl. oben S. 86f. – Den Aufsatz von P. Bruun, NC 157, 1997, 41 ff. konnte ich hier nicht mehr verwerten.

2 In den VOTA-Kränzen der Caesaren 325, die ihre Decennalien zusammen mit den Vicennalien Constantins feiern, sieht man in der 324 neu eroberten Münzstätte Nicomedia noch den Adler in der Gemme: M. R.-Alföldi, Die constantinische Goldprägung (Mainz 1963) 139ff.

3 Siehe oben S. 175.

4 RIC (Constantinopolis) 19; die Datierung an dieser Stelle mit 327–328 ist gewiß zu spät. Die Ende 324/Anfang 325 neu gegründete Münzstätte von Constantinopolis arbeitet noch mit nur zwei Offizinen, die Serie gehört also wohl zu den frühesten. Überdies fällt der Wechsel vom Lorbeerkranz zum Diadem in diese Serie, vgl. den Typ RIC (Constantinopolis) 26. – Zum Typ zusammenfassend mit der älteren Literatur: H.R. Seeliger (Anm. 1) 167.

5 Eus. de Caes. v. Const. 3,2f. – Vgl. RBK 6 (1995) Sp. 50f. (E. Dinkler – v. Schubert). – David G. Wigg (Frankfurt a. M.) hat parallel die gleiche Deutung des Stückes ausgearbeitet, vgl. That which is Caesar's (in Vorbereitung).

6 Zur Deutung der Schlange im Münzbild vgl. auch E. Demougeot, RN 1986, 94ff.

7 H.R. Seeliger (Anm. 1) 158ff.; vgl. LThK³ s.v. (H.R. Seeliger).

8 P. Bastien, Le monnayage de Magnence (350–353). (Wetteren 1964) passim; RIC 321 (Treveri) (ab Herbst) 352 datiert, vgl. ebd. S. 63f.

9 HAW III/6, 83ff. (A. Demandt); D. Kienast (1990) 314f. – Der volle Name lautet: Magnus (gelegentlich Flavius) Magnentius.

10 P. Bastien (Anm. 8) S. 265 Nr. 301 (Aquileia). In der Münzstätte Rom erscheint eine zahlenmäßig schwächere Reihe auch mit dem römischen Adler auf dem Fahnentuch: RIC 177ff. Ebenso charakteristisch ist, daß auf Julians einschlägigen Stücken ab 361 auf dem Fahnentuch SPQR steht, s. RIC 468, dazu M. R.-Alföldi in: Festschrift E. Schönert-Geiß (im Druck).

11 Zum Libertas-Begriff vgl. M. R.-Alföldi, Germania 75, 1997, 49f.

12 Zur Namensform: HAW III/6, 83 Anm. 20 (A. Demandt).

13 A. Alföldi in: Pisciculi. Studien zur Religion und Kultur des Altertums. Franz Joseph Dölger zum sechzigsten Geburtstag (Münster 1939) 5ff.

14 D. Kienast (1990) 316; zu den Ereignissen s. oben HAW III/6, 84 (A. Demandt), ausführlicher A. Stein (ed. J.R. Palanque), Histoire du Bas-Empire I (Paris-Bruges 1959) 138ff.

[15] P. Bastien (Anm. 8) *passim*; zur Datierung ebd. 69ff., bzw. RIC *passim* (westliche Münzstätten).

[16] Auf den Namen Constantius' II. mit aktualisierter Reverslegende SALVS AVG(*usti*) N(*ostri*) erscheinen in der Münzstätte Treveri-Trier aes-Stücke mit Christogramm und den apokalyptischen Buchstaben. J.P.C. Kent (NC 1959, 105ff. und RIC VIII Münzstätte Treveri) verbindet sie mit der Nachricht bei Ammianus Marcellinus (15,6,4), daß die Stadt Treveri vor dem Caesar Decentius ihre Tore verschloß und unter Poemenius zur Abwehr rüstete. P. Bastien (Anm. 8) folgt ihm im großen und ganzen, setzt aber die Episode in die kurze Zeit nach der entscheidenden Schlacht zwischen Constantius II. und Magnentius am Mons Seleuci unweit Gap in der Nordprovence. Dies hat im Prinzip viel für sich. David G. Wigg (Frankfurt a. M.) macht mich dankenswerterweise überdies auf die sinkenden Gewichte der Christogramm-Alpha-Omega-Stücke aufmerksam, ein Aspekt, der weiterführen kann: Magnentius selbst veranlaßt noch eine Reduktion der schweren ersten Stücke (um 8 g) auf rd. 6,5 g. Die recht seltenen Constantius-Stücke liegen jedoch spürbar niedriger im Gewicht, so daß man mit einigem Recht annehmen darf, daß sie wohl in den Tagen nach dem Ende des Magnentius-Regimes entstanden sind. Der Umstand, daß nur in den über Magnentius hinausführenden Schatzfunden solche Stücke des Constantius vorkommen (so schon P. Bastien a.a.O., vgl. auch K.-J. Gilles, TrZ 52, 1989, 377ff.), scheint zudem für diese Datierung zu sprechen.

[17] Dazu s. oben S. 10ff.; hier sei auf die Diskussion bei W. Kellner, Libertas und Christogramm (Karlsruhe o.J. [1968]) 71ff. hingewiesen. Vgl. auch RIC VIII S. 43. – J. Ziegler, Zur religiösen Haltung der Gegenkaiser im 4. Jh. n.Chr. FAS 4 (Kallmünz 1970) 72f. bringt den Typ in die Nähe der Constantinpropaganda, wobei ich ihm nicht folgen kann.

[18] Apk. 1,8; 21,3ff.; 22,13.

[19] RIC 71 aus Rom, auf 348–350 datiert.

[20] Zusammenfassend mit weiteren Hinweisen: LThK^3 1 (1993) Sp. 1f. (J. Kremer).

[21] Nach dem Rücktritt Vetranios beruft Constantius II. Constantius Gallus zum Caesar (D. Kienast [1990] 312f.). Auch er führt noch einige Zeit den Vetranio-Typ HOC SIGNO VICTOR ERIS weiter: RIC 24 (Sirmium) *aes*; RIC (Thessalonica) *solidus*.

[22] RIC 11a (Mediolanum).

[23] Zum gesamten Problem und seiner Dokumentation s. M. R.-Alföldi, JNG 11, 1961, 19ff.

[24] M. R.-Alföldi, RIN 80, 1978, 133 und 90, 1988, 367ff.

[25] Zusammenfassend: HAW III/6, 425 (A. Demandt); die Statue freilich bleibt noch einige Jahre stehen, vgl. R. Klein, Symmachus (Darmstadt 1971) 101.

[26] O. Seeck, Die Regesten der Kaiser und Päpste (Stuttgart 1919) 310f.

[27] W.F. Volbach, Elfenbeinarbeiten der Spätantike und des frühen Mittelalters^3 (Mainz 1976) Nr. 1 mit weiteren Hinweisen.

[28] CTh 15,9,1 vom 25. Juli 384 *ad senatum*.

[29] NC 1959, 15f.

[30] P.E. Schramm, Sphaira, Globus, Reichsapfel (Stuttgart 1958) *passim* kommt zum Schluß, daß die antiken und byzantinischen Formen des 'Reichsapfels', also des Kreuzglobus, lediglich eine Bildwirklichkeit darstellen, hinter der keine tatsächliche Insignie zu erwarten ist. Diese Auffassung bleibt problematisch. Mehr als tausend Jahre sind entschieden zu lang für eine Darstellung ohne reellen Hintergrund.

[31] F. Volbach (Anm. 27) Nr. 51 (Florenz, Bargello) und 52 (Wien) mit weiterführender Literatur und der Schilderung der laufenden Diskussionen.

[32] DOC 5. Jh., 192.

[33] Vgl. dazu NC 1959, 15f.

[34] RBK 6 (1995) Sp. 22ff. (E. Dinkler-von Schubert) mit der Diskussion der Autorenstellen und des Forschungsstandes.

[35] Siehe oben S. 163ff.

[36] Cl. Claud. de cos. Stilichonis 3,202ff.

[37] Zum Senat am Augusteion in den frühen Phasen der Stadt vgl. W. Müller-Wiener u.a., Bildlexikon zur Topographie Istanbuls. Byzantion-Konstantinupolis-Istanbul bis zum Beginn des 17. Jahrhunderts (Tübingen 1977) 248ff. Von der Innenausstattung weiß man freilich nichts.

[38] Zum Thronen vgl. O. Treitinger, Die oströmische Kaiser- und Reichsidee nach ihrer Gestaltung im höfischen Zeremoniell (Jena 1938) 94ff.

[39] Die Bestimmung des Ortes, wo die Kaiser thronen, wäre leichter, wenn der Gegenstand in ihrer rechten Hand besser erkennbar wäre: DOC 5. Jh. Nr. 600ff. schreibt 'scroll?'; Schriftrolle, RIC X *passim mappa*. Eine Schriftrolle spräche für den Senat, vielleicht auch für einen Saal im Palast, die *mappa* signalisiert die Spiele und damit das Kathisma, die Kaiserloge im Hippodrom.

[40] Zu den Ereignissen: HAW III/6, 188 (A. Demandt).

[41] Zur Deutung vgl. DOC 5. Jh., 79 mit dem Endergebnis, daß hier nicht die Häresien, sondern Gegenkaiser besiegt wurden, als erster Johannes. Vgl. dagegen: E. Demougeot, RN 1986, 94ff.

[42] DOC 5. Jh., 79.

[43] HAW III/6, 150 Anm. 66 (A. Demandt).

[44] CTh 16, 5, 65; vgl. HAW III/6, 164 (A. Demandt).

[45] Diese Bezeichnung steht schon in der Inschrift des Triumphbogens zu Rom, s. oben S. 173 und 240 Anm. 3.

[46] Mit Rahmen und Öse 256,99 g schwer, aus dem ersten Schatz 1797 von Szilágysomlyó/Simleul Silvaniei, heute Rumänien, im Kunsthistorischen Museum, Wien. Zum Schatz mit Literatur: R. Noll, Kunsthistorisches Museum, Wien. Katalog der Antikensammlung I: Vom Altertum zum Mittelalter[2] (Wien 1974) 73ff.

[47] Das Diadem wird für gewöhnlich in den Beschreibungen als 'Kranz' angesprochen; es ist selbst im leicht abgeriebenen Zustand des Stückes rigide glatt und gleichmäßig rund, daher ziehe ich hier die Benennung 'Diadem' vor.

[48] ILS 837. – Zur Säule: E. Nash (1968) I 280f.

[49] RIC VIII *passim*. Euseb, v. Const. 4,73 beschreibt die Münze. Es ist nicht unwichtig, darauf hinzuweisen, daß die Legende der Münze den seligen Constantin nicht mit einem Titel, sondern als P(*a*)T(*er*) AVGG(*ustorum*), Vater seiner regierenden Söhne, anspricht. Hier lebt, christianisiert, die alte Idee der *nobilitas* ebenso weiter, wie jene der *consecratio* des Vorgängers. – L. Koep, JbAC 1, 1958, 94ff.; L. Koetsche-Breitenbruch, JbAC Erg.Bd. IX, 1982, 215ff. mit weiterführenden Hinweisen.

[50] Eun. Frg. 68 in: R.C. Blockley, The Fragmentary Classicising Historians of the Later Roman Empire II. Texts, Translation and Historiographical Notes (Liverpool 1983) 108.

Die Resultate der Analysen

[1] R. Brilliant, Visual Narratives. Storytelling in Etruscan and Roman Art (Ithaca–London 1984) 15ff. weist auf einige auch hier gültige Prinzipien hin. M. Torelli, Typology and Structure of Roman Historical Reliefs. Jerome Lectures 14. ser. (Ann Arbor 1982) 132ff. unterscheidet zu scharf zwischen narrativen und den Status oder die Funktion des Kaisers darstellenden Reliefs.

[2] H. Bellen, Athenaeum 79,1 (1991) 15.

[3] T. Hölscher (1994) *passim*; vgl. speziell 169ff.; ders., Römische Bildsprache als semantisches System. Abh. Ak. d. Wiss. Heidelberg, Phil.-Hist. Kl. 1987/2, *passim*, bes. 74ff., sowie die Studien von P. Zanker vor allem auch zu urbanistischen Fragen der repräsentativen Selbstdarstellung. – Für die (byzantinische) Übergangszeit und für das Mittelalter s. H. Belting, Bild und Kult. Eine Geschichte des Bildes vor dem Zeitalter der Kunst[2] (München 1991), jeweils mit umfassender Bibliographie.

[4] Vgl. z.B. die Diskussion: M. Sordi (Hrsg.), Aspetti dell'opinione pubblica nel mondo antico (Milano 1978) 215ff.; auch dies. (Hrsg.), I canali della propaganda nel mondo antico (Milano 1976) 3ff.

[5] Ein weiterer Aspekt der Bildersprache ist hier ausgespart worden, da die Themenstellung eine andere ist, nämlich die Art der Kaiserporträts. Sie variiert sicher je nach Zeitströmungen, hauptsächlich aber den Wünschen der Dargestellten entsprechend von Augustus' ewi-

ger Jugend bis hin zum sichtbaren körperlichen Verfall Constantius' I. auf einer Serie von Münzporträts und zum wenig persönlichen, oft übersteigerten Stil der frühbyzantinischen Darstellungen, um nur einige Merkmale zu nennen.

6 Von J. McGinnis, New York 1978. Ich verdanke den Hinweis H.-Chr. Noeske (Frankfurt a. M.); J.-D. Gauger – J. Stagl (Hrsg.), Staatsrepräsentation (Berlin 1992), bes. auch die Literaturhinweise *passim* und 243.

7 Vgl. beispielsweise A. Jaubert, Fotos, die lügen. Politik mit gefälschten Bildern. (Frankfurt a. M. 1989). – S. 189ff. zeigt die verblüffende Variationsbreite der einschlägigen Literatur.

8 Zur Säule: E. Nash (1968) I 276ff.; Propyläen-Kunstgeschichte 2 (hrsg. Th. Kraus, Berlin 1967) 94ff.; Nr. 227ff. (H. v. Heintze); EAA Sdr. Roma antica e paleocristiana (1965) 209ff., bzw. Suppl. s.v. Roma (1970); W. Jobst, SBAkadWien 335 (Wien 1978) *passim*; D. Berwig, Mark Aurel und die Christen (München 1970) 103ff.; 151ff.; W. Gauer, Antike und Abendland 27, 1981, 184f.; N. Hannestadt (1988) 237ff., jeweils mit weiterer Literatur.

9 Zum Krieg s. A. R. Birley, Mark Aurel. Kaiser und Philosoph^2 (München 1977) 282ff.; 427f. Zum Datum des Regenwunders: D. Kienast (1990) 138, dort auch die weitere Literatur.

10 Cass. Dio epit. 72,8,1ff.

11 Cass. Dio epit. 72,9,1ff.

12 Tertull. apol. 5,6. – Zum weiteren Streit s. D. Berwig (Anm. 8) 110ff.; Fr. Graf, Gottesnähe und Schadenzauber. Die Magie in der griechisch-römischen Antike (München 1996) 209 mit weiterer Literatur.

13 Literaturhinweise: W. Dahlheim (1984) Nr. 164ff.; eher allgemein: M. McCormick, Eternal Victory, Triumphal Rulership in Late Antiquity, Byzantium and the Early Medieval West (Cambridge–Paris 1986) 36ff.; B. Kiilerich in: Rome and the North (hrsg. A. Ellgård – G. Åkerström Hougen) (Göteborg 1995) 95ff.

14 Suet. Nero 40,2.

15 Siehe oben S. 117.

16 Vgl. auch R. Brilliant, Gesture and Rank in Roman Art (New Haven, Conn. 1963) bes. 213. – Zu einzelnen Motiven s. S.G. MacCormack, Art and Ceremony in Late Antiquity (Berkeley–Los Angeles–London 1981) 33ff. (*adventus*); 106ff. (*consecratio*).

17 E. Nash (1968) I 198ff. mit weiterer Literatur; H. Wrede, BJb 181, 1981, 111ff., bes. 138ff. zum charismatischen Programm des Denkmals.

18 Abb. 258: Katalog Wealth of the Roman World (hrsg. J.P.C. Kent – K.S. Painter, London 1977) Nr. 10. – Abb. 259: Katalog Spätantike zwischen Heidentum und Christentum (hrsg. J. Garbsch – B. Overbeck, München 1989) Nr. 51-9. – Zum Hintergrund s. A. Alföldi, Repräsentation 98ff.

19 Vgl. M. R.-Alföldi, Die constantinische Goldprägung (Mainz 1963) 136ff.; R. Brilliant in: Age of Spirituality (New York 1979) 60ff.; N. Hannestad (1988) 269ff.; J.-P. Sodini in: Byzance et les images (Paris o.J. [1993?]) 43ff.

20 Dies geht zu bestimmten Zeiten sehr weit: Trajans Hände sind in der Bilderfolge der Säule wahre Greisenhände (Abb. 217), wie auch Cass. Dio im Zusammenhang mit dem Partherfeldzug von seinem *majestätischen grauen* Haupt spricht (Cass. Dio epit. 68,31,3).

21 Ein Beispiel: M. R.-Alföldi in: Alte Geschichte und Wissenschaftsgeschichte. Festschrift für Karl Christ (hrsg. P. Kneissl – V. Losemann, Darmstadt 1988) 358ff.

22 Das Problem aus der Sicht der (Reichs)kunst: H. Wrede in: Was ist eigentlich Provinz? Zur Beschreibung eines Bewußtseins (hrsg. H. v. Hesberg) (Köln 1995) 33ff. mit weiterer Literatur.

23 Eine direkte Übersetzung kaiserlicher Bild-Botschaften können Kleinobjekte dokumentieren. Sie werden vielfach im Alltag benützt, z.B. Beschläge von Gürteln und Zaumzeug oder Tonmodel zum Formen von Kuchen und anderes mehr. Sie sind in der römischen Welt weit verbreitet. Eine generelle Untersuchung dazu, in welcher Art sie Aussagen der Bildersprache der Kaiser wiederholen und multiplizieren, fehlt einstweilen in der Forschung.

24 Herod. 1,6,5.

*Antike Textstellen**

Die kursiven Zahlen am Rand weisen auf die Seiten, jene hinter dem Schrägstrich auf die Anmerkungen auf den angegebenen Seiten hin.

1. Griechische Autoren

Ant. Pal.
223/55 11, 269

Appian. B.C.
219/12 1, 79 (§ 362)
219/15 1, 97 (§ 452)
219/10 1, 97 (§§ 453ff.)

Artemid. Oneirokrit. (ed. R. A. Pack 1963; Übers. K. Bracherts 1979)
4, 31: Βασιλεὺς καὶ ναὸς καὶ στρατιώτης καὶ ἐπιστολὴ βασιλέως καὶ ἀργύριον καὶ ὅσα ὅμοια τούτοις ὑπ' ἀλλήλων σημαίνεται. ὁ Στρατόνικος ᾤετο τὸν βασιλέα λακτίζειν. προελθὼν εὗρε χρυσοῦν νόμισμα, ὃ ἔτυχε πατήσας· οὐδὲν γὰρ διέφερεν ἢ τὸν βασιλέα ἢ τὴν
20 εἰκόνα αὐτοῦ λακτίζειν ἢ πατεῖν.

Athan. or. 3 c. Arian. (Migne, PG 26; Übers. R. H. W. Stichel, Die römische Kaiserstatue am Ausgang der Antike. Untersuchungen zum plastischen Kaiserporträt seit Valentinian I. [364-375 n. Chr.], Roma 1982, 5f.)
332A-B: Ἐν γὰρ τῇ εἰκόνι τὸ εἶδος καὶ ἡ μορφὴ τοῦ βασιλέως ἐστὶ, καὶ ἐν τῷ βασιλεῖ δὲ τὸ ἐν τῇ εἰκόνι εἶδός ἐστιν. Ἀπαράλλακτος γάρ ἐστιν ἡ ἐν τῇ εἰκόνι τοῦ βασιλέως ὁμοιότης· ὥστε τὸν ἐνορῶντα τῇ εἰκόνι ὁρᾶν ἐν αὐτῇ τὸν βασιλέα, καὶ τὸν πάλιν ὁρῶντα τὸν βασιλέα ἐπιγινώσκειν, ὅτι οὗτός ἐστιν ὁ ἐν τῇ εἰκόνι. Ἐκ δὲ τοῦ μὴ διαλλάττειν τὴν ὁμοιότητα, τῷ θέλοντι μετὰ τὴν εἰκόνα θεωρῆσαι τὸν βασιλέα εἴποι ἂν ἡ εἰκών· Ἐγὼ καὶ ὁ βασιλεὺς ἕν ἐσμεν· ἐγὼ γὰρ ἐν ἐκείνῳ εἰμὶ, κἀκεῖνος ἐν ἐμοί· καὶ ὃ ὁρᾷς ἐν ἐμοὶ, τοῦτο ἐν ἐκείνῳ βλέπεις· καὶ ὃ ἑώρακας ἐν ἐκείνῳ, τοῦτο βλέπεις ἐν ἐμοί. Ὁ γοῦν προσκυνῶν τὴν εἰκόνα, ἐν αὐτῇ προσκυνεῖ τὸν βασιλέα· ἡ γὰρ
20f. ἐκείνου μορφὴ καὶ τὸ εἶδός ἐστιν ἡ εἰκών.

---

* Ich verdanke die Endkorrektur der Texte D. Backendorf (Frankfurt/Main).

165 epit. 68, 5, 4

epit. 68, 15, 4ff.: τοσαύτῃ δὲ φιλίᾳ καὶ πίστει ὅ τε Σούρας πρὸς τὸν Τραϊανὸν
ἐχρήσατο καὶ Τραϊανὸς πρὸς ἐκεῖνον ὥστε πολλάκις αὐτόν, ...
διαβληθέντα οὔτε ὑπώπτευσέ ποτε οὔτε ἐμίσησεν, ἀλλὰ καὶ
ἐγκειμένων οἱ ἐπὶ πολὺ τῶν φθονούντων αὐτῷ οἴκαδέ τε ἄκλητος
πρὸς αὐτὸν ἐπὶ δεῖπνον ἦλθε, καὶ πᾶσαν τὴν φρουρὰν ἀποπέμψας ...,
ἔπειτα τοῖς φίλοις εἰωθόσιν ἀεί τι περὶ αὐτοῦ φαῦλον λέγειν ἔφη τῇ
171 ὑστεραίᾳ ὅτι "εἰ ἤθελέ με Σούρας ἀποκτεῖναι, χθὲς ἂν ἀπεκτόνει."

epit. 68, 19, 2ff.: ἐν δὲ Ἐλεγείᾳ τῆς Ἀρμενίας τὸν Παρθαμάσιριν
προσεδέξατο. καθῆστο δὲ ἐπὶ βήματος ἐν τῷ ταφρεύματι· καὶ ὃς
ἀσπασάμενος αὐτὸν τό τε διάδημα ἀπὸ τῆς κεφαλῆς ἀφεῖλε καὶ πρὸς
τοὺς πόδας αὐτοῦ ἔθηκε, σιγῇ τε είστήκει, καὶ προσεδόκα αὐτὸ
ἀπολήψεσθαι. συμβοησάντων δὲ ἐπὶ τούτῳ τῶν στρατιωτῶν, καὶ
αὐτοκράτορα τὸν Τραϊανὸν ὡς καὶ ἐπὶ νίκῃ τινὶ ἐπικαλεσάντων (νίκην
γὰρ ἀσέλινον ἄναιμον ὠνόμαζον ὅτι τὸν βασιλέα τὸν Ἀρσακίδην, τὸν
Πακόρου παῖδα, τὸν Ὀρρόου ἀδελφιδοῦν, προσεστηκότα αὐτῷ ἄνευ
διδήματος εἶδον ὥσπερ αἰχμάλωτον), ἐξεπλάγη τε καὶ ἐνόμισεν ἐπὶ
ὕβρει καὶ ὀλέθρῳ αὐτοῦ γεγονέναι. καὶ μετεστράφη μὲν ὡς καὶ
φευξόμενος, ἰδὼν δὲ ὅτι περιεστοίχισται ἐξῃτήσατο τὸ μὴ ἐν τῷ
ὄχλῳ τι εἰπεῖν. καὶ οὕτως ἐς τὴν σκηνὴν ἐσαχθεὶς οὐδενὸς ἔτυχεν ὧν
163 ἐβούλετο.

epit. 68, 30, 3: Τραϊανὸς δὲ φοβηθεὶς μὴ καὶ οἱ Πάρθοι τι νεοχμώσωσι,
βασιλέα αὐτοῖς ἴδιον δοῦναι ἠθέλησε, καὶ ἐς Κτησιφῶντα ἐλθὼν
συνεκάλεσεν ἐς πεδίον τι μέγα πάντας μὲν τοὺς Ῥωμαίους πάντας δὲ
τοὺς Πάρθους τοὺς ἐκεῖ τότε ὄντας, καὶ ἐπὶ βῆμα ὑψηλὸν ἀναβάς,
καὶ μεγαληγορήσας ὑπὲρ ὧν καὶ κατειργάσατο, Παρθαμασπάτην τοῖς
150 Πάρθοις βασιλέα ἀπέδειξε, τὸ διάδημα αὐτῷ ἐπιθείς.

epit. 68, 31, 3: τῆς δὲ πολιᾶς αὐτοῦ [sc. τοῦ Τραϊανοῦ] τὸ γαῦρον καὶ τὸ
σεμνοπρεπὲς τοῦ προσώπου ἰδόντες [sc. οἱ Ἀτρηνοὶ] ὑπετόπησάν τε
245/20 εἶναι ὃς ἦν, ...

epit. 69, 4, 4f.: ... καὶ περὶ τῶν ἀγαλμάτων ὅτι μείζονα ἢ κατὰ τὸν τοῦ ὕψους
τοῦ μεγάρου λόγον ἐποιήθη· "ἂν γὰρ αἱ δεαί" ἔφη "ἐξαναστησεσθαί
16f. τε καὶ ἐξελθεῖν ἐθελήσωσιν, οὐ δυνηθήσονται."

134; 234/51 epit. 69, 8, 1[2]

143 epit. 69, 9, 1ff.

epit. 72, 8, 1ff.: Μαρκομάνους μὲν οὖν καὶ Ἰάζυγας πολλοῖς καὶ μεγάλοις
ἀγῶσι καὶ κινδύνοις Μᾶρκος ὑπέταξεν· ἐπὶ δὲ τοὺς καλουμένους
Κουάδους καὶ πόλεμος αὐτῷ συνέστη μέγας καὶ νίκη παράδοξος
εὐτυχήθη, μᾶλλον δὲ παρὰ θεοῦ ἐδωρήθη. κινδυνεύσαντας γὰρ ἐν τῇ
μάχῃ τοὺς Ῥωμαίους παραδοξότατα τὸ θεῖον ἐξέσωσε. κυκλωσάντων
γὰρ αὐτοὺς τῶν Κουάδων ἐν τόποις ἐπιτηδείοις συνασπίσαντες οἱ
Ῥωμαῖοι προθύμως ἠγωνίζοντο, καὶ οἱ βάρβαροι τὴν μὲν μάχην
ἐπέσχον, προσδοκήσαντές σφας ῥᾳδίως ὑπό τε τοῦ καύματος καὶ ὑπὸ
τοῦ δίψους αἱρήσειν, ... τῶν οὖν Ῥωμαίων ἐν παντὶ κακοῦ καὶ ἐκ τοῦ
καμάτου καὶ ἐκ τῶν τραυμάτων τοῦ τε ἡλίου καὶ τοῦ δίψους

γενομένων, καὶ μήτε μάχεσθαι διὰ ταῦτα μήτε χωρῆσαί πῃ δυναμένων, ἀλλ' ἔν τε τῇ τάξει καὶ τοῖς τόποις ἑστηκότων καὶ κατακαιομένων, νέφη πολλὰ ἐξαίφνης συνέδραμε καὶ ὑετὸς πολὺς οὐκ ἀθεεὶ κατερράγη· καὶ γάρ τοι λόγος ἔχει Ἀρνοῦφίν τινα μάγον Αἰγύπτιον συνόντα τῷ Μάρκῳ ἄλλους τέ τινας δαίμονας καὶ τὸν Ἑρμῆν τὸν ἀέριον ὅτι μάλιστα μαγγανείαις τισὶν ἐπικαλέσασθαι καὶ δι' αὐτῶν τὸν ὄμβρον ἐπισπάσασθαι. *207f.*

epit. 72, 9, 1ff.: Ταῦτα μὲν περὶ τούτων ὁ Δίων φησίν, ἔοικε δὲ ψεύδεσθαι, εἴτε ἑκὼν εἴτε ἄκων. ... ὃ καὶ αἴτιον τότε τοῖς τε Ῥωμαίοις τῆς σωτηρίας ἐγένετο καὶ τοῖς βαρβάροις τῆς ἀπωλείας, ἀλλ' οὐχ ὁ Ἀρνοῦφις ὁ μάγος· οὐδὲ γὰρ μάγων συνουσίαις καὶ γοητείαις ὁ Μάρκος χαίρειν ἱστόρηται. ἔστι δὲ ὃ λέγω τοιοῦτον. τάγμα ἦν τῷ Μάρκῳ (καλοῦσι δὲ τὸ τάγμα οἱ Ῥωμαῖοι λεγεῶνα) τῶν ἀπὸ Μελιτηνῆς στρατιωτῶν· εἰσὶ δὲ τὸν Χριστὸν πρεσβεύοντες ἅπαντες. ἐν οὖν τῇ μάχῃ ἐκείνῃ προσιόντα τῷ Μάρκῳ τὸν ἔπαρχον, ἀμηχανοῦντι πρὸς τὴν περίστασιν καὶ δεδιότι περὶ σύμπαντι τῷ στρατῷ, εἰπεῖν λέγεται ὡς οἱ καλούμενοι Χριστιανοὶ οὐκ ἔστιν ὅ τι οὐ δύνανται ταῖς εὐχαῖς, καὶ ὅτι παρὰ σφίσι τάγμα ὅλον τυγχάνει ὂν τούτου τοῦ γένους. τὸν οὖν Μάρκον ἀκούσαντα παρακλήσει χρήσασθαι πρὸς αὐτοὺς ὡς ἂν εὔξωνται τῷ σφετέρῳ θεῷ, εὐξαμένων δὲ αὐτῶν παραχρῆμα ἐπακούσαντα τὸν θεὸν τοὺς μὲν πολεμίους κεραυνῷ βαλεῖν, τοὺς δὲ Ῥωμαίους ὄμβρῳ παραμυθήσασθαι· ... *208f.*

epit. 72, 31, 2: καὶ ἐς τὸ θέατρον χρυσῆν εἰκόνα τῆς Φαυστίνης ἐπὶ δίφρου ἀεί, ὁσάκις γ' ἂν ἐκεῖνος θεωρῇ, ἐσφέρεσθαί τε καὶ ἐν τῇ προεδρίᾳ ἐξ ἧς ζῶσα ἐθεᾶτο τίθεσθαι, καὶ περὶ αὐτὴν τὰς γυναῖκας τὰς δυνάμει προεχούσας συγκαθίζεσθαι [sc. ἡ βουλὴ ἐψηφίσατο]. *19f.*

epit. 73, 15, 2 *223/58*

epit. 73, 15, 3 *55*

epit. 73, 15, 4ff.: οὕτω καθ' ὑπερβολὴν ἐμεμήνει τὸ κάθαρμα. καὶ τῇ βουλῇ οὕτως ἐπέστελλεν· "Αὐτοκράτωρ Καῖσαρ Λούκιος Αἴλιος Αὐρήλιος Κόμμοδος Αὔγουστος Εὐσεβὴς Εὐτυχής, Σαρματικὸς Γερμανικὸς Μέγιστος Βρεττανικός, Εἰρηνοποιὸς τῆς οἰκουμένης, Ἀνίκητος, Ῥωμαῖος Ἡρακλῆς, Ἀρχιερεύς, δημαρχικῆς ἐξουσίας τὸ ὀκτωκαιδέκατον, αὐτοκράτωρ τὸ ὄγδοον, ὕπατος τὸ ἕβδομον, Πατὴρ Πατρίδος, ὑπάτοις στρατηγοῖς δημάρχοις γερουσίᾳ Κομμοδιανῇ εὐτυχεῖ χαίρειν." *164f.*

epit. 73, 16, 3 *164; 239/32*

epit. 73, 17, 4: ἡ γὰρ λεοντῆ τό τε ῥόπαλον ἔν τε ταῖς ὁδοῖς προεφέρετο αὐτοῦ, καὶ ἐν τοῖς θεάτροις ἐπὶ δίφρου ἐπιχρύσου, εἴτε παρείη εἴτε καὶ ἀπείη, ἐτίθετο· ... *54*

epit. 73, 21, 3 *224/85*

epit. 75, 4, 1ff.; 5, 1ff.: Καταστὰς δὲ ἐς αὐτὴν [sc. τὴν ἡγεμονίαν] ἡρῷον τῷ Περτίνακι κατεσκεύασε [sc. ὁ Σεουῆρος], τό τε ὄνομα αὐτοῦ ἐπί τε ταῖς εὐχαῖς ἁπάσαις καὶ ἐπὶ τοῖς ὅρκοις ἅπασι προσέταξεν ἐπιλέγεσθαι, καὶ χρυσῆν εἰκόνα αὐτοῦ ἐφ' ἅρματος ἐλεφάντων ἐς τὸν

ἱππόδρομον ἐσάγεσθαι, καὶ ἐς τὰ λοιπὰ ἐκέλευσε θέατρα θρόνους τρεῖς καταχρύσους αὐτῷ ἐσκομίζεσθαι. ἡ δὲ δὴ ταφὴ καίτοι πάλαι τεθνηκότος αὐτοῦ τοιάδε ἐγένετο. ἐν τῇ ἀγορᾷ τῇ Ῥωμαίᾳ βῆμα ξύλινον ἐν χρῷ τοῦ λιθίνου κατεσκευάσθη, καὶ ἐπ' αὐτοῦ οἴκημα ἄτοιχον περίστυλον, ἔκ τε ἐλέφαντος καὶ χρυσοῦ πεποικιλμένον, ἐτέθη, καὶ ἐν αὐτῷ κλίνη ὁμοία, κερφαλὰς πέριξ θηρίων χερσαίων τε καὶ θαλασσίων ἔχουσα, ἐκομίσθη στρώμασι πορφυροῖς καὶ διαχρύσοις κεκοσμημένη, καὶ ἐς αὐτὴν εἴδωλόν τι τοῦ Περτίνακος κήρινον, σκευῇ ἐπινικίῳ εὐθετημένον, ἀνετέθη, καί αὐτοῦ τὰς μυίας παῖς εὐπρεπής, ὡς δῆθεν καθεύδοντος, πτεροῖς ταῶνος ἀπεσόβει. ... ὡς δὲ παρεξῆλθε ταῦτα, ἀνέβη ὁ Σεουῆρος ἐπὶ τὸ βῆμα τὸ τῶν ἐμβόλων, καὶ ἀνέγνω ἐγκώμιον τοῦ Περτίνακος. ἡμεῖς δὲ πολλὰ μὲν καὶ διὰ μέσου τῶν λόγων αὐτοῦ ἐπεβοῶμεν, τὰ μὲν ἐπαινοῦντες τὰ δὲ καὶ θρηνοῦντες τὸν Περτίνακα, πλεῖστα δὲ ἐπειδὴ ἐπαύσατο. καὶ τέλος, μελλούσης τῆς κλίνης κινηθήσεσθαι, πάντες ἅμα ὠλοφυράμεθα καὶ πάντες ἐπεδακρύσαμεν. κατεκόμισαν δὲ αὐτὴν ἀπὸ τοῦ βήματος οἵ τε ἀρχιερεῖς ... οἱ μὲν οὖν ἄλλοι πρὸ τῆς κλίνης προήειμεν, ... ὁ δ' αὐτοκράτωρ ἐφ' ἅπασιν εἵπετο, καὶ οὕτως ἐς τὸ Ἄρειον πεδίον ἀφικόμεθα. ἐπεσκεύαστο δὲ ἐν αὐτῷ πυρὰ πυργοειδὴς τρίβολος, ἐλέφαντι καὶ χρυσῷ μετὰ ἀνδριάντων τινῶν κεκοσμημένη, καὶ ἐπ' αὐτῆς τῆς ἄκρας ἅρμα ἐπίχρυσον, ὅπερ ὁ Περτίναξ ἤλαυνεν. ἐς οὖν ταύτην τὰ ἐντάφια ἐνεβλήθη καὶ ἡ κλίνη ἐνετέθη, καὶ μετὰ τοῦτο τὸ εἴδωλον ὅ τε Σεουῆρος καὶ οἱ συγγενεῖς τοῦ Περτίνακος ἐφίλησαν. καὶ ὁ μὲν ἐπὶ βῆμα ἀνέβη, ἡμεῖς δὲ ἡ βουλὴ πλὴν τῶν ἀρχόντων ἐπὶ ἰκρία, ὅπως ἀσφαλῶς τε ἅμα καὶ ἐπιτηδείως τὰ γινόμενα θεωρήσωμεν. οἱ δὲ ἄρχοντες καὶ ἡ ἱππὰς τὸ τέλος προσφόρως σφίσιν ἐσκευασμένοι, οἵ τε ἱππεῖς οἱ στρατιῶται καὶ οἱ πεζοὶ περὶ τὴν πυρὰν πολιτικάς τε ἅμα καὶ πολεμικὰς διεξόδους διελίττοντες διεξῆλθον· εἶθ' οὕτως οἱ ὕπατοι πῦρ ἐς αὐτὴν ἐνέβαλον. γενομένου δὲ τούτου ἀετός τις ἐξ αὐτῆς ἀνέπτατο. καὶ ὁ
75f. μὲν Περτίναξ οὕτως ἠθανατίσθη.

225/114 epit. 77, 1, 2

235/70 epit. 77, 16, 3

Dexipp. (FGrHist II [ed. F. Jacoby 1926], Nr. 100; Übers. H. Labuske, in: SQAW 37/3, 1991, Nr. 73)

Frg. 6, 1f.: ὅτι Αὐρηλιανὸς κατὰ κράτος νικήσας τοὺς Ἰουθούγγους Σκύθας καὶ κατὰ τὴν τοῦ Ἴστρου περαίωσιν ἐς τὴν ἀποφυγὴν πολλοὺς τούτων ἀνελών, οἱ λειπόμενοι ἐς σπονδὰς ἧκον καὶ πρεσβείαν ἐστείλαντο. ... ὁ δὲ Ῥωμαίων βασιλεὺς Αὐρηλιανός, ὡς ἐπύθετο ἀφιγμένην τὴν Ἰουθούγγων πρεσβείαν, ἐς τὴν ὑστεραίαν φήσας χρηματιεῖν περὶ ὧν ἥκουσι διέταττεν τοὺς στρατιώτας ὡς ἐς μάχην ἐκπλήξεως εἵνεκα τῶν ἐναντίων. ἐπεὶ δὲ καλῶς εἶχεν αὐτῶι ἡ διακόσμησις, ἐπὶ ὑψηλοῦ βήματος μετέωρος βέβηκε καὶ ἁλουργίδα ἀμπέχων τὴν πᾶσαν τάξιν ἐποίει ἀμφ' αὐτὸν μηνοειδῆ. παρεστήσατο δὲ καὶ τῶν ἐν τέλει, ὅσοι ἀρχάς τινας ἐπιτετραμμένοι, σύμπαντας ἐφ' ἵππων. κατόπιν δὲ βασιλέως τὰ σημεῖα ἦν τῆς ἐπιλέκτου στρατιᾶς – τὰ δέ εἰσιν ἀετοὶ χρυσοῖ καὶ εἰκόνες βασίλειοι καὶ στρατοπέδων κατάλογοι γράμμασι χρυσοῖς δηλούμενοι – ἃ δὴ σύμπαντα ἀνατεταμένα προὐφαίνετο ἐπὶ ξυστῶν ἠργυρωμένων. ἐπὶ δὲ τούτοις ὧδε διακοσμηθεῖσιν Ἰουθούγγους ἠξίου ‹παρελθεῖν›. *113f.*

Dion. Hal. *239/41*
6, 13

Eun. (ed. R. C. Blockley 1983; Übers. Vf.)
Frg. 68: Ὅτι Πέρσης ἦν ἐν Ῥώμῃ ἔπαρχος πρὸς χλευασίαν καὶ γέλωτα τὴν Ῥωμαϊκὴν παραφέρων εὐτυχίαν· σανίδας δὴ πολλὰς μικρὰς πρὸς ἥμισυ σταδίου συγκομισάμενος, καὶ εἰκόνα τινὰ τῶν ἔργων ὑπογράψαι βουλόμενος, πάντα ἐνετίθει γελοῖα ταῖς γραφαῖς, καὶ ἀπορρήτως τὰ γραφόμενα κατεχλεύαζε διὰ τῆς εἰκόνος. ἀνδρείαν μὲν γὰρ βασιλέως ἢ ῥώμην στρατιωτῶν ἢ πόλεμον ἐμφανῆ καὶ νόμιμον οὐδαμοῦ τὰ γραφέντα παρεδήλου καὶ συνηνίττετο· χειρὸς δέ τινος ὡς ἂν ἐκ νεφῶν προτεινομένης ἐπίγραμμα ἦν τῇ χειρί· "θεοῦ χεὶρ ἐλαύνουσα τοὺς βαρβάρους"· αἰσχρὸν τοῦτο καταγράφειν, ἀλλ' ἀναγκαῖον. καὶ πάλιν ἑτέρωθι· "βάρβαροι τὸν θεὸν φεύγοντες", καὶ τούτων ἕτερα παχύτερα καὶ ἀηδέστερα, κωθωνιζομένων γραφέων φλήναφος. *204f.*

Eus. de Caes. v. Const. (ed. I. A. Heikel 1902; Übers. P. J. M. Pfättisch, BKV[2] 9, 1913)
3, 2f.: τοιγάρτοι τὸν Χριστὸν τοῦ θεοῦ σὺν παρρησίᾳ τῇ πάσῃ πρεσβεύων εἰς πάντας διετέλει, μηδ‹ὲν› ἐγκαλυπτόμενος τὴν σωτήριον ἐπηγορίαν, σεμνολογούμενος δ' ἐπὶ τῷ πράγματι, φανερὸν δὲ αὐτὸ καθίστη, νῦν μὲν τὸ πρόσωπον τῷ σωτηρίῳ κατασφαγιζόμενος σημείῳ, νῦν δ' ἐναβρυνόμενος τῷ νικητικῷ τροπαίῳ. ὃ [μὲν] δὴ καὶ ἐν [γραφῆς] ὑψηλοτάτῳ πίνακι πρὸ τῶν βασιλικῶν προθύρων ἀνακειμένῳ τοῖς πάντων ὀφθαλμοῖς ὁρᾶσθαι προὐτίθει, τὸ μὲν σωτήριον ‹σημεῖον› ὑπερκείμενον τῆς αὐτοῦ κεφαλῆς τῇ γραφῇ παραδούς, τὸν δ' ἐχθρὸν καὶ πολέμιον θῆρα τὸν τὴν ἐκκλησίαν τοῦ θεοῦ διὰ τῆς τῶν ἀθέων πολιορκήσαντα τυραννίδος κατὰ βυθοῦ φερόμενον ποιήσας ἐν δράκοντος μορφῇ. δράκοντα γὰρ αὐτὸν καὶ σκολιὸν ὄφιν ἐν προφητῶν θεοῦ βίβλοις ἀνηγόρευε τὰ λόγια. διὸ καὶ βασιλεὺς ὑπὸ τοῖς αὐτοῦ τε καὶ τῶν αὐτοῦ παίδων ποσὶ βέλει πεπαρμένον κατὰ μέσου τοῦ κύτους βυθοῖς τε θαλάττης ἀπερριμμένον διὰ τῆς κηροχύτου γραφῆς ἐδείκνυ τοῖς πᾶσι τὸν δράκοντα, ὧδέ πῃ τὸν ἀφανῆ τοῦ τῶν ἀνθρώπων γένους πολέμιον αἰνιττόμενος, ὃν καὶ δυνάμει τοῦ ὑπὲρ κεφαλῆς ἀνακειμένου σωτηρίου τροπαίου κατὰ βυθῶν ἀπωλείας κεχωρηκέναι ἐδήλου. ἀλλὰ ταῦτα μὲν ἄνθη χρωμάτων ᾐνίττετο διὰ τῆς εἰκόνος· ... *191*
4, 73 *244/49*

Fl. Josephus, Ant. Jud.
228/34 3, 4ff.
222/38 19, 1, 19

Herod. (ed. C. Stavenhagen 1922; Übers. F. L. Müller 1996)
224/90 1, 5, 5
1, 5, 6: εἰκότως δ' ἂν ταῦτα λογιζόμενοι στέργοιτε οὐ δοθέντα ὑμῖν ἀλλὰ
61 γεννηθέντα αὐτοκράτορα.
214 1, 6, 5: ... ἐκεῖ τε ἡ Ῥώμη, ὅπου ποτ' ἂν ὁ βασιλεὺς ᾖ.
1, 7, 5: ... λέγοντας αἴγλην τινὰ οὐράνιον περὶ τῇ κεφαλῇ συγγεγενῆσθαι
49 αὐτῷ· ...
224/85 1, 14, 7f.
1, 14, 8: ἐς τοσοῦτόν τε μανίας καὶ παροινίας προὐχώρησεν, ὡς πρῶτον μὲν
τὴν πατρῴαν προσηγορίαν παραιτήσασθαι, ἀντὶ δὲ Κομόδου καὶ
Μάρκου υἱοῦ Ἡρακλέα τε καὶ Διὸς υἱὸν αὑτὸν κελεύσας καλεῖσθαι
ἀποδυσάμενός τε τὸ Ῥωμαίων καὶ βασίλειον σχῆμα λεοντῆν
54 ἐπεστρώννυτο καὶ ῥόπαλον μετὰ χεῖρας ἔφερεν· ...
224/85 1, 15, 7ff.
224/89 1, 17, 12: ... εὐγενέστατός τε τῶν πρὸ αὐτοῦ γενομένων βασιλέων ...
238/4 2, 8, 6
4, 2, 1: ἔθος γάρ ἐστι Ῥωμαίοις ἐκθειάζειν βασιλέων τοὺς ἐπὶ παισὶ [ἢ]
226/135 διαδόχοις τελευτήσαντας· τήν τε τοιαύτην τιμὴν ἀποθέωσιν καλοῦσι.
5, 1, 8: ὑμεῖς δὲ ἐν ἀδείᾳ καὶ ἐλευθερίᾳ βιώσεσθε, ὧν ἀφῃρέθητε μὲν ὑπὸ
τῶν εὐπατριδῶν βασιλέων, ... γένους γὰρ ἔνδοξον ἀρχὴν αὐτὸν
παρασχεῖν καὶ τῷ ὑστέρῳ γένει ἄμεινον ἢ κλέος προγονικὸν
75; 224/93 παραλαμβάνοντα τρόπου φαυλότητι καταισχῦναι.
8, 6, 2: οἱ δὲ τῶν Ἀκυλησίων στρατηγοὶ τὰς μὲν πύλας ἀνοῖξαι οὐκ
ἐπέτρεψαν, προθέντες δὲ τὰς εἰκόνας Μαξίμου καὶ Βαλβίνου
Γορδιανοῦ τε Καίσαρος στεφάνοις καὶ δάφναις κεκοσμημένας αὐτοί
τε εὐφήμουν, καὶ τοὺς στρατιώτας ἠξίουν γνωρίσαι καὶ ἀνειπεῖν
εὐφημῆσαί τε τοὺς ὑπὸ Ῥωμαίων καὶ συγκλήτου ἀναδειχθέντας
19 αὐτοκράτορας.

Hom. Ilias
16 6, 293ff.

Joh. Chrysost. Hom.
11 2 c. 3
11 5 c. 3
217/29 21 c. 3

Julian.
217/29 Brief Nr. 48 (ed. B. K. Weiß 1973), 293Bff.
217/29 Ebd. 294Bff.

Kekaumenos
§§ 180-181 *21*

Liban.
or. 1, 76 (ed. J. Martin - P. Petit 1979; Übers. P. Wolf 1967): Τὸ μὲν οὖν δεικνύναι λόγους οὐδὲ ὣς κατέλουσα· καὶ συνῄεσαν οἱ μὲν ἀκουσόμενοι λόγων, οἱ πλείους δὲ θεασόμενοι κινούμενον, οἷα δὴ τὰ τῆς βουλῆς ἐκείνης ἐξ ὅπλων ἢ μουσείων τὸ πλέον· ... *24*
or. 22, 7f. *217/25*
or. 59, 131f. (ed. R. Förster, Bd. IV 1908; Übers. K. Kraft, JNG 9, 1958, 176): Ἀλλ᾽ ἔδει καὶ τὰ τούτων ποτὲ λῆξαι κύματα καὶ στῆναι τὴν κίνησιν βεβαίως. ἐφάνη γὰρ βασιλεύς, ὃς τὸν ἀκόρεστον ἐκείνοις τῶν πολεμικῶν ἔρωτα πρὸς εἰρήνης ἐπιθυμίαν ἔτρεψε κατ᾽ ἄλλο μὲν οὐδέν, μείζω δὲ τῆς ἐκείνων περὶ τὰς μάχας προθυμίας τὴν οἰκείαν προδείξας. οὔκουν εἰς πεῖραν χειρῶν ἐλθεῖν ὑπέμειναν, ἀλλ᾽ ἤρκεσεν ὁ φόβος τὰ τῆς πείρας ἐργάσασθαι, καὶ δεξιὰς εἰς μὲν δορατίων ἄφεσιν οὐκ ἀνέτειναν, εἰς δὲ συνθηκῶν αἴτησιν προὔτειναν. τεκμήριον δέ· ἐδέξαντο παρ᾽ ἡμῶν ἄρχοντας ὥσπερ ἐπόπτας τῶν δρωμένων καὶ τὴν θηριώδη λύσσαν ἐκβαλόντες λογισμοὺς ἀνθρωπίνους ἠσπάσαντο καὶ τὴν πλεονεξίαν ἀφέντες τὴν τῶν ὅρκων φυλακὴν ἐτίμησαν. πάντως δ᾽ ἂν καὶ τῆς ἐκ τῶν ὅρκων ἀνάγκης ἀπούσης τὴν ἡσυχίαν ἠγάπησαν. *185f.*

Lukian. (ed. M. D. MacLeod 1972ff.; Übers. Chr. M. Wieland [1788/89], hrsg. von J. Werner - H. Greiner-Mai [2]1981)
Die Götterversammlung
10f.: ΜΩΜΟΣ: Καίτοι πάντα ταῦτα, ὦ θεοί, μέτρια. σὺ δέ, ὦ κυνοπρόσωπε καὶ σινδόσιν ἐσταλμένε Αἰγύπτιε, τίς εἶ, βέλτιστε, ἢ πῶς ἀξιοῖς θεὸς εἶναι ὑλακτῶν; τί δὲ βουλόμενος καὶ ὁ ποικίλος οὗτος ταῦρος ὁ Μεμφίτης προσκυνεῖται καὶ χρᾷ καὶ προφήτας ἔχει; αἰσχύνομαι γὰρ ἴβιδας καὶ πιθήκους εἰπεῖν καὶ ἄλλα πολλῷ γελοιότερα οὐκ οἶδ᾽ ὅπως ἐξ Αἰγύπτου παραβυσθέντα ἐς τὸν οὐρανόν, ἃ ὑμεῖς, ὦ θεοί, πῶς ἀνέχεσθε ὁρῶντες ἐπ᾽ ἴσης ἢ καὶ μᾶλλον ὑμῶν προσκυνούμενα; ἢ σύ, ὦ Ζεῦ, πῶς φέρεις ἐπειδὰν κριοῦ κέρατα φύσωσί σοι;
ΖΕΥΣ: Αἰσχρὰ ὡς ἀληθῶς ταῦτα φῂς τὰ περὶ τῶν Αἰγυπτίων· ὅμως δ᾽ οὖν, ὦ Μῶμε, τὰ πολλὰ αὐτῶν αἰνίγματά ἐστιν, καὶ οὐ πάνυ χρὴ καταγελᾶν ἀμύητον ὄντα.
ΜΩΜΟΣ: Πάνυ γοῦν μυστηρίων, ὦ Ζεῦ, δεῖ ἡμῖν, ὡς εἰδέναι θεοὺς μὲν τοὺς θεούς, κυνοκεφάλους δὲ τοὺς κυνοκεφάλους. *167*
Von der Tanzkunst
64: Ἐπεὶ δὲ κατὰ τὸν Νέρωνά ἐσμεν τῷ λόγῳ, βούλομαι καὶ βαρβάρου ἀνδρὸς τὸ ἐπὶ τοῦ αὐτοῦ ὀρχηστοῦ γενόμενον εἰπεῖν, ὅπερ μέγιστος ἔπαινος ὀρχηστικῆς γένοιτ᾽ ἄν. τῶν γὰρ ἐκ τοῦ Πόντου βαρβάρων βασιλικός τις ἄνθρωπος κατά τι χρέος ἥκων ὡς τὸν Νέρωνα ἐθεᾶτο μετὰ τῶν ἄλλων τὸν ὀρχηστὴν ἐκεῖνον οὕτω σαφῶς ὀρχούμενον ὡς

καίτοι μὴ ἐπακούοντα τῶν ᾀδομένων – ἠμέλλην γάρ τις ὢν ἐτύγχανε – συνεῖναι ἁπάντων. καὶ δὴ ἀπιὼν ἤδη ἐς τὴν οἰκείαν τοῦ Νέρωνος δεξιουμένου καὶ ὅ τι βούλοιτο αἰτεῖν κελεύοντος καὶ δώσειν ὑπισχνουμένου, "Τὸν ὀρχηστήν," ἔφη, "δοὺς τὰ μέγιστα εὐφρανεῖς." τοῦ δὲ Νέρωνος ἐρομένου, "Τί ἄν σοι χρήσιμος γένοιτο ἐκεῖ;" "Προσοίκους", ἔφη, "βαρβάρους ἔχω, οὐχ ὁμογλώττους, καὶ ἑρμηνέων οὐ ῥᾴδιον εὐπορεῖν πρὸς αὐτούς. ἢν οὖν τινος δέωμαι, διανεύων οὗτος ἕκαστά μοι ἑρμηνεύσει." τοσοῦτον ἄρα καθίκετο
23f. αὐτοῦ ἡ μίμησις τῆς ὀρχήσεως ἐπίσημός τε καὶ σαφὴς φανεῖσα.

M. Aurel., Selbstbetrachtungen (ed. H. Schenkl 1913; Übers. W. Capelle [8]1953)
235/90 1, 16
1, 17, 6: τὸ ἀδελφοῦ τοιούτου τυχεῖν δυναμένου μὲν διὰ ἤθους ἐπεγεῖραί με πρὸς ἐπιμέλειαν ἐμαυτοῦ, ἅμα δὲ καὶ τιμῇ καὶ στοργῇ εὐφραινοντός
145; 225/119 με· ...

Neilos Sinaita, epist. (Migne, PG 79)
219/30 4, 61 (577D)

Petrus patr. (FHG IV 191ff.)
44; 221/13 Frg. 10, 6

Phil. leg. ad Gaium
24 §§ 227-228

Plut. Vitae Parallelae (ed. C. Lindskog - K. Ziegler [2]1957ff.; Übers. K. Ziegler 1954ff.)
Arat. 32, 3: αὐτοὶ δὲ Πελληνεῖς λέγουσι τὸ βρέτας τῆς θεοῦ τὸν μὲν ἄλλον ἀποκεῖσθαι χρόνον ἄψαυστον, ὅταν δὲ κινηθὲν ὑπὸ τῆς ἱερείας ἐκφέρηται, μηδένα προσβλέπειν ἐναντίον, ἀλλ' ἀποτρέπεσθαι πάντας· οὐ γὰρ ἀνθρώποις μόνον ὅραμα φρικτὸν εἶναι καὶ χαλεπόν, ἀλλὰ ‹καὶ› δένδρα ποιεῖν ἄφορα καὶ καρποὺς ἀπαμβλίσκειν δι' ὧν ἂν
16 κομίζηται.
220/20 Mar. 32, 4
Sull. 6, 1: Ἡ μέντοι πρὸς Μάριον αὐτῷ στάσις ἀνερριπίζετο, καινὴν ὑπόθεσιν λαβοῦσα τὴν Βόκχου φιλοτιμίαν, ὃς τόν τε δῆμον ἅμα θεραπεύων ἐν Ῥώμῃ καὶ τῷ Σύλλᾳ χαριζόμενος, ἀνέθηκε Νίκας ἐν Καπιτωλίῳ τροπαιοφόρους, καὶ παρ' αὐταῖς χρυσοῦν Ἰογόρθαν ὑφ'
34 ἑαυτοῦ Σύλλᾳ παραδιδόμενον.
6, 7ff.: Σύλλας δ' οὐ μόνον ἡδέως προσιέμενος τὸν τοιοῦτον εὐδαιμονισμὸν καὶ ζῆλον, ἀλλὰ καὶ συναύξων καὶ συνεπιθειάζων τὰ πραττόμενα τῆς Τύχης ἐξῆπτεν, εἴτε κόμπῳ χρώμενος, εἴθ' οὕτως ἔχων τῇ δόξῃ πρὸς τὸ θεῖον. καὶ γὰρ ἐν τοῖς ὑπομνήμασι γέγραφεν, ὅτι τῶν καλῶς αὐτῷ βεβουλεῦσθαι δοκούντων αἱ μὴ κατὰ γνώμην, ἀλλὰ πρὸς καιρὸν ἀποτολμώμεναι πράξεις ἔπιπτον εἰς ἄμεινον. ἔτι δὲ καὶ δι' ὧν φησι

πρὸς Τύχην εὖ πεφυκέναι μᾶλλον ἢ πρὸς πόλεμον, τῇ Τύχῃ τῆς ἀρετῆς πλέον ἔοικε νέμειν, καὶ ὅλως ἑαυτὸν τοῦ δαίμονος ποιεῖν, ... *33f.*

19, 9ff. *219/11*

34, 1ff. *219/15*

Pomp. 22, 5 *239/41*

68, 2 *38; 220/34*

Caes. 46, 1ff. *37; 220/33*

Ant. 54, 6f. *40;220/40*

Galba 23, 1f. *225/124*

23, 2 *74*

Polyb. (ed. W. Dindorf - Th. Büttner-Wobst 1889; Übers. H. Drexler 1961)

6, 53 4ff.: μετὰ δὲ ταῦτα θάψαντες καὶ ποιήσαντες τὰ νομιζόμενα τιθέασι τὴν εἰκόνα τοῦ μεταλλάξαντος εἰς τὸν ἐπιφανέστατον τόπον τῆς οἰκίας, ξύλινα ναΐδια περιτιθέντες. ἡ δ' εἰκών ἐστι πρόσωπον εἰς ὁμοιότητα διαφερόντως ἐξειργασμένον καὶ κατὰ τὴν πλάσιν καὶ κατὰ τὴν ὑπογραφήν. ταύτας δὴ τὰς εἰκόνας ἔν τε ταῖς δημοτελέσι θυσίαις ἀνοίγοντες κοσμοῦσι φιλοτίμως, ἐπάν τε τῶν οἰκείων μεταλλάξῃ τις ἐπιφανής, ἄγουσιν εἰς τὴν ἐκφοράν, περιτιθέντες ὡς ὁμοιοτάτοις εἶναι δοκοῦσι κατά τε τὸ μέγεθος καὶ τὴν ἄλλην περικοπήν. οὗτοι δὲ προσαναλαμβάνουσιν ἐσθῆτας, ἐὰν μὲν ὕπατος ἢ στρατηγὸς ᾖ γεγονώς, περιπορφύρους, ἐὰν δὲ τιμητής, πορφυρᾶς, ἐὰν δὲ καὶ τεθριαμβευκὼς ἤ τι τοιοῦτον κατειργασμένος, διαχρύσους. αὐτοὶ μὲν οὖν ἐφ' ἁρμάτων οὗτοι πορεύονται, ῥάβδοι δὲ καὶ πελέκεις καὶ τἆλλα τὰ ταῖς ἀρχαῖς εἰωθότα συμπαρακεῖσθαι προηγεῖται κατὰ τὴν ἀξίαν ἑκάστῳ τῆς γεγενημένης κατὰ τὸν βίον ἐν τῇ πολιτείᾳ προαγωγῆς ὅταν δ' ἐπὶ τοὺς ἐμβόλους ἔλθωσι, καθέζονται πάντες ἑξῆς ἐπὶ δίφρων ἐλεφαντίνων. οὗ κάλλιον οὐκ εὐμαρὲς ἰδεῖν θέαμα νέῳ φιλοδόξῳ καὶ φιλαγάθῳ· ... *18*

Prokop.

Gotenkriege (ed. O. Veh [2]1978; Übers. ebd.)

1, 25, 19ff.: ἔχει δὲ τὸν νεὼν ἐν τῇ ἀγορᾷ πρὸ τοῦ βουλευτηρίου ... ὅ τε νεὼς ἅπας χαλκοῦς ἐν τῷ τετραγόνῳ σχήματι ἕστηκε, τοσοῦτος μέντοι, ὅσον τὸ ἄγαλμα τοῦ Ἰάνου σκέπειν. ἔστι δὲ χαλκοῦν οὐχ ἧσσον ἢ πηχῶν πέντε τὸ ἄγαλμα τοῦτο, τὰ μὲν ἄλλα πάντα ἐμφερὲς ἀνθρώπῳ, διπρόσωπον δὲ τὴν κεφαλὴν ἔχον, καὶ τοῖν προώποιν θάτερον μὲν πρὸς ἀνίσχοντα, τὸ δὲ ἕτερον πρὸς δύοντα ἥλιον τέτραπται. θύραι τε χαλκαῖ ἐφ' ἑκατέρῳ προσώπῳ εἰσὶν, ἃς δὴ ἐν μὲν εἰρήνῃ καὶ ἀγαθοῖς πράγμασιν ἐπιτίθεσθαι τὸ παλαιὸν Ῥωμαῖοι *109*
ἐνόμιζον, πολέμου δὲ σφίσιν ὄντος ἀνέῳγον.

Vandalenkriege (ed. O. Veh 1971; Übers. ebd.)

1, 4, 1ff.: καὶ τις αὐτοῦ ἀετὸς ὑπερίπτατο, τὰ πτερά, ὡς λέγουσι, διαπετάσας, ἀεί τε μένων ἐν τῇ αὐτῇ τοῦ ἀέρος χώρᾳ μόνον τὸν Μαρκιανὸν ἐπεσκίαζεν. ἐκ δὲ τῶν ὑπερώων τὸ ποιούμενον ἰδὼν

Γιζέριχος, ἀγγχίνους τις ὢν μάλιστα, θεῖόν τε εἶναι τὸ πρᾶγμα
49f. ὑπώπτευσε ...

Psellos, chron.
215/9 5, 25

Sever. v. Gabala, de mundi cr. or. (Text und Übers. nach H. Kruse 1934, 79f.):
6, 5: Ἐννόησον πόσοι εἰσὶν ἄρχοντες ἀνὰ πᾶσαν τὴν γήν. Καὶ ἐπειδὴ βασιλεὺς πᾶσιν οὐ πάρεστι, δεῖ παραστῆναι τὸν χαρακτῆρα τοῦ βασιλέως ἐν δικαστηρίοις, ἐν ἀγοραῖς, ἐν συλλόγοις, ἐν θεάτροις. Ἐν παντὶ οὖν τόπῳ, ἐν ᾧ πράττει ἄρχων, δεῖ παρεῖναι, ἵνα βεβαιῶται τὰ γινόμενα. Ὁ βασιλεὺς μὲν οὖν παρεῖναι πανταχοῦ, ὡς ἄνθρωπος, οὐ
20 δύναται.

Strab.
237/125 12, 556

Theod. v. Studion, epist. (Migne, PG 99; Übers. P. L. Koch, BenediktMonSchr 21, 1939, 88)
1309B: Καὶ ὥσπερ ἐπὶ τοῦ ὑμετέρου κράτους ἡ παραδοχὴ τῆς τυπουμένης εἰκόνος, ὁμολογία ἐστὶ τοῦ βασιλεύειν ὑμᾶς, καθάπερ καὶ τὸ ἔμπαλιν·
21 ...

Theokr.
16 7, 106

Zos.
232/13 2, 5, 1
232/18 2, 5, 2

2. Lateinische Autoren

Ambr. expos. ps. 118 (ed. M. Petschenig 1913, CSEL 62, S. 219; Übers. Vf.)
10, 25, 4: qui enim coronat imaginem imperatoris, utique illum honorat cuius imaginem coronavit, et qui statuam contempserit imperatoris, imperatori utique cuius statuam consputaverit fecisse videtur iniuriam. gentiles lignum adorant, quia dei imaginem putant; sed invisibilis dei imago non in
21 eo est quod videtur, sed in eo utique quod non videtur.

Amm. Marc. (ed. W. Seyfarth 1978; Übers. W. Seyfarth 1969/71)
15, 1, 1: Utcumque potui veritatem scrutari, ea, quae videre licuit per aetatem vel perplexe interrogando versatos in medio scire, narravimus ordine casuum exposito diversorum: residua, quae secuturus aperiet textus, pro virium captu limatius absolvemus nihil obrectatores longi, ut putant, operis

sedentis obumbrat / ornatum gemmis, auroque ostroque superbum. / quattuor in sese nexos curvaverat arcus. / par alevam dextramque tenens Victoria partem / altius erectis pendebat in aera pinnis, / laurigeram
180f. gestans dextra fulgente coronam.
3, 237ff.: ... miratur barbara pubes, / ingressus primos inmensa atque atria lustrans, / ingentes adstare viros, scuta aurea cernunt, / pilaque suspiciunt alto splendentia ferro / aurea et auratos conos cristasque rubentes, / horrescunt lanceas saevasque instare secures / ceteraque egregiae spectant miracula pompae, / ... / non secus Hyrcanae quotiens spectacula tigres / dat populis nova Roma suis, ductore magistro / non solita feritate fremunt, sed margine toto / intrantes plenum populorum milia circum / suspiciunt, magnoque metu mitescere discunt: / deponunt rabiem, gaudent fera vincla
114 subire, / ...

Epit. de Caes.
233/34 12, 4
233/35

Eutr. brev. (ed. C. Santini 1979; Übers. Vf.)
9, 28: contigit igitur ei quod nulli post natos homines, ut, cum privatus obiisset,
82 inter Divos tamen referretur.

Festus, de significatu verborum
226/2 p. 498 L(indsay) = p. 363 M(üller)

Greg. Reg. epist. (ed. D. Norberg 1982; Übers. G. Ostrogorski [wie S. 217 Anm. 39], 79)
IX 209, Z. 10ff.: Et quidem zelum vos, ne quid manufactum adorari possit, habuisse laudavimus, sed frangere easdem imagines non debuisse iudicamus. Idcirco enim pictura in ecclesiis adhibetur, ut hi qui litteras nesciunt saltem in parietibus videndo legant, quae legere in codicibus non valent. Tua ergo fraternitas et illa servare et ab eorum adoratu populum
22 prohibere debuit, ...
XI 10, Z. 17ff.: Et quidem quia eas adorari vetuisses omnino laudavimus, fregisse vero reprehendimus. ... Aliud est enim picturam adorare, aliud picturae historiam quid sit adorandum addiscere. Nam quod legentibus scriptura, hoc idiotis praestat pictura cernentibus, quia in ipsa ignorantes vident quod sequi debeant, in ipsa legunt, qui litteras nesciunt; unde
27 praecipue gentibus pro lectione pictura est.
22 Appendix VIII Z. 10ff.

Greg. Tur. hist. Fr. (ed. R. Buchner 1967; Übers. ebd.)
2, 30: Factum est autem, ut confligente utroque exercitu vehementer caederentur, atque exercitus Chlodovechi valde ad internitionem ruere coepit. Quod ille videns, elevatis ad caelum oculis, conpunctus corde, commotus in lacrimis, ait: 'Iesu Christi, quem Chrotchildis praedicat esse filium Dei

vivi, qui dare auxilium laborantibus victuriamque in te sperantibus tribuere diceris, tuae opis gloriam devotus efflagito, ut, si mihi victuriam super hos hostes indulseris ... credam tibi et in nomine tuo baptizer. Invocavi enim deos meos, sed, ut experior, elongati sunt ab auxilio meo; unde credo, eos nullius esse potestatis praeditos, qui sibi oboedientibus non occurrunt. Te nunc invoco, tibi credere desidero, tantum ut eruar ab adversariis meis'. Cumque hae dicerit, Alamanni terga vertentes, in fugam labi coeperunt. *86f.*

Hieron. Chron. (ed. Helm 1956; Übers. Vf.)
p. 197, 24f. *234/51*
p. 232, 24: Dedicatur Constantinopolis omnium paene urbium nuditate. *147*

Horat. (ed. F. Klingner 1959; Übers. H. Färber 1967)
carm. saec. 45ff.: Di, probos mores docili iuventae, / Di, senectuti placidae quietem, / Romulae genti date remque prolemque / Et decus omne. *121*
de arte poetica 325ff.: Romani pueri longis rationibus assem / discunt in partis centum diducere. 'dicat / filius Albini: si de quincunce remota est / uncia, quid superat? poteras dixisse.' 'triens' 'eu, / rem poteris servare tuam. redit uncia, quid fit?' / 'semis.' ... *25f.*
epist. 1, 20, 17f.: hoc quoque te manet, ut pueros elementa docentem / occupet extremis in vicis balba senectus. *224/12*
2, 1, 255 *230/89*
serm. 1, 6, 75 *218/16*
1, 8, 23ff. *19*

Lact. de mort. pers. (ed. J. Moreau 1954; Übers. Vf.)
3, 3 *43f.; 221/9*
25, 1ff.: Paucis post diebus laureata imago eius adlata est ad malam bestiam. Deliberavit diu an susciperet. ... Suscepit itaque imaginem admodum invitus atque ipsi purpuram misit, ... *19*

Libri Carolini/Cap. de imag. (MGH Leg. sec. III, Conc. II supp., 1924)
3, 15 (p. 133, Z. 31ff.): *217/42*

Liv. (ed. C. F. Walters - R. S. Conway ^{2}1950; Übers. Vf.)
6, 29, 9: Dedicatum est inter cellam Iovis ac Minervae tabulaque sub eo fixa, monumentum rerum gestarum, hic ferme incisa litteris fuit: 'Iuppiter atque divi omnes hoc dederunt ut T. Quinctius dictator oppida novem caperet'. *83*
21, 63, 7ff. *232/5*

Mart. (ed. W. M. Lindsay ^{2}1929; Übers. R. Helm 1957)
8, 65, 1ff.: Hic ubi Fortunae Reducis fulgentia late / templa nitent, felix area nuper erat: / hic stetit Arctoi formonsus pulvere belli / purpureum fundens Caesar ab ore iubar; ... *83*

218/16 10, 62, 1ff.
25 10, 62, 12: aestate pueri si valent, satis discunt.
epigr. (= spect.) 30, 7f. (in der Übers. von R. Helm: spect. 29!): Numen habet
47 Caesar: sacra est haec, sacra potestas, / credite: mentiri non didicere ferae.

Ovid. fast. (ed. W. Gerlach 1960; Übers. ebd.)
1, 65ff.: Iane biceps, anni tacite labentis origo, / solus de superis qui tua terga vides: / dexter ades ducibus, quorum secura labore / otia terra ferax, otia pontus agit. / Dexter ades Patribusque tuis, populoque Quirini: / et resera nutu candida templa tuo. / Prospera lux oritur: linguisque animisque favete. / Nunc dicenda bono sunt bona verba die. / Lite vacent aures, insanaque protinus absint / iurgia: differ opus, livida lingua, tuum. / Cernis, odoratis ut luceat ignibus aether; / et sonet accensis spica Cilissa focis. / Flamma nitore suo templorum verberat aurum, / et tremulum summa spargit ab aede iubar. / Vestibus intactis Tarpeias itur in arces: / et populus festo concolor ipse suo est. / Iamque novi praeeunt fasces: nova purpura fulget: / et nova conspicuum pondera sentit ebur. / Colla rudes
117f. operum praebent ferienda iuvenci, / quos aluit campis herba Falisca suis.
1, 279ff.: Ut populo reditus pateant ad bella profecto, / tota patet dempta ianua nostra sera. / Pace fores obdo, ne qua discedere possit, / Caesareoque diu
110 nomine clusus ero.
230/89 1, 281

Pan. lat. (ed. R. A. B. Mynors 1964; Übers. Vf.)
IV (X) 31, 3: Duci sane omnibus videbantur subacta vitiorum agmina quae Urbem graviter obsederat: Scelus domitum, victa Perfidia, diffidens sibi Audacia et Importunitas catenata. Furor vinctus et cruenta Crudelitas inani terrore frendebant; Superbia atque Arrogantia debellatae, Luxuries
173 coercita et Libido constricta nexu ferreo tenebantur.
VI (VII) 2, 5: Inter omnes, inquam, participes maiestatis tuae hoc habes, Constantine, praecipuum, quod imperator es ⟨natus⟩, tantaque est nobilitas originis tuae ut nihil tibi addiderit honoris imperium nec possit Fortuna numini tuo imputare quod tuum est, omisso ambitu et
62 suffragatione.
224/92 3, 4 - 4, 2
235/84 22, 6
VIII (V) 8, 4: Sed neque illae fraudes locorum nec quae plura inerant perfugia silvarum barbaros tegere potuerunt quominus dicioni tuae divinitatis omnes sese dedere cogerentur, et cum coniugibus ac liberis ceteroque examine necessitudinum ac rerum suarum ad loca olim deserta transirent ut, quae fortasse ipsi quondam depraedando vastaverant, culta redderent
112 serviendo.
9, 2f.: Insultare hercule communi Galliarum nomine libet ⟨et⟩, quod pace vestra loquar, ipsis triumphum adsignare provinciis. Arat ergo nunc mihi Chamavus et Frisius et ille vagus, ille praedator exercitio squalidi ruris

216/21 10, 96, 5

pan. (ed. R. A. B. Mynors 1964; Übers. Vf.)

1, 4f.: Ac si adhuc dubium fuisset, forte casuque rectores terris an aliquo numine darentur, principem tamen nostrum liqueret divinitus constitutum. Non enim occulta potestate fatorum, sed ab Iove ipso coram ac palam repertus
42 electus est: ...

8, 2: Adlata erat ex Pannonia laurea, id agentibus dis ut invicti imperatoris
83 exortum victoriae insigne decoraret.

11, 1f.: Quem tu lacrimis primum, ita ut filium decuit, mox templis honestatsti, non imitatus illos qui hoc idem sed alia mente fecerunt. Dicavit caelo Tiberius Augustum, sed ut maiestatis crimen induceret; Claudium Nero, sed ut irrideret; Vespasianum Titus, Domitianus Titum, sed ille ut dei filius, hic ut frater videretur. Tu sideribus patrem intulisti non ad metum civium, non in contumeliam numinum, non in honorem tuum, sed quia
80f. deum credis.

235/92 18, 1

20, 3 (Übers. L. Friedländer [wie S. 235 Anm. 87], 79): Nullus in exigendis vehiculis tumultus, nullum circa hospitia fastidium; annona quae ceteris;
142 ad hoc comitatus accinctus et parens.

142 20, 4

221/9 52, 4f.

221/4 52, 6f.

64, 2f.: Stupeo, patres conscripti, necdum satis aut oculis meis aut auribus credo, atque identidem me an audierim, an viderim interrogo. Imperator ergo et Caesar et Augustus ⟨et⟩ pontifex maximus stetit ante gremium consulis, seditque consul principe ante se stante, et sedit inturbatus interritus, et tamquam ita fieri soleret. Quin etiam sedens stanti praeiit ius iurandum, et ille iuravit, expressit explanavitque verba quibus caput suum domum
165 suam, si scienter fefellisset, deorum irae consecraret.

222/38 65, 1

Quintil. inst. or. (ed. H. Rahn 1972/75; Übers. ebd.)

11, 3, 92: Est autem gestus ille maxime communis, quo medius digitus in pollicem contrahitur explicitis tribus, et principiis utilis cum leni in utramque partem motu modice prolatus, simul capite atque umeris sensim
159 ad id, quo manus feratur, obsecundantibus, ...

SHA (ed. E. Hohl, mit Ergänzungen hrsg. von Ch. Samberger - W. Seyfarth 1965; Übers. E. Hohl - E. Merten - A. Rösger 1976)

v. Hadr. 6, 3: cum triumphum ei senatus, qui Traiano debitus erat, detulisset, recusavit ipse atque imaginem Traiani curru triumphali vexit, ut optimus
19 imperator ne post mortem quidem triumphi amitteret dignitatem.

134; 234/51; 7, 6

234/56 7, 8: pueris ac puellis, quibus etiam Traianus alimenta detulerat, incrementum
135 liberalitatis adiecit.

spectante eo ludos pronuntiatum esset in mimo: o dominum aequum et
bonum! et universi quasi de ipso dictum exultantes comprobassent, et
60; 223/47 statim manu vultuque indecoras adulationes repressit ...

222/44 70, 1ff.

79, 2: oculos habuit claros ac nitidos, quibus etiam existimari volebat inesse
quiddam divini vigoris, gaudebatque, si qui sibi acrius contuenti quasi ad
48 fulgorem solis vultum summitteret; ...

94, 12: tantam mox fiduciam fati Augustus habuit, ut thema suum vulgaverit
90 nummumque argenteum nota sideris Capricorni, quo natus est, percusserit.

100, 3f.: ... ac senatorum umeris delatus in Campum crematusque. nec defuit vir
75 praetorius, qui se effigiem cremati euntem in caelum vidisse iuraret.

Tib. 20: a Germania in urbem post biennium regressus triumphum, quem
distulerat, egit prosequentibus etiam legatis, quibus triumphalia ornamenta
impetrarat. ac prius quam in Capitolium flecteret, descendit e curru seque
87 praesidenti patri ad genua summisit.

223/47 27

218/22 Cal. 45

Div. Claud. 11, 2ff.: conversus hinc ad officia pietatis ius iurandum neque
sanctius sibi neque crebrius instituit quam per Augustum. aviae Liviae
divinos honores et circensi pompa currum elephantorum Augustino
similem decernenda curavit; parentibus inferias publicas, et hoc amplius
patri circenses annuos natali die, matri carpentum, quo per circum
duceretur, et cognomen Augustae ab viva recusatum. ... ne Marcum
quidem Antonium inhonoratum ac sine grata mentione transmisit, testatus
quondam per edictum, tanto impensius petere se ut natalem patris Drusi
celebrarent, quod idem esset et avi sui Antoni[i]. Tiberio marmoreum
arcum iuxta Pompei theatrum, decretum quidem olim a senatu verum
omissum, peregit. Gai quoque etsi acta omnia rescidit, diem tamen necis,
80 quamvis exordium principatus sui, vetuit inter festos referri.

121; 232/16 21, 2: ... ad ludos, quos nec spectasset quisquam nec spectaturus esset, ...

Nero 7, 2: Deductus in forum tiro populo congiarium, militi donativum proposuit
143 indictaque decursione praetorianis scutum sua manu praetulit; ...

210; 245/14 40, 2

160 Galba 10, 1

238/20 11

Div. Vesp. 5, 4: cenante rursus bos arator decusso iugo triclinium irrupit ac
fugatis ministris quasi repente defessus procidit ad ipsos accumbentis
47 pedes cervicemque summisit.

19, 2: Alexandrini Cybiosacten eum vocare perseveraverunt, cognomine unius e
regibus suis turpissimarum sordium. sed et in funere Favor archimimus
personam eius ferens imitansque, ut est mos, facta ac dicta vivi,
interrogatis palam procuratoribus, quanti funus et pompa constaret, ut
audit sestertium centiens, exclamavit, centum sibi sestertia darent ac se
18 vel in Tiberim proicerent.

53 23, 4: prima quoque morbi accessione: vae, inquit, puto, deus fio.

101f.; 229/63 17, 1ff.

hist. (ed. Köstermann 1961; Übers. J. Borst - H. Hross - H. Borst ^{2}1969)

74 1, 14, 2

224/84 1, 15, 1ff.

74 1, 15, 2

1, 18, 1: Quartum idus Ianuarias, foedum imbribus diem, tonitrua et fulgura et
caelestes minae ultra solitum turbaverant. observatum id antiquitus
comitiis dirimendis non terruit Galbam, quo minus in castra pergeret,
contemptorem talium ut fortuitorum, seu quae fato manent, quamvis
74 significata, non vitantur.

2, 33, 1: frater eius Titianus et praefectus praetorii Proculus, imperitia
properantes, fortunam et deos et numen Othonis adesse consiliis, adfore
46 conatibus testabantur, ...

20 3, 12, 2

3, 74, 1: Domitianus, prima inruptione apud aedituum occultatus, sollertia liberti
lineo amictu turbae sacricolarum immixtus ignoratusque apud Cornelium
Primum paternum clientem iuxta Velabrum delituit. ac potiente rerum
patre, disiecto aeditui contubernio, modicum sacellum Iovi Conservatori
aramque posuit casus suos in marmore expressam; mox imperium adeptus
42ff. Iovi Custodi templum ingens seque in sinu dei sacravit.

Tertull. apol. (ed. C. Becker 1952; Übers. ebd.)

5, 6: at nos e contrario edimus protectorem, si litterae Marci Aurelii, gravissimi
imperatoris, requirantur, quibus illam Germanicam sitim Christianorum
209 forte militum praecationibus impetrato imbri discussam contestatur.

216/21 12, 7

28, 3f.: Ventum est igitur ad secundum titulum laesae augustioris maiestatis,
siquidem maiore formidine et callidiore timiditate Caesarem observatis
quam ipsum de Olympo Iovem. et merito, si sciatis. ... sed nec hoc vos
54 ratione facitis potius quam respectu praesentaneae potestatis; ...

Vell. Pater.

220/24 2, 25, 4

237/125 2, 94

237/125 2, 122

Verg. Aen. (ed. J. Götte ^{4}1979; Übers. ebd.)

230/89 1, 293ff.

2, 681ff.: namque manus inter maestorumque ora parentum / ecce levis summo
de vertice visus Iuli / fundere lumen apex, tactuque innoxia mollis /
47f. lambere flamma comas et circum tempora pasci.

220/36 2, 717ff.

8, 675ff.: in medio classis aeratas, Actia bella, / cernere erat ... / hinc Augustus
agens Italos in proelia Caesar / cum patribus populoque, penatibus et

magnis dis, / stans celsa in puppi, geminas cui tempora flammas / laeta vomunt patriumque aperitur vertice sidus. *48*

Vitruv. (ed. C. Fensterbusch 1964; Übers. ebd.)
1, 1, 1: Cum divina tua mens et numen, imperator Caesar, imperio potiretur orbis terrarum invictaque virtute cunctis hostibus stratis triumpho victoriaque tua cives gloriarentur et gentes omnes subactae tuum spectarent nutum populusque Romanus et senatus liberatus timore amplissimis tuis cogitationibus consiliisque gubernarentur, ... *46f.*

3. Vetus Testamentum

Ex. 34, 29

4. Novum Testamentum

Novum Testamentum (ed. E. Nestle - K. Aland [25]1963; Übers.: Die Bibel. Altes und Neues Testament. Einheitsübersetzung, 1980)
Apk. 1, 8 *243/18*
21, 3ff.: καὶ ἤκουσα φωνῆς μεγάλης ἐκ τοῦ θρόνου λεγούσης· ἰδοὺ ἡ σκηνὴ τοῦ θεοῦ μετὰ τῶν ἀνθρώπων, καὶ σκηνώσει μετ' αὐτῶν, καὶ αὐτοὶ λαοὶ αὐτοῦ ἔσονται, καὶ αὐτὸς ὁ θεὸς μετ' αὐτῶν ἔσται, ... καὶ εἶπεν ὁ καθήμενος ἐπὶ τῷ θρόνῳ· ... καὶ εἶπέν μοι· ... ἐγὼ τὸ ἄλφα καὶ τὸ ὦ, ἡ ἀρχὴ καὶ τὸ τέλος. *194*
22, 13 *243/18*
Hebr. 1, 7: καὶ πρὸς μὲν τοὺς ἀγγέλους λέγει· ὁ ποιῶν τοὺς ἀγγέλους αὐτοῦ πνεύματα, καὶ τοὺς λειτουργοὺς αὐτοῦ πυρὸς φλόγα· ... *83; 227/6*

5. Konzilien

Conc. Nicaen. II Actio 1 (Text und Übers. nach H. Kruse 1934, 35):
Εἰ γὰρ βασιλέων λαυράτοις καὶ εἰκόσιν ἀποστελλομέναις ἐν πόλεσι καὶ χώραις ἀπαντῶσι λαοὶ μετὰ κηρῶν καὶ θυμιαμάτων, οὐ τὴν κηρόχυτον σανίδα τιμῶντες, ἀλλὰ τὸν βασιλέα· ... *21*

6. Rechtsquellen

CJ
12, 63, 1 *240/21*

CTh
8, 11, 4 (2. Febr. 383) *178*

7. Inschriften

158; 238/12 20

29: Signa militaria complur[a per] alios d[u]ces am[issa] devicti[s hostibu]s re[cepi] ex Hispania et [Gallia et a Dalm]ateis. Parthos trium exercitum Romanorum spolia et signa re[ddere] mihi supplicesque amicitiam populi
89; 227/27 Romani petere coegi.

111 32: ... amicitiam nostram per [libe]ror[um] suorum pignora petens.

34: Quo pro merito meo senatu[s consulto Au]gust[us appe]llatus sum et laureis postes aedium mearum v[estiti] publ[ice coronaq]ue civica super ianuam meam fixa est [et clu]peus [aureu]s in [c]uria Iulia positus, quem mihi senatum pop[ulumq]ue Rom[anu]m dare virtutis clement[iaeque e]t
156 iustitiae et pieta[tis cau]sa testatu[m] est pe[r e]ius clupei [inscription]em.

8. Papyri

Pap. Gr. Mag. (ed. K. Preisendanz - E. Heitsch - A. Henrichs [2]1973/74; Übers. ebd.)

IV Z. 296-298: λαβὼν κηρὸν ⟨ἢ πηλὸν⟩ | ἀπὸ τροχοῦ κεραμικοῦ πλάσον
19 ζῴδια δύο, ἀρρε|νικὸν καὶ θηλυκόν· ...

IV Z. 327-328: 'περονῶ τὸ ποιὸν μέλος τῆς δεῖνα, ὅπως μη|δενὸς μνησθῇ
19 πλὴν ἐμοῦ μόνου, τοῦ δεῖνα.'

Abbildungsnachweis

Die Münzfotos stammen aus der Fotokartei antiker Münzen, Universität Frankfurt a.M.

Abb. 1	Musei Capitolini, Rom, DAI-Rom Neg.Nr. 61.1230
Abb. 2	Musei Vaticani, Rom, Neg.Nr. XXV-9-48
Abb. 3	Musei Capitolini, Slg. Barberini, Rom, Kat. Kaiser Augustus und die verlorene Republik (Berlin 1988) Nr. 192
Abb. 4	RRC 44/5 Denar
Abb. 5	RRC 202/1a Denar
Abb. 6	RRC 317/3b Denar
Abb. 7	RRC 316/1 Denar
Abb. 8	RRC 326/1 Denar
Abb. 9	RRC 326/2 Quinar
Abb. 10	RRC 337/2d Denar
Abb. 11	RRC 340/1 Denar
Abb. 12	Syd. 642 Denar
Abb. 13	Syd. 641 Denar
Abb. 14	RRC 359/1 Aureus
Abb. 15	RRC 381/1a Aureus
Abb. 16	RRC 378/1c Denar
Abb. 17	RRC 376/1 Denar
Abb. 18	RRC 426/1 Denar
Abb. 19	RRC 426/2 Denar
Abb. 20	Relieffragmente gef. nahe S. Omobono, Rom. Kat. Die Numider. Reiter und Könige nördlich der Sahara (Bonn 1979) Taf. 53-54
Abb. 21	RRC 426/3 Denar
Abb. 22	RRC 426/4b Denar
Abb. 23	RRC 438/1 Denar
Abb. 24	RRC 452/2 Denar
Abb. 25	RRC 452/3 Quinar
Abb. 26	RRC 452/4 Denar
Abb. 27	RRC 458/1 Denar
Abb. 28	RRC 456/1a Aureus
Abb. 29	RRC 480/6 Denar
Abb. 30	RRC 495/2a Denar
Abb. 31	RRC 528/1b Aureus
Abb. 32	RRC 527/1 Aureus

Abb. 33	RRC 535/1 As
Abb. 34	RRC 483/2 Denar
Abb. 35	RRC 543/1 Denar
Abb. 36	RRC 544/14 Denar
Abb. 37	Trajan RIC 298 Aureus
Abb. 38	M. Aurel für Commodus RIC 1524 Sesterz
Abb. 39	Silberspiegel, Badisches Landesmuseum, Karlsruhe
Abb. 40	Domitian BMC 83 Silbermultiplum
Abb. 41	Hadrian RIC 598b Sesterz
Abb. 42	Pertinax RIC 10B Aureus
Abb. 43	Vergilius Vaticanus lat. 3225 fol XXII, Nachzeichnung, Th.B. Stevenson, Miniature Decoration in the Vatican Vergil (Tübingen 1983) Picture 16
Abb. 44	Diocletian RIC (Kyzikos) 293 Aureus
Abb. 45	'Lyoner Bleimedaillon' Cabinet des Médailles, Bibl. Nat. Paris
Abb. 46	Gemma Augustea, Kunsthistorisches Museum, Wien
Abb. 47	Statue der Livia, Museo Arqueológico Nacional, Madrid
Abb. 48	Tiberius für Livia RIC^1 22 Dupondius
Abb. 49	Nero RIC^1 41 Denar.
Abb. 50	Claudius I. RIC^1 52 Cistophor
Abb. 51	Commodus RIC 247 Aureus
Abb. 52	Büste des Commodus, Musei Capitolini, Rom
Abb. 53	Gallienus RIC 74 Aureus
Abb. 54	Postumus RIC 21 Aureus
Abb. 55	Postumus RIC 260 Aureus
Abb. 56	Postumus RIC 267 Aureus
Abb. 57	Probus RIC n.h., Kat. J. Hirsch 20 Nr. 658 Aureus
Bbb. 58	Probus RIC 891 Aureus
Abb. 59	Commodus RIC 155a Aureus
Abb. 60	Augustus RIC^1 169 Denar.
Abb. 61	Tiberius für Drusus iunior RIC^1 28 Sesterz
Abb. 62	Augustus RIC^1 350 Aureus
Abb. 63	Maximus Caesar RIC 13 Sesterz
Abb. 64	Constantin I. für Crispus RIC (Ticinum) 106 Solidus
Abb. 65	Vespasian RIC 293 v. Aureus
Abb. 66	Constantin I. für Constantius II. RIC (Constantinopolis) 66 Goldmultiplum
Abb. 67	Constantin I. für Constantin II. RIC (Constantinopolis) 65 Goldmultiplum
Abb. 68	M. Aurel für Faustina II. RIC 681 Aureus
Abb. 69	Constantin I. für Crispus RIC (Treveri) 442 Goldmultiplum
Abb. 70	Constantin I. für Fausta RIC (Treveri) 443 Goldmultiplum
Abb. 71	M. Aurel für Faustina II. RIC 1666 As
Abb. 72	Septimius Severus RIC 181c Aureus
Abb. 73	Caracalla RIC 452a Sesterz
Abb. 74	Constantin I. für Licinius II. RIC (Aquileia) 31 Goldmultiplum
Abb. 75	M. Aurel RIC 799 Dupondius
Abb. 76	Antoninus Pius RIC 601(a) Sesterz
Abb. 77	Antoninus Pius für Faustina II. RIC 513b Aureus
Abb. 78	Argentarierbogen, Rom, DAI-Rom, Neg.Nr. 80.3362
Abb. 79	Argentarierbogen, Rom, DAI-Rom, Neg.Nr. 80.3410
Abb. 80	Argentarierbogen, Rom, DAI-Rom, Neg.Nr. 80.3452

Abb. 129	Panzerstatue, Minturno, DAI-Rom, Neg.Nr. 74.2986
Abb. 130	Panzerstatue, Slg. Borghese im Louvre, Paris, DAI-Rom, Neg.Nr. 62.1796
Abb. 131	Commodus RIC 254b Aureus
Abb. 132	Constantius I. RIC (Treveri) 34 Goldmultiplum
Abb. 133	Constantius I. RIC (Treveri) 88 Aureus
Abb. 134	Septimius Severus RIC 24 Aureus
Abb. 135	Postumus RIC 45(E) Aureus
Abb. 136	Gordian II. RIC 3 Denar
Abb. 137	Constantin I. RIC (Ticinum) 37 Solidus
Abb. 138	Constantin I. RIC (Sirmium) 42 Solidus
Abb. 139	Constantin I. RIC (Aquileia) 29 Solidus
Abb. 140	Sarkophag, Museo Nazionale Romano, Rom
Abb. 141	Sog. Decennalienbasis, Rom, DAI-Rom, Neg.Nr. 35.734
Abb. 142	Nero RIC[1] 161 Sesterz
Abb. 143	Diocletian RIC (Nicomedia) 22a Argenteus
Abb. 144	Augustus RIC1 346 Denar
Abb. 145	Ausschnitt, M. Aurel-Säule, Rom, DAI-Rom o.Neg.Nr.
Abb. 146	Schapur-Gemme, E. Babelon, Cat. des Camées, Cabinet des Médailles, Bibl. Nat. (Paris 1897) Nr. 360
Abb. 147	Hadrian RIC 289 Aureus
Abb. 148	Relief M. Aurel, Musei Capitolini, Rom, DAI-Rom, Neg.Nr. 61.715
Abb. 149	Caligula RIC[1] 37 Sesterz
Abb. 150	Philippus I. RIC 195b As
Abb. 151	Augustus RIC[1] 157 Denar
Abb. 152	Septimius Severus RIC 761 Sesterz
Abb. 153	Caracalla RIC 420 As
Abb. 154	Philippus I. für Philippus II. RIC 224 Antoninian
Abb. 155	Philippus I. für Otacilia Severa RIC 116b Antoninian
Abb. 156	Septimius Severus für Geta, British Museum, London, Bronzemultiplum
Abb. 157	Trebonianus Gallus Coh.[2] 109 Bronzemultiplum
Abb. 158	Maxentius RIC (Ostia) 5 Aureus
Abb. 159	Maxentius RIC (Roma)191 Argenteus
Abb. 160	Nerva RIC 89 Sesterz
Abb. 161	Hadrian RIC 230(d) Denar
Abb. 162	Severus Alexander RIC 131 Aureus
Abb. 163	Nero RIC[2] 157 Sesterz
Abb. 164	Geta RIC 87 Aureus
Abb. 165	M. Aurel für Commodus RIC 1516 Sesterz
Abb. 166	Hadrian RIC 567 Sesterz
Abb. 167	Trajan RIC 604 Sesterz
Abb. 168	Antoninus Pius für Diva Faustina I. RIC 399a Denar
Abb. 169	Nerva RIC 59 Sesterz
Abb. 170	Nerva RIC 93 Sesterz
Abb. 171	Caligula RIC[1] 38 Quadrans
Abb. 172	Claudius I. RIC[1] 74 Quadrans
Abb. 173	Septimius Severus RIC 260 Aureus
Abb. 174	Sog. Anaglypha Traiani (= Hadriani), Rom, DAI-Rom, Neg.Nr. 69.1147
Abb. 175	Sog. Anaglypha Traiani (= Hadriani), Rom, DAI-Rom, Neg.Nr. 68.2783
Abb. 176	Hadrian RIC 585(a) Sesterz

Abb. 177 Vitellius RIC[1] 5 As
Abb. 178 Septimius Severus-Quadrifrons, Leptis Magna, DAI-Rom, Neg.Nr. 40.334
Abb. 179 Septimius Severus-Quadrifrons, Leptis Magna, DAI-Rom, Neg.Nr. 50.83
Abb. 180 Septimius Severus-Quadrifrons, Leptis Magna, DAI-Rom, Neg.Nr. 80.1859
Abb. 181 Septimius Severus-Quadrifrons, Leptis Magna, DAI-Rom, Neg.Nr. 61.1695
Abb. 182 Hadrian RIC 959(c) Sesterz
Abb. 183 Hadrian RIC 747(f) Sesterz
Abb. 184 Nero RIC[1] 145 Sesterz
Abb. 185 Nerva RIC 14 Aureus
Abb. 186 M. Aurel RIC 799 Dupondius
Abb. 187 M. Aurel RIC 1125 As
Abb. 188 Pupienus RIC 20 Sesterz
Abb. 189 Tetrarchengruppe, Venedig, W.Fr. Volbach-M. Hirmer, Frühchristliche Kunst (München 1958) Taf. 25
Abb. 190 Caesarea Capp. Germanicus RIC[1] 8 Didrachme
Abb. 191 Caesarea Capp. Germanicus RIC[1] 9 Drachme
Abb. 192 Trajan RIC 667 Sesterz
Abb. 193 Trajan RIC 367 Aureus
Abb. 194 L. Verus RIC 511 Aureus
Abb. 195 Antoninus Pius RIC 620(b) Sesterz
Abb. 196 Constantinbogen, Rom, E. Nash (1968) I Abb. 110
Abb. 197 Constantinbogen, Rom, E. Nash (1968) I Abb. 142
Abb. 198 Augustus RIC[1] 257 K.r. Denar
Abb. 199 Augustus RIC[1] 268 Denar
Abb. 200 Augustus RIC[1] 289 Denar
Abb. 201 Augustus RIC[1] 274 Denar
Abb. 202 Nero RIC[1] 98 Aureus
Abb. 203 Augustus RIC[1] 148 Denar
Abb. 204 Trajanssäule, Rom, Szene LIV, P.G. Hamberg, Studies in Imperial Art with Special Reference to the State Reliefs of the Second Century (Copenhagen 1945) Taf. 23
Abb. 205 M. Aurel-Säule, Rom, Szene LXXXIII ebenda Taf. 26
Abb. 206 Caligula RIC[1] 23 Sesterz
Abb. 207 Galba RIC[1] 150 (Vs.-Leg. 1) Sesterz
Abb. 208 Commodus, Fr. Gnecchi, I medaglioni romani II (Milano 1912) Taf. 78,9 Bronzemultiplum
Abb. 209 Trajan RIC 655 Sesterz
Abb. 210 Commodus RIC 613 Sesterz
Abb. 211 Constantin I. RIC (Roma) 272 Goldmultiplum
Abb. 212 Constantin I. RIC (Nicomedia) 100 Goldmultiplum
Abb. 213 Constantin I. RIC (Roma) 276 Silbermultiplum
Abb. 214 Büste Octavians, Ägyptisches Museum, Kairo CG 701
Abb. 215 Reliefierte Säule, Esna, Photo Dr. U. Friedhoff
Abb. 216 Esna, Relief, Zeichnung: H. Heinen, RM 98, 1991, Taf. 69/1
Abb. 217 Trajanssäule, Rom, Ausschnitt aus Szene CIV, R. Bianchi Bandinelli, Rom, das Zentrum der Macht (München 1970) Abb. 253
Abb. 218 Constantin I. RIC (Ticinum) 36 Silbermultiplum
Abb. 219 Constantius II. RIC (Antiochia) 68 Goldmultiplum
Abb. 220 Constantius II. RIC (Antiochia) 67 Goldmultiplum

Abb. 221 Silberschale, Ermitage St. Petersburg, J.P.C. Kent – K.S. Painter, Wealth of the Roman World (London 1977) Nr. 11
Abb. 222 Postumus RIC 7 Aureus
Abb. 223 Maximianus Herculius RIC (Antiochia) 3 Aureus
Abb. 224 Constantin I. RIC (Ticinum) 38 Solidus
Abb. 225 Constantin I. RIC (Ticinum) 39 Solidus
Abb. 226 Constantin I. RIC (Arelate) 50 Follis
Abb. 227 Constantin I. RIC (Arelate) 31 Follis
Abb. 228 Constantin I. RIC (Ticinum) 96 Goldmultiplum
Abb. 229 Constantin I. RIC (Constantinopolis) 87 Goldmultiplum
Abb. 230 Constantin I. RIC (Constantinopolis) 44 Goldmultiplum
Abb. 231 Silbermissorium Theodosius' I., Akademie Madrid, W.Fr. Volbach – M. Hirmer, Frühchristliche Kunst (München 1958) Taf. 53
Abb. 232 Porphyr-Panzerstatue Turin, DAI-Rom, Neg.Nr. 74.1610
Abb. 233 Constans RIC (Antiochia) 126 Aes
Abb. 234 Constantius II. RIC (Antiochia) 135 Aes
Abb. 235 Constans RIC (Roma) 388 Bronzemultiplum mit aufgehämmertem Rand
Abb. 236 Theodosius I. J.M.C. Toynbee, Roman Medallions (New York 1944) Taf. 36 Goldmultiplum
Abb. 237 Libius Severus ebenda, Taf. 30,3 Goldmultiplum
Abb. 238 Constantin I. RIC (Nicomedia) 162 Goldmultiplum
Abb. 239 Constantin I. RIC (Constantinopolis) 19 Follis
Abb. 240 Constantius II. RIC (Nicomedia) 99 Goldmultiplum
Abb. 241 Constans RIC (Roma) 71 Miliarensis
Abb. 242 Decentius RIC (Treveri) 319 Aes
Abb. 243 Vetranio RIC (Siscia) 260 Solidus
Abb. 244 Magnentius RIC (Aquileia) 124 Solidus
Abb. 245 Valentinian II. RIC (Mediolanum) 23a Triens
Abb. 246 Diptychon des Probus Famulus, Aosta, W.Fr. Volbach, Elfenbeinarbeiten der Spätantike und des frühen Mittelalters[3] (Mainz 1976) Taf. 1
Abb. 247 Honorius RIC (Ravenna) 1330 Solidus
Abb. 248 Theodosius II., NC 1959, Taf. 3,17
Abb. 249 Diptychon der Aelia Ariadne, Wien, Kunsthistorisches Museum, wie Abb. 246, Taf. 7/52
Abb. 250 Diptychon der Aelia Ariadne, Florenz, Bargello, ebenda, Taf. 7/51
Abb. 251 Valentinian I. RIC (Treveri) 11a Goldmultiplum
Abb. 252 Valentinian I. RIC (Treveri) 17a Solidus
Abb. 253 Leon II und Zenon RIC (Constantinopolis) 804 Solidus
Abb. 254 Justinian I. wie Abb. 236, Taf. 49,3 Abguß nach Goldmultiplum
Abb. 255 Valentinian III. RIC (Ravenna) 2019 Solidus
Abb. 256 Constantin I. für Constantius II. RIC (Constantinopolis) 42 Goldmultiplum
Abb. 257 M. Aurel-Säule, Ausschnitt, Rom, DAI-Rom, o.Neg.Nr.
Abb. 258 Largitionsschale, Silber, London, British Museum, Kat. Wealth of the Roman World. Gold and Silver AD 300–700 (hrsg. J.P.C. Kent – K.S. Painter, London 1977) Nr. 10
Abb. 259 Largitionsschalen, Silber, München, Hypotheken- und Wechselbank, Kat. Spätantike zwischen Heidentum und Christentum (hrsg. J. Garbsch – B. Overbeck, München 1989) Nr. S 1–9
Abb. 260 Sog. Decennalienbasis, Rom, DAI-Rom, Neg.Nr. 35.357

Abkürzungsverzeichnis

A. Alföldi, Repräsentation	A. Alföldi, Die monarchische Repräsentation im römischen Kaiserreiche. Mit Register von Elisabeth Rosenbaum-Alföldi. Darmstadt 1970 – Neudruck der Aufsätze: Die Ausgestaltung des monarchischen Zeremoniells am römischen Kaiserhofe (RM 49, 1934, 3ff.) und Insignien und Tracht der römischen Kaiser (RM 50, 1935, 3ff.).
ANRW	Aufstieg und Niedergang der Römischen Welt (hrsg. H. Temporini und W. Haase) Berlin 1972ff.
Bauten (1973)	Ausstellungskatalog: Bauten Roms auf Münzen und Medaillen. München 1973. Abt. Antike: H. Küthmann – B. Overbeck
BKV^2	Bibliothek der Kirchenväter (hrsg. O. Bardenhewer u.a.) Kempten ^{2}1911ff.
BMC	A Catalogue of Roman Coins in the British Museum. Coins of the Roman Empire. London 1923ff.
CAH	The Cambridge Ancient History
CIL	Corpus Inscriptionum Latinarum 1ff., Berlin 1863ff.
Coh.^{2}	H. Cohen, Description historique des monnaies frappées sous l'empire romain^2, 1ff., Paris 1880ff.
CSEL	Corpus Scriptorum Ecclesiasticorum Latinorum, editum consilio et impensis Academiae Litterarum (Caesareae) Vindobonensis, Wien 1866ff.
W. Dahlheim (1984)	W. Dahlheim, Geschichte der Römischen Kaiserzeit. Oldenbourg Grundriß der Geschichte (hrsg. J. Bleicken, L. Gall, H. Jakobs, J. Kunisch) Band 3, München 1984
A. Demandt (1996)	A. Demandt, Das Privatleben der römischen Kaiser. München 1996
DOC 5. Jh.	Ph. Grierson – M. Mays, Catalogue of the Late Roman Coins in the Dumbarton Oaks and in the Whittemore Collection. From Arcadius and Honorius to the Accession of Anastasius. Washington D.C. 1992
EAA	Enciclopedia dell'arte antica classica e orientale, 1ff. Roma 1958ff.
W. Enßlin (1943)	W. Enßlin, Gottkaiser und Kaiser von Gottes Gnaden. SitzberBayer Akad., Phil-hist. Abt. 1943/6, München

FGrHist	Die Fragmente der griechischen Historiker (hrsg. F. Jacoby) Berlin–Leiden 1923ff.
FHG	Fragmenta Historicorum Graecorum (hrsg. C. und Th. Müller) Paris 1841ff.
FIKA	Fontes Juris Romani Antejustininani (leges, auctores, leges saeculares) (hrsg. S. Riccobono – J. Baviera – V. Arangio-Ruiz) Firenze ^{2}1940ff.
H. Freis (1984)	H. Freis, Historische Inschriften zur römischen Kaiserzeit von Augustus bis Konstantin. Texte der Forschung Bd. 49. Darmstadt 1984
F. Gnecchi (1912)	F. Gnecchi, I medaglioni romani I–III. Milano 1912
N. Hannestad (1988)	N. Hannestad, Roman Art and Imperial Policy. Jutland Archeological Society Publication XIX. Åarhus 1988
HAW	Handbuch der Altertumswissenschaft begründet von Iwan von Müller, erweitert von Walter Otto, fortgeführt von Hermann Bengtson 1886ff. – III 5/1 H. Bengtson, Grundriß der römischen Geschichte mit Quellenkunde. München^{2} 1970 – III 6 A. Demandt, Die Spätantike. München 1989
W. Helbig, Führer^{4}	W. Helbig, Führer durch die öffentlichen Sammlungen klassischer Altertümer in Rom^{4} (hrsg. H. Speier) Tübingen I 1963 – II 1966 – III 1969 – IV 1972
T. Hölscher (1994)	T. Hölscher, Monumenti statali e pubblico. Roma 1994. Italienische Version mit Addenda der Aufsätze: – RM 85, 1978, 17ff. – Taina. Festschrift R. Hampe. Mainz 1980. 52ff. – CIN Bern 1979, Actes. Louvain-la-Neuve 1982, 75ff. – JAI 95, 1980, 90ff. – Xenia 9, Konstanz 1984, 137ff. – JAI 99, 1984, 174ff.
HRG	Handwörterbuch zur deutschen Rechtsgeschichte (hrsg. A. Erler – E. Kaufmann) 1, 1971ff.
Hunterian	Roman Imperial Coins in the Hunterian Coin Cabinet. Univ. of Glasgow. Oxford 1962ff (A. Robertson)
ILS	H. Dessau, Inscriptiones Latinae Selectae I–III. Berlin 1892–1926
IRT	The Inscriptions of Roman Tripolitania (hrsg. J.M. Reynolds, J.B. Ward Perkins in coll. with S. Aurigemma, R. Bartoccini, G. Caputo, R. Goodchild, P. Romanelli) Roma – London 1952
D. Kienast (1990)	D. Kienast, Römische Kaisertabelle. Grundzüge einer römischen Kaiserchronologie. Darmstadt 1990
D. Kienast (1992)	D. Kienast, Augustus. Princeps und Monarch^{2} (Darmstadt 1992)
Kl. Pauly	Der kleine Pauly (hrsg. W. Sontheimer) 1, München 1964ff.

H. Kruse (1934)	H. Kruse, Studien zur offiziellen Geltung des Kaiserbildes im römischen Reiche. Studien zur Geschichte und Kultur des Altertums 19/3, Paderborn 1934
E. Künzl (1988)	E. Künzl, Der römische Triumph. Siegesfeiern im antiken Rom. Beck's Archäologische Bibliothek (hrsg. H. v. Steuben) München 1988
LIMC	Lexicon Iconographicum Mythologiae Classicae 1, Zürich – München 1981ff.
LT	H. de la Tour, Atlas de monnaies Gauloises. Paris 1892
LThK	Lexikon für Theologie und Kirche 1^2, Freiburg 1957ff; 1^3, Freiburg 1993ff.
MGH	Monumenta Germaniae historica ... (hrsg. Societas aperiendis fontibus Germanicarum medii aevi) Hannover u.a.O. 1826ff.
E. Nash (1968)	E. Nash, Pictorial Dictionary of Ancient Rome. $I–II^2$ Tübingen 1968
PEClS	The Princeton Encyclopedia of Classical Sites (hrsg. R. Stillwell) Princeton N.J. 1976
Th. Pekáry (1985)	Th. Pekáry, Das römische Kaiserbild in Staat, Kult und Gesellschaft, dargestellt anhand der Schriftquellen. Das römische Herrscherbild (hrsg. M. Wegner) III. Abt. Berlin 1985
PG	Patrologiae cursus completus. Series Graeca (hrsg. J.-P. Migne) Paris 1857ff.
G.Ch. Picard (1957)	G.Ch. Picard, Les trophées romains. Contribution à l'histoire de la réligion et de l'art triomphal de Rome. BEFAR 187. Paris 1957
PIR	Prosopographia Imperii Romani saeculi I, II, III, pars III, P–Z (hrsg. P. von Rhoden, H. Dessau) Berlin 1898ff. – 2. Aufl. pars I–V, A–O (hrsg. E. Groag, A. Stein, L. Petersen) Berlin–Leipzig 1933ff.
PLRE	The Prosopography of the Later Roman Empire (hrsg. A.H.M. Jones, R. Martindale, J. Morris) I–II, Cambridge 1971, 1980
RAC	Reallexikon für Antike und Christentum 1, Stuttgart 1950ff.
RBK	Reallexikon zur byzantinischen Kunst (hrsg. K. Wessel, M. Restle) 1, Stuttgart 1963ff.
RE	Pauly's Real-Encyclopädie der classischen Altertumswissenschaft. 1, Stuttgart 1893ff.
RIC	The Roman Imperial Coinage (hrsg. H. Mattingly, E.A. Sydenham u.A.) 1, London 1923ff., 1^2 1984
Ril.stor. (1986)	Rilievi storici Capitolini (hrsg. E. La Rocca) Roma 1986
RRC	M.H. Crawford, Roman Republican Coinage I–II. Cambridge 1974
SQAW	Schriften und Quellen der Alten Welt (hrsg. Zentralinstitut für

	Alte Geschichte und Archäologie der Akademie der Wissenschaften der DDR) Berlin
P.L. Strack	P.L. Strack, Untersuchungen zur römischen Reichsprägung des 2. Jahrhunderts. – Teil I: Die Reichsprägung zur Zeit des Trajan. Stuttgart 1931 – Teil II: Die Reichsprägung zur Zeit des Hadrian. Stuttgart 1933 – Teil III: Die Reichsprägung zur Zeit des Antoninus Pius. Stuttgart 1937
Syd.	E.A. Sydenham, The Coinage of the Roman Republic (rev. G.C. Haines, ed. L. Forrer, C.A. Hersh) London 1952/New York 1976
P. Zanker (1987)	P. Zanker, Augustus und die Macht der Bilder. München 1987

Glossar

acclamatio Zuruf der Menge, meist rhythmisch und mehrfach wiederholt; vgl. auch *imperator*

aegis, gr. *aigis* Ziegenfell, ursprünglich Zeus als Himmels- und Wettergott gehörig; auf dem Ziegenfell um die Schultern der Athena/Minerva befindet sich das *gorgoneion*, s. dort. Die *aegis* ist in der Kaiserzeit dem Kaiser vorbehalten

aes Kupfer, bzw. Kupferlegierungen, Bronze, Benennung bestimmter spätrömischer Kleingeldsorten in der Forschung

aerarium Staatsschatz (des römischen Volkes: *ae. populi Romani*), im Saturntempel auf dem *forum Romanum* untergebracht; dort werden auch Urkunden aufbewahrt

agon öffentliches Fest, Wettkampf sportlicher oder musischer Art

alimenta Versorgung Hilfsbedürftiger mit allem Lebensnotwendigen; in der Kaiserzeit neben anderen Maßnahmen auch die außerordentliche Unterstützung von kinderreichen Familien

antoninianus um 215 geschaffene Silbermünze im Werte von etwa anderthalb Denaren; der Silbergehalt und das Gewicht verfallen im Laufe der folgenden sechs Jahrzehnte

apokalyptische Buchstaben Alpha und Omega, Anfang und Ende des griechischen Alphabets; in der Johannesapokalypse deuten sie als Metaphern die Zeiten umfassende Autorität Gottes an

apparitor Diener von Magistraten und Priestern, diesen zur Erledigung von Verwaltungsgeschäften beigegeben, vom Staat/Gemeinde bestellt und besoldet

aquila s. Legionsadler

argenteus eigentlich *nummus a.*, Silbergeld, speziell für Silbergeldsorten der verschiedenen Münzreformen im späten 3. Jh. gebräuchlich

arx Befestigung, Festung; in Rom der Name der Nordspitze des Kapitolshügels

as Gewichtseinheit; Grundnominal des römischen Münzwesens in Bronze, nach der Münzreform des Augustus zunächst aus Kupfer, dann aus Bronze mit sinkendem Gewicht. Nach 250 nur vereinzelt, nach 275 nicht mehr hergestellt

augur Miglied eines einflußreichen römischen Priesterkollegiums, Deuter göttlicher Zeichen insbesondere vor Beginn wichtiger (Staats)handlungen

Augurstab s. *lituus*

aureus — eigentlich *nummus a.*, auch *denarius a.*, die römische Goldmünze

caduceus — s. *Merkurstab*

carcer — Gefängnis zum Festhalten Straffälliger, staatlich oder privat; die Schranken der Rennbahn

carpentum — ein ursprünglich gallisches Wort für einen überdachten (Reise)wagen; ihn in der Stadt zu benützen, galt als Privileg

cippus — eigentlich Grenzpfahl oder Grenzstein; Inschriftenstein mit der Angabe des Grundes der Aufstellung

cistophorus, gr. *kistophoros* — eigentlich *c. nummus*, wörtlich korbtragende (Münze); eine kleinasiatische Silbermünze mit der Darstellung der *cista mystica* (im Münzbild), eines runden Korbes, der in den Mysterienreligionen eine Rolle spielt. Sie wurde im ersten Drittel des 2. Jhs. v.Chr. in Pergamon eingeführt und noch in der ersten Hälfte der Kaiserzeit, dann aber mit wechselnden Münzbildern geprägt

consecratio — religiöse Weihung im allgemeinen, hier Vergottung toter Kaiser

conservator — Bewahrer, Beschützer

consul — der höchste Magistrat an der Spitze der römischen Republik, ein kollegiales Amt, jährig mit zwei Personen besetzt. Die Jahreszählung erfolgt mit dem Namen des Konsulpaares; in der Kaiserzeit von rückläufiger politischer Bedeutung, aber stets von hoher Autorität, dann schon mehrfach im Jahr besetzt; zum Jahresbeginn wurde das Amt von Zeit zu Zeit auch von den Kaisern übernommen

cordonata — Name der breiten, zum Kapitolsplatz führenden Treppe in Rom, ein Entwurf Michelangelos

damnatio memoriae — Verurteilung eines Kaisers nach dem Tode, der Gegensatz zu *consecratio*. Auf den Beschluß des Senats folgte die Tilgung des Namens z.B. aus Inschriften, die Beseitigung der Statuen, die Aufhebung der persönlichen Regierungshandlungen

decennalia — Zehnjahres-(Regierungs)jubiläum

decumanus — die senkrecht verlaufenden Linien im rechtwinkligen römischen Vermessungssystem; *d. maximus* ist die Hauptstraße einer römischen Stadt

decursio — Felddienstübung im Heer; hier: Formationsritt

denarius — eigentlich *nummus d.*, römische Silbermünze im Werte von 10 *asses*, um 211/210 v.Chr. eingeführt. Ursprüngliches Gewicht: 1/72 des römischen Pfundes, d.h. um 4,5 g mit sinkender Tendenz, nach der sog. neronischen Reform ca. 1/96 Pfund, d.h. um 3,4 g. Der Denar wird bis ins erste Drittel des 3. Jhs. mit sinkendem Silbergehalt weitergeprägt

dictator — außerordentlicher römischer Magistrat, ursprünglich mit unumschränkter Befehlsgewalt für kurze Zeit, vor allem in Krisenzeiten für Sonderaufgaben bestellt. Sulla läßt nach langer

Zeit das Amt zur Neuordnung des Staates wiederaufleben, Caesar benützt es ebenso in eigenem Sinne

didrachme — Doppeldrachme, vgl. auch *drachme*

diptychon — zwei durch Schnur oder Scharnier zusammengehaltene Schreibtafeln, verschließbar; in der Spätantike von den Konsuln in reichgeschnitztem Elfenbein, von niedrigeren Rängen in billigerem Material als Neujahrsgeschenke versandt

dispensator — Verwalter von Vermögen, von Finanzen, von Kassen, oft Sklave oder Freigelassener des Dienstherrn

drachme — Gewichts- bzw. Münzname in Silber in verschiedenen griechischen Münzsystemen

dupondius — Doppel-*as*, Gewichts- bzw. Münzname, in der frühen Kaiserzeit aus Messing, seit Nero mit der Strahlenkrone als Kopfbedeckung des Kaiserporträts. Sein Gewicht sinkt, die Legierung geht in Bronze über; vgl. auch *as*

Emission — hier: Münzausstoß

epulo — Mitglied eines römischen Priesterkollegiums aus drei, später mehr Mitgliedern; sie hatten die feierlichen öffentlichen Mahlzeiten auszurichten

eques — Reiter, Ritter; *e. Romanus*: Mitglied des zweithöchsten der drei römischen Stände

expiatio — Sühne, Entsühnung

fasces — die Rutenbündel mit Richtbeil als Zeichen der Amtsgewalt römischer Magistrate, diesen von den *lictores* (vgl. dort) vorangetragen

ferculum, fericulum — Tragegestell

ficus Ruminalis — Feigenbaum auf dem Forum Romanum zu Rom; in der römischen Gründungssage der Ort, an dem die Wölfin die ausgesetzten Zwillinge Romulus und Remus gesäugt hat

follis — wörtlich: Sack, Name einer Münzsorte der diocletianischen Münzreform 293, Bronze mit Silberanteilen. Immer kleiner und schließlich ohne Silber in der Legierung wird sie bis in die erste Hälfte des 4. Jhs. weitergeprägt

forum — Platz; *f. Romanum*: der zentrale Platz in Rom, Schauplatz vielfältiger, vor allem auch politischer Tätigkeiten

genius — die dem Manne innewohnende Kraft, die seinen Charakter, sein Wirken, insgesamt seine Persönlichkeit bestimmt; er vergeht mit dem Tode

gens — Stamm, Geschlecht, übertragen auch Landschaft, im christlichen Sprachgebrauch die Barbaren (Nichtrömer), die Heiden

gentilicium — vgl. *nomen gentile*

globus — Kugel, Weltkugel

gnomon — Zeiger der Sonennuhr

gorgoneion — Fratze; man verstand später darunter den Kopf der von Perseus getöteten Medusa. Der schreckliche Anblick läßt zu Stein erstarren. Daher bedeutet es auf dem Panzer des Kaisers göttliche Abwehr und göttlichen Schutz

grammaticus — Grammatiker, Sprachlehrer, Gelehrter

imperator — römischer Oberbefehlshaber; *acclamatio*: seine Ehrung durch Zuruf der Soldaten erfolgte nach gewonnener Schlacht noch auf dem Schlachtfeld

ius Italicum — wörtlich: italisches Recht, privilegierte Rechtsstellung einer in der Provinz liegenden Stadt/Gemeinde

kathisma — Kaiserloge im Circus bzw. im Hippodrom

kerykeion — s. *Merkurstab*

kistophoros — s. *cistophorus*

Kitharode — Kitharaspieler; die Kithara ist ein Zupfinstrument zur Begleitung von Gesang

labarum — spätantike Kaiserstandarte: ein *vexillum* (vgl. dort) mit dem Christusmonogramm auf dem Querbaum, dann auf dem Fahnentuch

Legionsadler — *aquila*, Feldzeichen mit dem römischen Adler an der Spitze, es kennzeichnet die einzelne Legion

libatio — Trankopfer

lictor — Staatsdiener der römischen Magistrate und einiger Priester, er trug ihnen die *fasces* (vgl. dort) voran. Die Anzahl der *lictores* richtete sich nach dem Rang der Magistrate

lituus — knotenloser, oben gebogener Krummstab der *augures* (vgl. dort)

magister ludi — Lehrer im römischen Grundschulunterricht

magister militum — spätrömischer General, Heermeister, unmittelbar dem Kaiser zugeordnet, konkreter: *magister equitum* an der Spitze der Reiterei, *magister peditum* an der der Infanterie. Fielen die Kommandos zusammen, hieß der Titel *magister utriusque militiae*, General beider Waffengattungen

Medaillon — s. *multiplum*

Merkurstab — *caduceus*, gr. *kerykeion*, Stab mit zwei sich ringelnden Schlangen, Attribut des Gottes Hermes/Mercurius, Zeichen von Handel und Wohlstand

miliarensis, miliarense — spätantike Silbermünze, eingeführt um 320/324

mimus — (komischer) Schauspieler, auch Possenspiel

missorium — wörtlich: 'Übersandtes', Geschenk

Münzlegende — Aufschrift auf Münzen

multiplum — wörtlich: 'Vielfaches' nennt die Forschung ein mehrfaches Stück der Münzeinheit, in der Kaiserzeit in Gold, Silber und Kupferlegierungen (meist in Bronze). Da der relative Wert des Einzelstückes innerhalb des Münzsystems nicht immer eindeutig ist, spricht man auch von 'Medaillon', d.h. von einem repräsentativen Stück ohne Kurswert

nomen gentile, gentilicium	Gentilname
numen	etwa 'göttliches Wirken', auch 'göttliches Wesen'
nummularius	Fachmann, der mit Münzen umgeht, ein- und ausgehende Gelder kontrolliert, vor allem die Echtheit prüft
nummus	Münze; Name einer römischen Kleingeldsorte
paedagogus, gr. *paidagogos*	Haussklave, der die Kinder zum Unterricht begleitet, daran gelegentlich auch selbst teilnimmt und die Schulvorbereitungen beaufsichtigt
Palladium, gr. *Palladion*	hier: die uralte Statue der Pallas Athena in Troja, dann in Rom, die den göttlichen Schutz sichert
panegyricus	Lobrede
pelta	leichter, halbmondförmiger Schild der Amazonen mit verzierten Spitzen
pompa	Aufzug, Umzug
pontifex	das *collegium* der *pontifices* war die oberste Sakralbehörde Roms mit dem *p. maximus* als Vorsitzendem an der Spitze. Nach dem Tode 12 v.Chr. des letzten republikanischen *p. maximus*, Lepidus, bekleiden die Kaiser dieses Amt
porticus	Säulenhalle, Wandelhalle
praefectus praetorio	Gardekommandant; seit 2. v.Chr. verwalten jeweils zwei Personen aus dem Ritterstand das Amt kollegial; in der Spätantike hoher Verwaltungsbeamte
praenomen imperatoris	Octavian, der nachmalige Kaiser Augustus, legt 38 v.Chr. seinen Vornamen (*praenomen*) Gaius ab und ersetzt ihn mit *imperator*; fortan Bestandteil der Kaisertitulatur
proconsul	römischer Bürger, der konsularische Gewalt als Heerführer oder Provinzstatthalter ausübt; die Bestellung erfolgt im Anschluß an das Konsulat durch Verlängerung der Amtsgewalt
quadrans	Viertel einer Maßeinheit; als Viertel-*as* in der Kaiserzeit eine Münze
quaestor	Jahresmagistrat; ursprünglich Gehilfe der Konsuln vor allem in der Finanzverwaltung; *quaestores* begleiten den *imperator* im Felde, wie den Statthalter in seiner Provinz
quincunx	5/12 (gelegentlich 5/10) einer Maßeinheit; auch Münzname im *as*-System
XVviri sacris faciundis	15-Männerkollegium; römisches Priesterkollegium mit verschiedenen sakralen Aufgaben; unter Augustus bereiten sie die Säkularfeier vor
quinquennalia	Fünfjahres-(Regierungs)jubiläum
res publica	Gemeinwesen und (seine) öffentlichen Angelegenheiten; auch Staatsgewalt, Staatsverwaltung im weitesten Sinne
rhetor	Redner, Lehrer der Rhetorik (Redekunst)
rostra	Rednerbühne auf dem *forum Romanum* zu Rom
rotulus	Schriftrolle

scipio eburneus	Elfenbeinzepter der Konsuln mit dem römischen Adler an der Spitze
sella curulis	Amtssessel aller höheren Magistrate Roms; mit Elfenbein verzierter Klappstuhl ohne Rücken- und Seitenlehnen
SC	*senatus consultum*: Senatsbeschluß
Serenissima	'Durchlauchtigste' (Stadt), Ehrentitel Venedigs
semis	Halbstück einer Maßeinheit; Münzname im *as*-System
senator, senatus, *Senatorenstand*	Mitglied des Senats, des höchsten politischen Gremiums in Rom, das in der Kaiserzeit wohl nicht das Ansehen, aber die politische Macht einbüßt. Der Senatorenstand ist der höchste soziale Stand Roms
sestertius	$2^1/_2$faches einer Maßeinheit, in der Republik eine kleine Silbermünze ($^1/_4$ Denar), in der augusteischen Münzreform eine Messingmünze im Gewicht einer *uncia*, dann schrittweise leichter, in Bronze bis zur diocletianischen Münzreform (293) beibehalten
signifer	*signum*-Träger
signum	Feldzeichen
solidus	eigentlich *aureus s.*, spätantike Goldmünze, $^1/_{72}$ des römischen Pfundes (4,55 g) aus Feingold
suggestus	Unterbau, Tribüne
sulcus primigenius	wörtlich: 'erster (ursprünglicher) Stadtgraben' bei der Anlage einer römischen Stadt
suovetaurilia	Opfer dreier Opfertiere, z.B. Schwein, Widder, Stier
s.v.	*sub verbo*: unter dem Stichwort
tetradrachmon	Vierdrachmenstück, gr. Münzname
Tetrarchie	kollegiale Herrschaft von vier Regenten
toga	Oberbekleidung römischer Bürger
toga picta	Triumphtoga, purpurfarben und goldbestickt
toga praetexta	Knaben-*toga* mit Purpurstreifen
toga virilis	Erwachsenen-*toga*, Zeichen des römischen Vollbürgers
togatus	ein in *toga* gekleideter römischer Bürger
IIIviri rei publicae constituendae	Dreimännerkollegium zur Wiederherstellung der staatlichen Ordnung, eingerichtet 43 v.Chr. mit M. Anton, Lepidus und Octavian
tribunicia potestas	wörtlich: 'Amtsgewalt des Volkstribuns' mit verschiedenen Vorrechten, die 23 v.Chr. nach einer längeren Entwicklung Augustus auf Lebenszeit verliehen wurden, nach ihm auch allen Kaisern. Die Jahreszählung der Regierungszeit erfolgt nach der Anzahl der (jährigen) *tr.p.*
triens	Drittel einer Maßeinheit; Münzname im *as*-System
tricennalia	dreißigjähriges (Regierungs)jubiläum
triumviri monetales	Dreimännerkollegium mit der Aufgabe der Durchführung der Prägung; der Name des Kollegiums heißt in vollständiger Form *IIIviri auri argenti aeris flando feriundo*, d.h. Dreimännerkollegium für das Schmelzen und das Schlagen von Gold, Silber und Kupfer
tropaeum, gr. *tropaion*	Trophäe, Denkmal des Sieges auf dem Schlachtfeld, aufgestellt

	an der Stelle, an der sich der Feind zur Flucht gewendet hat; ursprünglich wurde ein Baumstamm mit den erbeuteten Schutz- und Trutzwaffen des Gegners und mit einem Schild ausgestattet, auf dem man den Sieg vermerkt hat. Das Mal ist den (Kriegs)göttern geweiht
uncia	$^1/_{12}$ einer Maßeinheit; Münzname im *as*-System
Urbs	Stadt, insbesondere die Stadt Rom
vexillum	kurzstielige Reiterfahne mit Querbaum und Fahnentuch
viator	Bote, Gehilfe römischer Magistrate und Priester
vicennalia	zwanzigjähriges (Regierungs-)jubiläum
victimarius	Opferdiener
vicus Tuscus	ein Stadtbezirk Roms
zodiacus, gr. *zodiakos*	der Tierkreis, eine erdachte Zone am Himmel mit den Sternbildern Widder, Stier, Zwillinge, Krebs, Löwe, Jungfrau, Waage, Skorpion, Schütze, Steinbock, Wassermann, Fische

Register

Die Nummer hinter einem Schrägstrich nach der Seitenzahl verweist auf die Anmerkungen.
In der Rubrik 'Personennamen' sind auch jene mythologischer und literarischer Figuren, die Namen von Völkerschaften und die Personifikationen zu finden.

PERSONENNAMEN

ORTSNAMEN, FLUSSNAMEN, TOPOGRAPHIE

SACHREGISTER